>> 个人财富管理常备百科全书 <<

个人理财
理论、实务与案例

Personal Finance
Theory and Practice Cases

第二版

陈玉罡 ◎ 编著

北京大学出版社
PEKING UNIVERSITY PRESS

图书在版编目(CIP)数据

个人理财:理论、实务与案例/陈玉罡编著.—2版.—北京:北京大学出版社,2020.7
ISBN 978-7-301-31328-2

Ⅰ.①个… Ⅱ.①陈… Ⅲ.①私人投资 Ⅳ.①F830.59

中国版本图书馆 CIP 数据核字(2020)第 104188 号

书　　　名	个人理财:理论、实务与案例(第二版) GEREN LICAI: LILUN、SHIWU YU ANLI(DI-ER BAN)
著作责任者	陈玉罡　编著
责 任 编 辑	黄炜婷
标 准 书 号	ISBN 978-7-301-31328-2
出 版 发 行	北京大学出版社
地　　　址	北京市海淀区成府路 205 号　100871
网　　　址	http://www.pup.cn
微信公众号	北京大学经管书苑(pupembook)
电 子 信 箱	编辑部：em@pup.cn　总编室：zpup@pup.cn
电　　　话	邮购部 010-62752015　发行部 010-62750672　编辑部 010-62752926
印 刷 者	天津中印联印务有限公司
经 销 者	新华书店
	787 毫米×1092 毫米　16 开本　23.25 印张　468 千字 2012 年 6 月第 1 版 2020 年 7 月第 2 版　2023 年 8 月第 2 次印刷
定　　　价	58.00 元

未经许可，不得以任何方式复制或抄袭本书之部分或全部内容。
版权所有，侵权必究
举报电话：010-62752024　电子信箱：fd@pup.cn
图书如有印装质量问题，请与出版部联系，电话：010-62756370

序 Preface

党的二十大擘画了以中国式现代化全面推进中华民族伟大复兴的宏伟蓝图。建设中国特色现代资本市场,是中国式现代化的应有之义,是走好中国特色金融发展之路的内在要求。"藏富于民"使中国人民拥有了可观的个人财富,为了实现财务自由、未来生活有保障的目标,管理个人财富的需求日益增长。在二十大精神指引下,中国将打造一个更加规范、透明、开放、有活力、有韧性的中国特色现代资本市场,也为个人理财开拓了更加广阔的空间。

关于理财的口号很多,"你不理财,财不理你""跑不过刘翔,但一定要跑过 CPI"。这些口号开启了大众朦胧的理财意识。究竟什么才是真正的理财?经历了 2008 年股市之殇的投资者有必要重新思考这一问题。

在金融市场发达的国家,许多家庭都依赖于专业理财师的指导。这些指导不仅仅停留在对金融产品的选择上,更体现在对家庭财务资源的配置上。比如,需要保留多少存款在银行?是否可以用贷款买房?需要多少保险以规避家庭财务风险?怎样为孩子提前筹备教育金?如何实现退休后的美好生活?怎样将财富传承给下一代?如何避免家庭成员的财产争夺?所有这些问题都可以在专业理财师的指导下找到合理的解决方案。在国外,专业理财师提供的不是产品导购服务,而是家庭财务解决方案。

本书作者通过亲身经历和多年的实践心得,为读者讲述了理财规划之道。本书最大的特点是以实务为导向,提供了大量的实务案例。理财规划中的每一个步骤、每一个环节都有详细的案例指导,使一个完全不懂理财知识的读者能一步一步地弄清楚理财技巧。

除以实务为导向外,本书还具有以下特点:

(1) 实务以理论为指导。大多数理财书籍或者只讲理论、不讲实务,或者只讲实务、不讲理论。只讲理论,非金融专业读者会觉得很难理解,因为理财规划是一门综合学科,要懂得经济、财务、金融、税法、法律等多方面的知识。不具备一定的专业知识,要想掌握理财规划理论,难度较高。但是,理财规划又与大家的生活息息相关。因此,结合实务讲述理论,将理论贯穿于生活中的点点滴滴,能帮助读者更好地理解理论,并可直接运用于实践。如果只讲实务、不讲理论,读者就只能学会如何操作,但对实务背后的理论逻辑则一知半解，无法起到举一反三的效果。本书描述的大量案例与大家的生活息息相关，在此基础上教授理论具有针对性，且对读者未来的生活具有长久的指导性。

（2）视角独特。本书既可以站在理财师的角度学习如何为客户提供一个全方位的理财规划，又可以站在家庭成员的角度理解理财规划对一个家庭的重要性。不论是理财师还是非专业人士，都能从本书中获得裨益。

（3）内容新颖。本书阐述的一些实务案例是根据最新的宏观经济环境变化、最新的政策和法律法规进行分析的，比如2008年金融危机后的买房方案、2010年金融危机后的宏观经济形势分析、2019年个人所得税法修订后的税收规划等。这些案例能更好地帮助大家在未来的生活中更有效地理财。

（4）逻辑性强。本书作者多年从事理财教育，形成了一套很清晰的理财分析思路。这套分析思路既可以被理财师高效地运用于实践，又可以让非专业人士在较短的时间内掌握理财规划思路。通过本书的学习，相信读者能很快地编制出自己的理财规划。

（5）简明易懂。虽然理财规划的综合性很强、涉及面很广，非专业人士难以在短时间内达到专业水平，但本书对理财规划的阐述由浅入深、循序渐进、图文并茂、讲解清晰、简明易懂，读者在较短的阅读时间内就能清晰地理解理财规划思路，并明确自己的家庭理财方向。

本书旨在提高理财从业人员专业素质和普及大众理财基础知识，饱含了作者多年的实践经验和教育心得，相信会受到读者的欢迎。

李善民

中山大学管理学院教授

中山大学副校长

前言 Foreword

> 人生需要三个朋友：医生、律师、理财师

我投身于理财教育事业已近二十个年头。回想二十年前，"理财"一词对大多数人是陌生的，对我也不例外。我是金融科班出身，2001年有幸以实习生的身份被招进某公司专门研究理财。记得当时所学习的是一本国外教材，我的任务是将这些教材中有价值的部分翻译成中文并制作成PPT。刚接触理财不久，我就被理财规划的理念吸引，觉得这种理念与自己未来的生活密切相关。也许正是这种吸引力，让我在之后的二十年中坚持进行各种学习和思索。在越来越深入的思考中，我发现以前从教科书中习得的理论知识能够运用于实践，只不过，要运用娴熟并达到炉火纯青的地步，需要不断地总结成功的经验和失败的教训。正如武侠小说中的顶尖高手一样，理论是理财高手的"内力"，而实际操作是理财高手的"招数"。内力需要平心静气地去修炼，当修炼到一定程度，致胜的招数不需要太多，一两招就能取胜，甚至可以达到"无招胜有招"。所谓的"大道至简"，可能就是这样吧！

对于理财与投资的关系，我曾在高级理财师班上与众多高手探讨，最后得到一种认识：理财是道，投资是术。大多数人学的是术，如果不学，就会"不学无术"；如果学，就称为"学术"。但"道"是靠悟的，所以有"悟道"的说法，很少有人说"学道"。既然理财是道，那就要靠"悟"，而不是靠"学"。用"术"去悟"道"，这显然是走错了方向；用"道"来指导"术"，这将会事半功倍。理财之"道"可以起到一两拨千斤的效果，不用很复杂的操作和技巧就能使财富增值数倍。如果学的是"术"又没有练习到炉火纯青，那么最终仍将远离财富。

从战略和战术的关系来看，理财是战略，投资是战术。按照管理大师彼得·德鲁克"做正确的事，正确地做事"的说法，理财是做正确的事，投资是正确地做事。本书汇集了我近二十年的研究和思考心得，其中的部分经典案例是本人亲身经历和操作的。本

书既从"道"上为大家开启了财富之门,又从"术"上为大家提供了各种实战技巧。

在当今社会,大家的幸福感指数有所下降。买房、子女教育、养老、医疗等几座大山迫使大家拼命地工作,期待着有朝一日能过上轻松幸福的生活。随着岁月的流逝,大家的财富增长了不少,幸福感却似乎与日递减。为什么不幸福?因为大家仍然觉得财富不够用。为什么会觉得财富不够用?因为大家不知道自己需要多少财富。不知道自己需要多少财富是个很可怕的问题,这就像在茫茫大海之中没有找到灯塔一样,不知道往哪个方向前进,不知道哪里是终点。"需要赚多少钱才够?怎样赚到这些钱?"是每个家庭都要思考的问题。一旦家庭成员明晰了自己的目标,并制订了合适的理财规划以达成目标,就像在茫茫大海中找到了方向,可以扬帆出海了。其实,在理财规划的指引下,很多家庭能不再因钱的问题而平添烦恼,幸福感可以得到极大提升。

如果你掌握了制订理财规划的基本思路,就掌握了自己的未来财富,也掌握了自己未来的生活!即使没有时间和精力去钻研理财技巧,也可以在专业理财师的指导下厘清自己的目标,找到财富的方向,提升自己的幸福感!本书第八章提供了处于不同生命周期的家庭理财规划实例,通过这些实例的学习和训练,大家一定能找到开启财富之门的钥匙,走上通向财务自由之路。

如果你错过了前一个十年获取财富的机会,相信阅读本书后你不会再错过下一个十年!

在本书的写作过程中,我得到了中山大学管理学院的支持和许多教师的建议,以及北京大学出版社黄炜婷编辑的有益建议,秦丽参与了第一版第六章的撰写,向茜参与了第二版第一、二、三、七章的改版,杨柳玲参与了第四、五、六章的改版,杨柳玲、傅豪、窦倩、田岚、黄捷参与了第八章案例的编写,王慧参与了习题编写和PPT制作,同时提供了习题参考答案,在此表示衷心的感谢!

习题参考答案

陈玉罡
2020 年 5 月 1 日于康乐园

目 录

第一章 理财行业的发展 ... 1
- 第一节 美国理财行业的发展 ... 2
- 第二节 日本理财行业的发展 ... 6
- 第三节 澳大利亚理财行业的发展 ... 10
- 第四节 欧洲理财行业的发展 ... 12
- 第五节 中国理财行业的发展 ... 15

第二章 理财基本原理 ... 25
- 第一节 货币的时间价值 ... 26
- 第二节 财务计算器 ... 29
- 第三节 EXCEL 财务计算功能 ... 35
- 第四节 复利计算应用 ... 37
- 第五节 年 金 ... 46
- 第六节 理财决策 ... 54
- 第七节 房贷计算 ... 73
- 第八节 通货膨胀 ... 88

第三章 理财中的宏观经济分析 ... 93
- 第一节 理财为什么要懂得宏观经济 ... 94
- 第二节 宏观经济目标 ... 98
- 第三节 宏观经济政策 ... 110

第四章 家庭财务健康诊断 ... 126
- 第一节 家庭资产负债表 ... 128
- 第二节 家庭收入支出表 ... 132
- 第三节 家庭现金流量表 ... 143
- 第四节 家庭财务健康诊断 ... 147

第五章　理财规划 ······ 154
第一节　现金规划 155
第二节　保险规划 160
第三节　子女教育规划 169
第四节　养老规划 176
第五节　房产规划 186
第六节　投资规划 199
第七节　税收规划 203
第八节　遗产规划 214

第六章　理财产品的选择 220
第一节　保险的选择 221
第二节　银行理财产品的选择 234
第三节　公募基金的选择 242
第四节　股票的选择 272
第五节　其他理财产品的选择 287
第六节　互联网理财产品的选择 296

第七章　资产配置 301
第一节　资产配置的内涵 303
第二节　收益的度量 303
第三节　风险的度量 305
第四节　风险与收益的关系 307
第五节　投资组合理论 308
第六节　风险类别与风险管理 320

第八章　理财案例 326
第一节　大学生助学贷款规划 326
第二节　单身期外企白领攻读 MBA + 购房理财规划 332
第三节　家庭初建期职场新人买房规划 335
第四节　家庭形成期商界高层新贵理财规划 339
第五节　家庭成熟期不惑之年换房规划 343
第六节　退休期安逸晚年理财规划 347

附　录 355

参考文献 363

第一章
Chapter 1

理财行业的发展

 引导案例

苏茜,出生于最普通的美国家庭。为了维持生计,苏茜的父亲开设了一家鸡肉食品作坊。13 岁那年,苏茜遇到了一生最难忘的事情:父亲的鸡肉食品作坊发生了大火,她亲眼看着父亲不顾生命危险冲入火海中,扛着已被大火烧得灼热的金属钱箱跑了出来。当父亲将钱箱扔在地上时,苏茜看到钱箱上粘着父亲胸口和胳膊上的皮肤。这个场景给 13 岁的苏茜造成极大的震撼。她意识到,对于父亲来说,金钱比生命还重要。从此以后,苏茜将赚钱视为人生目标。然而,在追求财富的过程中,苏茜既品尝了金钱天使的一面,也经历了金钱魔鬼的一面。"水能载舟,亦能覆舟",苏茜意识到,应让人控制金钱而非由金钱控制人。为了摆脱金钱的控制,苏茜开始探索财富的掌控之道。1995 年,苏茜出版了第一部著作《挣到了,就别失去》。1997 年,苏茜根据自己的理财顾问实践,出版了《九步达到财务自由》一书。该书成为当年美国最畅销的非小说类书籍,占据《纽约时报》畅销书排行榜近一年。因畅销书而成名的苏茜不得不辞去本职工作,在各地巡讲,将自己的理财观和实现财务自由的方法传递给人们,帮助人们改变对金钱的看法以及对金钱的管理方式。从追求财富、畏惧失去财富到最终掌控财富的感悟,苏茜使很多美国人找到了掌控财富的钥匙。她本人也从一个普普通通的女招待成为拥有亿万财富的理财师。苏茜被誉为"全球最出色、最富有激情、最美丽的个人理财师",如果想和她共进晚餐,请先付 1 万美元。

▶ **案例启迪**

理财,究竟是什么?
理财,为何具有如此大的吸引力?

第一节 美国理财行业的发展

一、美国理财行业的历史沿革

1969年,美国经济进入"滞胀"状态——低经济增长和高通货膨胀并存。这种现象在美国经济发展史上是非常罕见的。低经济增长的根本原因是实体经济缺乏新的增长点,而通货膨胀的原因则源自扩张性的财政政策和宽松的货币政策。

由于实体经济缺乏明显可见的投资机会,加上通货膨胀使得货币的实际购买力缩水,如何使手中现有的财富超越通货膨胀就成了大家密切关注的问题。在此基础上,金融创新和金融自由化大行其道。除此之外,美国政府当时的养老金体系也开始面临困难。以前,一个美国人退休后依靠社会保障体系发放的养老金就足够过上舒适的日子。但1970年起,接近退休的美国人突然意识到退休后要安享晚年仅仅依靠养老金不再那么可靠,一方面是老龄化人口的增加使得政府负担不了高额的养老金,另一方面是通货膨胀使得退休后的养老金赶不上消费品价格的上涨。

不知是巧合还是历史使然,1969年首家理财机构 IAFP(International Association for Financial Planning)在美国创建,形成首个以普及理财知识为目的的社会团体。这个机构的建立起因于一批来自不同金融机构的专家的一次讨论。在芝加哥奥黑尔国际机场附近的一家酒店里,这些行业领先者共同探讨当时金融服务业的不足之处,并认为保险、证券、基金、银行业务中以产品为导向的服务模式不再适合新的环境,金融业的服务模式应改为以顾客需求为中心的全新服务模式。为了引导这项变革,需要引进一个与单一金融服务完全不同的全新的职业——理财规划师。为了让更多的美国人接受理财规划思想,一家专门从事理财教育的学院(College for Financial Planning)于1972年成立,并正式创立 CFP 标志。第一批毕业的学生有42名,这42名毕业生获得 CFP 证书后认为理财规划具有一定的专业性,理财师必须经过认证才能为客户提供理财服务。为了维护专业权威性,在他们的倡导下又设立了理财规划师认证机构 ICFP(Institute of Certified Financial Planners)。1985年,为了在全球范围内推动理财教育的发展,ICFP 设立了理财规划师认证国际标准委员会 IBCFP(International Board of Standards and Practices for Certified Financial Planners)。

在理财师规划认证机构的推动下,理财规划的理念和理财师的服务越来越得到美国人的认可。随着金融产品种类越来越多、老龄化问题越来越严重、通货膨胀率高企,美国人越来越需要寻求理财师的帮助才能更好地使家庭财富得以保值增值,并期待在未来享受更好的生活。

正当理财师地位不断提升、理财师职业成为人们向往的职业时,1987年10月19日的"黑色星期一"(股灾)给金融行业带来了沉重的打击。理财师的信用也在这次股市暴跌中受到重创,社会地位普遍下降。

为了重建人们对理财行业的信心,先驱者们对理财制度进行了改革,将理财的工作重点放在了为客户制定理财规划上,比如子女教育规划、养老规划等。为了使理财师能更好地为客户服务,IBCFP加强了后续教育,并要求理财师严格遵守职业伦理。

经过不懈的努力,在2001年的美国职业评估调查中,理财师成为250个职业中全美排名第一的理想职业,超越了互联网时代网站经理、精算师等热门职业。目前,理财师在美国仍享有很高的认知度和社会地位。

二、理财师的认证

在美国,各个行业的认证体系都非常复杂。之所以如此,是因为即使在同一个行业,大家所从事的具体工作不一样,所需要的资格证书也会不一样。

从理财这个行业来看,国际上通行的一些认证都可以按所从事职业的复合性程度和专业性程度进行划分。

从理财师这个职业来看,其工作复合程度非常高,既需要金融专业知识,又需要会计、税务等知识,甚至还需要法律知识,并将这些知识综合运用到理财规划中。在美国,关于理财师的三大权威认证是CFP、ChFC、PFS。

CFP是Certified Financial Planner的简称,中文译名为"注册理财规划师",是所有理财师认证中最权威的证书。注册理财规划师的主要职责是根据客户的资产状况和风险偏好,从客户的需求和理财目标出发,采取一整套规范的工作模式,为客户提供全方位的专业理财建议,找到一个为客户量身定做的理财方案,以帮助客户实现不同人生阶段的理财目标。从注册理财规划师的工作职责来看,理财师必须需具备相当丰富的知识体系,才能完成这项工作。为了培养出合格的注册理财规划师,要获得CFP证书就必须参加注册认证考试,考试内容包括经济学基础、理财规划概论、投资规划、保险规划、税收规划、退休规划与员工福利、高级理财规划等七大类102个子科目。

ChFC是Chartered Financial Consultant的简称,中文译名为"特许财务顾问"。ChFC证书于1982年由美国学院(American College)开始颁发。特许财务顾问注重为客户提供综合财务规划,其知识体系与CFP类似。参加特许财务顾问考试的人员必须具有3年以上的相关工作经验,要通过八门核心课程的考核。其中,六门必考课为理财规划的步骤和环境(Financial Planning: Process and Environment)、保险基础知识(Fundamentals of Insurance)、个人所得税(Income Taxation)、退休规划(Planning for Retirement Needs)、投资(Investments)、遗产规划基础(Fundamentals of Estate Planning),另外两门可从金融系统(Financial System in the Economy)、理财规划实务(Financial Planning Applications)、遗

产规划实务(Estate Planning Applications)和退休计划中的财务决策(Financial Decision Making at Retirement)中任意选择。

PFS 是 Personal Financial Specialist 的简称,中文译名为"个人理财专家"。PFS 证书是由美国注册会计师学会(AICPA,American Institute of Certified Public Accountants)为那些致力于专业提供个人理财服务的注册会计师设立的。由于只针对注册会计师,因此要申请 PFS 必须先取得 CPA(注册会计师)资格。除要求具备 CPA 资格外,这项考试还要求申请人具有 250 小时的个人理财经验。PFS 认证的有效期为 3 年,3 年后必须重新认证。这种方式有助于推行理财师的终身教育。

除了以上三类权威认证,一些机构还提供 CWM、CFC 等认证体系。

CWM 是 Chartered Wealth Manager 的简称,中文译名为"特许财富管理师"。CWM 证书由美国金融管理学会(AAFM,American Academy of Financial Management)推出,已获得全球 100 多个国家和地区及 800 多所大学、美国劳工部一级皇家学会联盟、美国证券交易商协会等国际知名组织的认可。相比于 CFP,CWM 更加侧重大众化,并且注重培养营销实践技能、信息交流和财富管理实务。CWM 的考试科目包含全球财富管理市场(Global Wealth Management Markets)、财富管理产业(Wealth Management Industry)、财富管理角色(Wealth Management Players)、销售咨询(Consultative selling)、人际沟通技巧(Interpersonal skills)、资产管理和风险管理(Asset Management and Risk Management)、案例分析和技巧训练(Case studies and skill training)七个模块。CWM 与 CFP 的知识体系是互通的,CWM 证书持有者补修规定课程后,可申请 CFP 证书。在美国银行从业人员中,CWM 证书持有者的比例最高。

CFC 是 Certified Financial Consultant 的简称,中文译名为"认证财务顾问",由理财规划顾问委员会(IFC,Institute of Financial Consultants)推出。CFC 证书最早在北美地区盛行,在理财行业是衡量从业人员专业能力的重要证书。近几年,理财规划顾问委员会将 CFC 证书推广到亚洲国家和地区,包括日本、新加坡、马来西亚、泰国和中国香港等。CFC 的考试内容主要包括财务报表分析、公司理财、个人理财规划和投资管理四个部分。从考试内容来看,CFC 除涵盖个人理财规划外,还包括公司理财,持有 CFC 证书的从业人员为中小企业主提供服务最为合适。

上面提到的五种认证体系是针对复合型人才设计的,不仅考试涵盖的内容广泛,还对理论学习与营销实践有一定的提升作用。

另外还有两种针对专业型人才设计的认证体系,一种是 CFA,另一种是 CLU。

CFA 是 Chartered Financial Analyst 的简称,中文译名为"特许金融分析师",1963 年由美国投资管理与研究协会(AIMR,Association for Investment Management and Research)推出,是一种国际通行的金融投资从业者专业资格认证。与 CFP 不同的是,CFA 更侧重于金融证券业,是该领域的最高认证证书,也是全球金融财经界最推崇的投资专业资格。CFA 资格经常被金融业内不同机构（投资公司、基金公司、证券公司、投资银行、投资管理顾问公司、银行等）当作衡量个人工作能力及专业知识的指标。CFA 的考试内容涵盖了定量分析方法、宏观经济学、会计学、公司理财、世界金融市场与投资工具、估值与投资理论、固定收益证券及其管理、权益投资分析、其他投资工具分析、投资组合管理等。

CLU 是 Chartered Life Underwriter 的简称,中文译名为"特许人寿理财师",由美国人寿保险管理学会（LOMA,Life Office Management Association）于 1927 年推出,是寿险专业领域最高级别的认证,被美国、加拿大、日本、欧洲、中国香港等 30 多个国家和地区认可。与 CFP 相比,CLU 更加偏重寿险领域中的收入支出规划、不动产规划、财产传承规划、财产管理等方面的能力。CLU 的考试内容包括人寿保险经营原则及地位、人寿保险销售渠道、个人理财、所得税筹划、人寿保险相关法律、房产、遗产规划等七方面的内容。为了更好地为客户提供服务,CLU 也在逐步向综合理财方向发展。

三、独立理财公司的发展

自从理财规划的思想被人们认可后,很多金融机构在内部建立了个人理财部门。不过,个人理财业务在单一金融机构内部很难健康生存,其根本原因就是单一金融机构无法提供全方位的理财产品来满足用户的需求。除此之外,相对于对公业务部门,个人理财部门给金融机构带来的利润空间在当时实在微不足道。这样,一旦金融机构遭遇外部环境的冲击,首先裁掉的业务就是个人理财业务。有意思的是,被裁掉的个人理财业务却诞生了一个新的行业——独立理财行业。金融机构内部的个人理财部门从业人员积累了相当丰富的专业知识、实践经验、理财技巧、客户关系等,这些部门的负责人索性带着团队创建了各种类型的独立理财公司,从而推动了理财行业的迅速发展。如今的独立理财公司或事务所在美国有上万家。不但理财市场需求庞大,而且用户的需求高度多元化,只有独立的理财公司才能为客户量身定制综合理财方案。

商业领域的二八法则仍然有效,理财机构 80% 的收入来自 20% 的客户。这 20% 的客户主要是富人阶层。在这里,客户按资产规模通常分成三类:拥有 100 万美元以上可投资资产的属于富豪阶层;可投资资产在 50 万—100 万美元的属于富裕阶层;可投资资产在 10 万—50 万美元的属于新兴富裕阶层。根据私人银行的调查,为富豪阶层理财的利润率为 35% 左右。

尽管 80% 的收入来自 20% 的客户,理财机构仍然没有放弃为普通客户提供服务。嘉信理财公司是美国最大的理财机构之一,根据客户投资额的不同,公司提供的服务也不同。公司的服务按等级从低到高分为基本建议服务、签名建议服务、私人理财顾问建议服务、独立顾问建议服务、富豪财富管理服务五种。对于基本建议服务,理财门槛仅限于 1 万美元,即投资额达到 1 万美元的客户都可以享受嘉信理财公司的基本建议服务。另外,对于不同投资数额的客户,嘉信理财公司收取不同的资产管理费。比如对于投资数额 2 万美元的客户,嘉信仅收取年 0.35% 的资产管理费,提供一年一次的投资组合建议,还可以按客户需要提供针对具体投资的建议。每个季度,客户可以收到由高盛公司等世界专业金融机构给出的投资组合盈亏报告。对于投资数额 50 万美元以上的客户,嘉信理财公司向客户收取年 1% 的资产管理费,提供一名专门的理财顾问为其服务,理财顾问会为客户拟定个性化的理财建议,比如提供每日投资管理服务,根据客户财产的具体情况拟定遗产规划,帮助客户合理避税等。[①]

第二节 日本理财行业的发展

一、日本理财行业的兴起与发展

20 世纪七八十年代,日本的个人金融资产人均达到 1 000 万日元左右,社会总体可投资金融资产达到 1 400 兆日元左右,这在一定程度催生了理财需求。催生理财需求的另一个重要因素是日本在 1970 年开始步入老龄化社会[②],拥有金融资产、处于社会中坚力量的中年人对理财的重视程度空前增强。

美国的理财行业起初是从保险业发展起来,其目的是促进保险产品的营销。但日本的理财行业则是从证券行业发展起来的。1970 年,国际证券株式会社首个设立了理财中心,标志着日本理财行业的兴起。7 年后,第一劝业银行成立了理财部门,标志着理财思想进入了银行行业。在日本,反而是保险行业最后(1987 年)引入理财中心,以第一生命保险株式会社、住友海上财产保险株式会社等保险机构为代表。

在日本,银行、证券、保险三个金融领域是可以混业经营的,但银行仍然是主要负责存贷款的机构,保险公司是主要负责规避风险的机构,证券公司则是主要负责投资管理的机构。三类机构中,银行由于经营历史悠久,仍享有最高信用度,又由于混业经营,其客户在银行就能获得一站式理财服务,涵盖证券和保险。日本的银行也是最能汇聚人才的地方,拥有较多的专业人才,服务也比较到位。由于银行在混业经营中占据了很大优势,证券与保险两类机构需要在营销上耗费更多的人力和财力才能占据一席之地。

20 世纪 80 年代末的经济泡沫破灭给日本的理财行业带来沉重的打击,日经指数从 30 000 多点跌到 10 000 多点。这次金融危机也使日本的中老年人认识到资产配置的重要性,即使经济好转,他们也很少再配置证券投资;相反,年轻人对证券投资产生了更多的兴趣。

---

① 张维衡,面向各阶层客户提供个性化产品 美国理财服务什么样,《环球时报》,2004 年 12 月 29 日。
② 在老龄人口的问题上,联合国有个统一的说法:当 65 岁及以上人口占总人口的比例超过 7% 时,被称为老龄化社会;如果这个比例再翻一番,即超过 14%,就被称为老龄社会。

二、日本理财师的认证体系

从理财教育的启蒙到理财行业的发展，日本理财协会的作用功不可没。从 20 世纪 80 年代起，日本理财协会致力于为日本培养能胜任的理财师，三十多年来共培养了几十万名理财师。这些理财师广泛分布于银行、证券、保险等金融机构，其中任何一家大型金融机构都至少拥有 5 000 名有理财师资格的职员。

1992 年，日本将西方的 CFP 资格引入国内，但由于国家间的法律和税务体系存在很大差异，因此需要对这个舶来品进行改良。一方面要与国际接轨，另一方面要本土化。在这个大的背景下，日本的 CFP 考试从五门课程变为六门课程，专门增加了不动产理财科目。这一点是与西方 CFP 认证不同的地方。

1997 年山一证券的破产事件使得 CFP 成为金融机构从业人员追捧的热门证书。山一证券是日本四大证券公司之一，经营历史达百年，但在日本经济泡沫崩溃之后申请停业，7 500 人失去工作。但是，大多数拥有 CFP 资格的人员很快被外资金融机构优先录用。CFP 的价值在这次事件中得到了充分展示。

随着理财业务的进一步发展，银行等金融机构的理财中心开始转变成私人理财银行部门。理财业务正在向高端私人银行业务发展。现在在日本三井住友、瑞穗等大银行，一批具备国际认证理财师（CFP）资格的专门人才组建了私人理财银行业务部门（Private Banking，PB）。

三、日本的理财服务[①]

在接受了良好的理财服务教育后，日本特别出台了与金融产品销售有关的法律——《金融商品贩卖法》，按照理财服务的思想对金融机构销售金融产品的行为进行了规范。在这项规范的指引下，日本银行制定了相关的服务方针，包括：

（1）事先了解客户对金融产品的认知、购买经验、财产状况、购买时间，然后根据这些信息进行综合考虑，力争为客户提供合适的金融产品并能够充分描述金融产品。

（2）向客户充分说明金融产品的结构以及本金损失风险等重要事项，在客户充分了解后，让客户自行判断、选择和决定购买金融产品。

（3）在推荐金融产品时，要充分说明对客户的不利事项，不做武断或与事实不相符的说明。

（4）在营业场所推荐产品时，原则上应在规定的营业时间内进行。如果以电话、走访等方式推荐金融产品，要避免在给客户造成麻烦的场所与时间内进行。

---

① 杨雪，日本私人理财业务规范发展，《金融时报》，2005 年 3 月 23 日。

(5)当客户咨询产品时,应当迅速给予回答,回答应当简单明了;当客户提出意见时,应当虚心接受并努力改进。

金融机构在理财咨询方面设置了严格的操作步骤:

第一步,了解客户的理财目标,即了解客户的意愿和计划,以及实现计划的时间和所需资金,以便明确有效的资产运用方式。

第二步,搜集客户的信息,包括家庭成员构成、年龄、资产负债状况、收入支出情况、人生设计规划、梦想的目标、金融资产投资目的、投资经验、风险承受能力等。

第三步,对搜集到的客户信息进行分析和诊断,对客户的资产负债、收入支出等进行分析,找出客户财务管理中的问题所在,以此为依据提供相应的解决方案。

第四步,根据客户的计划和设想,设计能达到客户理财目标的具体方案,并对可选择的金融产品进行说明。如果涉及保险、税收、不动产等,还要就保险估价、税务节省、不动产活用等方面做出相关说明。

第五步,协助客户执行理财计划,并落实上述具体方案。

第六步,跟踪理财计划,跟踪检查理财计划的执行和有效性,在理财计划有必要进行修正时适时调整。

在日本,理财师大多分散在各个金融机构的营业网点,而非集中在理财中心。这些营业网点的门口会放置理财师的照片、专业资格、理财经验等资料,方便客户办理业务时很容易地看到并找到相应的理财师。每个银行网点一般有1—2个理财师,这些网点靠近居民生活区,客户有需要时能非常方便地找到理财师。

银行的理财师一般一年可以服务60—80个客户,但对于资深理财师,客户维持在20—30个就可以了。对于拥有丰厚的金融可投资资产的高端客户,想要享有更专业的服务,可以找这些资深理财师。

银行提供的理财服务还根据客户的金融资产划分为高端客户和中端客户。对中端客户,银行主要提供的是账户服务,比如代发工资、代扣费用等。由于银行拥有客户资金使用记录,并且非常清楚客户账户中的闲置资金,因此银行可以针对这些闲置资金的使用开发一些理财服务。对高端客户,银行则提供专门的理财顾问。这些理财顾问可以接受客户的委托,为客户拟定相应的理财方案,并可以帮助客户实施理财计划。

在为客户拟定理财方案的过程中,理财师通常要用到三个工具,它们分别反映了客户的理财目标、客户现有的财务资源、客户将来的财务资源。第一个工具是生活大事表,以家庭为单位,计划未来设想的人生大事,比如买房、孩子教育、退休等。在生活大事表中要设想出这些事项在什么时间发生、需要多少费用。这个工具反映的是客户的理财目标。第二个工具是家庭资产负债表,以家庭为单位,将家庭的资产和负债状况记录在表中。从家庭资产负债表可以看出家庭现有的资产、现有的负债、家庭净资产,以及总资产中有多少属于金融资产、多少属于实物资产等。金融资产要记录金融资产的金额、存取处、利率、到期期限等,实物资产要记录市场价格、税收、费用等情况;负债则要记录欠债金额、贷款利率、到期日等。这个工具反映的是家庭现有的财务资源。第三个工具是现金流量表,列示家庭未来每年预计的收入和支出。生活大事表中的人生大事所需支出和家庭资产负债表中的现有财务资源应当整合到现金流量表中,从而可以看出未来在某个时间点是否会有现金缺口。

在日本,人生三件必不可少的大事是子女教育、房产、养老。如何利用有限工作时间赚取的有限收入实现这三大目标,是理财师首先要为客户解决的问题。虽然不同阶层的客户有不同的需求,但任何一个客户都有这三个需求,只是需求所需金额不同而已。日本1970年就进入了老龄化社会,退休后的养老问题是人们最关注的问题,退休规划也成为日本人最关心的规划。日本人的寿命很长,男性平均寿命为世界最高,所以日本人认为如果没有做好退休后的规划,在年老退休的时候就无法享受到幸福人生。在日本人的观念中,年轻的时候是为了生活而工作,退休后就是人生的黄金时期,能去做自己喜欢做的事情。他们认为,只有这样,未来的退休生活质量才不会下降,才能老有所养。

除了人生的三件大事,日本还流行资金三分法,将资金划分为流动性资金、计划使用资金和收入性资金。

流动性资金相当于应急准备资金,是为应对出现疾病、受伤、灾害等突发事件而预留的资金。这笔资金的流动性要很强,即变现且不受损失的能力要很强,一般以活期存款、定期存款、货币市场基金等形式准备,金额大致为月均必需生活费用的3—6倍。

计划使用资金是指计划在某年需要使用的资金,这笔资金一般对应于人生大事,比如买房、买车等。由于这笔资金的使用期长于应急准备期,因此可以运用一些中期投资金融品种去实现。在日本,有一种叫作"财形储蓄"的制度,是政府牵头设计的,由企业和职员签订协议每月定期从薪酬中扣除一定金额存入财形储蓄账户,以积累定期存款的方式计算利息,在需要使用的时候可以支取。

收入性资金是指10年内不会使用的资金,这笔资金可以用来满足子女教育和退休养老。由于子女教育和养老规划的时间都超过10年,可以采用风险高、收益高的长期投资品种。这笔资金是利用复利效应来赚取资本收入的,因此被称作收入性资金。本质上,收入性资金是真正的理财资金。

随着优秀的理财师越来越多,日本的理财市场发生了一些变化。这些优秀的理财师在积累一定的客户后,就会脱离金融机构,自己创业开设理财事务所,为客户提供服务。由于开设理财事务所能为客户提供更好的、更独立的理财解决方案,而不受金融机构搭配销售产品的影响,因此这类机构越来越得到客户的认同。

第三节　澳大利亚理财行业的发展[①]

一、澳大利亚理财行业的起源和发展

如果早期的退休金计划也算作个人理财计划的起源,那么澳大利亚个人理财业的历史可追溯到百年前。1909 年,澳大利亚就成为最早提供政府退休金计划的国家之一。早期的退休金计划只有高级管理人员和政府高级公务员才能享有。第二次世界大战结束后,普通公民也有权享受退休金计划,从而使退休金计划成为人们退休理财规划的重要工具。

澳大利亚比日本更早进入老龄化社会,在 20 世纪 60 年代中期就呈现老龄化趋势。为了老有所养,澳大利亚推出了固定收益(Defined Benefit)计划。固定收益计划是指事先以合约形式规定了受益人最终的受益数额与收益方式的一种退休金累积计划,构成了最早的理财规划。

60 年代推出的固定收益计划使得 80 年代退休的职员获得了丰厚的退休金。在拿到退休金后,如何管理退休金成了退休人员的一个重要需求。正是在这个因素的推动下,澳大利亚理财行业才开始蓬勃发展,理财师也应运而生。

最早推动理财业务发展的是澳大利亚投资规划师协会(Australian Investment Planners Association,AIPA),后来更名为澳大利亚投资和财务顾问学会(Australian Society for Investment and Financial Advisers,ASIFA)。对个人理财行业起推动作用的机构还有澳大利亚人寿保险联盟(Life Insurance Federation of Australia,LIFA)。与前者不同的是,LIFA 属于保险产业,这一机构与美国同业组织(如百万圆桌会议)联合,共同推动了澳大利亚个人理财这个新兴行业的发展。

为了推动澳大利亚理财行业的快速发展,部分有识之士认为有必要学习其他国家的经验。Gwen Fletcher 女士为此专门于 1982 年访问美国,寻求相关组织的帮助和支持。在美国,她访问了国际理财协会(IAFP),并结识了协会中热心的会员。回国后,她认为有必要在澳大利亚建立一个与 IAFP 相似的行业协会组织。在她的努力之下,IAFP 于 1982 年年底将全球会议定在了澳大利亚,并协助她在 1984 年成立了本土的 IAFP 组织。该组织成立后,会员迅速增加,影响很快超过了澳大利亚投资和财务顾问学会。1990 年,澳大利亚 IAFP 与国际 CFP 理事会签署了第一个国际许可证和联属协议,协议允许澳大利亚 IAFP 参照国际 CFP 理事会的模式向达到认证要求的理财师颁发 CFP 资格证书。澳大利亚也由此成为美国本土以外第一个国际 CFP 理事会成员国。1992 年,

---

[①] 陈兵、Alfred Wong,澳大利亚个人理财业的发展与启示,《金融教学与研究》,2007 年第 1 期。

两个协会合并成立澳大利亚理财协会（FPA）。FPA承担了理财教育的职责，举办理财周等系列活动，将理财意识传导给公众，并且逐渐树立起公众对理财协会的认可，澳大利亚的理财行业由此获得迅速发展。

二、澳大利亚的理财认证体系

在访问了美国的国际理财协会后，Fletcher同时推动建立了澳大利亚第一个理财教育机构。1983年，投资培训学院（Investment Training College，ITC）成立。但在1990年加入CFP理事会成员国后，正式的CFP课程体系才被引入澳大利亚，成为理财规划教育体系的核心课程。

经过本土化改良之后，澳大利亚现行的CFP课程包括以下四个部分：CFP1，即伦理、专业和职业操守（Ethics，Professionalism and Compliance）；CFP2，即应用策略1（Applied Strategies 1）；CFP3，即应用策略2（Applied Strategies 2）；CFP4，即投资策略（Investment Strategies）。

大众理财意识的萌发，促使澳大利亚的大学开始重视个人理财教育。许多大学在课程设置中增添了个人理财课程，比如查尔斯特大学（Charles Sturt University）等。更有一些大学在学科设置中增设了个人理财专业，比如西悉尼大学（University of Western Sydney）和澳大利亚国立大学（Australia National University）等。在西悉尼大学，学生通过专业学习可以获得个人理财学士学位；在澳大利亚国立大学，学生通过更高层次的学习可以获得个人理财硕士学位。由此可见澳大利亚对个人理财教育的重视程度。

三、澳大利亚理财机构的发展

澳大利亚的金融机构（包括银行、保险公司、基金公司等）拥有大的理财服务网络。一项调查结果显示，澳大利亚开展理财业务的理财师大约有15 000名，其中超过11 000名理财师分布在排名前100的金融机构中。这些金融机构包括银行、保险公司、基金公司及会计师事务所等，在澳大利亚个人理财体系中占据3/4以上的份额。

除了银行、保险、证券、基金等金融机构开展的理财业务，澳大利亚还有两类理财师，一类是签约的特许理财师，另一类是独立理财师。

签约的特许理财师可以与金融机构签署协议开展理财业务，但不必承担金融机构执照所规定的法律责任和财务责任。在这种合作中，金融机构承担法律义务，包括教育、培训、监控和管理特许理财师。除了特许理财师与金融机构签订的协议所规定的业务内容，特许理财师在其他方面开展业务可不受该金融机构的限制。在合作中，通常金融机构提供服务支持，比如教育、营销、软件等。

如果理财师能够独立取得金融执照，在满足澳大利亚证券与投资委员会（Australian

Securities and Investment Commission,ASIC)的教育、经验和金融执照要求之后,可以不依附于金融机构而独立开展理财业务。与特许理财师不同的是,独立理财师必须承担金融机构的法律责任和财务责任,风险较大,收益相应较高。

一份调查报告显示了澳大利亚理财师的从业分布情况(见图1-1)。从调查报告来看,在金融机构的理财师占了一半以上(52%),而在会计师事务所的理财师占20%,自己独立开设理财公司的占20%。

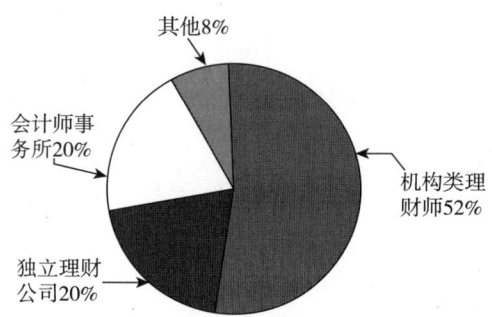

图1-1 澳大利亚理财师的从业分布情况

资料来源:陈兵、Alfred Wong,澳大利亚个人理财业的发展与启示,《金融教学与研究》,2007年第1期。

独立理财公司与金融机构的特许理财师提供的服务各有侧重,前者倾向于提供理财咨询服务,后者倾向于运用理财服务营销产品。

第四节 欧洲理财行业的发展

一、欧洲理财行业的兴起与发展

欧洲个人理财行业从私人银行业务(Private Banking)业务发展而来,在欧美等西方国家已有百年历史。瑞士银行最早向其顶级客户提供一对一专享服务,例如提供匿名存款服务、财务咨询、投资建议,甚至为客户安排看病就医、旅行食宿行程、客户子女进入贵族学校就读等。瑞士私人银行业务主要分为在岸和离岸两种。在岸业务是指客户居住境内开展的业务,例如居住在瑞士获得在瑞士境内的业务服务。离岸业务是指在客户居住国以外的国家或地区开展的业务。离岸业务是瑞士私人银行的一项特色业务。面对日趋激烈的市场竞争,金融机构纷纷加大科技投资,建立个人理财平台以抢占个人理财市场。

欧洲至少有以下几类理财服务机构:私人银行、投资银行、资产管理公司、独立理财咨询师、理财咨询机构、新兴银行、理财门户网站及零售银行。[1] 在离岸市场方面,全球

---

[1] 刘华,国外个人理财业务的发展现状及经验借鉴,《中国城市金融》,2003年第11期。

最大的离岸私人银行中心在瑞士和卢森堡,全球约1/3的离岸资产分布在瑞士。此外,巴哈马、开曼、英属维京群岛及百慕大等拉美加勒比海若干岛屿国家也是国际著名的离岸私人银行中心,在百慕大和巴哈马这两个岛屿设立的私人银行机构分别超过400家。

欧洲理财师协会最早于1957年在法国成立,要求掌握各个理财领域的知识、经验和业绩才能加入协会,因此初始入会的理财师仅500人。意大利于1978年成立理财师协会,由1500名专业理财师组成。英国于1987年成立理财师协会,通过英国理财师协会的资格认证可成为从初级到高级六个阶段的会员①,采取"实务+教育"的方式择优录取。2008年金融危机爆发后,以英国为主的部分欧洲国家将理财教育纳入国家发展策略,与民间机构合作以提高民众的理财意识和能力。

二、欧洲的理财服务

(一)瑞士的理财业务

提起瑞士,人们很快就会想到瑞士银行,在很多影视剧作品中,瑞士银行充当着世界富豪们信赖的"保险柜"角色。瑞士理财业务的前身是传统的私人银行业务。四百多年前,因为拥有发展欧洲银行业务的地理区位优势、拥有多元文化视野和做事认真负责的瑞士人、拥有银行业保密制度、拥有较低税收和保持永久中立稳定的政治立场,瑞士开展了世界最早期的私人银行业务。随后,私人业务便以私人银行的形式在瑞士发展起来。目前,瑞士是全球最大的境外财富市场和最大的离岸金融中心。

在瑞士众多的个人财富管理机构中,瑞银集团(UBS)在150年前就开展个人财富管理。如图1-2所示,瑞银集团主要以财富管理、投资银行及资产管理的一体化"组合拳"方式为客户提供资产管理、投资担保、商业零售和科学研究等服务。由于全球化的布局,瑞银集团在个人财富积累较为充裕的国家都设有分支机构,使得客户能够在世界各地享受统一规范的高品质服务,完成财富的积累、保护和转移。

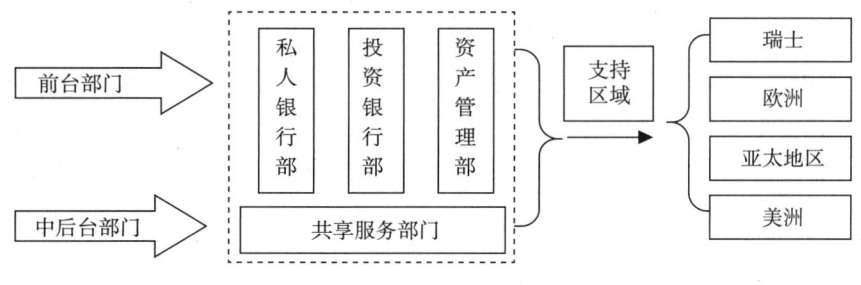

图1-2 瑞银集团组织架构

资料来源:张晓青,国外私人银行业务发展经验及其启示,《中国信用卡》,2013年第5期。

---

① 伊娜,国外个人理财业务的发展对我国银行业的启示,《浙江金融》,2007年第1期。

在 2019 年度《欧洲货币》(在全球金融界颇具公信力的财经杂志)私人银行调查中,瑞银集团再度获选为"全球最佳私人银行",同时获选为亚洲区内中国香港及新加坡的"最佳私人银行"。截至目前瑞银一共荣获 9 项环球大奖、15 个地区奖项,并在多个国家组别中位居榜首,足以奠定瑞银集团在全球个人理财市场上举足轻重的地位。① 瑞银集团财富管理业务的服务宗旨是:为高净值人士及其家族成员实现个人与家庭目标相一致的资产配置方案,使客户充分享受到瑞银全方位的、卓越的财富管理业务服务。瑞银集团高效的服务流程依靠擅长股票投资、税收筹划、期权操作和慈善规划的专家所构成的专业的投资顾问团队,进而制订有针对性的、合适的投资组合规划并形成投资规划方案,从而最大限度地实现财富的保值、增值和传承。②

瑞银集团的财富管理业务经过百年的发展已经形成完整的服务体系,管理业绩非常突出。瑞士银行以客户为中心的服务宗旨贯穿于其提供的服务,客户走哪服务跟到哪;同时,根据客户群的不同,瑞银集团会提供差别化的产品和服务。瑞银集团针对不同客户群配备更专业的理财顾问团队,提供更优质和个性化的解决方案,大大提升了客户的体验度及忠诚度。表 1-1 为瑞银集团客户准入标准。

表 1-1 瑞银集团客户准入标准

客户等级	准入标准	折合人民币*
最低准入标准	50 万瑞士法郎	350 万元
核心富裕客户	50 万—200 万瑞士法郎	350 万—1 400 万元
高净值客户	200 万—5 000 万瑞士法郎	1 400 万—3.5 亿元
关键客户	5 000 万以上瑞士法郎	3.5 亿元

注:按 2019 年 8 月以来人民币对瑞士法郎的平均汇率约 1∶7 换算。
资料来源:张晓青,国外私人银行业务发展经验及其启示,《中国信用卡》,2013 年第 5 期。

(二) 德国的理财业务

德国是高度发达的工业发展文明社会,2018 年以 3.98 万亿美元 GDP 总量、46 724 美元人均 GDP 的成绩分别位列全球第 4 和第 17。由此来看,德国应该是经济发达、金融市场稳定、个人理财活动十分活跃的国家。实际情况大相径庭,德国人的理财态度谨慎,认为高收益的活动势必伴随高风险。因此,大部分德国人选择以银行为主的金融机构管理个人财富,选择的金融工具以银行产品、寿险、基金产品及证券为主。

在众多的商业银行个人理财服务中,德意志银行的私人银行在对客户财富管理的认知度、客户服务和产品推荐、资源配置平台、组织架构上都有较为丰富的运作经验,是

---

① 瑞银集团官方网站:https://www.ubs.com。
② 谢国梁,从瑞士经验看香港地区私人银行业的发展前景,《国际金融研究》,2004 年第 4 期。

德国私人银行业务开展较好的银行之一。总部设在法兰克福的德意志银行是德国规模最大的全能型银行,提供包括资产与财富管理、投资银行及环球金融交易等服务。德意志银行以客户需求为核心进行产品设计、产品定价、产品分销和后续的产品管理,在了解客户基本信息、资产配置情况、风险偏好及承受能力的基础上,由客户经理完成客户各项理财业务需求的一体化管理。表1-2是德意志银行私人财富管理部提供的产品和服务流程。优质的服务让德意志银行被《亚洲私人银行家》杂志评为2011年"中国最佳私人银行",被《亚洲风险》杂志评为2009年"亚洲最佳私人银行"等多项殊荣。

表 1-2 德意志银行私人管理部的产品和服务流程

服务流程	内容
主动咨询	了解客户资产信息、基本资产配置及风险承受能力
资产组合管理	针对客户配置风险与收益匹配进行投资产品组合
替代投资	对冲基金和房地产基金
互助基金	股权基金、固定收益基金和货币市场基金

资料来源:王小平,商业银行高端个人客户群资产配置研究,东华大学硕士研究生学位论文,2011年。

在德意志银行本土的客户中,有95%是中小客户,只有5%是大客户,85%的收入来自中小客户,15%的收入来自大客户,由此可以看出德国人的理财观念相对北美等其他发达国家较为保守。德国经济学者罗多夫以"历史原因"对这种现象给出了解释,他认为德国人经历了两次世界大战和货币动荡后,大多采取较保守的理财方式而非风险较高的投资。源于20世纪80年代出现的老龄化问题,根据生命周期的投资原则,目前德国家庭金融资产中保险和养老金的占比逐渐上升,推动德国保险行业不断发展。

第五节 中国理财行业的发展

一、中国香港理财行业的起源与发展

个人理财服务起源于西方发达国家,最早将理财概念带入亚洲的是著名的跨国银行——花旗银行。花旗银行是美国最大的国际性商业银行,也是世界上开展个人理财业务规模最大的银行。20世纪80年代初期,亚洲各国政府对外资银行设立分行均有严格的限制,花旗银行为了填补在分支网络方面的不足,为资产超过10万美元的客户提供全面的财富管理(理财)服务——CitiGold贵宾理财服务,反响十分成功。近年来,汇丰银行、渣打银行和恒生银行等相继推出了分层服务,极大地丰富了香港银行业的服务内容,提升了香港银行的国际服务竞争力。

作为目前亚太地区重要的国际金融中心,香港私人银行及资产管理一直是金融业的重要内容。国际最大的经营私人银行业务的机构(花旗、JP摩根大通、高盛、美林及摩根士丹利、汇丰、德意志银行、巴黎国民银行、荷兰银行、巴克莱银行、德累斯顿银行等)在香港均设有营运基地。香港一直是亚洲富人尤其是华裔富商选择居住的主要地方,是目前亚洲及亚太地区仅次于日本的最大的私人银行在岸市场,同时因免资产增值税、利息税及低遗产税等而吸引了不少周边地区的财富流入,因此也是亚洲地区最大的私人银行离岸市场。据波士顿咨询公司(BCG)的调查,2018 年香港以 1.1 万亿美元的资产管理体量成为世界第二大离岸管理中心。

(一) 香港个人理财的特点[①]

香港在 20 世纪初已经发展成为全球财富管理的重要金融中心,香港个人理财服务在 90 年代开始发展,已成为亚太地区个人理财颇具竞争优势的市场。尤其在经历亚洲金融风暴之后,香港个人理财市场的经营方式发生转变,保险公司、银行、证券公司等金融机构聘用的理财规划师深受客户的青睐。理财顾问沿用的是瑞士个人理财的模式,为客户提供个人保障、退休计划、投资计划等咨询服务并收取佣金,理财服务内容更加丰富和完善,具有以下三大特色:

1. 依据资产体量对客户进行细分,提供有针对性的服务

理财行业根据客户的不同财富值,提供更具个性化的服务。一般分为 VIP 客户、优秀客户、中产阶层客户和大众客户四种类型。VIP 客户的财富门槛不少于 100 万美元,对投资要求高的投资银行会将门槛提高至 500 万美元。VIP 客户偏好于投资需求服务,理财机构会针对客户状况选择结构性期权以及其他金融衍生产品的投资。优秀客户通常是财富值为 100 万港元以上客户,也是个人理财的重点客户。中产阶层客户资产额为 20 万—100 万港元,主要享受综合账户及其他增值服务。考虑到大众客户的业务收益较低甚至会出现负收益,可采取一些收费措施,促使大众客户选择服务成本较低的电子或自助式服务。

2. 专业化的高素质从业人员

香港于 2001 年正式引进美国专业理财规划师的认证考试,即 CPFP(Certified Personal Financial Planner)。除此之外,香港专业机构还要求从业人员通过诸如特许财务分析师(CFA)、美国注册规划师(RFP)、美国认证财务顾问师(CFC)、中国证监会持牌人代表(SFC)、保险代理人等认证考试。个人理财从业人员分为财务顾问、助理客户经理、客户经理、私人客户经理等不同级别,不同级别的从业人员服务于不同层次的客户,以规避实务操作风险。[②]

3. 服务营销手段花样多

为了更好地服务现有客户和吸纳更多的潜在客户,香港的理财机构会采取团队销售、专业跟进、定期会议、产品事务、客户培训、专家小组、社交聚会等方式营销。有的个

---

① 符健,香港个人理财业务发展启示,《中外企业家》,2013 年第 3 期。
② 李秀英,香港个人理财业务研究,暨南大学硕士研究生学位论文,2008 年。

人理财银行（如汇丰、花旗）甚至会以客户需求为中心，投入全面管理系统以掌握客户的个人情况和需要，用心提供贴身、贴心的服务，甚至为 VIP 客户指派特定的客户经理，理财热线 24 小时为财务和投资需求提供服务，提供一站式、个性化的服务。

（二）香港个人理财服务[①]

大部分香港银行提供的理财服务内容大同小异。为了吸引客户，很多银行会将服务加以包装，创造卖点，凸显优势。下面对香港主要的提供个人理财服务的四家银行做比较。

1. 汇丰银行

作为全球最大的银行集团之一，汇丰银行为顾客提供全球性服务，投资工具选择更多。以"世界级财富管理服务"为竞争口号的汇丰银行利用全球资产管理团队资源，提供国际性的投资理财服务，其私人银行业务将客户按职业分为家庭、职业经理人、企业主、国际客户，以及传媒、体育、娱乐从业人员不同客户类型，依据客户需求特点提供有针对性服务。汇丰银行构建了"卓越理财"模板，规划并完成财富管理与增值、家庭保障、退休规划、子女教育、财富传承等服务。

2. 渣打银行

渣打银行根据顾客在"昂首起步""成家立业""稳固基础"及"优闲岁月"不同人生阶段的需求，设计了"优先理财""优逸理财"及"快易理财"。"优先理财"主要提供全面的财富规划并专享购房全方位的顾问服务，结合渣打银行的全球布局特点，提供结构性存款、全球基金、债券及结构性票据系列投资产品等理财工具。渣打银行推出的"家庭财富管理系统"会科学地分析家庭财务状况，根据投资者偏好推荐资产配置和保险方案，满足家庭财务需求。"优逸理财"则通过网上自助财富管理平台进行基金交易、保险申请、金融产品挂钩的资产投资、保险买卖、外汇买卖。

3. 中银香港

中银香港私人银行服务宗旨是紧贴全球市场变化，以个性化的服务帮助客户达到财富管理目的，提供投资顾问、另类投资机会、信托服务、遗产规划、个人与企业银行服务，以"1+1+1"服务模式，将企业银行服务、个人银行服务、零售银行服务的服务载入个人、家庭和事业，通过广泛的个人银行服务渠道，提供综合财富管理方案，完成投资研究、财富传承、资产完善及组合管理抵押贷款服务。中银香港的投资工具主要包括人民币业务、环球制海权、外汇投资、基金投资、衍生品及结构性产品等，力求实现一站式服务。

4. 花旗银行

花旗银行的"CitiGold 贵宾理财服务"拥有专业的客户经理、客服代表、财富规划经理、财产安全规划经理、外汇交易专员、房贷专员等组成的理财精英团队，为客户提供有

[①] 陈继红、郑振欧，香港银行业个人理财服务发展的背景及内容比较，《金融论坛》，2003 年第 11 期。

关流动资产、短期投资、长期投资、住房贷款和保险的财富规划,基于专业人士及行政人员、商家或企业家、家庭及退休人士的客户分类,量身打造理财服务。"CitiPriorty 简易理财"则根据客户的风险承受能力及理财目的拟定财富组合规划。

香港以国际银行业作为个人理财的主要金融媒介,虽然每家银行的个人理财业务各具特点,但理财模式均依托自身的全球化业务布局优势,为客户配置全球金融资源,借助香港金融地理优势来提升国际竞争力。

二、中国内地理财行业的起源与发展

自改革开放以来,中国内地经历了经济高速发展阶段,居民物质生活水平不断提升,家庭财富增速也越来越快;但是,家庭财富的增速却并未让大多数人的幸福感得到提升。这种现象的产生来自至少三个原因:第一,贫富差距拉大,与他人对比后幸福感降低;第二,虽然财富增速快,但通货膨胀增速也快,财富增加带来的幸福感被通货膨胀带来的压力抵消了;第三,现在的财富虽然增加了,但未来的保障仍不确定,对未来的担忧反而因经济水平的提升而增大了。这几个原因正促使大部分家庭从追求工资收入的增加转变为追求保障的加强、追求理财收入的增加、追求幸福感的提升。中国的理财需求正在经济高速发展的状态下迅猛增长,将迎来理财行业的黄金发展期。

2005 年发起的股权分置改革推动了中国股票市场的发展,也迎来了 2006—2007 年第一个前所未有的大牛市。在此期间,大多数家庭或多或少地接受了一次"股票投资"或"基金投资"的熏陶,一部分家庭开始加入投资行列。"理财"在这个阶段与"投资"被当作等同的概念。2008 年大熊市的洗礼,一些事先未经过"理财教育"就盲目入市的投资者一时间茫然失措。在股票基金平均亏损幅度达 60% 的情况下,大部分投资者的账面收益惨不忍睹,刚刚被唤醒的"理财热情"在残酷的资本市场博弈游戏的打击下一落千丈,对"投资"与"理财"的关系尚未明了的投资者由此远离股市,却也与"理财"绝了缘。一部分投资者却在这个迅速变化的环境中意识到学习的重要性,其理财观念也从单一的激进投资转向资产配置和综合规划。然而,专业知识的积累并非一朝一夕之功,在意识到自身知识瓶颈以及打理财富的时间与精力有限后,许多家庭对从专业理财师那里获得咨询建议有了越来越强烈的需求。银行、保险、证券、基金等金融机构也越来越重视从综合理财规划的角度为客户提供金融理财服务。由此,中国成为全球个人金融业务增长最快的国家之一。

目前,我国正处于人均 GDP 由 9 608 美元向 10 000 美元过渡的阶段,中国理财市场总规模已达到百万亿元。其中,银行业理财规模近 30 万亿元,占据市场最大份额;信托、证券、保险行业的理财规模也均在 15 万亿元以上;互联网理财规模发展速度最快,2013—2016 年 3 年间市场规模由 3 853 亿元激增到 2.6 万亿元。中国高净值人群的规模和财富不断增长的同时,他们的理财观念逐渐从创富到守富,对理财的需求越来越迫切。① 研究显示,中国家庭对财富管理的需求会快速增加。

目前,中国的理财机构主要有以下七类:

1. 商业银行理财机构

商业银行一般按资产值将客户分为中端客户、高端财富客户和私人银行客户三个层级。目前,银行业财富管理主要针对高净值人群,其中又以私人银行业务最为典型。由于利率市场化等宏观经济环境的变化,银行批发业务收入下降,商业银行开始重视被划为零售业务的财富管理业务,选择的理财工具以存款、理财基金、保险、信托产品等为主。②

2. 证券公司财富管理部门

2010年年末,广发证券正式引入投资银行财富管理的概念。证券业受限于分业监管制度,客户的存款、投资账户相互分离,致使其发展遭受很大阻碍。券商收入以佣金手续费为主,券商业务的创新品种还包括保证金现金管理、证券质押贷款、另类投资等。③

3. 基金公司财富管理部门

基金公司财富管理业务主要以公募基金、基金专户、券商资产管理、私募基金、期货资产管理等各式产品,以及资产配置、理财账户等服务为主。个人客户可通过货币市场基金、短期理财、现金管理型资产管理等方式实现碎片化投资需求。存量客户则可以通过公募基金及基金组合实现投资目的。④

4. 保险公司财富管理部门

人们认识到在追求财产投资增值的同时,更应该合理规避一些意外风险对家庭财产的影响,保险理财逐渐流行起来。保险公司根据"保险""守财"及"增值"的不同需求,提供许多的保险选择。保险理财工具主要包括"分红险""投资连结保险""万能险""养老险"等种类。

5. 信托公司财富管理部门

信托理财是一种"受人之托、代人理财"的财产管理制度。信托业务是由委托人依照契约或遗嘱的规定,为了自己或第三者(受益人)的利益,将财产处置权转给受托人,由受托人按规定的条件和范围,占有、管理和使用信托财产,并处理收益。⑤ 信托公司的投资门槛为100万元以上,是境内唯一可以横跨货币市场、资本市场和实业领域进行投资的金融机构,其投资工具以贷款、股权、权益和债券为主。

6. 私募股权投资基金

私募股权投资(PE)是指通过私募基金对非上市公司进行权益性投资以推动公司发展、上市,通过公司首次公开发行股票(IPO)、兼并与收购(M&A)或管理层回购

---

① 胡润研究院,2018中国理财规划师白皮书,http://www.hurun.net/。
② 吴成丕,《金融革命:财富管理的互联网竞争》,北京:中国宇航出版社,2013年。
③ 同上。
④ 财富管理公司如何开展基金业务,[2019-10-1],http://www.sohu.com/a/240803630_568548。
⑤ 杨小丽,《互联网理财一本通》,北京:中国铁道出版社,2017年。

(MBO)等方式转让股权并从中获利。私募股权投资基金的投资期限非常长,因此其资金来源主要是长期投资者。①

7. 互联网理财管理部门

随着大数据与云计算技术的发展,低门槛使得中产及长尾客户得以全覆盖,逐渐进入全民理财时代。互联网理财的主要模式有第三方支付、众筹、P2P、大数据金融、互联网金融门户,以及金融机构信息化、智能投顾等。

开拓视野 中国第三方支付移动支付市场季度监测报告

独立第三方研究机构(易观)发布的《中国第三方支付移动支付市场季度监测报告2018年第四季度》显示,2018年第四季度,中国第三方支付移动支付市场交易规模达47.2万亿元,环比上升7.78%。其中,支付宝以53.78%的市场份额夺得移动支付头名,且份额较第三季度再度扩大8个基点。从行业情况来看,第三方支付移动支付市场交易排位整体呈稳定态势,支付宝、腾讯金融(含微信支付)分列第一、二位,两者合计占据整个市场份额的92.65%。

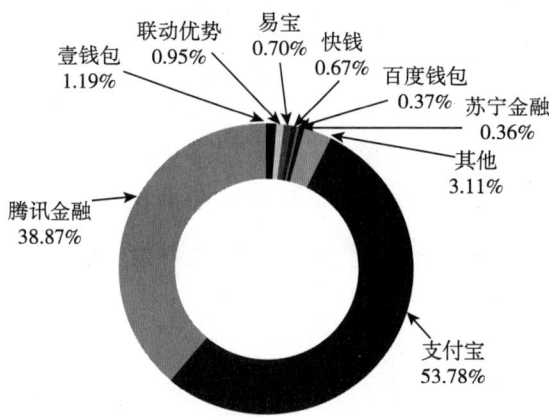

图1-3 2018年第四季度中国第三方支付移动支付市场交易份额

资料来源:http://info.hqbpc.com/html/2019/3/90893.html

(1)第三方支付。移动通信技术的提升带来了第三方支付的迅猛发展,为民众带来的金融支付、生活便民、公益教育、娱乐网购、旅游票务等多项服务大大地改变了现代人的生活习惯。第三方支付除了提供支付服务,还延伸到理财服务,主要的理财服务包括货币市场基金、保险理财、指数基金、定期理财和券商理财。

(2)众筹。2006年,迈克尔·萨利文发起的网络筹款公文将"众筹"这一互联网筹集资金方式映入人们的视线,但该筹资项目并未成功。最早成功的众筹网站Kickstarter

---

① 私募股权基金和银行基金产品有什么区别?[2019-10-1],https://news.p2peye.com/article-513611-1.html。

于 2009 年创建于美国。这种能在短时间内筹集资金的形式引起了业界的高度关注。①随着众筹网站在国外的成功,国内同类型网站相继出现。目前,国内众筹网站有十余家,以 2011 年 7 月上线的"点名时间"和 9 月上线的"追梦网"最为著名。众筹可以用来支持各种活动,如灾后重建、竞选活动、创业募资、艺术创作、自由软件开发、设计发明和科学研究等。众筹模式是近几年伴随着互联网的发展特别是社交网络的崛起而涌现的新生事物,尽管仍处于雏形阶段,但代表着未来发展的新趋势,其独有的特点为解决中小企业融资难问题打开了另一扇窗。

(3) P2P。自 1974 年穆罕默德·尤努斯在孟加拉开展小额信贷扶贫试验以来,小额信贷逐渐在全球扩展,迄今已经成为发展中国家减缓贫困的有力工具。进入 21 世纪以来,一种利用网络平台开展借贷业务的新型小额信贷形式迅速发展,这就是 P2P。②在小额信贷领域,P2P 是对"Peer-to-peer Lending and Online Invest"的概括,其中"Peer-to-peer Lending"的含义是"点对点的信贷或个人对个人的信贷"。P2P 本质上是连接个人资金借贷双方的第三方网络平台,是集结互联网、小额信贷等的创新型金融形式。世界上最早的 P2P 网络借贷平台是 2005 年在英国诞生的 Zopa 平台。此后,Lending Club、Kiva 等 P2P 网络平台迅速建立,并在世界范围内被广泛应用。2006 年 4 月,我国第一家 P2P 网络平台宜信公司正式成立,截至 2018 年 10 月,在我国以 P2P 模式运营的机构达到 1 231 家。③

(4) 智能投顾。智能投顾又称机器人投资顾问(Robo-advisors),是指采用大数据挖掘技术和深度学习算法提供在线组合配置建议及组合管理的理财顾问服务,智能投顾通常不需要手工干预,使人为干涉因素降到最低。美国公司 BetterMent、WealthFront 是智能投顾的代表,创建于 2008 年前后,至今已成长为资产管理规模达数十亿美元的新兴互联网投顾平台。相比于欧美国家,国内智能投顾起步较晚。2014 年,蓝海智能投顾上线,标志着国内首家智能投顾公司的诞生。2016 年,招商银行推出"摩羯智投",使其成为国内首家将智能投顾服务于客户资产配置的商业银行。2017 年,嘉实基金、广发证券等证券行业机构如雨后春笋般,纷纷推出自己的智能投顾业务。④

开拓视野　　　　　　　　　ValueGo 的前世今生

ValueGo 估值机器人是一款企业估值客户端,也是 ValueGo 估值系列第一代产品。如果靠人来计算公司估值,每个公司至少需要 50 小时/人,研究完 2 500 个公司的信息

---

① 黄健青、辛乔利,"众筹"——新型网络融资模式的概念、特点及启示,《国际金融》,2013 年第 9 期。
② 张正平、胡夏露,P2P 网络借贷:国际发展与中国实践,《北京工商大学学报(社会科学版)》,2013 年第 2 期。
③ 沈乎,P2P 小额贷款转入地下暗藏系统风险,监管仍空白,[2011-8-21],http:finance.sina.com.cn/roll/20110821/.shtml。
④ 周永红、彭华,智能投顾研究与应用,《金融电子化》,2017 年第 11 期。

约需要 12.5 万小时,约合 34 年×300 天×12 小时。能达到这种能力的人(实际上不存在这种人)的小时薪酬假设为 500 元,则雇用这个人需要 6 250 万元,且只能提供一次研究服务。ValueGo 估值机器人的诞生,将 12.5 万小时的研究时间缩短为 18 小时,从而为金融机构节省上千万元的人力成本。

未来,ValueGo 将基于大数据、云计算和机器学习深耕于以下领域:一是基于大数据对事件关联性和产业关联性进行分析,比如中美贸易战会对什么公司的价值产生影响;二是基于大数据预测公司财务状况,比如能否通过大数据在上市公司发布季报数据前预测到该上市公司的业绩;三是基于大数据评估互联网企业的价值,传统财务估值模型无法评估互联网企业的价值,要使用大数据来建立对互联网企业的评估模型;四是基于人工智能和机器学习动态调整资产配置权重,比如购买 5 只股票进行投资组合,究竟是将资金平均投在 5 只股票上,还是在某只股票投多一点、某只股票投少一点,这个问题也可以通过机器学习的方式来解决;五是基于人工智能和机器学习自动地优化模型参数,比如在估值时会用到各种参数,而参数的选取目前依据"一半是科学、一半是艺术"的思维模式,但如果结合人工智能和机器学习就可以将"艺术"变成"科学"。

扫一扫,即可使用 ValueGo 估值机器人小程序   扫一扫,进入 ValueGo 官方网站

资料来源:ValueGo 官网(http://www.51valuego.com/1619);陈玉罡、刘彧,ValueGo 估值机器人:大数据时代给投资者赋能的金融科技,《金融科技时代》,2018 年第 3 期。

三、中国理财行业未来发展需要解决的问题

中国理财行业刚刚起步不久,未来发展空间巨大。2010 年在美国上市的第三方独立理财机构——诺亚财富投资管理有限公司,首日上市的市盈率达到 120 倍,彰显了境外投资者对中国理财行业未来增长的预期。上市后经过八年多的发展,诺亚财富的营业收入从 2010 年的 3 786 万美元增长到 2018 年的 47 931 万美元,净利润从 2010 年的 1 339 万美元增长到 2018 年的 14 728 万美元。尽管如此,中国理财行业仍然是一个嗷嗷待哺的婴儿,在未来的成长中不仅需要外部环境的培育,还需要内部素质的提升。

中国的理财行业在未来的发展中至少需要解决以下五个问题:

第一,专业人才缺乏。尽管经过几年的培训,已经有几万人拿到了从事理财师职业

的资格认证证书,但证书的含金量仍未得到体现。其中,最重要的一点是很多人只是为了取得证书而参加培训,而培训机构的管理体系不健全,培训要求的松紧程度不一样,导致取得证书的人才良莠不齐。部分优秀学员通过学习掌握了较好的理财专业知识,并能在工作岗位上加以运用升华,从而提升了所在工作部门的绩效;但也有部分学员只是取得了证书,在培训过程中却因没有认真学习而在实际业务中根本无法运用所学内容。"所学非所用"一方面造成从业人员仍然用原来的产品销售模式展业,另一方面造成客户认为理财从业人员就是营销人员,从而对整个理财行业产生了认知偏差,对理财行业的发展起了负面作用。中国的理财行业应开始着重培养专业型人才,这些人才是靠专业知识而不是靠营销技巧为客户服务的。毕竟,理财是金融领域最为综合性的一个学科,没有一定的专业知识积累,是无法为客户提供专业服务的。营销能与客户建立第一次的关系,但要持续地留住客户,则要依赖于专业的服务。

第二,金融机构的激励机制有待改进。目前大部分金融机构的激励机制是以业务量为导向的,尤其是以存贷款量为关键考核指标。对服务的考核权重比对产品销售量的考核权重要小很多。这种激励机制无法使具备理财专业知识的人才脱颖而出,也无法体现出这些专业人才的价值。许多拿到理财从业资格证书的优秀学员原本期待能凭借专业知识发挥所长,但金融机构目前的体制无法使其长处得到发挥,人才的价值没有得到充分体现。在各种理财产品频频遭受质疑的情境下,以产品为导向的营销模式和激励将无以为继,如果没有事先做好向以服务为导向的模式转变的准备,金融机构将遭遇发展的瓶颈。

第三,第三方理财须借助政策推动发展。最能体现理财专业服务价值的机构是第三方理财。第三方理财机构站在独立、客观的立场上为客户提供综合理财建议,其中会涉及存款、保险、基金、股票、信托等产品。这些产品很少能由一家金融机构提供,即使有的金融机构通过金融控股方式能提供较全面的产品线,但也仅仅是销售自身拥有的产品。金融机构的这一局限性使得其在为客户服务时无法保持独立、客观的立场。这种情况会导致一部分品行不佳的销售人员为了自身利益只顾销售产品,而罔顾客户利益。第三方理财机构则可以在为客户进行综合考量后,在对比各家金融机构的产品的基础上,选择最合适的产品满足客户的需求。但要想保证第三方理财机构的独立性,需要借助政策鼓励第三方理财机构建立依靠服务盈利的模式,而非依靠产品佣金的模式。要建立这样的模式,需要政府的支持和政策的推动。

第四,推动专业理财顾问服务的发展。由于现行金融机构的激励机制及混业经营的限制,金融机构在为客户提供专业理财服务方面不仅遭遇了人才的瓶颈,还遭遇了自身体制的瓶颈。按照这种体制,如果设计出一种能发挥金融机构和专业理财机构各自优势的制度安排,就能够突破这种瓶颈。我们的一个初步设想是:第三方理财机构为金融机构提供专业理财服务,金融机构发挥营销网点的优势,而专业理财机构发挥专业优势。金融机构是前台,而第三方理财机构是后台支持,包括为客户提供综合理财规划、专业分析报告等。

第五，依靠金融科技的力量提升专业服务的效率。理财业务具有综合性和复杂性的特点，因此要培养一个既懂某一类金融品种（如股票）又懂另一类金融品种（如基金）并具有实践经验的人才需耗费数年的时间，而且普通客户很难接触到这类人才。为了提升服务大众的能力，必须依靠金融科技的力量提升人才培养和专业服务的效率。通过研发一系列专业的金融科技工具，能够在短时间内将一个金融从业人员培养成一个金融专家，并能够利用这一工具高效率地服务更多的客户，这是未来必然出现的趋势。

复习题

一、名词解释

个人理财　　PFS　　CFA　　CLU

二、选择题（不定向选择）

1. 理财行业的兴起是因为（　　）。
   A. 老龄化社会的到来　　　　B. 金融危机
   C. 金融自由化　　　　　　　D. 社会可投资财富增加

2. 美国关于理财师的三大权威认证是（　　）。
   A. CFP　　　B. ChFC　　　C. CFA　　　D. PFS

3. 美国最大的理财机构之一嘉信理财公司提供的服务包括（　　）。
   A. 基本建议服务、签名建议服务
   B. 私人理财顾问建议服务、独立顾问建议服务
   C. 富豪财富管理服务
   D. 退休规划与员工福利

4. 持有（　　）证书的从业人员为中小企业主进行服务最为合适。
   A. CFC　　　B. CWM　　　C. CFA　　　D. CLU

三、判断题

1. 美国首家理财机构是1972年创建的。（　　）
2. 在美国，CWM证书持有者的比例最高。（　　）
3. 参加特许财务顾问考试的人员必须具有3年以上相关工作经验，通过6门核心课程的考核。（　　）
4. 只针对注册会计师，要申请就必须先取得CPA资格认证的是PFS。（　　）
5. 相比于CWM，CFP更加侧重大众化，并且注重培养营销实践技能、信息交流技能和财富管理实务技能。（　　）

四、简答题

1. CFP的主要职责是什么？
2. 简述日本理财咨询的程序。
3. 结合国外理财机构的发展，谈谈你对中国未来理财机构发展的看法。

第二章 Chapter 2

理财基本原理

 引导案例

现在我们要投资一个项目,当期需要的投资额是 10 万元,第一年年末现金流入收入 5 万元,第二年年末现金流入收入 3 万元,第三年年末现金流入收入 2.5 万元。从现金流上看,现金流入 10.5 万元,赚了 0.5 万元。

▶ 案例启迪

这项投资真的赚了吗?

第一节 货币的时间价值

一、定义

货币的时间价值(Time Value of Money)是指货币随着时间的推移而增加的价值。比如,现在的1元钱,如果按照2018年1年期存款利率1.5%计算,那么1年后将增值为1.015元,其中的0.015元就是货币的时间价值。在实际应用过程中,我们通常以银行利率作为货币的时间价值。

货币的时间价值是投资和理财理论中最重要的概念。由于货币具有时间价值,因此同等金额未来的钱和现在的钱的价值是不一样的。比如现在的100万元和10年后的100万元的价值显然不一样。如果让你来选择,你肯定选择现在拥有100万元,而不会选择10年后拥有100万元。因为如果你现在就有100万元,通过合理投资或存入银行,10年后你拥有的钱要多于100万元。

货币的时间价值有两种表现形式:相对表示和绝对表示。

相对表示是指不考虑风险和通货膨胀的社会平均资金利润或平均报酬率,也称时间价值率,一般用利率、投资收益率等表示,比如上面提到的1.5%。

绝对表示是指资金经过投资带来的真实增值额,也称时间价值额,比如上面计算出的利息额0.015元。

相对表示和绝对表示之间的关系可以用公式表示为:

$$时间价值额 = 货币数量 \times 时间价值率$$

货币有时间价值,所以不管是你现在手上持有的货币,还是存入银行的货币,抑或拿来投资项目的货币,都是有成本的。这个成本就是经济学所指的"机会成本"。比如现在你在看书学习,不能做其他赚钱的事情,这样你就放弃了做其他事情赚钱的收益,而这个收益就是你在看书学习时的机会成本。如果这个机会成本足够高,你就不愿意看书学习,而更愿意去赚钱了。比如你看书学习的1小时如果拿来工作能赚到1万元,那么你的机会成本就是1万元,如果看书学习你就会丧失1万元的机会成本,也许你会做出不看书学习而去打工赚钱的决定。这个决策的依据是机会成本。但如果你把看书学习的1小时拿来工作只能赚到10元钱,这时你的决定可能就是看书学习而不是去打工赚钱。同样,这个决策的依据还是机会成本。同一件事情对不同的人来说,机会成本是不一样的。比如上面两种情况,对于打工收入达到1万元的人,他的机会成本是1万元;而对于打工收入只有10元的人,他的机会成本是10元。这样,不同的人做出的决策就会不一样。当然,做决策的过程中还有一个因素要考虑,就是做这件事的收益。比如,如果看书学习的人通过读书学会了理财知识并运用到生活中,他能很轻易地赚取超过1万元的收益,那么即使机会成本是1万元,他也会选择读书。这就是为什么学费很贵,但仍有很多人愿意选择读书的原因。

货币的时间价值也是一种机会成本。如果你将货币存入银行,你就丧失了投资其他项目获得的收益;同样,如果你将货币投资到其他项目上,你就丧失了存入银行可获得的利息。这些都是机会成本的概念。回到最初的思考题上,如果我们将投资在这个项目上的10万元存入银行,假设银行3年期存款利率是10%,那么第3年可获得本金10万元和利息1万元,存入银行的收益是1万元。而引导案例中的项目3年后才获得收益0.5万元,还要承担风险,因此这个项目本质上是不赚钱的。不赚钱的根本原因在于机会成本(1万元)高于投资收益(0.5万元)。但如果银行3年期存款利率是3%,这个项目的投资收益就会高于机会成本,就是赚钱的项目。

二、现值和终值

现值(Present Value)是指把将来时点的资金换算成现在时点的资金的价值。比如未来的1.025元按利率2.5%换算成现在时点的价值就是1元,计算如下:

$$1.025 \div (1 + 2.5\%) = 1(元)$$

终值(Future Value)是指把现在时点的价值换算成将来时点的资金的价值。比如现在的1元按2.5%利率换算成1年后的价值是1.025元,计算如下:

$$1 \times (1 + 2.5\%) = 1.025(元)$$

三、单利和复利

单利(Simple Interest)是指按照固定本金计算的利息。所谓固定本金是指利息不再计利息。比如100元存1年,按银行利率2.5%计算,1年后有利息2.5元。如果存2年,按同样的银行利率2.5%计算,2年后有利息5元(2.5×2)。其中,第1年的利息2.5元不放入第2年的本金中计算利息,计算利息的本金始终为100元。

单利的计算公式为:

$$SI = PV \times r \times n$$

$$SFV = PV + PV \times r \times n$$

其中,SI为单利利息额,PV为本金,r为利息率,n为期限,SFV为本金与利息之和(简称"本利和")。

【案例2-1】 1 000元存入银行,存期3年,银行年利率为3%。3年后按单利计算可得利息多少?

案例分析 计算如下:

$$1\ 000 \times 3\% \times 3 = 90(元)$$

3 年后按单利计算可获得利息 90 元。

复利(Compound Interest)是指由本金和前一个利息期内应计利息共同产生的利息,即前一年度获得的利息不取出来加入本金,在下一个年度继续按利率赚取新利息,常称息上息、利滚利。不仅本金产生利息,利息也产生利息。

以 PV 代表复利本金,FV 代表复利终值,r 代表利率,n 代表年限,则复利的计算公式为:

$$FV = PV \times (1 + r)^n$$

【案例 2-2】 如果将 1 000 元钱存入银行,1 年期存款利率为 3%,则 3 年后 1 000 元的复利终值是多少?

案例分析 计算如下:

$$FV = 1 \times (1 + 3\%)^3 = 1\ 092.727(元)$$

在这里,FV = 1 092.727,PV = 1 000,r = 3%,n = 3。

3 年后 1 000 元按照复利计算的终值是 1 092.727 元。

由于利息还可以计算利息,所以按复利计算出的利息比按单利计算出的利息多了 2.727 元(92.727-90)。

表 2-1 反映了期初存入 1 000 元,按投资收益率 10% 计算,5 年的复利利息和期末总金额。图 2-1 则反映了按单利计算和按复利计算的利息差异。从表 2-1 和图 2-1 可以看到,当按复利计算时,期末金额增加得更快,这是缘于利滚利。

表 2-1 复利利息表　　　　　　　　　　　　　　　收益率:10%

期限(年)	期初金额(元)	复利利息(元)	期末金额(元)
1	1 000	100	1 100
2	1 100	110	1 210
3	1 210	121	1 331
4	1 331	133	1 464.10
5	1 464.10	146.41	1 610.51

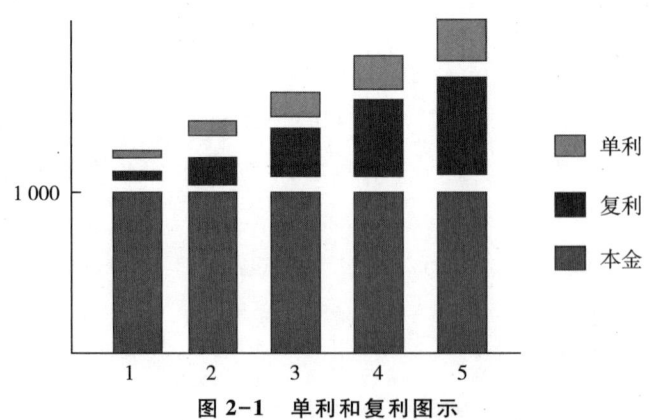

图 2-1 单利和复利图示

复利计算公式中的$(1+r)^n$叫作"终值系数"。这个系数中的两个重要变量分别是收益率 r 和期限 n。从图 2-2 可以看到,随着收益率的提高,本金增值的速度越快;随着期限的加长,本金增值的幅度越大。因利滚利而造成的这种效应也称为"复利效应"。

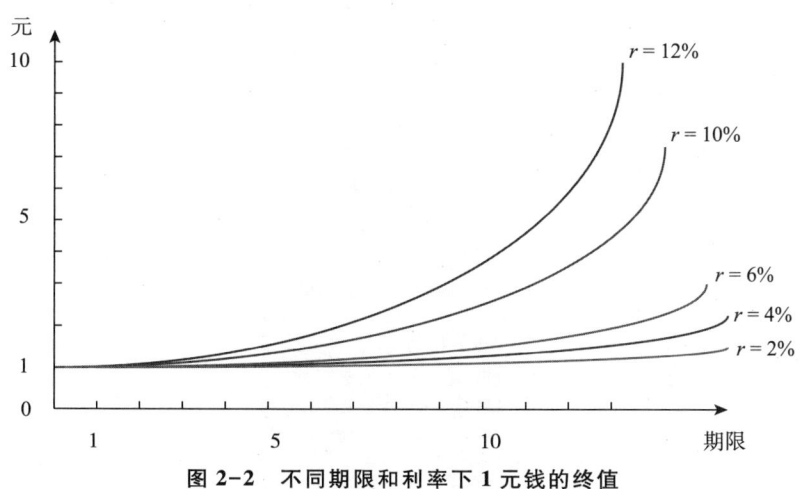

图 2-2　不同期限和利率下 1 元钱的终值

复利效应的威力巨大,特别是对长期投资而言。如果现在有 1 000 000 元,假设投资年均收益率为 8%,那么 30 年后 1 000 000 元将增值为 10 062 656.89 元。也就是说,如果在 30 岁时拥有 1 000 000 元可投资的金融资产,将其投资在年均收益率可达到 8%的金融产品上,那么在 60 岁退休(男方)时即可成为千万富翁。

第二节　财务计算器

目前在理财规划考试中常用的计算器有两种:卡西欧财务计算器 CASIO(见图 2-3)和德州仪器财务计算器 BAII Plus(见图 2-4)。在理财规划类考试中,卡西欧财务计算器 CASIO 使用广泛;而在证券分析类考试中,则较多地使用德州仪器财务计算器 BAII Plus。本书侧重于理财规划,我们只介绍卡西欧财务计算器 CASIO 的使用。

图 2-3　卡西欧财务计算器　　　　图 2-4　德州仪器金融计算器 BAII Plus

卡西欧计算器内置 9 种财务公式，可适用的考试包括 ChFP、CFP、CWM、RFP、FChFP、CFP、CFC、CRFA、IFFSA、CIIA 等国内外金融理财专业考试。

卡西欧财务计算器目前有两种型号，一种是 FC-100V，另一种是 FC-200V。后者比前者多了一些复杂的功能，比如债券方面的计算等，其他功能基本相同。本书以 FC-200V 为基础讲解卡西欧财务计算器的使用。

卡西欧财务计算器 FC-200V 功能按钮如图 2-5 所示。

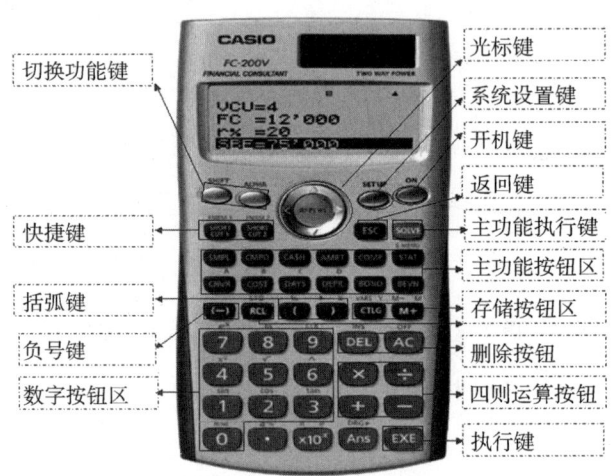

图 2-5　卡西欧财务计算器 FC-200V 功能按钮

（1）计算器面板上的第一行从右至左，分别是：

开机键：$\boxed{\text{ON}}$

设置键：$\boxed{\text{SETUP}}$

光标键：←↑→↓

字母键：$\boxed{\text{ALPHA}}$

转换键：$\boxed{\text{SHIFT}}$

点击设置键$\boxed{\text{SETUP}}$，可以设置系统中的支付期（Payment）是期初（Begin）还是期末（End），日期模式（DATE MODE）是 360 天还是 365 天，等等。修改设置的时候按右下角的$\boxed{\text{EXE}}$执行键。

字母键$\boxed{\text{ALPHA}}$和转换键$\boxed{\text{SHIFT}}$都称为切换功能键，是用于切换计算器的按键功能。比如，想调用字母 A，先点击字母键$\boxed{\text{ALPHA}}$，再点击按键$\boxed{\text{CNVR}}$，屏幕上就会显示字母"A"；同样，想调用字母 B，先点击字母键$\boxed{\text{ALPHA}}$，再点击按键$\boxed{\text{COST}}$，屏幕上就会显示字母"B"。面板上共有 A、B、C、D、X、Y、M 七个字母可调用，字母的颜色与字母键

ALPHA 的颜色都是红色。

褐色的转换键 SHIFT 则用于将凸出的按键功能转换为面板上褐色字体的功能。比如,要设置字母 A＝5,可以先点击 5,再点击转换键 SHIFT,接着点击 RCL,就会出现下面的界面:

```
Store?
    Shortcut1:
    Shortcut2:
    FMEM1:
    FMEM2:
    A:
    B:
    C:
    D:
    X:
    Y:
    M:
```

利用光标键将光标移动到 A:这一行,然后点击右下角 EXE 执行键,就会出现下面的界面:

```
Store?
    [EXE]:Yes
    [ESC]:Cancel
```

再次点击 EXE 执行键,就出现下面的界面:

```
5→A
                          5
```

这意味着已经将"5"这个数值存储进字母 A 中。

点击 ON 键回到初始状态,然后尝试调用字母 A 的数值。操作步骤如下:先点击字母键 ALPHA,再点击按键 CNVR,屏幕上就会显示字母"A";接着点击右下角 EXE 执行键,就会出现下面的界面:

```
A
                          5
```

（2）计算器面板上的第二行从右至左分别是：

解答键（或主功能执行键）：$\boxed{\text{SOLVE}}$

返回键：$\boxed{\text{ESC}}$

快捷键2：$\boxed{\text{Shortcut2}}$

快捷键1：$\boxed{\text{Shortcut1}}$

解答键和返回键稍后应用的时候再介绍，先介绍快捷键的使用。如果不想将"5"存到字母中，还可以存入快捷键。比如，先点击$\boxed{5}$，再点击转换键$\boxed{\text{SHIFT}}$，接着点击$\boxed{\text{RCL}}$，就会出现下面的界面：

```
Store?
    Shortcut1:
    Shortcut2:
    FMEM1:
    FMEM2:
    A:
    B:
    C:
    D:
    X:
    Y:
    M:
```

光标停留在"Shortcut1："的位置上，然后点击右下角$\boxed{\text{EXE}}$执行键，就可以将"5"存入快捷键1 $\boxed{\text{Shortcut1}}$中。调用的时候直接点击快捷键1 $\boxed{\text{Shortcut1}}$即可。

（3）计算器面板上的第三行和第四行都是主功能按钮键，第三行从右至左分别是：

统计模式：$\boxed{\text{STAT}}$

计算模式：$\boxed{\text{COMP}}$

摊销模式：$\boxed{\text{AMRT}}$

现金流模式：$\boxed{\text{CASH}}$

复利模式：$\boxed{\text{CMPD}}$

单利模式：$\boxed{\text{SMPL}}$

这里先介绍单利模式，其他模式在后面的实例中再讲解。

点击 SMPL，进入单利模式，界面如下：

```
Simple Int.
    Set:365
    Dys = 0
    I% = 0
    PV = 0
    SI:Solve
    SFV:Solve
    ALL:Solve
```

第一行"Simple Int."表示单利模式；第二行"Set:365"表示1年的天数按365天计算；第三行 Dys 是存款或投资的期限，以天为单位计算；第四行是利率 I%；第五行是现值 PV。第二行至第四行是输入栏目。第六行是求解单利 SI，第七行是求解单利终值 SFV，第八行是同时求解单利 SI 和单利终值 SFV。第六行至第八行是求解栏目。

下面以【案例2-1】示范单利模式的应用。

分别将 Dys = 365×3，I% = 3，PV = −1 000 输入第三行至第五行，界面如下：

```
Simple Int.
    Set:365
    Dys = 1 095
    I% = 3
    PV = −1 000
    SI:Solve
    SFV:Solve
    ALL:Solve
```

① 将光标移动到"SI:Solve"，点击蓝色的解答键 Solve，就可以求出 SI = 90。

② 点击返回键 ESC，返回到刚才的界面，将光标移动到"SFV:Solve"，点击蓝色的解答键 Solve，就可以求出 SFV = 1 090。

③ 点击返回键 ESC，返回到刚才的界面，将光标移动到"ALL:Solve"，点击蓝色的解答键 Solve，就可以同时求出 SI = 90，SFV = 1 090。

（4）计算器面板上的第四行从右至左分别是：

盈亏平衡模式：BEVN

债券模式：BOND

折旧模式：$\boxed{\text{DEPR}}$

天数模式：$\boxed{\text{DAYS}}$

成本模式：$\boxed{\text{COST}}$

利率转换模式：$\boxed{\text{CNVR}}$

（5）计算器面板上的第五行从右至左分别是：

存储键：$\boxed{\text{M+}}$

目录键：$\boxed{\text{CTLG}}$

右括号：$\boxed{)}$

左括号：$\boxed{(}$

回响键：$\boxed{\text{RCL}}$

负号键：$\boxed{(-)}$

（6）计算器面板上的其他功能介绍。第六行的两个粉红色的按键分别是还原键 $\boxed{\text{AC}}$ 和删除键 $\boxed{\text{DEL}}$。还原键 $\boxed{\text{AC}}$ 可在计算模式中清零，删除键 $\boxed{\text{DEL}}$ 可删除输入错误的某个数字而不必清零。

最后一行最右边的是执行键 $\boxed{\text{EXE}}$，左边是答案键 $\boxed{\text{Ans}}$。

其他键分别是数字键和四则运算键。

第三行和第四行的主功能按钮键在后面的实例中再具体介绍，部分功能键在理财规划中极少用到。读者需要掌握的功能是：

单利模式：$\boxed{\text{SMPL}}$

复利模式：$\boxed{\text{CMPD}}$

现金流模式：$\boxed{\text{CASH}}$

摊销模式：$\boxed{\text{AMRT}}$

利率转换模式：$\boxed{\text{CNVR}}$

上述五个功能在后面的实例中一一介绍。

最后还介绍一个重要功能，这个功能位于数字键 $\boxed{9}$ 之上。此功能在计算过程中经常要使用，否则容易出错。在 FC-200V 计算器的数字键 $\boxed{9}$ 之上，我们可以看到一个褐色的标示 CLR。CLR 是英文 CLEAR 的缩写，中文意思是"清除"。CLR 的功能是清除存储在计算器中的已有信息，包含计算器的设置、内存、快捷键信息、字母键信息等。如果没有使用清除功能,那么在一些计算中由于仍保留着以前的信息,很容易造成计算错误。因此,建议大家在每一次计算时先使用一次清除功能,以避免出错。

要调用 CLR 功能,需要用到上面所说的转换键 SHIFT。先点击转换键 SHIFT,再点击数字键 9,界面如下:

```
Clear?
    Setup:EXE
    Memory:EXE
    ALL:EXE
    VARS:EXE
    Shortcut:EXE
    FMEM:EXE
    D.Editor:EXE
```

第一行是询问"是否清除";第二行是清除计算器设置;第三行是清除计算器内存;第四行是清除所有;第五行是清除变量;第六行是清除快捷键信息;第七行是清除快捷键上方 FMEM 的信息;第八行是清除编辑栏中的信息(在现金流模式下会用到编辑栏)。

将光标移到第二行"Setup:EXE",再点击 EXE 键,就会出现下面的界面:

```
Clear Setup?
    [EXE]:Yes
    [ESC]:Cancel
```

再次点击 EXE 键,就可以清除所要清除的信息了。如果不想清除,则点击 ESC 键返回。

第三节　EXCEL 财务计算功能

除了使用上述专业计算器,个人电脑中的 EXCEL 软件也可以进行一些财务运算。

首先,打开 EXCEL 程序,出现如图 2-6 所示的界面:

图 2-6　EXCEL 界面

找到 fx 按钮。这个按钮是 EXCEL 的函数功能。点击 fx,出现如图 2-7 所示的界面:

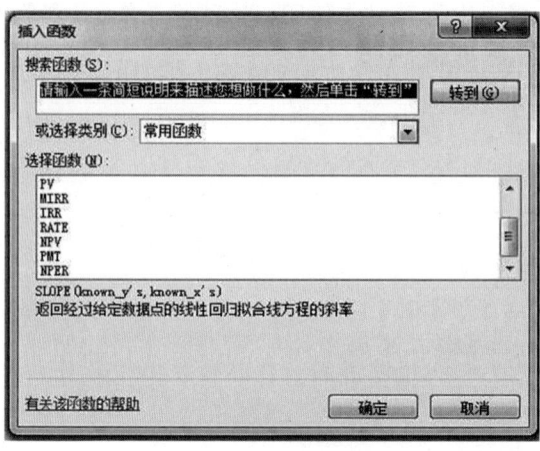

图 2-7　EXCEL 函数界面

函数分类中的第一项是常用函数,如果你经常使用某个函数,这个函数就会出现在下边方框中,比如 PV、IRR、RATE、PMT、NPER 等函数功能。

函数分类列表中的第三项是财务函数。将光标移到"财务",将出现如图 2-8 所示的界面:

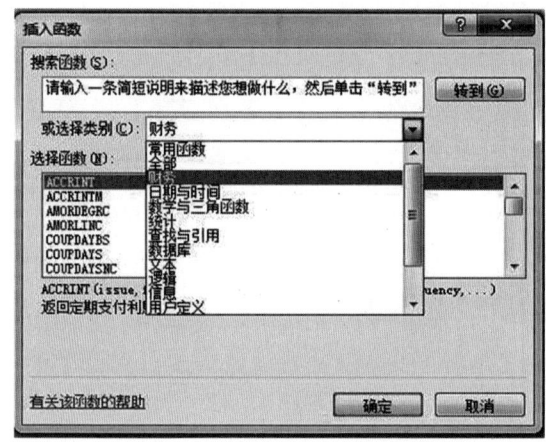

图 2-8　EXCEL 财务函数界面

左边方框中的 ACCRINT 等就是财务函数。

在理财规划中经常要使用的财务函数有这样几个:

终值函数:FV

现值函数:PV

分期收付函数:PMT

年限函数:NPER

收益率函数:RATE

以上函数的使用,在后面的实例中一一讲解。

第四节　复利计算应用

生活中复利无处不在,却很少有人意识到复利的巨大威力。爱因斯坦曾把复利看作世界第八大奇迹,由此可见复利的重要性。复利的计算并不复杂,但其应用却很广泛。我们可以从生活中的一些实例来进一步了解复利效应的魅力。

一、复利终值计算

【案例 2-3】 张三将 10 000 元存入银行,年利率为 10%,复利计息。5 年后本利和是多少?

案例分析　　$FV = PV \times (1+r)^n = 10\,000 \times (1+10\%)^5 = 16\,105(元)$

这个例子中是已知 PV、r、n,求 FV。

以上计算靠人工显然太慢,为了迅速得到 FV 的结果,可采取以下三种方式:

(1) 查表。多数财务教科书后会附有复利终值系数表可供查阅。读者可以找到复利终值系数表,查找贴现率为 10%、期数为 5 年的终值系数。查阅的结果是 1.611。将终值系数乘上本金,就可以得到终值为 16 110 元(10 000 × 1.611)。

(2) 卡西欧财务计算器。点击复利计算模式按钮 CMPD,出现以下界面:

```
Compound Int.
  Set:End
  n = 0
  I% = 0
  PV = 0
  PMT = 0
  FV = 0
  P/Y = 1
  C/Y = 1
```

向下移动光标,将 n 设置为 5,I% 设置为 10,PV 设置为 -10 000,PMT 保持为 0,然后将光标移动到 FV 这行,点击第二行右边蓝色解答键 SOLVE,就可以求出 FV = 16 105.1。

这里要注意的是,通常在理财规划计算中,投资的钱用负号表示,而取回的钱用正号。也就是说,投资是现金流出,而取回是现金流入。所以这里的 PV 输入是 -10 000。PV 与 FV 的符号通常是相反的。解答界面如下:

```
Compound Int.
  Set:End
  n = 5
  I% = 10
  PV = -10 000
  PMT = 0
  FV = 16 105.1
  P/Y = 1
  C/Y = 1
```

"P/Y"表示每年的收付次数,而"C/Y"表示每年的计息次数,在这个例子中均默认为 1。以后的实例中再介绍这两个指标的应用。

(3) EXCEL 财务函数。打开 EXCEL 程序,进入如图 2-8 所示的 EXCEL 财务函数界面,在以 F 字母开头的函数里可找到 FV 函数。点击后出现如图 2-9 所示的界面:

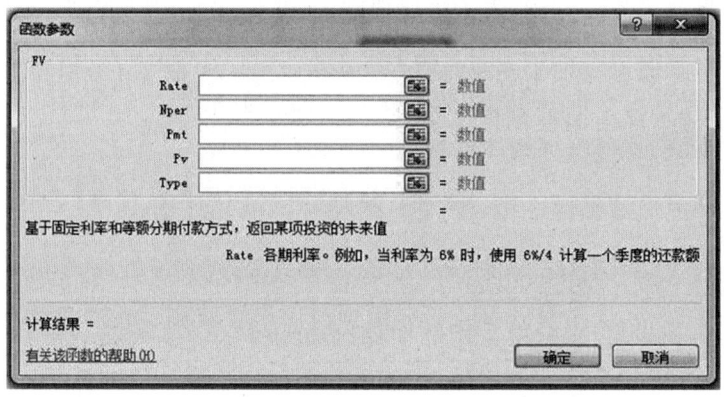

图 2-9　EXCEL 的 FV 函数界面

分别设置 Rate = 0.1(即 10%), Nper = 5, Pv = -10 000,就可以求得 FV = 16 105.1。求解界面如图 2-10 所示。

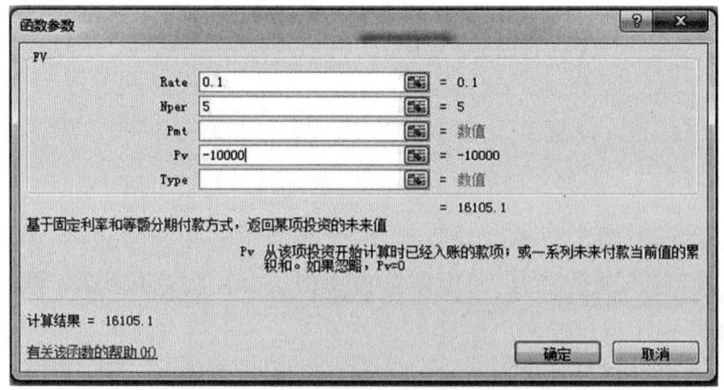

图 2-10　EXCEL 的 FV 求解实例

二、复利终值获取年份计算

【案例 2-4】 李四将 10 000 元存入银行,银行存款利率为 7%。多少年后,他能有 15 000 元?

案例分析 根据公式,$FV = PV \times (1 + r)^n$,可得到 $15\,000 = 10\,000 \times (1 + 7\%)^n$,从而推算出 $n = 6$。这个例子是已知 PV、FV、r,求 n。

(1) 查表。在复利终值系数表中,查贴现率为 7%、系数为 1.5 对应的年份,查阅结果是对应于 (7%,1.501) 的期限是 6 年。

(2) 卡西欧财务计算器。点击按钮复利计算模式 $\boxed{\text{CMPD}}$,出现以下界面:

```
Compound Int.
  Set:End
  n = 0
  I% = 0
  PV = 0
  PMT = 0
  FV = 0
  P/Y = 1
  C/Y = 1
```

向下移动光标,将 n 保持设置为 0,I% 设置为 7,PV 设置为 -10 000,PMT 保持设置为 0,FV 设置为 15 000,然后将光标往回移到 n = 0 这行,点击第二行右边蓝色解答键 $\boxed{\text{SOLVE}}$,就可以求出 n = 5.992805314。P/Y 和 C/Y 均默认为 1。这里要注意,PV 与 FV 的符号是相反的。解答界面如下:

```
Compound Int.
  Set:End
  n = 5.992805314
  I% = 7
  PV = -10 000
  PMT = 0
  FV = 15 000
  P/Y = 1
  C/Y = 1
```

(3) EXCEL 财务函数。打开 EXCEL 程序,进入财务函数界面,在以 N 字母开头的函数里可找到 NPER 函数(见图 2-11)。

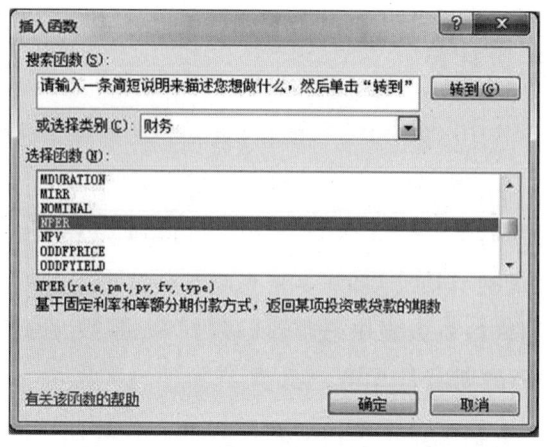

图 2-11　EXCEL 财务函数 NPER 界面

点开 NPER 函数,输入 Rate=0.07,Pv=-10 000,Fv=15 000,即可求出 Nper=5.992805314(见图 2-12)。

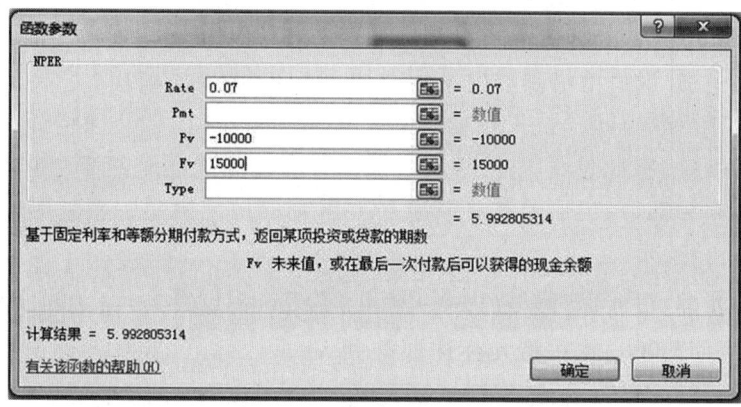

图 2-12　EXCEL 财务函数 NPER 求解实例

对于复利终值获取年份的计算,还有 2 个速算法则可以使用,分别是 72 法则和 115 法则。

72 法则是指投资翻倍所需的时间可以用 72 除以年收益率的数值来获得。比如一款年收益率为 8% 的金融产品,如果现在购买 1 000 元该产品,要想使投资本金 1 000 元翻倍到 2 000 元,则所需时间是 9 年(72/8)。不论购买多少该金融产品,要想使投资翻倍都需要 9 年,比如投资 1 万元变成 2 万元、投资 100 万元变成 200 万元所需时间都是 9 年。

115 法则是指投资从 1 单位增值为 3 单位所需的时间可以用 115 除以年收益率数值来获得。比如一款年收益率为 11.5% 的金融产品,则投资 1 000 元增值为 3 000 元所需时间是 10 年(115/11.5)。

> 📝 **学有所思** 2016年特朗普当选美国总统后,道琼斯指数突破20 000点,而1998年道琼斯指数是10 000点。该期间的道琼斯指数涨得快吗?

当遇到从1变成2或从1变成3的问题时,我们可以运用72法则或115法则进行速算。

三、复利现值计算

如果将复利终值的计算公式倒过来,就可以用来计算复利现值。复利现值的计算公式为:

$$PV = \frac{FV}{(1+r)^n}$$

其中,r被称为贴现率。贴现是指将终值换算成现值。贴现率是换算时所用的比率,如投资收益率、利率等。

【**案例2-5**】 王琴将在第4年年末收到60 000元,按6%收益率计算,60 000元的现值是多少?

案例分析 将$FV = 60\ 000$, $r = 6\%$, $n = 4$代入复利现值公式,可得:

$$PV = \frac{60\ 000}{(1+6\%)^4} = 47\ 525(元)$$

这个例子是已知FV、r、n,求PV。

(1)查表。在复利现值系数表中,查期数为4年、贴现率为6%对应的复利现值系数,查到的结果为0.792。用60 000乘以0.792可得到现值$PV = 47\ 520$元。

(2)卡西欧财务计算器。点击复利计算模式按钮 CMPD ,出现以下界面:

```
Compound Int.
  Set:End
  n = 0
  I% = 0
  PV = 0
  PMT = 0
  FV = 0
  P/Y = 1
  C/Y = 1
```

向下移动光标,将n设置为4,I%设置为6,PV保持设置为0,PMT保持设置为0,FV设置为60 000,然后将光标往回移到PV = 0这一行,点击第二行右边蓝色解答键 SOLVE ,就可以求出$PV = -47\ 525.61979$。P/Y和C/Y默认均为1。这里仍然可以看到,PV与FV的符号是相反的。解答界面如下:

```
Compound Int.
   Set:End
   n = 4
   I% = 6
   PV = −47 525.61979
   PMT = 0
   FV = 60 000
   P/Y = 1
   C/Y = 1
```

（3）EXCEL 财务函数。打开 EXCEL 程序,进入财务函数界面,在以 P 字母开头的函数里可找到 PV 函数(见图 2-13)。

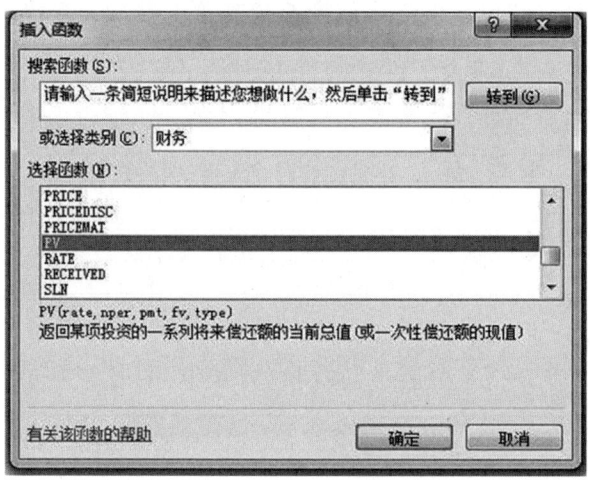

图 2-13　EXCEL 财务函数 PV 界面

点开 PV 函数后,输入 Rate = 0.06,Nper = 4,Fv = 60 000,即可求出 PV = −47 525.61979（见图 2-14）。

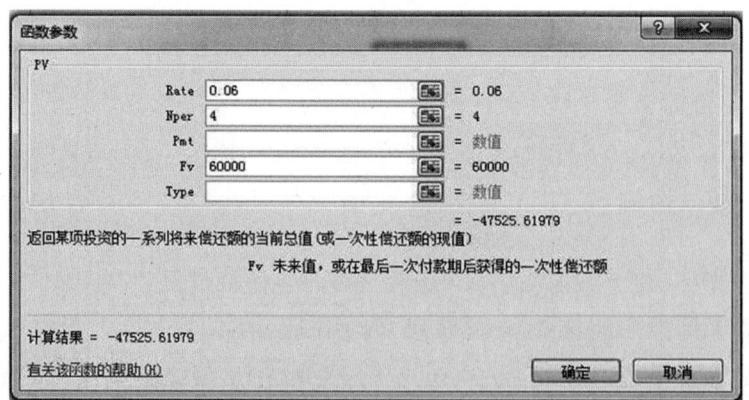

图 2-14　EXCEL 财务函数 PV 求解实例

四、投资收益率计算

【案例 2-6】 张静目前的存款有 150 000 元,她想在第 5 年年末筹集 200 000 元作为购买房产的首付款,如果她希望将存款 150 000 万转投其他金融产品以实现 5 年年末筹集 200 000 元的目标,她需要投资年均收益率为多少的金融产品?

案例分析 将 $n=5$,$PV=150\,000$,$FV=200\,000$ 代入复利终值公式,得到:

$$200\,000 = 150\,000 \times (1+r)^5$$
$$r = 5.92\%$$

这个例子中是已知 n、PV、FV,求 r。张静需要将 150 000 元投入年均收益率为 5.92% 的产品中,才能在第 5 年年末用现有存款筹集到 200 000 元的首付款。

(1)查表。在复利终值系数表中,查期数为 5 年、复利终值系数为 1.333 对应的贴现率,查到的结果为 6%,即 $r=6\%$。

(2)卡西欧财务计算器。点击复利计算模式按钮 CMPD ,出现以下界面:

```
Compound Int.
    Set:End
    n = 0
    I% = 0
    PV = 0
    PMT = 0
    FV = 0
    P/Y = 1
    C/Y = 1
```

向下移动光标,将 n 设置为 5,I% 保持设置为 0,PV 设置为 -150 000,PMT 保持设置为 0,FV 设置为 200 000,然后将光标往回移到 I% = 0 这一行,点击第二行右边蓝色解答键 SOLVE ,就可以求出 I% = 5.922384105。P/Y 和 C/Y 均默认为 1。这里要注意,PV 与 FV 的符号是相反的。解答界面如下:

```
Compound Int.
    Set:End
    n = 5
    I% = 5.922384105
    PV = -150 000
    PMT = 0
    FV = 200 000
    P/Y = 1
    C/Y = 1
```

（3）EXCEL 财务函数。打开 EXCEL 程序，进入财务函数界面，在以 R 开头的函数里可找到 RATE 函数（见图 2-15）。

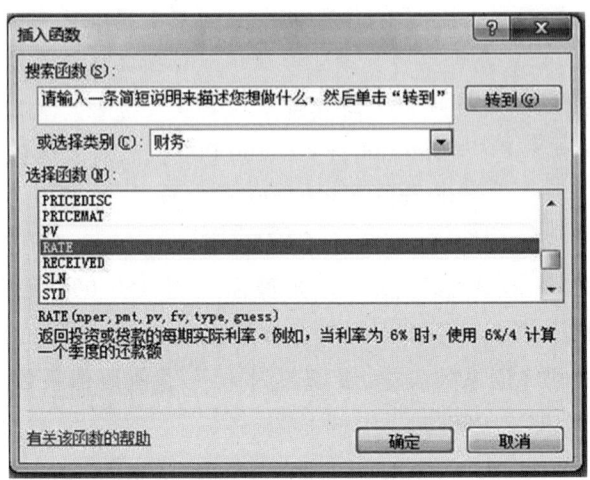

图 2-15　EXCEL 财务函数 RATE 界面

点开 RATE 函数后，输入 Nper＝4，Pv＝－150 000，Fv＝200 000，即可求出 RATE＝0.059223841（见图 2-16）。

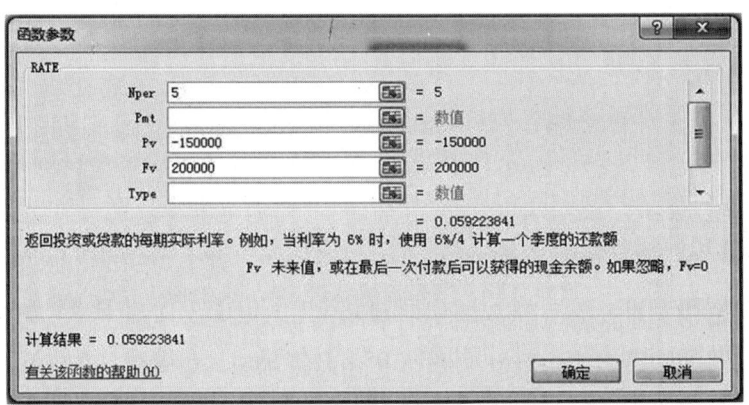

图 2-16　EXCEL 财务函数 RATE 求解实例

五、计息次数对有效收益率的影响

在现实生活中，有可能不是按年来计息，而是按月或按季度甚至按天来计息。如果年利率是 6%，按月计算复利利息的话，有效收益率就不再是 6%，而是比 6% 要高，因为计息次数从 1 变成了 12。

在这种情况下，要计算有效年利率，公式为：

$$i = (1 + r/m)^{n \times m} - 1$$

其中,i 是有效年利率,r 是年利率,n 是年限,m 是计息次数。

当年利率是 6%、按月计息的时候,有效年利率为:
$$i = (1 + 6\%/12)^{1 \times 12} - 1 = 6.16778\%$$

计息次数引起的有效年利率的变化如表 2-2 所示。从中可以看到,当按季计息的时候,计息次数是 1 年 4 次,有效年利率变成 6.13635%;当按天计息的时候,有效年利率变成 6.18313%。

表 2-2　计息次数引起的有效年利率的变化

计息次数	m	有效年利率(%)
1 年 1 次	1	6.00000
半年 1 次	2	6.09000
1 季度 1 次	4	6.13635
1 月 1 次	12	6.16778
1 周 1 次	52	6.17998
1 天 1 次	365	6.18313
连续计息	无穷	6.18365

表 2-2 中反映了三个特点:

① 随着计息次数的增加,有效年利率在递增;

② 随着计息次数的增加,有效年利率的递增速度在下降;

③ 有效年利率不会无限递增,有上限存在。

对于计息次数不同引起的有效年利率的变化,可以采用卡西欧财务计算器中的利率转换模式 CNVR 完成。

点击 CNVR,出现如下界面:

```
Conversion
    n = 0
    I% = 0
    EFF:Solve
    APR:Solve
```

输入 n = 12、I% = 6,将光标移到"EFF:Solve",点击第二行右边蓝色解答键 SOLVE,就可以求出 EFF = 6.167781186。

也可以用 EXCEL 中的财务函数 FV 功能进行计算。假设现在投资 1 元,月利率是

6%/12,投资 12 个月。1 年后 1 元钱将变成多少?

在 EXCEL 的 FV 函数中输入 Rate = 0.06/12, Nper = 12, Pv = -1,求解出 FV = 1.061677812,即有效年利率为(1.061677812 - 1) × 100% = 6.1677812%(见图 2-17)。

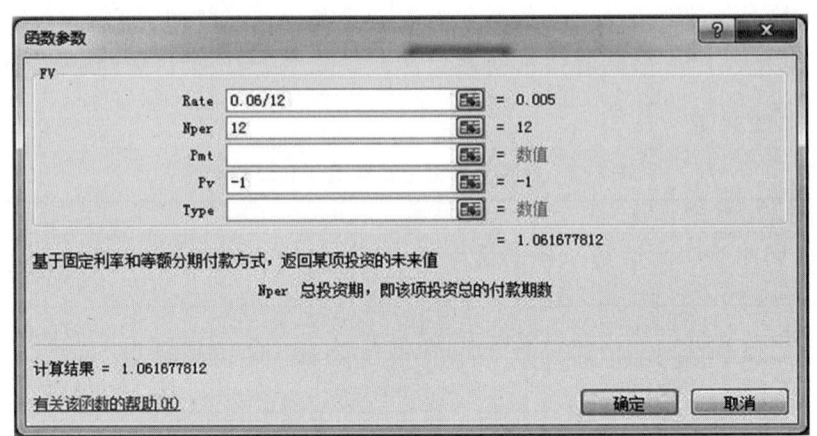

图 2-17　求解利息次数变化引起的有效年利率示例

第五节　年　金

一、年金的概念和分类

年金(Annuity)是指一定时期内一系列的等额现金流入或流出。年金有两个特征:一是时期,即每隔一段时间会有一笔资金流入或流出;二是金额,即每个时期都会发生一定金额的收支。上述两个特征决定了年金概念和复利概念的不同。年金是指每个时期都有资金的流入或流出,复利则是指一笔资金获得的本金和收益。如果从投资的角度看,年金相当于分期投入(比如定期定额投资基金),而复利相当于一笔投资(比如一次性买入某只基金)。如果从保险的角度看,年金相当于期缴,而复利相当于趸缴。从社会保险看,购买养老保险也是一种年金,在缴纳保险费时是年金,在退休后支取养老金也是年金。

根据上述两个特征,可以形成年金期间和年金额两个概念。年金期间是指相邻两次年金额的间隔时间。年金额是指每次发生收支的金额。整个年金收支的持续期叫作年金期。

按照年金额是在每期的期初还是期末缴纳,可将年金划分为普通年金和即付年金。普通年金是指在一定时期内每期期末等额收付的系列款项,又称后付年金。即付年金是指在一定时期内每期期初等额收付的系列款项,又称先付年金或预付年金。

从即付年金与普通年金的定义看到,两者的区别仅在于付款时间不同,而这种付款时间的差异会使得两种年金的最终收益不同。

除普通年金和即付年金外,还有一种年金叫作永续年金。永续年金是指无限期等额收付的特种年金。它有两个特点:一是期限趋于无穷,二是每期年金额相等。

二、年金的计算

(一) 普通年金

1. 普通年金终值

年金与复利一样,都有终值和现值之分。

普通年金终值是指一定时期内,每期期末等额收入或支出的本利和,即将每一期的金额按复利换算到最后一期期末的终值,然后加总,就是该年金终值。

【案例 2-7】 李四每年年末向银行存入 100 元,年利率为 10%,第 3 年年末他的银行账户中会有多少钱?

案例分析 从图 2-18 中可以看到,第 1 年年末存入的 100 元在第 3 年年末的复利终值是 121 元,第 2 年年末存入的 100 元在第 3 年年末的复利终值是 110 元,第 3 年年末存入的 100 元在第 3 年年末的复利终值就是 100 元。所以,这样一个 3 年期的普通年金终值是 331 元(121 + 110 + 100)。

普通年金终值的计算公式为:

$$FV = PMT \times \frac{(1+i)^n - 1}{i}$$

其中,PMT 代表年金,$\frac{(1+i)^n - 1}{i}$ 是复利终值系数。

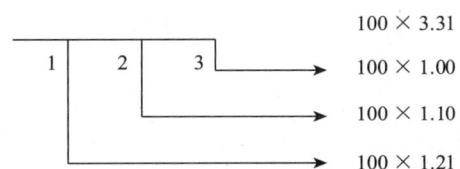

图 2-18 每年存 100 元,利率 10% 的年金终值示意图

普通年金终值也可以通过以下三种方式求得:

(1) 查表。在普通年金终值系数表中,查贴现率 10%、期限 3 年的普通年金终值系数为 3.31,然后将年金额 100 乘以 3.31 即可得到该普通年金终值 331 元。

(2) 卡西欧财务计算器。点击复利计算模式 CMPD,依次输入 n = 3,I% = 10,PMT = -100,然后将光标移动到 FV,点击 SOLVE,可求得 FV = 331,界面如下:

```
Compound Int.
  Set:End
  n = 3
  I% = 10
  PV = 0
  PMT = -100
  FV = 331
  P/Y = 1
  C/Y = 1
```

在这里,仍然使用复利计算模式,但不再是 n、I、PV 和 FV 四个变量之间的换算,而是变成 n、I、PMT 和 FV 四个变量的换算,其中的 PMT 指的就是年金额。这里的年金计算还与期初(Begin)或期末(End)有关,并且与每年的支付次数(P/Y)和计息次数(C/Y)有关。

第一行的"Set:End"表示期末年金,默认状态下是 End,点击 EXE 可改变为 Begin。

PMT 输入的符号与 FV 的符号也是相反的,代表一方是付出,另一方是收取。

P/Y 表示每年的收付次数,如果按揭贷款比如每年按月还款,则 P/Y 是 12。

C/Y 表示每年的计息次数,如果每年按月计息,则 C/Y 是 1。

默认状态下 P/Y = 1,C/Y = 1。在【案例 2-7】中使用的是默认的 P/Y 和 C/Y,因为是按年存款、按年计息。

(3) EXCEL 财务函数。打开 EXCEL 程序,找到财务函数中的 FV 函数,点开后分别输入 Rate = 0.1,Nper = 3,Pmt = -100,即可求得 FV = 331(见图 2-19)。

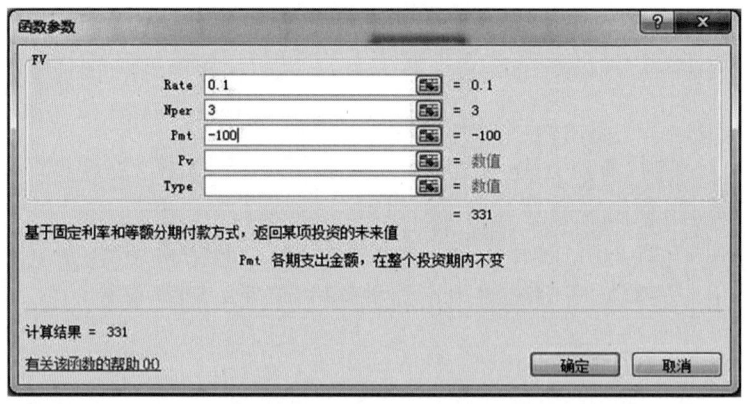

图 2-19　EXCEL 财务函数普通年金终值求解实例

2. 普通年金额

【案例 2-8】　拟在 5 年后还清 10 000 元债务,从现在起每年等额存入银行一笔款项。假设银行利率 10%,每年需要存入多少?

案例分析 可以将普通年金终值计算公式转换为：

$$PMT = \frac{FV}{普通年金终值系数} = \frac{10\,000}{[(1+10\%)^5 - 1]/10\%} = 1\,638(元)$$

每年需要存入 1 638 元才能在 5 年后有 10 000 元偿还债务。

以上计算通过手工太复杂，仍然可以采用前述三种方法得到结果。

（1）查表。在普通年金终值系数表中，查找贴现率 10%、期限 5 年的普通年金终值系数为 6.105。用年金终值 10 000 元除以 6.105，得到年金额 PMT 为 1 638 元。

（2）卡西欧财务计算器。点击复利计算模式 CMPD ，依次输入 n = 5，I% = 10，FV = 10 000，然后将光标移到 PMT，点击 SOLVE 键，可求得 PMT = -1 637.974808。

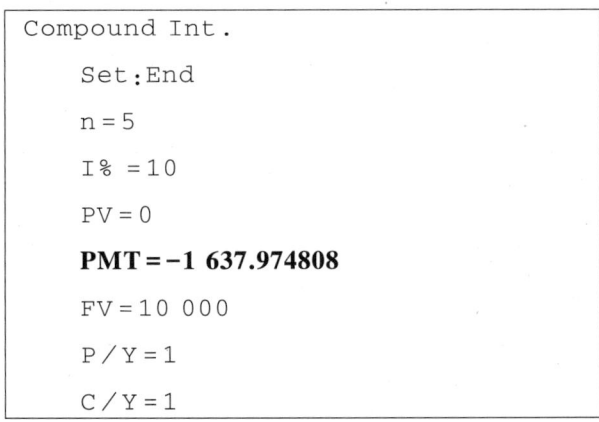

（3）EXCEL 财务函数。打开 EXCEL 程序，找到财务函数中的 PMT 函数，点开后分别输入 Rate = 0.1，Nper = 5，Fv = 10 000，即可求得 Pmt = -1 637.974808（见图 2-20）。

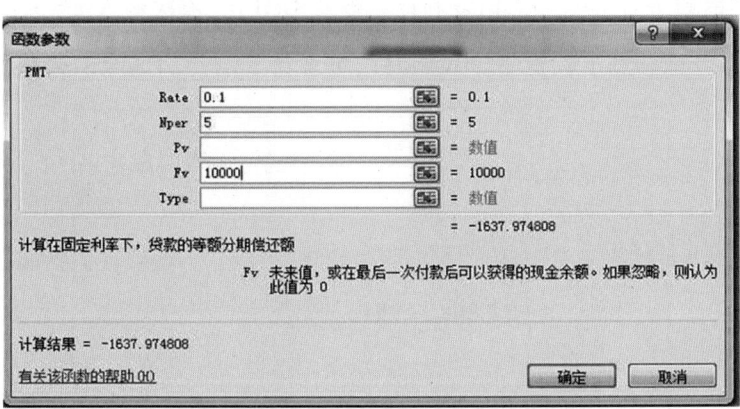

图 2-20　EXCEL 财务函数普通年金额求解实例

3. 普通年金现值

普通年金现值是指为在每期期末取得相等金额的款项，现在需要投入的金额。

【案例 2-9】 陈青出国 3 年,请你代付房租,每年租金 10 000 元,银行存款利率 10%,他应该现在给你在银行存入多少钱?

案例分析 从图 2-21 来看,第 1 年年末需要支付的房租贴现到当期是 10 000 乘以 0.9091 等于 9 091 元,第 2 年年末需要支付的房租贴现到当期是 8 264 元,第 3 年年末需要支付的房租贴现到当期是 7 513 元。将 3 年需要支付的房租现值全部加总,就可以得到普通年金的现值是 24 869 元。陈青出国时只需向银行存入 24 869 元即可以请你在未来 3 年代付房租。从这个例子中可以看到,鉴于货币的时间价值,你无须存入 30 000 元,只需存入 24 869 元,可节省 5 131 元。

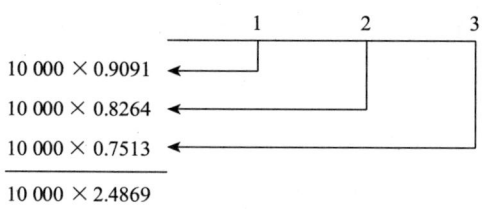

图 2-21 普通年金现值示意图

普通年金现值的计算公式为:

$$PV = PMT \times \frac{1-(1+i)^{-n}}{i}$$

其中,普通年金现值系数为 $\frac{1-(1+i)^{-n}}{i}$。

(1) 查表。在普通年金现值系数表中,查找贴现率 10%、期限 3 年的普通年金现值系数为 2.487。用年金额 10 000 元乘以 2.487,得到普通年金现值为 24 870 元。

(2) 卡西欧财务计算器。点击复利计算模式 CMPD ,依次输入 n=3,I%=10,PMT= 10 000,然后将光标移到 PV,点击 SOLVE 键,可求得 PV=-24 868.51991。

```
Compound Int.
 Set:End
 n=3
 I%=10
PV=-24 868.51991
 PMT=10 000
 FV=0
 P/Y=1
 C/Y=1
```

(3) EXCEL 财务函数。打开 EXCEL 程序,找到财务函数中的 PV 函数,点开后分别输入 Rate=0.1,Nper=3,Pmt=10 000,即可求得 PV=-24 868.51991(见图 2-22)。

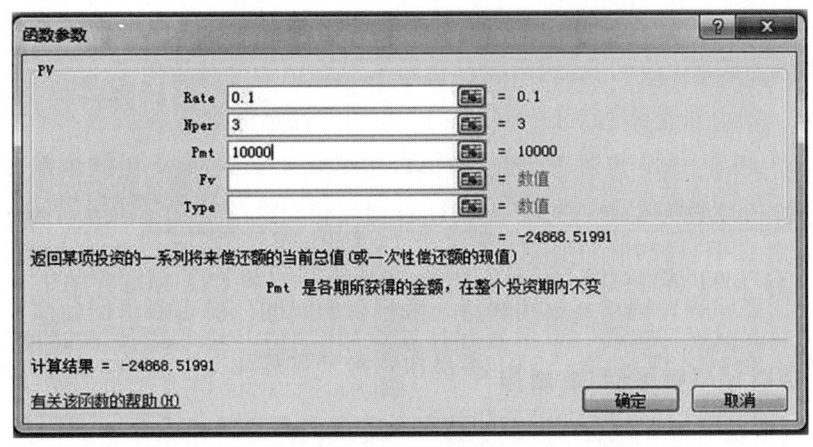

图 2-22　EXCEL 财务函数普通年金现值求解实例

（二）预付年金

预付年金是指在每期期初收取或支付的年金，又称即付年金或先付年金（见图 2-23）。预付年金与普通年金唯一的区别是收付时间不同，普通年金是期末支付，而预付年金是期初支付。预付年金与普通年金一样，也有现值和终值。

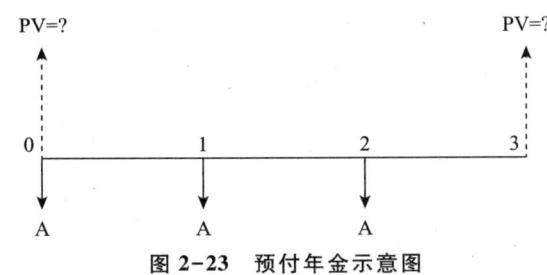

图 2-23　预付年金示意图

1. 预付年金终值

预付年金终值的计算公式为：

$$FV = PMT \times \left[\frac{(1+i)^{n+1} - 1}{i} - 1 \right]$$

其中，$\left[\frac{(1+i)^{n+1} - 1}{i} - 1 \right]$ 是预付年金终值系数。

【案例 2-10】　每年年初将年终奖定投到基金中，每年定投 20 000 元，年均收益率是 8%，那么 6 年后的终值是多少？

（1）查表。由于没有预付年金终值系数表，我们只能查普通年金终值系数表，利用普通年金终值系数计算预付年金终值系数。

普通年金的终值系数是 $\frac{(1+i)^n - 1}{i}$，比较普通年金终值系数和预付年金终值系数后，可以看出两个系数的差异主要在年份上。由于同样年份的预付年金比普通年金早

存入 1 年,可多获得一年的利息,因此预付年金终值系数在计算复利时使用($n+1$)。预付年金终值系数可表达为:

预付年金终值系数 = ($n+1$)年的普通年金终值系数 - 1

应查 7 年期的普通年金终值系数,查出后还要减去 1。查表可得 7 年期、贴现率 8% 的普通年金终值系数为 8.923,再减去 1,就得到该预付年金终值系数为 7.923。最后的计算结果为:

$$FV = 20\ 000 × 7.923 = 158\ 460(元)$$

(2)卡西欧财务计算器。点击复利计算模式 CMPD ,注意将"Set:End"修改为"Set:Begin",依次输入 n = 6,I% = 8,PMT = -20 000,然后将光标移到 FV,点击 SOLVE 键,可求得 FV = 158 456.0672。

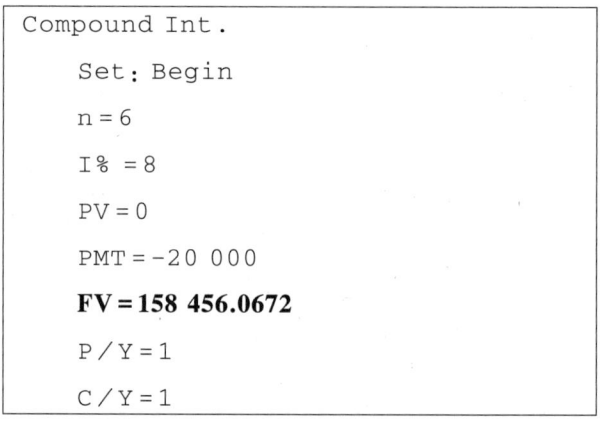

(3)EXCEL 财务函数。打开 EXCEL 程序,找到财务函数中的 FV 函数,点开后分别输入 Rate = 0.08,Nper = 6,Pmt = -20 000,需要注意的是在 Type 中输入 1,表示预付年金,即可求得 FV = 158 456.0672(见图 2-24)。

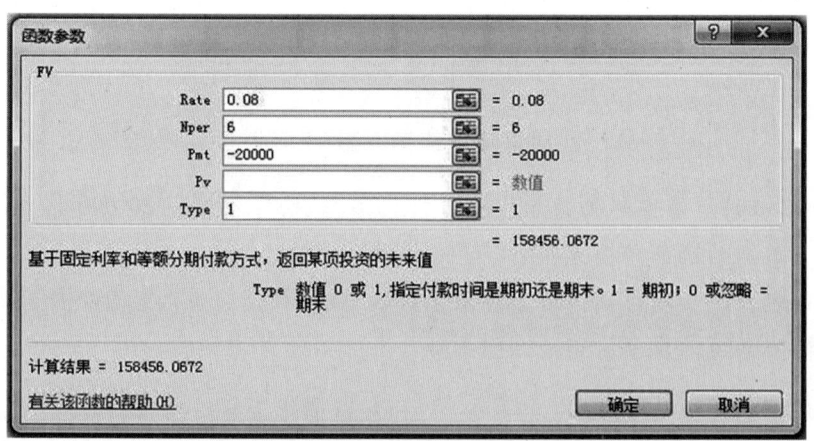

图 2-24　EXCEL 财务函数预付年金终值求解实例

2. 预付年金现值

预付年金现值计算公式为：

$$PV = PMT \times \left[\frac{1-(1+i)^{-(n-1)}}{i} + 1\right]$$

其中，$\left[\frac{1-(1+i)^{-(n-1)}}{i} + 1\right]$ 是预付年金现值系数。

【案例 2-11】 分期付款购手机，期限是 6 年，每年年初付 200 元，设银行利率为 10%，该项分期付款相当于一次现金支付的购价是多少？

比较预付年金现值系数和普通年金现值系数 $\frac{1-(1+i)^{-n}}{i}$ 可以发现，预付年金现值系数的年份是 $(n-1)$，而普通年金现值系数的年份是 n。因此，预付年金现值系数可表达为：

预付年金现值系数 = $(n-1)$ 年的普通年金现值系数 + 1

（1）查表。查普通年金现值系数表，不过要查 5 年的，所得的年金系数还要加 1。查表得 5 年期、贴现率 10% 的普通年金现值系数为 3.791。最后求得的预付年金现值为：

$$PV = 200 \times (3.791 + 1) = 958(元)$$

（2）卡西欧财务计算器。点击复利计算模式 CMPD，注意将"Set:End"修改为"Set:Begin"，依次输入 n=6, I%=10, PMT=-200，然后将光标移到 PV，点击 SOLVE 键，可求得 PV=958.1573539。

```
Compound Int.
  Set:Begin
  n = 6
  I% = 10
  PV = 958.1573539
  PMT = -200
  FV = 0
  P/Y = 1
  C/Y = 1
```

（3）EXCEL 财务函数。打开 EXCEL 程序，找到财务函数中的 PV 函数，点开后分别输入 Rate=0.1, Nper=6, Pmt=-200，即可求得 PV=958.1573539（见图 2-25）。

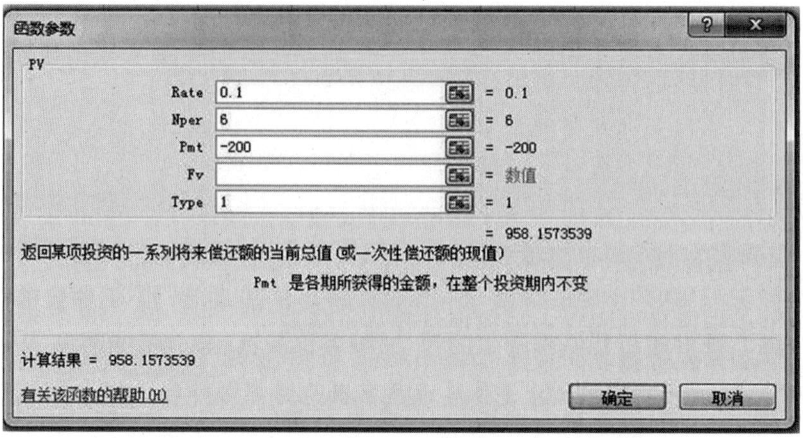

图 2-25　EXCEL 财务函数预付年金现值求解实例

（三）永续年金

永续年金，顾名思义，是指永远持续的一系列现金流。永续年金现值有一个简便的计算公式为：

$$PV = \frac{C}{i}$$

其中，C 代表永续的现金流。

【**案例 2-12**】　有一个每年 100 元的永续现金流，如果利率为年 10%，这一永续年金现值是多少？

案例分析　PV = 100/0.1 = 1 000 元，一个每年 100 元的永续现金流的现值为 1 000 元。

永续现金流的现值公式可以用在股票估值中。当一个成熟的公司能使股票投资者获得稳定的分红时，就可看作一个永续现金流。比如一个公司每股每年可以获得 0.3 元的分红，当时的利率如果为 6%，那么公司的合理股价为 5 元/股（0.3/0.06）。如果现在股票的市场价格是 6 元/股，那么说明该股票被高估。这部分的知识在后续章节中会详细讲述。

第六节　理财决策

在购买一个金融产品或做一项投资的时候，投资者的思维方式各有差异。有的投资者比较的是产品价格，有的投资者比较的是产品收益率。这些都是理财决策中的一个维度。理财决策的维度共有五个，基于这五个维度做出的决策都是一样的，只不过思维方式不同而已。

一、投资决策

【案例 2-13】 假设面值 100 元的 5 年期公债销售价格为 75 元（折价销售），银行年利率为 8%。是否要买公债呢？（暂时不考虑债券的息票利息）

案例分析 这里先要弄清楚一个问题，即哪个是终值，哪个是现值。

在这个例子中，投资者现在需要拿出 75 元购买公债，那么 75 元就是现值。投资 5 年到期后，投资者可以按面值将公债赎回来，即收回 100 元，这 100 元是 5 年后的终值。从图 2-26 可以看到这个投资的示意。

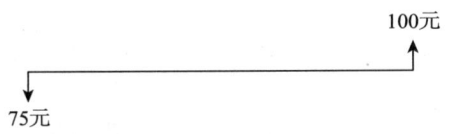

图 2-26　公债投资示意图

这个投资示意图也被称为时间线工具，它可以很好地描述一项投资中的现金流入和现金流出。

下面从五个维度来判断这个公债项目是否可投资。

（一）理财决策维度一：现值法

从公债投资示意图来看，投资者现在需要投入 75 元，5 年后可拿回 100 元。相当于投资者花了 75 元买入未来 5 年后的 100 元现金流。如果将此项投资看作一个商品买卖，投资者需要衡量的就是这个金融商品的价格与价值相比是否划算。价格是 75 元，而金融商品的实质是未来 5 年的现金流入。未来 5 年的现金流入在现在值多少钱呢？这就要考虑终值和现值的换算关系。

终值换算成现值的过程又称"贴现"，即把未来货币的价值换算成现在的价值。

根据终值和现值的换算关系式 $FV = PV \times (1+r)^n$，可以得到未来 5 年后的 100 元的现值是：

$$PV = FV \times (1+r)^{-n} = 100 \times (1+8\%)^{-5} = 68.06（元）$$

投资者投资公债购买到的未来 5 年后 100 元现金流的价值是 68.06 元，而现在需要付出 75 元的价格，显然不划算。所以，最终决策是不投资公债。

（1）查表。在复利现值系数表中，查期数 5 年、贴现率 8% 对应的复利现值系数，查到的结果为 0.681；然后用 100 乘以 0.681 可得到现值为 68.1 元。

（2）卡西欧财务计算器。点击复利计算模式 CMPD，将 n 设置为 5，I% 设置为 8，PV 保持设置为 0，PMT 保持设置为 0，FV 设置为 100，P/Y 和 C/Y 均默认为 1，然后将光标往回移到 PV = 0 这行，点击第二行右边蓝色解答键 SOLVE，就可以求出 PV = −68.0583197。

```
Compound Int.
  Set:End
  n = 5
  I% = 8
  PV = −68.0583197
  PMT = 0
  FV = 100
  P/Y = 1
  C/Y = 1
```

(3) EXCEL 财务计算器。打开 EXCEL 程序,点开 PV 函数后,输入 Rate = 0.08, Nper = 5, Fv = 100,即可求出 PV = −68.0583197(见图 2-27)。

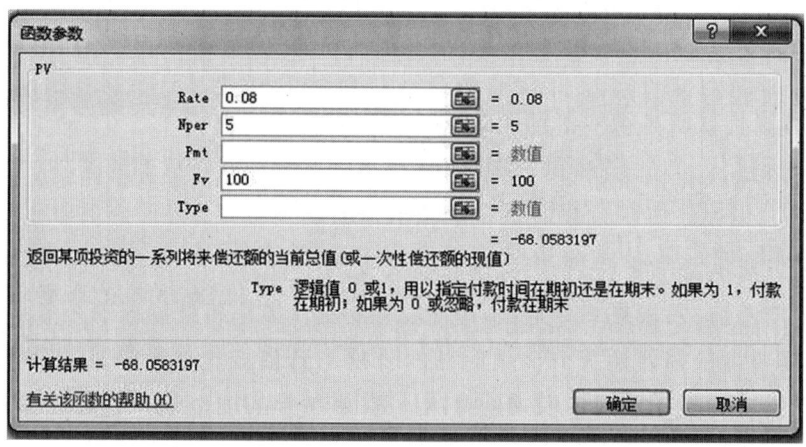

图 2-27　EXCEL 财务函数公债 PV 求解实例

(二) 理财决策维度二:终值法

现值法比较的是金融商品的价值与价格孰高孰低。价值是用未来获得的现金流贴现得到。终值法比较的是现在投入的货币在未来可以获得多少现金流入。就公债投资这个例子来看,即比较将货币投资公债划算还是存入银行划算。如果将 75 元投资公债,那么在未来 5 年可以获得 100 元的终值。如果将 75 元存入银行,那么在未来 5 年可以获得的终值是:

$$FV = PV \times (1 + r)^n = 75 \times (1 + 8\%)^5 = 110.2(元)$$

从这个结果来看,存入银行比投资公债更划算,因为未来可以获得更多的终值。

(1) 查表。在复利终值系数表中,查期数 5 年、贴现率 8% 对应的复利终值系数,查到的结果为 1.469;然后用 75 乘以 1.469,即可得到现值 110.175 元。

（2）卡西欧财务计算器。点击复利计算模式 CMPD，将 n 设置为 5，I% 设置为 8，PV 设置为 -75，PMT 保持设置为 0，P/Y 和 C/Y 均默认为 1，然后将光标往回移到 FV=0 这行，点击第二行右边蓝色解答键 SOLVE，就可以求出 FV=110.1996058。

```
Compound Int.
  Set:End
  n = 5
  I% = 8
  PV = -75
  PMT = 0
  FV = 110.1996058
  P/Y = 1
  C/Y = 1
```

（3）EXCEL 财务计算器。打开 EXCEL 程序，点开 FV 函数后，输入 Rate=0.08，Nper=5，Pv=-75，即可求出 FV=110.1996058（见图 2-28）。

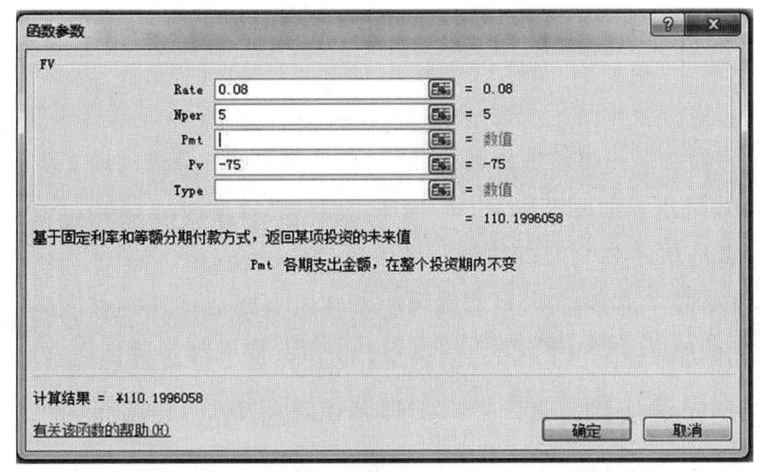

图 2-28　EXCEL 财务函数公债 FV 求解实例

（三）理财决策维度三：投资收益率法

投资收益率法通过比较两项投资的收益率来进行决策。显然，投资收益率越高越好。

在公债投资的例子中，我们已经知道钱存入银行的收益率是 8%，现在只需计算出投资公债的收益率就能很容易做出投资决策。

收益率的计算公式为：

$$FV = PV \times (1+r)n$$
$$100 = 75 \times (1+r)^5$$

由上式可求解出 $r=6\%$。

由于投资公债的收益率只有 6%，而存入银行的收益率为 8%，因此不投资公债。

（1）查表。在复利终值系数表中，查期数 5 年、复利终值系数 1.333 对应的贴现率为 6%。

（2）卡西欧财务计算器。点击复利计算模式 CMPD，将 n 设置为 5，I% 设置为 0，PV 设置为 -75，PMT 保持设置为 0，FV 设置为 100，P/Y 和 C/Y 均默认为 1，然后将光标往回移到 I% = 0 这行，点击第二行右边蓝色解答键 SOLVE，就可以求出 I% = 5.922384105。

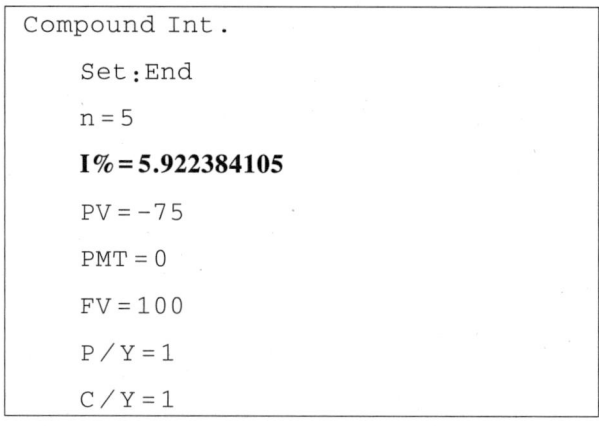

（3）EXCEL 财务函数。打开 EXCEL 程序，点开 RATE 函数后，输入 Nper = 5，Pv = -75，Fv = 100，即可求出 RATE = 0.059223841（见图 2-29）。

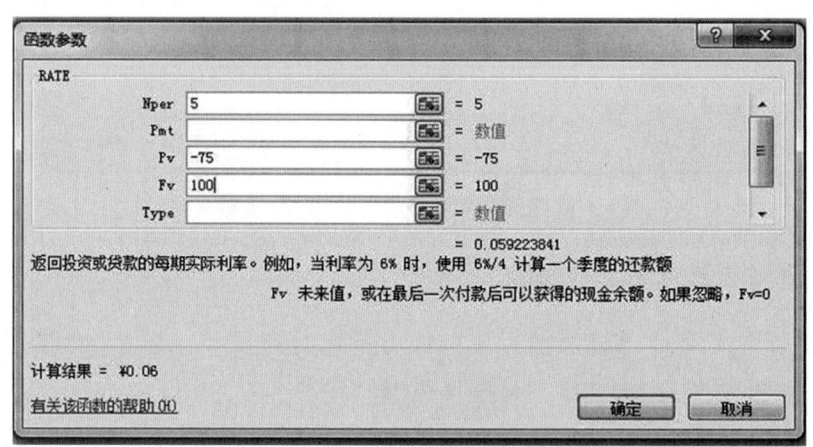

图 2-29　EXCEL 财务函数公债 RATE 求解实例

（四）理财决策维度四：年限法

年限法比较的是从投资开始到获得一定收益的时间。对于获得同样收益的两笔投资来说,投资年限越短越好,越短说明投资增值越快。

在上面的公债投资例子中,投资公债将 75 元增值到 100 元需要花费 5 年时间。将 75 元存入银行,需要花费多少时间能增值到 100 元?

用投资年限的计算公式为:

$$FV = PV \times (1 + r)n$$

$$100 = 75 \times (1 + 8\%)n$$

由上式可求解出 $n = 3.74$ 年。

由于投资公债增值时间需要 5 年,而存入银行只需 3.74 年,因此不投资公债。

(1) 查表。在复利终值系数表中,查贴现率 8%、复利终值系数 1.333 对应的期数为 4 年。

(2) 卡西欧财务计算器。点击复利计算模式 CMPD ,将 n 设置为 0,I% 设置为 8,PV 设置为 -75,PMT 保持设置为 0,FV 设置为 100,P/Y 和 C/Y 均默认为 1,然后将光标往回移到 n = 0 这行,点击第二行右边蓝色解答键 SOLVE ,就可以求出 n = 3.738022098。

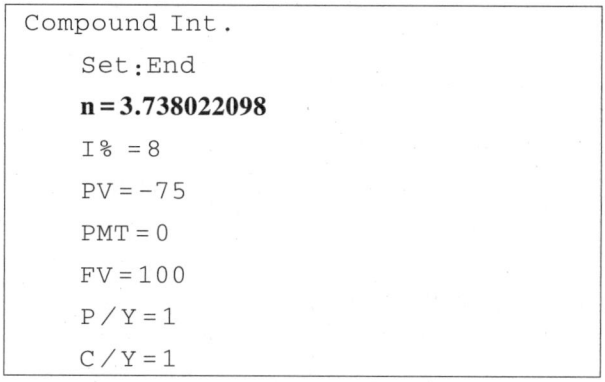

(3) EXCEL 财务函数。打开 EXCEL 程序,点开 NPER 函数后,输入 Rate = 0.08,Pv = -75,Fv = 100,即可求出 NPER = 3.738022098(见图 2-30)。

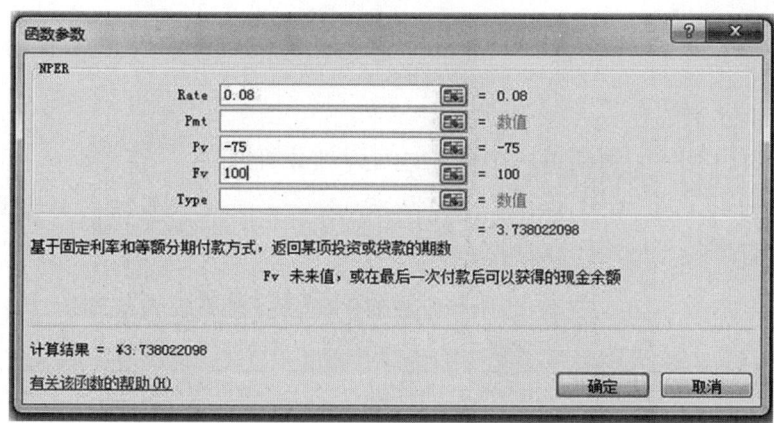

图 2-30　EXCEL 财务函数公债 NPER 求解实例

(五) 理财决策维度五:净现值法

净现值(Net Present Value, NPV)是指一个项目现金流入的现值之和减去项目的现金流出现值之和。

NPV 的表达式为:

$$NPV = \sum_{k=0}^{n} \frac{I_k}{(1+i)^k} - \sum_{k=0}^{n} \frac{O_k}{(1+i)^k}$$

其中,n 代表投资涉及的年限,I_k 代表第 k 年的现金流入量,O_k 代表第 k 年的现金流出量,i 代表贴现所使用的收益率或利率(即贴现率)。

如果一个项目的现金流入现值之和大于现金流出的现值之和,即 NPV > 0,这个项目就是可投资的;相反,当一个项目的现金流入现值之和小于现金流出现值之和,即 NPV < 0,这个项目就不值得投资。

对于公债投资这个例子,投资公债的现金流入是未来 5 年后的现金流 100 元,而现金流出是现在拿出来投资的 75 元。这个项目的 NPV 为:

$$NPV = \frac{100}{(1+8\%)^5} - 75 = 68.06 - 75 = -6.94$$

↑ ↑
现金流出现值　现金流入现值

由于公债投资项目的 NPV 小于 0,这个项目不值得投资。

> ✎ **学有所思**　如果公债价格下跌 10%,该公债值得投资吗?

上面分别从五个维度对公债投资例子进行了分析,五个维度中的前四个分别围绕复利终值计算公式中 PV、FV、r、n 四个变量进行判断,最后一个维度 NPV 则是项目投资评估中常用的判断准则。

二、净现值

对于净现值(NPV),再通过一个例子进行详细分析。

【案例 2-14】　有 A、B、C 三个投资方案,这三个投资方案的现金流量如表 2-3 所示。

表 2-3　A、B、C 投资方案的现金流量

期间	A 方案	B 方案	C 方案
0	-20 000	-9 000	-12 000
1	11 800	1 200	4 600

（续表）

期间	A 方案	B 方案	C 方案
2	13 240	6 000	4 600
3		6 000	4 600
合计	5 040	4 200	1 800

假设贴现率是 10%，请问：这三个方案中，哪些方案是可行的，哪些方案是不可行的？为什么？

案例分析 尽管从现金流量来看，三个方案的现金流合计都为正数，但因为未来现金流的价值低于当前现金流的价值，所以应该将未来现金流入进行贴现计算现值后，再利用净现值的方法做出判断。

分别计算三个项目的 NPV：

$$\text{NPV}(A) = \left[\frac{11\ 800}{(1+10\%)^1}\right] + \left[\frac{13\ 240}{(1+10\%)^2}\right] - 20\ 000 = 1\ 669$$

$$\text{NPV}(B) = \left[\frac{1\ 200}{(1+10\%)^1}\right] + \left[\frac{6\ 000}{(1+10\%)^2}\right] + \left[\frac{6\ 000}{(1+10\%)^3}\right] - 9\ 000 = 1\ 557$$

$$\text{NPV}(C) = \left[\frac{4\ 600}{(1+10\%)^1}\right] + \left[\frac{4\ 600}{(1+10\%)^2}\right] + \left[\frac{4\ 600}{(1+10\%)^3}\right] - 12\ 000 = -560$$

从三个项目的 NPV 来看，A 项目和 B 项目的 NPV 均大于 0，而 C 项目的 NPV 小于 0。因此 A 项目和 B 项目是可行的，而 C 项目是不可行的。

NPV 的计算也可以通过财务计算器和 EXCEL 财务函数来方便地实现。

（1）卡西欧财务计算器。在复利模式 CMPD 的旁边是现金流模式 CASH 。点击 CASH 键，进入现金流模式，出现以下界面：

```
Cash Flow
    I% = 0
    Csh = D.Editor x
    NPV:Solve
    IRR:Solve
    PBP:Solve
    NFV:Solve
```

计算 A 项目的 NPV。首先，输入 I% = 10，再将光标移到 Csh = D.Editor x，点 EXE 键，出现以下界面：

	X	
1		
2		
3		

此界面是用来输入现金流的。根据 A 项目的现金流,可以分别将期初投入的 20 000 输入。由于期初是现金流出,输入的是负值(-20 000)。按顺序输入现金流入 11 800 和 13 240,界面如下:

	X	-2 000
1		11 800
2		13 240
3		

输入完毕后,点 ESC 键退出这个界面,返回初始界面。

```
Cash Flow
I% = 10
Csh = D.Editor x
NPV:Solve
IRR:Solve
PBP:Solve
NFV:Solve
```

将光标移到"NPV:Solve",点击 SOLVE 键,可求得 NPV = 1 669.421488。

(2) EXCEL 财务函数。用 EXCEL 财务函数功能中的 NPV 函数也可以算出项目的 NPV。需要注意的是,EXCEL 财务函数对现金流的输入要求与卡西欧财务计算器不同。

打开 EXCEL 程序,在财务函数中找到 NPV 函数(见图 2-31)。

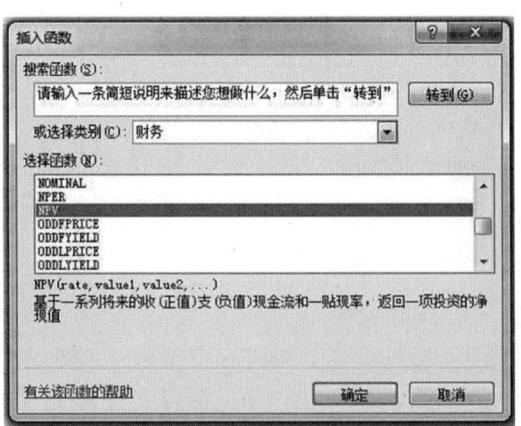

图 2-31　EXCEL 财务函数中的 NPV 函数

点"确定"后打开 NPV 函数,出现的界面如图 2-32 所示。

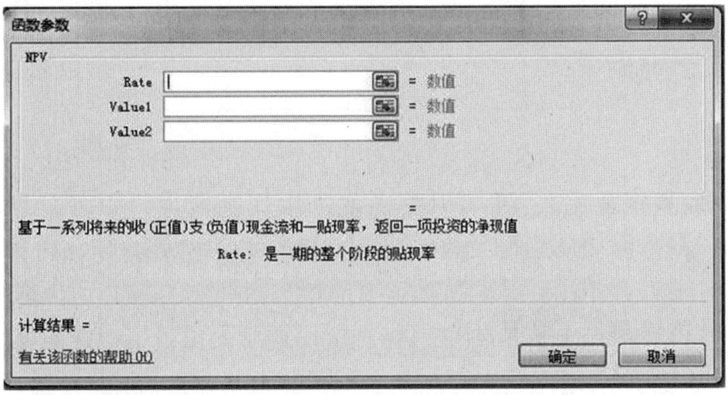

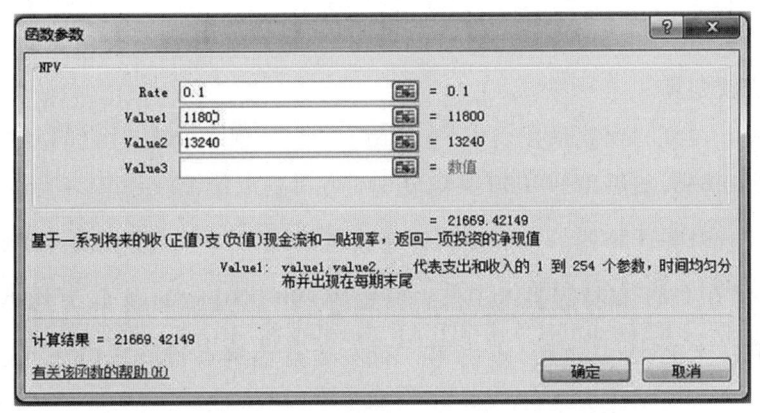

图 2-32　EXCEL 财务函数中的 NPV 函数界面

根据 A 项目的贴现率 10%和现金流分布,在 NPV 函数中分别输入 Rate=0.1,并输入现金流(见图 2-33)。

图 2-33　EXCEL 财务函数中的 NPV 现金流输入

从图 2-33 可以看到,EXCEL 财务函数 NPV 中现金流的第一个值输入的是第一期的现金流入,而不是初期的现金流出。这与卡西欧财务计算器有明显差异。

在输入 A 项目的所有各期现金流入后,可以得到现金流入的 NPV 是 21 669.42149 元。这里计算出的是所有现金流入的现值。A 项目初期流出了现金 20 000 元,最终 A 项目的实际 NPV 为 1 669.42149 元(21 669.42149 - 20 000),大于 0,项目可行。

三、贷款决策

【案例 2-13】是一个投资的案例,其现金流分布是先有现金流出后有现金流入。与投资案例不同的是贷款案例。贷款中的现金流分布是先有现金流入后有现金流出。

【案例 2-15】　假设你要借 5 万元买车。银行愿意向你提供一笔年利率为 12%的贷款。你的公司对买车的经理层会提供 5 万元资助,条件是 4 年后偿还公司 9 万元。你是向银行贷款还是接受公司资助?

案例分析 这个案例是贷款案例。现金流的分布可使用时间线工具予以展示。

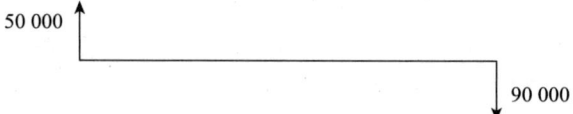

贷款中是先取得现金流入,到期后再还款产生现金流出。以下分别从五个维度分析如何做这个决策。

(一)理财决策维度一:现值法

如果接受公司资助、未来4年后还9万元的话,现在可以得到5万元。如果向银行贷款、未来4年后还9万元的话,现在可以贷到几万元呢?

以9万元为FV,按银行贷款利率12%、年限4年计算贷款现值PV。

$$PV = FV \times (1 + r)^{-n} = 90\,000 \times (1 + 12\%)^{-4} = 57\,197(元)$$

计算结果表明,如果向银行贷款,可以贷到57 197元,比接受公司资助能得到更多,所以向银行贷款划算。

(1)查表。在复利现值系数表中,查期数4年、贴现率12%对应的复利现值系数,查到的结果为0.636;然后用90 000乘以0.636可得到现值PV = 57 240元。

(2)卡西欧财务计算器。点击复利计算模式 CMPD ,将n设置为4,I%设置为12,PV保持设置为0,PMT保持设置为0,FV设置为-90 000,P/Y和C/Y均默认为1。然后将光标往回移到PV = 0这行,点击第二行右边蓝色解答键 SOLVE ,可以求出PV = 57 196.62706。

```
Compound Int.
  Set:End
  n = 4
  I% = 12
  PV = 57 196.62706
  PMT = 0
  FV = -90 000
  P/Y = 1
  C/Y = 1
```

(3)EXCEL财务函数。打开EXCEL程序,点开PV函数后,输入Rate = 0.12,Nper = 4,Fv = -90 000,即可求出PV = 57 196.62706(见图2-34)。

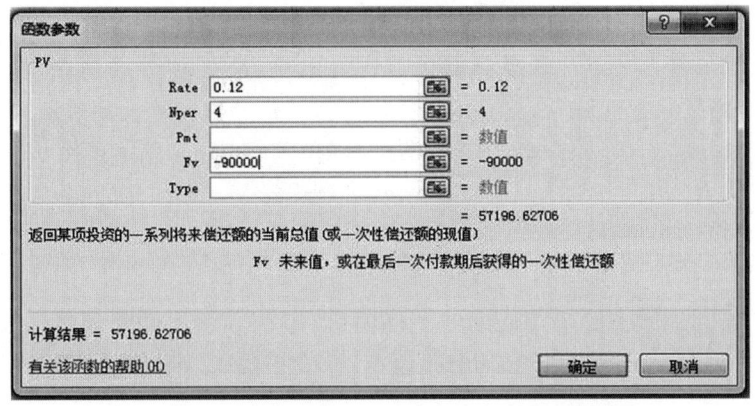

图 2-34　EXCEL 财务函数贷款 PV 求解实例

(二) 理财决策维度二:终值法

如果接受公司资助 5 万元,4 年后要还款 9 万元。如果从银行贷款 5 万元,4 年后要还款多少呢?

$$FV = PV \times (1+r)^n = 50\,000 \times (1+12\%)^4 = 78\,676(元)$$

计算结果表明,向银行贷款比接受公司资助更划算,因为未来还款金额更少。

(1) 查表。在复利终值系数表中,查期数 4 年、贴现率 12% 对应的复利终值系数,查到的结果为 1.574;然后用 50 000 乘以 1.574,得到现值 FV = 78 700 元。

(2) 卡西欧财务计算器。点击复利计算模式 CMPD ,将 n 设置为 4,I% 设置为 12,PV 设置为 50 000,PMT 保持设置为 0,P/Y 和 C/Y 均默认为 1;然后将光标往回移到 FV = 0 这行,点击第二行右边蓝色解答键 SOLVE ,可以求出 FV = −78 675.968。

```
Compound Int.
   Set:End
   n = 4
   I% = 12
   PV = 50 000
   PMT = 0
   FV = −78 675.968
   P/Y = 1
   C/Y = 1
```

(3) EXCEL 财务函数。打开 EXCEL 程序,点开 FV 函数后,输入 Rate = 0.12,Nper = 4,Pv = 50 000,即可求出 FV = −78 675.968(见图 2-35)。

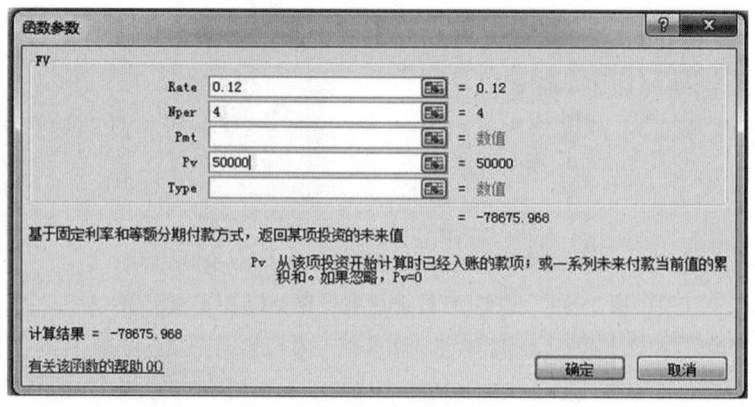

图 2-35　EXCEL 财务函数贷款 FV 求解实例

（三）理财决策维度三：投资收益率法

在投资中比较的是投资收益率，收益率越高越好；但在贷款中，贷款利率越低越好。向银行贷款的利率是 12%。那么，接受公司资助 5 万元还款 9 万元的利率是多少？

$$FV = PV \times (1+r)^n$$
$$90\,000 = 50\,000 \times (1+r)^4$$
$$1.8 = (1+r)^4$$

由上式求解出 $r = 15.83\%$。

接受公司资助利率约为 15.83%，而银行贷款利率为 12%，所以向银行贷款更划算。

（1）查表。在复利终值系数表中，查期数 4 年、复利终值系数 1.8 对应的贴现率为 16%。

（2）卡西欧财务计算器。点击复利计算模式 CMPD，将 n 设置为 4，I% 设置为 0，PV 设置为 50 000，PMT 保持设置为 0，FV 设置为 -90 000，P/Y 和 C/Y 均默认为 1；然后将光标往回移到 I% = 0 这行，点击第二行右边蓝色解答键 SOLVE，可以求出 I% = 15.8292185。

```
Compound Int.
   Set:End
   n = 4
   I% = 15.8292185
   PV = 50 000
   PMT = 0
   FV = -90 000
   P/Y = 1
   C/Y = 1
```

（3）EXCEL 财务函数。打开 EXCEL 程序，点开 RATE 函数后，输入 Nper＝4，Pv＝50 000，Fv＝－90 000，即可求出 RATE＝15.8292185（见图 2-36）。

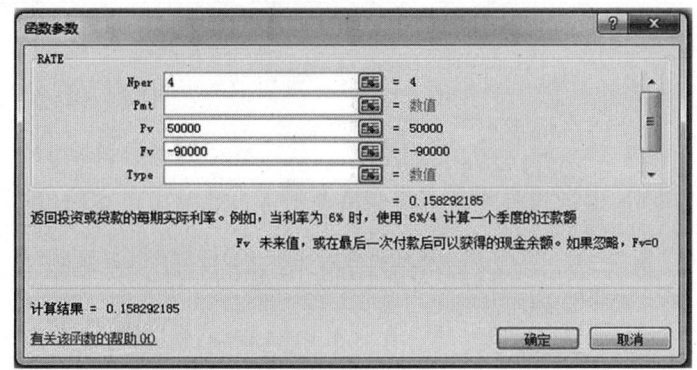

图 2-36　EXCEL 财务函数贷款利率 Rate 求解实例

（四）理财决策维度四：年限法

对于贷款来说，还款的时间越长越好。

接受公司资助 5 万元还款 9 万元的时间是 4 年。如果向银行贷款 5 万元，还款时间是多少呢？

$$FV = PV \times (1 + r)^n$$
$$90\ 000 = 50\ 000 \times (1 + 12\%)^n$$

由上式求解出 $n = 5.19$ 年。

向银行贷款的还款时间为 5.19 年，比接受公司资助的还款时间 4 年长，所以选择银行贷款。

（1）查表。在复利终值系数表中，查贴现率 12%、复利终值系数 1.8 对应的期数接近 5 年。

（2）卡西欧财务计算器。点击复利计算模式 CMPD，将 n 设置为 0，I% 设置为 12，PV 设置为 50 000，PMT 保持设置为 0，FV 设置为－90 000，P/Y 和 C/Y 均默认为 1；然后将光标往回移到 n＝0 这行，点击第二行右边蓝色解答键 SOLVE，可以求出 n＝5.186565637。

```
Compound Int.
  Set:End
  n = 5.186565637
  I% = 12
  PV = -50 000
  PMT = 0
  FV = -90 000
  P/Y = 1
  C/Y = 1
```

(3) EXCEL 财务函数。打开 EXCEL 程序,点开 NPER 函数后,输入 Rate = 0.12,Pv = 50 000,Fv = -90 000,即可求出 NPER = 5.186565637(见图 2-37)。

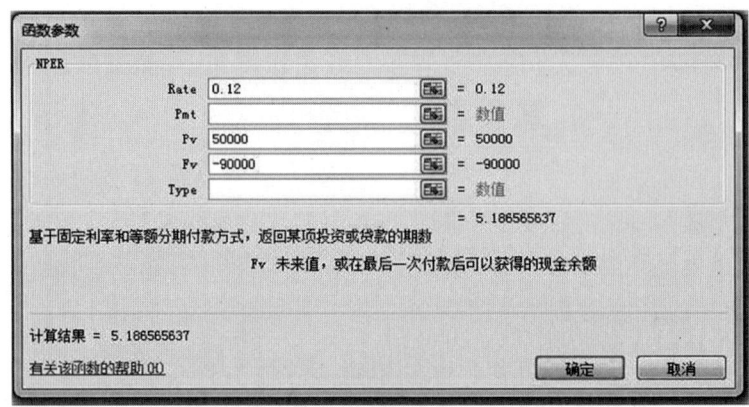

图 2-37 EXCEL 财务函数贷款年限 NPER 求解实例

(五) 理财决策维度五:净现值法

对于贷款,现金流的方向与投资是完全相反的,但决策依据是一样的:若 NPV 大于 0,就采纳;否则,就拒绝。

对于上述例子,现金流入是当前贷款所得的现金 5 万元,而未来 4 年后的还款是现金流出 9 万元。所以接受公司资助这个项目的 NPV 为:

$$NPV = 50\ 000 - \frac{90\ 000}{(1+12\%)^4} = 50\ 000 - 57\ 197 = -7\ 197(元)$$

↑ 现金流入现值　↑ 现金流出现值

接受公司资助这个项目的 NPV 小于 0,所以这个项目不值得做,即不接受公司资助。

学有所思　调研 4S 店的车贷和银行的车贷,看看哪类贷款更划算?

(1) 卡西欧财务计算器。点击 CASH 键,进入现金流模式,出现以下界面:

```
Cash Flow
I% = 0
Csh = D.Editor x
NPV:Solve
IRR:Solve
PBP:Solve
NFV:Solve
```

输入 I% = 12,再将光标移到 Csh = D.Editor x,点击 EXE 键,出现以下界面:

	X	
1		
2		
3		

根据接受公司资助的现金流,可以输入初期的现金流入 50 000,然后在第 5 个数字输入区输入还款现金流出 -90 000(这里要特别注意,对应于 -90 000 的数字输入区是 5,而不是 4)。

	X
1	50 000
2	0
3	0
4	0
5	-90 000

输入完毕后,点击 ESC 键退出这个界面,并返回初始界面。

```
Cash Flow
I% = 10
Csh = D.Editor x
NPV:Solve
IRR:Solve
PBP:Solve
NFV:Solve
```

将光标移动到"NPV:Solve",点击 SOLVE 键,可求得 NPV = -7 196.627056。

(2) EXCEL 财务函数。用 EXCEL 的财务函数功能中的 NPV 函数也可以计算出项目的 NPV。需要注意的是,EXCEL 财务函数对现金流的输入要求与卡西欧计算器不同。

打开 EXCEL 程序,在财务函数中找到 NPV 函数,点"确定"后打开 NPV 函数,以银行贷款 12% 作为贴现率,并根据贷款现金流的分布,在 NPV 函数中分别输入 Rate = 0.12,并按图 2-38 所示输入现金流。

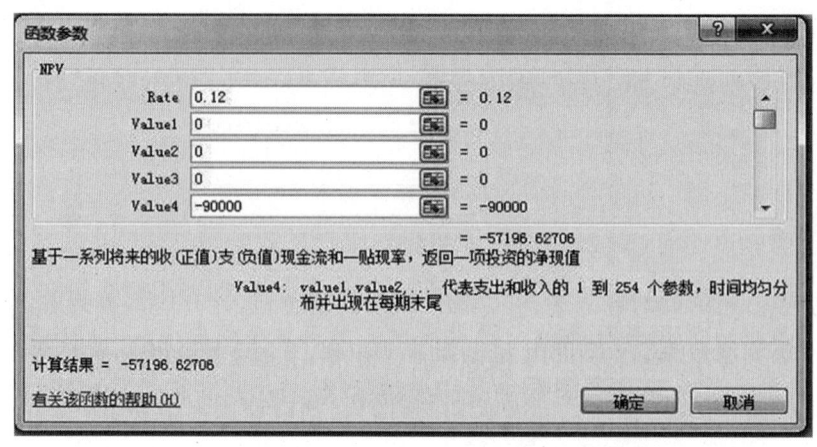

图 2-38　EXCEL 财务函数中的 NPV 函数贷款求解界面

从图 2-38 可以看到,EXCEL 财务函数 NPV 中现金流的第一个值输入的是第一期的现金流,而不是初期的现金流。这与卡西欧财务计算器有明显的差异。

用 EXCEL 计算出还款现金流的 NPV 后,再加回初期的现金流入 50 000,就可得到接受公司资助的 NPV = -7 196.62706。

四、小　结

以上从五个维度分析了投资决策和贷款决策,需要注意的是,在计算出 FV、PV、n、r 之后,要学会如何根据这些数值判断投资哪个金融产品或向谁贷款。NPV 判断法则很明确,根据 NPV 数值与零的比较即可做出判断,但需要注意现金流的正负符号。一旦正负符号弄错,判断结果就是相反的。所以,在做任何理财决策时,初始步骤都是画一条时间线来表明现金流方向,然后在此基础上展开分析。

现实中的大多数理财决策都建立在对金融产品的分析上。分析一款金融产品最常用的判断方法是比较其投资收益和投资成本。但是,大多数人没有考虑货币的时间价值(即机会成本),因而做出的决策有可能出错。

【案例 2-16】　一个保险公司代理人向你推荐一款属于普通年金的产品。你现在 65 岁。他告诉你,如果你现在支付 1 万元,他们将会在你的余生中每年给你 1 000 元。银行利率为 8%。假设你活到 80 岁,购买年金是否划算?

案例分析　用时间线工具画出这款产品的现金流。

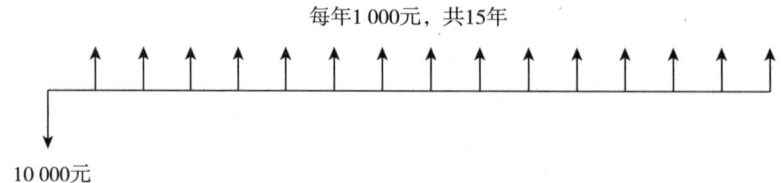

从这款产品来看,投资者是用 10 000 元的现值买到未来 15 年每年 1 000 元的现金流入。如果不考虑货币的时间价值,仅从现金流来看,未来 15 年共获得 15 000 元现金流入,超过投资者的初始现金流出 10 000 元。那么,这款产品是否真的值得购买呢?别忘记了货币时间价值的存在,这 10 000 元不投资这个产品,还可以存入银行,所以还要考虑机会成本。如何做这个判断?

通常购买一款金融产品与购买一般商品有类似之处,就是比较价值和价格是否相符。金融产品的价格就是投资者现在要付出现金流的现值,而金融产品的价值就是买到的未来现金流贴现后的现值。

年金产品投资者付出的价格是 10 000 元,买到的是未来 15 年每年 1 000 元的现金流入。这未来 15 年每年 1 000 元的现金流入的现值是:

$$PV_{年金} = PMT \times \frac{1-(1+i)^{-n}}{i} = 1\,000 \times 普通年金现值系数$$

$$= 1\,000 \times 8.559 = 8\,559(元)$$

从这款产品来看,投资者付出的价格是 10 000 元,但买到的产品价值只有 8 559 元,所以投资者应选择不买。

(1) 查表。在普通年金现值系数表中,查贴现率 8%、期限 15 年的普通年金现值系数是 8.559,用年金额 10 000 乘以 8.559,得到普通年金现值 8 559 元。

(2) 卡西欧财务计算器。点击复利计算模式 CMPD ,依次输入 n = 15, I% = 8, PMT = 1 000,然后将光标移到 PV,点击 SOLVE 键,可求得 PV = -8 559.478688。

```
Compound Int.
   Set:End
   n = 15
   I% = 8
   PV = -8 559.478688
   PMT = 1 000
   FV = 0
   P/Y = 1
   C/Y = 1
```

(3) EXCEL 财务函数。打开 EXCEL 程序,找到财务函数中的 PV 函数,点开后分别输入 Rate = 0.08, Nper = 15, Pmt = 1 000,即可求得 PV = -8 559.478688(见图 2-39)。

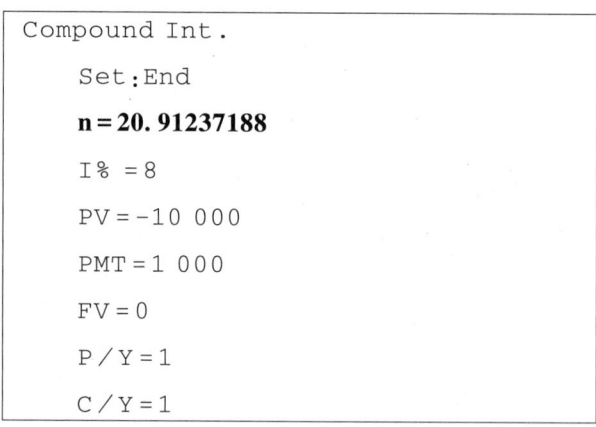

图 2-39 EXCEL 财务函数普通年金产品现值求解实例

需要注意的是,上述情况是假设投资者活到 80 岁。如果投资者能活更长时间,那么就能领取到更长时间的年金,这时上述产品就会出现值得购买的情况。接着,我们可以计算投资者活多长时间,上述产品才是划算的?

这个问题实际上是已知年金金额 PMT、年金现值 PV、机会成本 8% 的情况下求年份 n。

(1) 查表。根据 PV = PMT × 普通年金现值系数,可得普通年金现值系数 = PV/PMT = 10 000/1 000 = 10。查普通年金现值系数表,对应于贴现率 8%、普通年金现值系数 10 的期数约为 20 年。

(2) 卡西欧财务计算器。点击复利计算模式 CMPD ,依次输入 I% = 8,PV = -10 000,PMT = 1 000,然后将光标移到 PV,点击 SOLVE 键,可求得 n = 20.91237188。

```
Compound Int.
  Set:End
  n = 20.91237188
  I% = 8
  PV = -10 000
  PMT = 1 000
  FV = 0
  P/Y = 1
  C/Y = 1
```

(3) EXCEL 财务函数。打开 EXCEL 程序,找到财务函数中的 PV 函数,点开后分别输入 Rate = 0.08,Pv = -10 000,Pmt = 1 000,即可求得 NPER = 20.91237188(见图 2-40),即如果投资者能活到 85 岁,那么这款产品是划算的。

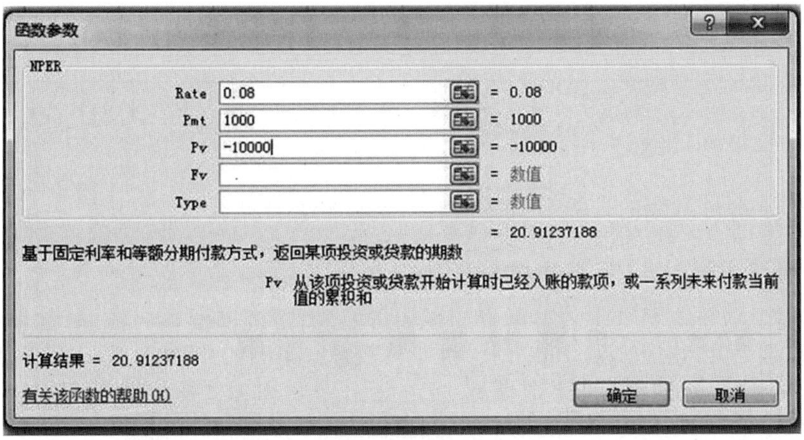

图 2-40　EXCEL 财务函数普通年金产品年限求解实例

> ✎ **学有所思**　如果银行年利率不是 8%，而是按现在的银行年利率计算，购买这款产品划算吗？

第七节　房贷计算

通过支付首付款并利用公积金贷款或商业贷款的方式可以购买心中理想的房子。买房时除了要筹备首付款，还需知道自己贷款后每月要支付的还款额。只有这样，才能做到心里有数。买房时应该考虑到未来房贷的偿还能力，因为一旦偿还不了银行贷款，银行就有权收回你的房子。在这种情况下，你在财务上将损失惨重，在生活上将陷入困境。学会计算房贷有助于你更好地规划自住房购买和房产投资。房产规划将在第五章详细介绍，本节只讲解最基本的房贷计算方法。

一、等额还款法

等额还款法中的"等额"是指每期还的本息总额是相等的，也称等额本息还款法。等额还款法中将全部本金和利息等额均摊到每期偿还，因此等额还款法中每期还款额与年金的计算方法相同。

【案例 2-17】　小张准备买房，房价 60 万元，首付款 3 成，贷款 7 成，贷款 20 年，贷款利率 6%。请问按每月等额还款法，小张每月月底要还款多少？

案例分析　可以画一个时间线。从时间线来看，小张是在最初贷款了 42 万元，然后本息等额均摊到每月还款。这是个已知 PV、r、n，求 PMT 的问题。

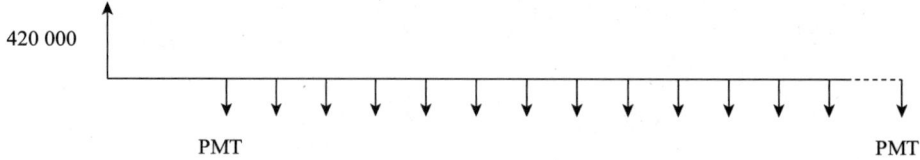

月等额还本付息额的计算公式为：

$$PMT = PV \times \frac{r \times (1+r)^n}{(1+r)^n - 1}$$

（1）卡西欧财务计算器。点击复利计算模式 CMPD，依次输入 n=20×12，I%=6，PV=420 000，然后将光标移到 PMT，点击 SOLVE 键，可求得 PMT=-3 009.010446。

```
Compound Int.
  Set:End
  n = 240
  I% = 6
  PV = 420 000
  PMT = -3 009.010446
  FV = 0
  P/Y = 12
  C/Y = 12
```

（2）EXCEL 财务函数。打开 EXCEL 程序，找到财务函数中的 PMT 函数，点开后分别输入 Rate=0.6/12，Nper=12*20，Pv=420 000，可求得 PMT=-3 009.010446（见图 2-41）。

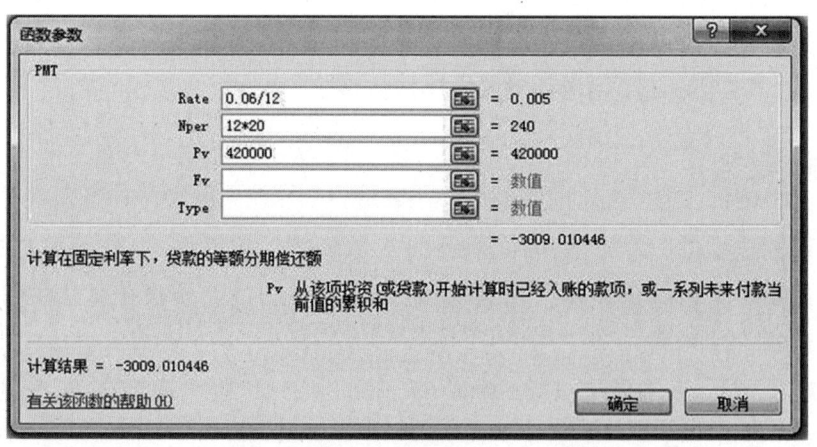

图 2-41　EXCEL 财务函数等额还款下月还款额计算实例

从结果可以看出，小张每月要还贷 3 009 元。

【案例 2-18】 小张在了解到每月需还贷 3 009 元后,还想知道每月还款中有多少是本金?有多少是利息?他在贷款后实际承受的现金利息一共是多少?

案例分析 要计算小张月还款额 3 009 元中本金和利息的金额,可以按以下思路进行:

第一步,计算小张第一个月还款额 3 009 元中有多少是利息?

小张贷了 420 000 元,贷款年利率是 6%,即月利率是 0.5%(6%/12)。第一个月小张需要支付的利息为:

$$420\ 000 \times 0.05\% = 2\ 100(元)$$

第二步,计算第一个月还款额中的本金是多少?

用第一个月的还款额 3 009 元减去第一个月的利息额 2 100 元,即得到第一个月还款额中本金是 909.01 元。

第三步,计算第二个月还款额中有多少是利息?

由于第一个月已经偿还 909.01 元的本金,因此第二个月的利息只按剩余本金计算:

$$(420\ 000 - 909.01) \times 0.05\% = 2\ 095.45(元)$$

第四步,计算第二个月还款额中的本金是多少?

仍然可以用第二个月的还款额 3 009 元减去第二个月的利息 2 095.45 元,即得到第二个月还款额中的本金是 913.56 元。

以此类推,先计算每个月的利息,公式为:

$$每期利息 = (贷款总额 - 累计已还本金) \times 期间利率$$

然后计算每个月的本金偿还,公式为:

$$每期本金偿还额 = 每月还款额 - 每期利息$$

我们根据上面的计算方法,开发了一个自动计算每月偿还本金和利息的 EXCEL 工具,只要输入贷款总金额、贷款期数和贷款利率三个参数就可以自动测算出每月偿还的本金和利息金额(见表 2-4)。有兴趣的读者可以在招宝理财网(www.zhaobaolicai.com)在线下载。

表 2-4 等额还款法每月本金和利息计算工具

参数设置						
贷款金额	420 000					
还款年限	20					
贷款利率	6%					
期数	每月还款	利息	本金	累计还本	累计还息	剩余本金
1	3 009.01	2 100.00	909.01	909.01	2 100.00	419 090.99
2	3 009.01	2 095.45	913.56	1 822.57	4 195.45	418 177.43

（续表）

期数	每月还款	利息	本金	累计还本	累计还息	剩余本金
3	3 009.01	2 090.89	918.12	2 740.69	6 286.34	417 259.31
4	3 009.01	2 086.30	922.71	3 663.40	8 372.64	416 336.60
5	3 009.01	2 081.68	927.33	4 590.73	10 454.32	415 409.27
6	3 009.01	2 077.05	931.96	5 522.69	12 531.37	414 477.31
7	3 009.01	2 072.39	936.62	6 459.32	14 603.75	413 540.68
8	3 009.01	2 067.70	941.31	7 400.63	16 671.46	412 599.37
9	3 009.01	2 063.00	946.01	8 346.64	18 734.45	411 653.36
10	3 009.01	2 058.27	950.74	9 297.38	20 792.72	410 702.62
11	3 009.01	2 053.51	955.50	10 252.88	22 846.23	409 747.12
12	3 009.01	2 048.74	960.27	11 213.16	24 894.97	408 786.84
⋮	⋮	⋮	⋮	⋮	⋮	⋮
231	3 009.01	146.39	2 862.62	393 583.70	301 497.71	26 416.30
232	3 009.01	132.08	2 876.93	396 460.63	301 629.79	23 539.37
233	3 009.01	117.70	2 891.31	399 351.95	301 747.49	20 648.05
234	3 009.01	103.24	2 905.77	402 257.72	301 850.73	17 742.28
235	3 009.01	88.71	2 920.30	405 178.02	301 939.44	14 821.98
236	3 009.01	74.11	2 934.90	408 112.92	302 013.55	11 887.08
237	3 009.01	59.44	2 949.58	411 062.49	302 072.98	8 937.51
238	3 009.01	44.69	2 964.32	414 026.82	302 117.67	5 973.18
239	3 009.01	29.87	2 979.14	417 005.96	302 147.54	2 994.04
240	3 009.01	14.97	2 994.04	420 000.00	302 162.51	(0.00)
合计	722 162.51	302 162.51	420 000.00			

从结果来看，小张每月还款额中利息逐渐减少，而本金逐渐增多。第一个月 3 009.01 元中有 2 100 元是利息，而本金才还了 909.01 元；最后一个月中利息只有 14.97 元，而本金达到 2 994.04 元。小张一共付出利息 302 162.51 元，加上本金 420 000 元，一共要偿还现金 722 162.51 元。

除用 EXCEL 财务函数计算外，我们还可以使用卡西欧财务计算器来计算。下面介绍卡西欧财务计算器的房贷计算步骤。

第一步，计算每月还款额。点击复利计算模式 CMPD，依次输入 n = 20×12，I% = 6，PV = 420 000，然后将光标移到 PMT，点击 SOLVE 键，可求得 PMT = −3 009.010446。

```
Compound Int.
   Set:End
   n = 240
   I% = 6
   PV = 420 000
   PMT = -3 009.010446
   FV = 0
   P/Y = 12
   C/Y = 12
```

第二步,切换到摊销模式 $\boxed{\text{AMRT}}$,可以看到以下界面:

```
Amortization.
   Set:End
   PM1 = 1
   PM2 = 1
   n = 240
   I% = 6
   PV = 420 000
   PMT = -3 009.010446
   FV = 0
   P/Y = 12
   C/Y = 12
   BAL:Solve
   INT:Solve
   PRN:Solve
   ∑INT:Solve
   ∑PRN:Solve
```

Amortization 是"摊销"的意思,即现在进入了摊销模式的计算。摊销模式与复利计算模式中的参数有很多是相同的,比如期数 n、利率 I%、现值 PV、年金 PMT、终值 FV、每年付款次数 P/Y、每年计息次数 C/Y。

与复利模式不同的是,在摊销模式中多了几个参数。这几个参数分别为 PM1、PM2、BAL、INT、PRN、∑INT:Solve 和 ∑PRN:Solve:

PM1,代表需要计算利息和本金的还款期数,比如需要计算第 1 个月中还贷总额中的本金和利息,就在 PM1 中输入 1;需要计算第 5 个月中还贷总额中的本金和利息,就在 PM1 中输入 5;以此类推。

PM2,代表需要计算一段期间已还利息和已还本金的还款期结点。PM1 中的还款时点和 PM2 中的还款时点之间的时间段代表了要计算本金和利息的一段期间。比如,如果需要计算第 1 年中已还了多少本金和利息,就可以将 PM1 设置为 1、PM2 设置为 12,就可以计算出第 1 个月到第 12 个月已经还的本金和利息;如果需要计算第 4 年这一年时间内还了多少本金和利息,则将 PM1 设置为 37,PM2 设置为 48。

BAL,代表还款一段期间后剩余的尚未偿还的本金,即表 2-4 中的"剩余本金"。

INT,代表某一期还款额中所还的利息金额,即表 2-4 中的"利息"。

PRN,代表某一期还款额中所还的本金金额,即表 2-4 中的"本金"。

∑INT:Solve,代表某一段期间累计已偿还利息,即表 2-4 中的"累计利息"。

∑PRN:Solve,代表某一段期间累计已偿还本金,即表 2-4 中的"累计本金"。

计算小张第 1 个月还款额中有多少是本金、多少是利息,输入如下:

```
Amortization.
  Set:End
  PM1 = 1
  PM2 = 1
  n = 240
  I% = 6
  PV = 420 000
  PMT = -3 009.010 446
  FV = 0
  P/Y = 12
  C/Y = 12
  BAL:Solve
  INT:Solve
  PRN:Solve
  ∑INT:Solve
  ∑PRN:Solve
```

将光标移到 INT:Solve,点击 SOLVE 键,可计算出第 1 个月还款额中有 2 100 元是利息。将光标移到 PRN:Solve,点击 SOLVE 键,可计算出第 1 个月还款额中有 909.01 元是利息。

① 如果要计算小张还款 3 年后已经还了多少本金和利息,还剩余多少本金要还,则

可以这样计算:设置 PM1=1、PM2=36,将光标移到∑INT:Solve,点击 SOLVE 键,可计算出 3 年内小张一共还了 72 567.45 元利息;将光标移到∑PRN:Solve,点击 SOLVE 键,可计算出 3 年内小张一共还了 35 756.93 元本金;将光标移到 BAL:Solve,点击 SOLVE 键,可计算出还款 3 年后小张还有 384 243.07 元本金要还。

② 如果要计算小张 20 年一共要还多少利息,则可以将 PM1 设置为 1、PM2 设置为 240,将光标移到∑INT:Solve,点击 SOLVE 键,可计算出 20 年内小张一共要还 302 162.51 元利息。

二、等本还款法

等本还款法是指每期还的本金相等,而利息逐渐递减的一种还款方式。由于每期计算利息的本金都比上一期少,而每期还的本金都相同,因此银行界称这种方法为"递减还款法"。从图 2-42 来看,每期总还款额都是递减的。

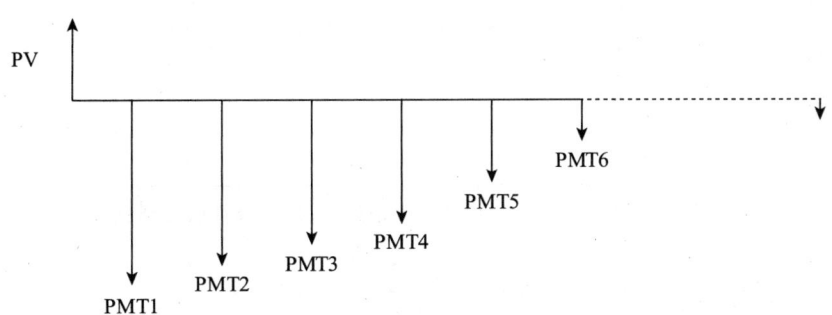

图 2-42 等本还款法示意图

在等本还款法下,每期本金按计算公式为:

$$PRN = \frac{PV}{n}$$

其中,PRN 代表每期本金,PV 代表贷款金额,n 代表还款期数。

在等本还款法下,每期利息的计算公式为:

$$INT = BAL \times i$$

其中,INT 代表每期利息,BAL 代表尚未偿还的本金,i 代表单期的利率。

在等本还款法下,每期还款总金额的计算公式为:

$$PMT = PRN + INT$$

【案例 2-19】 樊小姐刚买了一套房,房价 100 万元,首付 30 万元,贷款 70 万元。樊小姐采用 20 年按月等本还款的方式,贷款利率为 6.5%。请帮她计算:每月需要还多少钱?每月还款额中有多少是本金?有多少是利息?

案例分析 在等本还款方式下,每月本金偿还额为:

$$PRN = PV/n = 700\ 000/240 = 2\ 916.67(元)$$

第一个月的利息偿还额为：

$$INT = BAL \times i = 700\ 000 \times (6.5\%/12) = 3\ 791.67(元)$$

第一月的总还款额为：

$$PMT = PRN + INT = 2\ 916.67 + 3\ 791.67 = 6\ 708.33(元)$$

第二个月的本金偿还额与第一个月一样。

第二个月的利息偿还额为：

$$INT = BAL \times i = (700\ 000 - 2\ 916.67) \times (6.5\%/12) = 3\ 375.87(元)$$

第二个月的总还款额为：

$$PMT = PRN + INT = 2\ 916.67 + 3\ 775.87 = 6\ 692.53(元)$$

以此类推。

将每月的还款本金、每月的还款利息、每月总还款额列示，如表 2-5 所示。

表 2-5　樊小姐在等本还款法下 20 年期贷款 70 万元每月还款额

参数设置				
贷款金额	700 000			
还款年限	20			
贷款利率	6.5%			
还款月份	每月偿还本金	每月贷款余额	每月偿还利息	每月总还款额
1	2 916.67	697 083.33	3 791.67	6 708.33
2	2 916.67	694 166.67	3 775.87	6 692.53
3	2 916.67	691 250.00	3 760.07	6 676.74
4	2 916.67	688 333.33	3 744.27	6 660.94
5	2 916.67	685 416.67	3 728.47	6 645.14
6	2 916.67	682 500.00	3 712.67	6 629.34
7	2 916.67	679 583.33	3 696.88	6 613.54
8	2 916.67	676 666.67	3 681.08	6 597.74
9	2 916.67	673 750.00	3 665.28	6 581.94
10	2 916.67	670 833.33	3 649.48	6 566.15
11	2 916.67	667 916.67	3 633.68	6 550.35
12	2 916.67	665 000.00	3 617.88	6 534.55
⋮	⋮	⋮	⋮	⋮

(续表)

还款月份	每月偿还本金	每月贷款余额	每月偿还利息	每月总还款额
231	2 916.67	26 250.00	157.99	3 074.65
232	2 916.67	23 333.33	142.19	3 058.85
233	2 916.67	20 416.67	126.39	3 043.06
234	2 916.67	17 500.00	110.59	3 027.26
235	2 916.67	14 583.33	94.79	3 011.46
236	2 916.67	11 666.67	78.99	2 995.66
237	2 916.67	8 750.00	63.19	2 979.86
238	2 916.67	5 833.33	47.40	2 964.06
239	2 916.67	2 916.67	31.60	2 948.26
240	2 916.67	0.00	15.80	2 932.47
合计	700 000.00		456 895.83	1 156 895.83

三、等额还款法与等本还款法的比较

等额还款法的特点是每期还款金额都一样,每期还款金额中利息占比在下降,而每期还款金额中本金占比在提高。等本还款法的特点是每期还款总金额在下降,每期还款金额中利息金额在下降,而每期还款金额中本金金额一样。

究竟两种还款法下哪种还款法更能节省利息呢?

【案例2-20】 假设樊小姐没有采用等本还款法而采用等额还款法偿还上述70万元房屋贷款。试计算:等额还款法下偿还的利息总额是多少?相比等本还款法,其偿还的利息是高还是低呢?

案例分析 采用等额还款法偿还70万元房贷,樊小姐每月要偿还的金额为5 219.01元(见表2-6)。

表2-6 樊小姐在等额还款法下20年期贷款70万元每月还款额

参数设置						
贷款金额	700 000					
还款年限	20					
贷款利率	6.5%					
期数	每月还款	利息	本金	累计还本	累计还息	剩余本金
1	5 219.01	3 791.67	1 427.35	1 427.35	3 791.67	698 572.65
2	5 219.01	3 783.94	1 435.08	2 862.42	7 575.60	697 137.58

(续表)

期数	每月还款	利息	本金	累计还本	累计还息	剩余本金
3	5 219.01	3 776.16	1 442.85	4 305.27	11 351.76	695 694.73
4	5 219.01	3 768.35	1 450.67	5 755.94	15 120.11	694 244.06
5	5 219.01	3 760.49	1 458.52	7 214.46	18 880.60	692 785.54
6	5 219.01	3 752.59	1 466.42	8 680.88	22 633.19	691 319.12
7	5 219.01	3 744.65	1 474.37	10 155.25	26 377.83	689 844.75
8	5 219.01	3 736.66	1 482.35	11 637.60	30 114.49	688 362.40
9	5 219.01	3 728.63	1 490.38	13 127.99	33 843.12	686 872.01
10	5 219.01	3 720.56	1 498.46	14 626.44	37 563.68	685 373.56
11	5 219.01	3 712.44	1 506.57	16 133.01	41 276.12	683 866.99
12	5 219.01	3 704.28	1 514.73	17 647.75	44 980.40	682 352.25
⋮	⋮	⋮	⋮	⋮	⋮	⋮
231	5 219.01	274.45	4 944.56	654 276.17	551 315.59	45 723.83
232	5 219.01	247.67	4 971.34	659 247.51	551 563.27	40 752.49
233	5 219.01	220.74	4 998.27	664 245.78	551 784.01	35 754.22
234	5 219.01	193.67	5 025.34	669 271.12	551 977.68	30 728.88
235	5 219.01	166.45	5 052.56	674 323.68	552 144.12	25 676.32
236	5 219.01	139.08	5 079.93	679 403.61	552 283.20	20 596.39
237	5 219.01	111.56	5 107.45	684 511.06	552 394.77	15 488.94
238	5 219.01	83.90	5 135.11	689 646.18	552 478.67	10 353.82
239	5 219.01	56.08	5 162.93	694 809.11	552 534.75	5 190.89
240	5 219.01	28.12	5 190.89	700 000.00	552 562.87	(0.00)
合计	1 252 562.87	552 562.87	700 000.00			

从表 2-5 和表 2-6 的最后一行可以看出，樊小姐采用等本还款法，需要支付的利息总和为 456 895.83 元；而采用等额还款法，需要支付的利息总和为 552 562.87 元，比等本还款法下的利息多 95 667.04 元。

等本还款法下的利息总和的计算公式为：

$$\sum \text{INT} = PV \times \frac{i}{12} \times \frac{(n+1)}{2}$$

在【案例 2-20】中，将 70 万元贷款金额，按 6.5% 的年利率计算 240 期的利息总和为：

$$\sum \text{INT} = \text{PV} \times \frac{i}{12} \times \frac{(n+1)}{2} = 700\,000 \times \frac{6.5\%}{12} \times \frac{240+1}{2} = 456\,895.83(\text{元})$$

需要注意的是,上述利息是用绝对金额来计算的。如果考虑到货币的时间价值,那么等本还款法不一定比等额还款法划算。比如,在投资收益率为8%的情况下,用于还款的资金就不能进行投资,按8%投资收益率作为贴现率,对每个月的还款金额进行贴现,计算所有还款金额的现值之和,你会发现等本还款法的还款总现值比等额还款法的还款总现值要高。

等本还款法下的还款现值计算为:

$$\text{PV} = \frac{6\,708.33}{(1+8\%/12)^1} + \frac{6\,692.53}{(1+8\%/12)^2} + \cdots + \frac{2\,932.47}{(1+8\%/12)^{240}} = 634\,131(\text{元})$$

等额还款法下的还款现值计算为:

$$\text{PV} = \frac{5\,219.01}{(1+8\%/12)^1} + \frac{5\,219.01}{(1+8\%/12)^2} + \cdots + \frac{5\,219.01}{(1+8\%/12)^{240}} = 623\,955(\text{元})$$

投资收益率为5%的情况下,等本还款法下的还款现值计算为:

$$\text{PV} = \frac{6\,708.33}{(1+5\%/12)^1} + \frac{6\,692.53}{(1+5\%/12)^2} + \cdots + \frac{2\,932.47}{(1+5\%/12)^{240}} = 777\,415(\text{元})$$

投资收益率为5%的情况下,等额还款法下的还款现值计算为:

$$\text{PV} = \frac{5\,219.01}{(1+5\%/12)^1} + \frac{5\,219.01}{(1+5\%/12)^2} + \cdots + \frac{5\,219.01}{(1+5\%/12)^{240}} = 790\,812(\text{元})$$

由上述计算结果可见,当贷款者的投资收益率(机会成本)超过贷款利率时,此时采用等额还款法更好;当贷款者的投资收益率(机会成本)低于贷款利率时,此时采用等本还款法更好;当贷款者的投资收益率与贷款利率相同时,两种方法的结果是一样的。

> **学有所思** 回家问问你的父母:还贷方式采用的贷款是等本还是等额?他们采用的房贷还款方式正确吗?

四、加息减息对房贷的影响

(一)是否要提前还款

当利率上升的时候,许多人会想到提前还款。决定是否提前还款的一个重要因素是贷款利率与投资收益率之间的比较,而不是利率的绝对数值。当投资收益率超过贷款利率时,从理财的角度看,没有必要提前还款;反之,则应提前还款。如果投资者仍有闲置资金,却不知道如何投资以获得比银行贷款利率更高的收益,这时也应当用闲置资金提前还款。

【案例2-21】 孙小姐2009年上半年用商业贷款购买了一套100平方米的房子,贷款60万元,当时的贷款利率是5.94%。由于有房贷7折优惠,孙小姐实际享受的贷款利率是4.15%。2010年10月20日,国家为了防范通货膨胀,开始加息,经过3次加息,贷款利率从5.94%提升到6.6%,7折计算的利率为4.6%。孙小姐见利率提升,咨询理财师是否要提前还款。孙小姐告诉理财师,她目前定投的基金金额有20万元,可以偿还部分贷款以减轻还贷压力。她的家庭月收入15 000元,月生活支出5 000元左右,月还贷3 000元左右,每月定投基金2 000元。

案例分析 理财师首先分析了孙小姐的资产负债情况。孙小姐的家庭月节余为:
$$15\ 000 - 5\ 000 = 10\ 000(元)$$

贷款占月节余的比重为3 000/10 000 = 30%,低于50%的风险水平,这说明孙小姐家庭的财务风险较低。

理财师帮孙小姐计算了基金定投的收益率,发现孙小姐定投的基金年均收益率超过8%。

由于孙小姐投资的收益率目前远远超过银行贷款利率,并且孙小姐家庭的财务风险不高,理财师建议孙小姐暂时不要提前还款。

孙小姐的另外一位同事林小姐带着同样的问题来咨询理财师,但林小姐的家庭情况与孙小姐有所不同。林小姐从来没有做过投资,其存款全部以活期存款的形式存在银行。其他与孙小姐家庭情况近似。理财师对林小姐给出了不同的建议:方案一是将银行活期存款用来提前偿还贷款;方案二是不提前偿还贷款,将银行活期存款投资到比银行贷款利率高的金融产品上。

(二)利息变化对房贷的影响

如果考虑提前还款,往往需要重新计算利息变化前后还贷金额的变化,并据此计算贷款者还款压力的变化程度。

【案例2-22】 钱小姐花了100万元买房,按揭30年,首期付30%,贷款年利率为5.94%,按月计息,采用等额本息按月(月末)还款法。3年后,利率提高到7.38%,如果按揭期限不变,利率改变后每月月末付款金额是多少?

案例分析 第一步,求解按5.94%的贷款利率计算的月还款额。

(1)卡西欧财务计算器。点击复利计算模式 CMPD ,依次输入 Set = End, n = 360, I% = 5.94, PV = −700 000, P/Y = 12, C/Y = 12;然后将光标移到 PMT,点击 SOLVE 键,可求得 PMT = 4 169.89。

```
Compound Int.
    Set:End
    n=360
    I%=5.94
    PV=-700 000
    PMT=4 169.889256
    FV=0
    P/Y=12
    C/Y=12
```

（2）EXCEL 财务函数。打开 EXCEL 程序，找到财务函数中的 PMT 函数，点开后分别输入 Rate=0.0594/12，Nper=12*30，Pv=-700 000，可求得 PMT=4 169.889256（见图 2-43）。

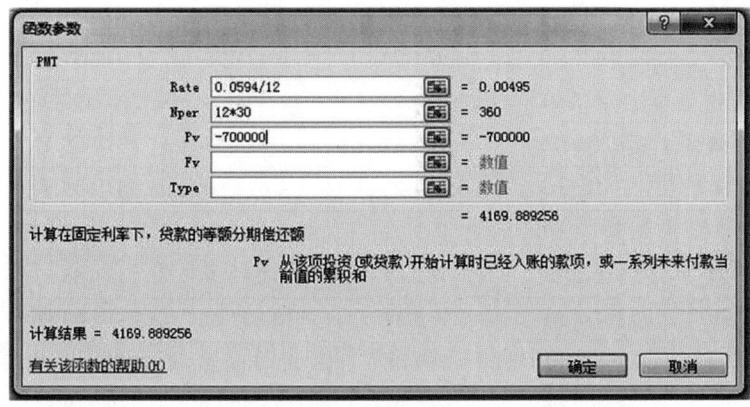

图 2-43　EXCEL 财务函数 PMT 求解

第二步，求解还款 3 年后还需要偿还的本金额。

（1）卡西欧财务计算器。点击摊销模式 AMRT ，依次输入 PM1=1，PM2=36；然后将光标移到 BAL:Solve，点击 SOLVE 键，可求得 BAL=-672 297.271。

```
Compound Int.
    Set:End
    PM1=1
    PM2=36
    n=360
    I%=5.94
    PV=-700 000
    PMT=4 169.889256
    FV=0
    P/Y=12
    C/Y=12
    BAL:Solve
```

（2）EXCEL 财务函数。运用前述的等额还款法下的本金和利息计算工具，计算出还款 36 个月后的剩余本金为-672 297.271 元(见表 2-7)。

表 2-7　70 万元贷款、还款期 30 年、利率 5.94%的贷款本金和利息计算

期数	每月还款	利息	本金	累计还本	累计还息	剩余本金
1	4 169.89	3 465.00	704.89	704.89	3 465.00	699 295.11
2	4 169.89	3 461.51	708.38	1 413.27	6 926.51	698 586.73
3	4 169.89	3 458.00	711.88	2 125.15	10 384.52	697 874.85
4	4 169.89	3 454.48	715.41	2 840.56	13 839.00	697 159.44
5	4 169.89	3 450.94	718.95	3 559.51	17 289.93	696 440.49
6	4 169.89	3 447.38	722.51	4 282.02	20 737.32	695 717.98
7	4 169.89	3 443.80	726.09	5 008.11	24 181.12	694 991.89
8	4 169.89	3 440.21	729.68	5 737.78	27 621.33	694 262.22
9	4 169.89	3 436.60	733.29	6 471.08	31 057.93	693 528.92
10	4 169.89	3 432.97	736.92	7 208.00	34 490.90	692 792.00
11	4 169.89	3 429.32	740.57	7 948.57	37 920.22	692 051.43
12	4 169.89	3 425.65	744.23	8 692.80	41 345.87	691 307.20
13	4 169.89	3 421.97	747.92	9 440.72	44 767.84	690 559.28
14	4 169.89	3 418.27	751.62	10 192.34	48 186.11	689 807.66
15	4 169.89	3 414.55	755.34	10 947.68	51 600.66	689 052.32
16	4 169.89	3 410.81	759.08	11 706.76	55 011.47	688 293.24
17	4 169.89	3 407.05	762.84	12 469.60	58 418.52	687 530.40
18	4 169.89	3 403.28	766.61	13 236.21	61 821.79	686 763.79
19	4 169.89	3 399.48	770.41	14 006.62	65 221.27	685 993.38
20	4 169.89	3 395.67	774.22	14 780.84	68 616.94	685 219.16
21	4 169.89	3 391.83	778.05	15 558.90	72 008.78	684 441.10
22	4 169.89	3 387.98	781.91	16 340.80	75 396.76	683 659.20
23	4 169.89	3 384.11	785.78	17 126.58	78 780.87	682 873.42
24	4 169.89	3 380.22	789.67	17 916.25	82 161.10	682 083.75
25	4 169.89	3 376.31	793.57	18 709.82	85 537.41	681 290.18
26	4 169.89	3 372.39	797.50	19 507.32	88 909.80	680 492.68
27	4 169.89	3 368.44	801.45	20 308.77	92 278.24	679 691.23
28	4 169.89	3 364.47	805.42	21 114.19	95 642.71	678 885.81
29	4 169.89	3 360.48	809.40	21 923.60	99 003.19	678 076.40
30	4 169.89	3 356.48	813.41	22 737.01	102 359.67	677 262.99
31	4 169.89	3 352.45	817.44	23 554.44	105 712.12	676 445.56
32	4 169.89	3 348.41	821.48	24 375.93	109 060.53	675 624.07

（续表）

期数	每月还款	利息	本金	累计还本	累计还息	剩余本金
33	4 169.89	3 344.34	825.55	25 201.48	112 404.87	674 798.52
34	4 169.89	3 340.25	829.64	26 031.12	115 745.12	673 968.88
35	4 169.89	3 336.15	833.74	26 864.86	119 081.27	673 135.14
36	4 169.89	3 332.02	837.87	27 702.73	122 413.28	672 297.27
⋮	⋮	⋮	⋮	⋮	⋮	⋮

第三步，求解加息后的还款额。

（1）卡西欧财务计算器。点击复利模式 CMPD，依次输入 Set = End, n = 360−36, I% = 7.38, PV = −672 297.27, P/Y = 12, C/Y = 12；然后将光标移到 PMT，点击 SOLVE 键，可求得 PMT = 4 791.966196。

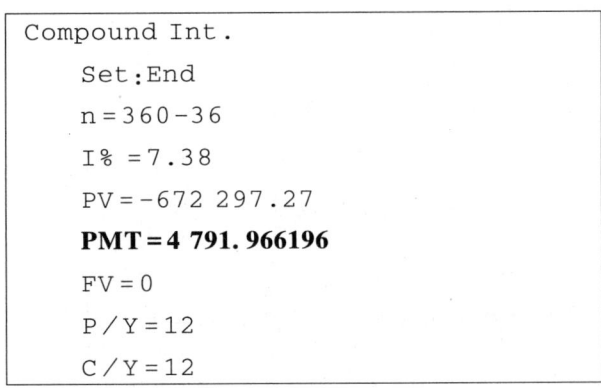

（2）EXCEL 财务函数。打开 EXCEL 程序，找到财务函数中的 PMT 函数，点开后分别输入 Rate = 0.0738/12, Nper = 360−36, Pv = −672 297.27，可求得 PMT = 4 791.966196（见图 2-44）。

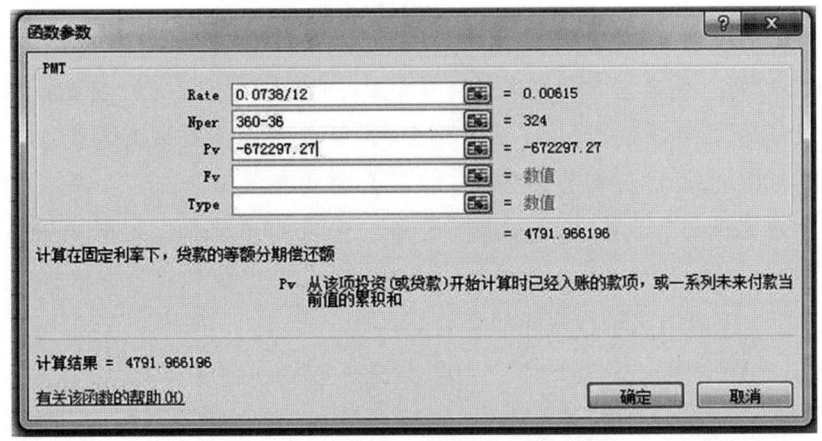

图 2-44　EXCEL 财务函数 PMT 求解

综上所述,在利率从 5.94% 提高到 7.38% 时,还款 3 年后贷款的月还款额将从 4 169.89 元增加到 4 791.97 元。

> **学有所思** 你父母的房贷是应该提前还款还是不着急提前还款?

第八节 通 货 膨 胀

自 2007 年的一句口号"跑不过刘翔,但一定要跑过 CPI"流行起来后,CPI 成为大家熟悉的一个英文缩写词汇。CPI 是 Consumer Price Index 的缩写,中文名为消费者物价指数,反映与居民生活有关的商品及劳务价格统计出来的物价变动指标。一般用 CPI 衡量通货膨胀水平。CPI 超过 3% 时,国家一般会通过宏观经济政策进行干预,比如采取紧缩的货币政策或财政政策。

当通货膨胀过高时,这意味着个人的实际财富在缩水。比如通货膨胀是 3%、利率是 2.25%,那么存 100 元到银行,收取的利息是 2.25 元(不考虑利息税),但通货膨胀是 3%,这意味着拿到的 2.25 元利息被通货膨胀侵蚀了,财富存在银行不但没有增值,反而减值了。银行利率低于通货膨胀率的情况也称"负利率"。

> **学有所思** 现在是负利率时代吗?你将如何调整资产配置?

如果将银行公布的利率看作名义利率,将考虑通货膨胀的财富增值率看作实际利率,那么实际利率和名义利率的精确换算关系式为:

$$实际利率 = \frac{名义利率 - 通货膨胀率}{1 + 通货膨胀率}$$

要理解名义利率和实际利率的换算关系,可看一个现实生活中的例子。

【案例 2-23】 按照当前的物价水平,鸡蛋 1 元/个,100 元可以买 100 个鸡蛋。王妈妈心想,如果把钱存在银行,一年后有利息,这样就可以买更多的鸡蛋。于是王妈妈往银行存了 100 元,银行利率是 2.5%,一年后王妈妈将钱取出来。如果一年后物价上涨,按 3% 的通货膨胀率计算,一个鸡蛋的价格上涨到 1.03 元/个,这时候王妈妈可以买多少个鸡蛋?

案例分析 王妈妈从银行取得的金额是:

$$FV = PV \times (1 + r)^n = 100 \times (1 + 2.5\%)^1 = 102.5(元)$$

用这笔钱可买到的鸡蛋是 99.51 个(102.5/1.03)。这意味着以前的 100 元可以买到 100 个鸡蛋,一年后存在银行的钱拿出来后连 100 个鸡蛋都买不到了,财富显然缩水了。

这里的实际利率就是实际购买力 = (99.51 − 100)/100 = −0.49%。

根据实际利率的公式计算,也可以得到实际利率是−0.49%。

$$实际利率 = \frac{名义利率 - 通货膨胀率}{1 + 通货膨胀率} = \frac{2.5\% - 3\%}{1 + 3\%} = -0.49\%$$

由于有通货膨胀的存在,在理财中就不得不考虑通货膨胀的影响。通货膨胀不仅会侵蚀银行存款,还会侵蚀项目的投资收益率。如果一个项目的投资收益率是8%,而通货膨胀率也是8%,那么这个项目最终的实际收益率为0。

下面以一个子女教育储蓄的例子说明理财规划中如何考虑通货膨胀的影响。

【案例2-24】 假定你的女儿今年10岁,你打算开立一个教育储蓄账户为她上大学做准备。现在每年的学费和生活费为15 000元,并将以年5%的速度增加。如果你将8 000元存入银行,年利率为8%。那么,8年后你是否有足够的存款用来支付女儿第一年的大学学费?

案例分析 不考虑通货膨胀,存在银行的8 000元在8年后取出来可得:

$$FV_{存款} = PV \times (1 + r)^n = 8\,000 \times (1 + 8\%)^8 = 14\,807(元)$$

在不考虑通货膨胀的情况下,这14 807元基本上可以支付得起15 000元的学费。

但现实情况是有通货膨胀,且通货膨胀率是5%。因此,8年后的学费就不再是15 000元,而是:

$$FV_{学费} = 15\,000 \times (1 + 5\%)^8 = 22\,162(元)$$

在这种情况下,原来存在银行的8 000元取出后只有14 807元,而学费已经涨到22 162元,存款不足以支付学费。

既然存款不足以支付学费,就意味着8 000元存少了,那么,还要存多少钱?

有以下两种计算方法:

方法一:按考虑通货膨胀后的学费终值计算需存入多少钱才能达到22 162元终值。

$$PV = \frac{FV}{(1 + r_{名义})^n} = \frac{22\,162}{(1 + 8\%)^8} = 11\,973(元)$$

方法二:按考虑通货膨胀后的实际利率计算财富增值,使得能支付15 000元学费。

$$r_{实际} = \frac{r_{名义} - r_{通胀}}{1 + r_{通胀}} = \frac{8\% - 5\%}{1 + 5\%} = 2.857\%$$

$$PV = \frac{FV}{(1 + r_{实际})^n} = \frac{15\,000}{(1 + 2.857\%)^8} = 11\,973(元)$$

计算结果表明,存入11 973元才能满足未来的学费,即还要多存入3 973元(11 973 − 8 000)。

> **学有所思** 按现在的银行利率,应该存入多少钱才能储备未来的学费?

复习题

一、名词解释

货币的时间价值　　机会成本　　复利　　等额本息还款法

二、选择题（不定项选择）

1. 对于计息次数增加引起的有效年利率的变化，下列说法正确的有（　　）。

   A. 有效年利率在递增

   B. 有效年利率递增的速度在降低

   C. 有效年利率不会无限递增，有上限存在

   D. 折现率会降低

2. 在下列各项中，无法计算出确切结果的是（　　）。

   A. 普通年金终值　　　　　　　　B. 预付年金终值

   C. 后付年金终值　　　　　　　　D. 永续年金终值

3. 下列各项中属于年金形式的有（　　）。

   A. 零存整取储蓄存款的整取额　　B. 定期定额支付的养老金

   C. 年资本回收额　　　　　　　　D. 偿债基金

4. 下列各项中正确的有（　　）。

   A. 等本还款法也称"递减还款法"

   B. 名义利率 $= \dfrac{实际利率 - 通货膨胀率}{1 + 通货膨胀率}$

   C. 在复利计算时，随着收益率的提高，本金增值的速度越慢

   D. 72法则和115法则是用于计算复利终值获取年份的

5. 关于普通年金和预付年金的关系，下列表达式错误的有（　　）。

   A. 普通年金现值系数×(1-折现率)=预付年金现值系数

   B. 普通年金终值系数×(1+折现率)=预付年金终值系数

   C. 预付年金现值系数=(n-1)年的普通年金现值系数+1

   D. 预付年金现值系数=(n+1)年的普通年金现值系数-1

6. 选择等额还款法和等本还款法的依据是（　　）。

   A. 当贷款者的投资收益率超过贷款利率时，采用等额还款法更好

   B. 当投资收益率低于贷款利率时，采用等本还款法更好

   C. 当贷款利率低于投资收益率时，采用等本还款法更好

   D. 当投资收益率与贷款利率相同时，两种方法一样

三、计算题

1. 1 000 元存 5 年,年利率为 5%,单利终值、复利终值各是多少?单利和复利各是多少?

2. 你获得一笔年利率 12%、按月计复利的贷款。这笔贷款的实际年利率是多少?

3. 在年利率为 6% 的情况下,4 年后得到 100 元的现值是多少?

4. 在年利率为 10% 的情况下,要实现现值翻 12 倍需要多长时间?

5. 若想在 3 年后得到 10 000 元,年利率为 8%,现在应该投资多少钱?

6. 假如现在投资 100 元,希望 10 年后得到 500 元,年回报率是多少?

7. 某块地价格现在为 10 000 元,你认为这块地 5 年后将升值到 20 000 元。假设现在的银行年利率为 8%,是否应该投资这块地?

8. 李先生计划在 5 年后购买一辆私家车,车价 120 000 元,现存入银行 100 000 元,银行存款利率为 5%,复利计息。5 年后李先生是否有足够的存款购买该车?

9. 张小姐准备 4 年后对别墅环境进行装修改造,需要资金 20 万元。假设银行存款利率为 4%,张小姐现在应存入银行的资金为多少?

10. 假定你每年年末存入银行 2 000 元,共存 20 年,年利率为 5%。在第 20 年年末你可获得多少资金?

11. 假定在上题中,你是每年年初存入银行 2 000 元,其他条件不变,在第 20 年年末你可获得多少资金?

12. 某人准备存入银行一笔钱,以便在以后的 10 年中每年年末得到 3 000 元。假设银行存款利率为 4%,该人目前应存入多少钱?

13. 陈先生计划购买一幢房屋,若一次性付款,则需在购买时付款 80 万元;若自购买时分 3 年付款,则每年需付 30 万元。在银行利率 8% 的情况下,哪种付款方式对陈先生更有利?

14. 某人于年初向银行借款 20 万元,计划年末开始还款,每年还款一次,分 3 年偿还,银行借款利率 6%。每年还款额为多少?

15. 如果一只股票每年股利为 1.5 元/股,投资者要求的报酬率为 12%,该股票的价值应为多少?

16. 分析下列现金流量:

年末现金流量	1	2	3	4	5
A	1 000	2 000	2 000	3 000	3 000
B	4 000	3 000	3 000	3 000	3 000
C	2 000	1 000	4 000	3 000	2 000
D	1 000	1 000	5 000	5 000	4 000

(1) 计算各现金流量在第 5 年年末的终值,年利率为 5%。

(2) 计算各现金流量在贴现率为 8% 时的现值。

17. 张先生想在 10 年内存够一笔 200 000 元的购房款。他现在有 30 000 元的存款,假如存款年利率为 4.85%,按月计息,他在每个季度末需要存多少元才能达到目标?

18. 王小姐花费 700 000 元买房,按揭 25 年,首期付 30%,贷款年利率为 6.84%,按月计息,采用等额本息按月月末还款法。3 年后,利率提高了 1.03%,如果按揭期限不变,利率改变后每月月末还款金额是多少? 如果每期还款额不变,按揭期限是多少?

19. 李女士看中一处房子,价值 100 万元。她付清了首期 30 万元,余下 70 万元计划向银行申请按揭贷款。她打听到某银行房贷以 5 年为限,利率分为两档。贷款期在 5 年及 5 年以下,年利率为 7.65%;贷款期在 5 年以上,年利率为 7.83%。假设每月月底还款,每月计算一次复利。基于以上假设,申请 5 年期贷款、15 年期贷款和 20 年期贷款,月还款额分别是多少?

20. 周先生花 650 万元买了房,他申请了首期付 30% 的 15 年按揭,贷款年利率为 5%,每月计息,每月月初供款。供款 5 年后,从第 6 年开始,利率上升了 0.5%。假如他选择付款金额不变而延长按揭期限,那么自他申请按揭起总共要支付多少月?

第三章

理财中的宏观经济分析

 引导案例

2009年年初,如果大家还记得当时的情形,就能回忆起刚经历过一年金融危机后大多数人对未来房价的走势持悲观态度,认为房价还会继续下跌。可是,事实总是与大多数人的预期相反。在2009年春节过后,房价一改前期下跌趋势,仅半年时间就涨回金融危机前的价位。这不仅让期盼房价进一步下跌再购买的刚性需求者后悔不迭,也让在此期间售出手中投资性房产的投机者扼腕痛惜。市场就是这样,总是与大多数人的预期相悖,只让少数精明的投资者获利。

除房市之外,另一个在飙升的是股市。如果读者关心过股票市场,就知道2009年上半年股指几乎翻了一倍。即使不投资房产,还可投资股市,那时的指数是1 800多点,半年时间涨到3 400多点。这是一个悲观的时期,却是一个财富翻倍的时期。

▶ 案例启迪

究竟是什么因素导致2009年上半年房价的飙升?

如果让你在2009年年初在股票和房产这两类资产之间进行配置,你是选择房产还是选择股票?

第一节 理财为什么要懂得宏观经济

在回答引导案例的两个问题之前,先看一则新闻:

2008年12月22日晚,央行宣布降息27个基点,同时下调存款准备金率。这已是年内第5次降息。至此,我国一年期存款基准利率已下调至2.25%,一年期贷款基准利率累计下调216个基点至5.31%。多数购房者使用的5年期以上的贷款利率也从年初的7.83%降到现在的5.94%,下降189个基点。

看到这则新闻后,你想到了什么?还记得机会成本吗?如果还记得,那么你现在已经知道把钱从银行取出并投资的机会成本是2.25%。这个机会成本高吗?也就是说只要你的投资收益率能超过2.25%,就应该把钱从银行取出去投资高收益项目(当然还要考虑风险)。

也许你看到2.25%这个数字后没有任何感觉,仅仅觉得这是个数字而已。的确,单纯的数字没有意义,数字只有在比较中才有意义。表3-1列出历年的贷款利率和存款利率。

表3-1 贷款利率和存款利率 单位:年利率%

贷款利率调整时间	六个月以内(含六个月)	六个月至一年(含一年)	一至三年(含三年)	三至五年(含五年)	五年以上
1993.07.11	9.00	10.98	12.24	13.86	14.04
1995.01.01	9.00	10.98	12.96	14.58	14.76
1995.07.01	10.08	12.06	13.50	15.12	15.30
1996.05.01	9.72	10.98	13.14	14.94	15.12
1996.08.23	9.18	10.08	10.98	11.70	12.42
1997.10.23	7.65	8.64	9.36	9.90	10.53
1998.03.25	7.02	7.92	9.00	9.72	10.35
1998.07.01	6.57	6.93	7.11	7.65	8.01
1998.12.07	6.12	6.39	6.66	7.20	7.56
1999.06.10	5.58	5.85	5.94	6.03	6.21
2002.02.21	5.04	5.31	5.49	5.58	5.76
2004.10.29	5.22	5.58	5.76	5.85	6.12
2006.04.28	5.40	5.85	6.03	6.12	6.39
2006.08.19	5.58	6.12	6.30	6.48	6.84
2007.03.18	5.67	6.39	6.57	6.75	7.11

（续表）

贷款利率 调整时间	六个月以内 （含六个月）	六个月至一年 （含一年）	一至三年 （含三年）	三至五年 （含五年）	五年以上
2007.05.19	5.85	6.57	6.75	6.93	7.20
2007.07.21	6.03	6.84	7.02	7.20	7.38
2007.08.22	6.21	7.02	7.20	7.38	7.56
2007.09.15	6.48	7.29	7.47	7.65	7.83
2007.12.21	6.57	7.47	7.56	7.74	7.83
2008.09.16	6.21	7.20	7.29	7.56	7.74
2008.10.09	6.12	6.93	7.02	7.29	7.47
2008.10.30	6.03	6.66	6.75	7.02	7.20
2008.11.27	5.04	5.58	5.67	5.94	6.12
2008.12.23	4.86	5.31	5.40	5.76	5.94
2010.10.20	5.10	5.56	5.60	5.96	6.14
2010.12.26	5.35	5.81	5.85	6.22	6.40
2011.02.09	5.6	6.06	6.10	6.45	6.60
2011.04.06	5.85	6.31	6.40	6.65	6.80
2011.07.07	6.10	6.56	6.65	6.90	7.05
2012.06.08	5.85	6.31	6.40	6.65	6.80
2012.07.06	5.60	6.00	6.15	6.40	6.55
2014.11.22*	5.60		6.00		6.15
2015.03.01	5.35		5.75		5.90
2015.05.11	5.10		5.50		5.65
2015.06.28	4.85		5.25		5.40
2015.08.26	4.60		5.00		5.15
2015.10.24	4.35		4.75		4.90

存款利率 调整时间	活期存款	定期存款					
		三个月	半年	一年	二年	三年	五年
1990.04.15	2.88	6.30	7.74	10.08	10.98	11.88	13.68
1990.08.21	2.16	4.32	6.48	8.64	9.36	10.08	11.52
1991.04.21	1.80	3.24	5.40	7.56	7.92	8.28	9.00
1993.05.15	2.16	4.86	7.20	9.18	9.90	10.80	12.06
1993.07.11	3.15	6.66	9.00	10.98	11.70	12.24	13.86
1996.05.01	2.97	4.86	7.20	9.18	9.90	10.80	12.06
1996.08.23	1.98	3.33	5.40	7.47	7.92	8.28	9.00

（续表）

存款利率 调整时间	活期存款	定期存款					
		三个月	半年	一年	二年	三年	五年
1997.10.23	1.71	2.88	4.14	5.67	5.94	6.21	6.66
1998.03.25	1.71	2.88	4.14	5.22	5.58	6.21	6.66
1998.07.01	1.44	2.79	3.96	4.77	4.86	4.95	5.22
1998.12.07	1.44	2.79	3.33	3.78	3.96	4.14	4.50
1999.06.10	0.99	1.98	2.16	2.25	2.43	2.70	2.88
2002.02.21	0.72	1.71	1.89	1.98	2.25	2.52	2.79
2004.10.29	0.72	1.71	2.07	2.25	2.70	3.24	3.60
2006.08.19	0.72	1.80	2.25	2.52	3.06	3.69	4.14
2007.03.18	0.72	1.98	2.43	2.79	3.33	3.96	4.41
2007.05.19	0.72	2.07	2.61	3.06	3.69	4.41	4.95
2007.07.21	0.81	2.34	2.88	3.33	3.96	4.68	5.22
2007.08.22	0.81	2.61	3.15	3.60	4.23	4.95	5.49
2007.09.15	0.81	2.88	3.42	3.87	4.50	5.22	5.76
2007.12.21	0.72	3.33	3.78	4.14	4.68	5.40	5.85
2008.10.09	0.72	3.15	3.51	3.87	4.41	5.13	5.58
2008.10.30	0.72	2.88	3.24	3.60	4.14	4.77	5.13
2008.11.27	0.36	1.98	2.25	2.52	3.06	3.60	3.87
2008.12.23	0.36	1.71	1.98	2.25	2.79	3.33	3.60
2010.10.20	0.36	1.91	2.20	2.50	3.25	3.85	4.20
2010.12.26	0.36	2.25	2.50	2.75	3.55	4.15	4.55
2011.02.09	0.40	2.60	2.80	3.00	3.90	4.50	5.00
2011.04.06	0.50	2.85	3.05	3.25	4.15	4.75	5.25
2011.07.07	0.50	3.10	3.30	3.50	4.40	5.00	5.50
2012.06.08	0.40	2.85	3.05	3.25	4.10	4.65	5.10
2012.07.06	0.35	2.60	2.80	3.00	3.75	4.25	4.75
2014.11.22*	0.35	2.35	2.55	2.75	3.35	4.00	—
2015.03.01	0.35	2.10	2.30	2.50	3.10	3.75	—
2015.05.11	0.35	1.85	2.05	2.25	2.85	3.50	—
2015.06.28	0.35	1.60	1.80	2.00	2.60	3.25	—
2015.08.26	0.35	1.35	1.55	1.75	2.35	3.00	—
2015.10.24	0.35	1.10	1.30	1.50	2.10	2.75	—

注：*自2014年11月22日起，人民银行不再公布金融机构人民币五年期定期存款基准利率。

资料来源：中国人民银行货币政策司,货币政策,中国人民银行网站。

2008年10月,中国人民银行公布,自2008年10月27日起,将商业性个人住房贷款利率下限扩大为贷款基准利率的0.7倍,最低首付比例调整为20%。按12月份的贷款利率计算,5年期以上的贷款打7折后的利率只有4.15%。对比表3-1的数据,可以知道4.15%的利率是近二十年来最低的贷款利率。这意味着,从2008年12月起,向银行借钱的成本达到史上最低。

不论是从存款利率还是从贷款利率看,从银行取钱出来投资的机会是历史上最好的。虽然不知道利率未来是否会进一步降低,但这无疑是一个不错的投资时机。但仍存在的问题是:钱从银行拿出来后该投资到哪里?这里仅考虑房市和股市,究竟是投资房产还是投资股票?

从流动性来看,投资股票的流动性高于投资房产,股票随时可以变现,而房产要找到买家才能变现。从风险性来看,投资股票的风险高于投资房产,股票一天的涨跌幅可达到10%。从换手率来看,投资股票的换手率高于投资房产。究竟是投资股票好还是投资房产好呢?做出这个决策的关键因素到底是什么?

有人说投资股票的收益比投资房产高,所以投资股票好。且不说投资股票时经常换手导致实际收益低的情况,这里先对比股票和房产的投资收益。

以笔者2009年的实践为蓝本计算房产收益。2009年春节前,笔者看中了一套房子,90多平方米,总价约80万元。首付2成(即支付16万元),向银行申请了60万元贷款,支付了其他费用约4万元。至2009年7月,房产经纪人打电话询问100万元是否愿意出售。如果此时以100万元将房产售出,则获利20万元。初始投资已然翻倍,收益率100%。

假设笔者没有购买该房产,将20万元全部投入股市并持有至2009年年中,按股指从年初1 820.81点上升到7月的3 412.06计算,收益率也接近翻倍。

从以上粗略计算来看,投资房产和投资股票的收益率基本一致。也就是说,在这里,收益率并不是决定投资房产还是投资股票的最关键因素。

房产和股票都属于资产,这两种资产价格的上涨幅度分别是:

$$房产上涨幅度 = (100 - 80)/80 = 25\%$$
$$股票上涨幅度 = (40 - 20)/20 = 100\%$$

虽然房产的升值幅度只有25%,但投资房产获得的收益率却与股票一样达到100%。这中间的关键点就在于投资房产可以利用杠杆,只要支付首付款2成就能从银行贷款8成,利用银行的资金购买价值更高的资产,而房产投资收益仅仅提高25%,最终取得的投资回报可高达100%。

利用银行贷款构造杠杆是有成本的,这个成本就是银行的贷款利率。银行的贷款利率下降,意味着构造杠杆的成本减少;而首付比率降低,则意味着杠杆效应增大。2008年的贷款利率下调至最低以及首付比率降到2成,都给投资者利用杠杆提供了很好的机会。只要抓住了这样的机会,财富翻倍的梦想在一年内就能实现。

> 学有所思　2019年出现过这样的机会吗？

大多数人每日殚精竭虑地捕捉着各种能暴富的小道消息,却对这样的大趋势视而不见。其原因是大多数人不懂得分析宏观经济,不懂得国家政策才是财富的指挥棒。政策往哪里倾斜,哪里就会聚集资本;政策希望宏观经济发生什么变化,哪里就会有财富分配。2008年年底的政策鼓励大家从银行取钱出来投资或买房,顺应政策的投资者就能致富,而没有看懂政策和宏观经济形势的人则仍一无所获。笔者大胆地预言,每10年会有一次短期财富翻倍的机会,精明的投资者不应再错失下一个机会。读者也可尝试分析一下:2008年后的机会会出现在哪？仔细分析表3-1的人就会发现,2008年后的下一个机会有可能出现在2015年10月。

第二节　宏观经济目标

一个国家或地区的政府制定任何经济政策都是围绕相应的目标的。从宏观经济来看,政府政策的目标有四个:经济增长、充分就业、物价稳定、国际收支平衡。

一个国家的政府想要得到民众的拥护、保持政局的稳定,首先要做的就是保持经济增长。只有经济增长,民众的生活才会过得更好,也才不会发生社会动乱。

如果大家都能安居乐业,都有工作可做,就不会有那么多的无业游民。无业游民无事可做,就会经常无事生非,使得社会不稳定因素增多。因此,充分就业也是政府经济政策的一个目标。

虽然大家的收入都在提高,经济也在增长,但如果物价不稳定,民众也不会感觉到生活质量在提高。收入的增长被物价的上涨削弱了,这使得物价稳定也成为政府经济政策的一个目标。

经济增长、充分就业、物价稳定三个目标要处理的是国内关系,国际收支平衡目标处理的则是国家与国家之间的关系。当A国的产品非常好卖、B国的民众踊跃购买时,这种一方供给、一方需求的交易本来是非常好的,但却容易给B国的民众带来问题。如果B国的民众没有产品卖给A国,使得B国的财富不断流向A国,直到有一天B国的民众再也没有钱买A国的产品。这种情况最终可能导致B国向A国开战,用武力掠夺财富。中国近代史上的鸦片战争就是这种贸易不平衡导致的。在无法向中国输出产品换回黄金白银从而继续购买瓷器、纺织品等以满足英国人的需求后,英国发动了鸦片战争,向中国输出鸦片来换取黄金白银。在国际贸易背后需要支付的是大量的真金白银,国际贸易一收一支就形成了国际收支。国际收支平衡就意味着国际贸易的平衡。国际收支一旦不平衡,就意味着某个国家的财富在流向另一个国家,长期持续下去,将会导致两个国家政府关系紧张甚至冲突。除了影响财富外流,国际收支不平衡还会影响一方民众的就业。中国的纺织品大量出口到美国,从而经常遭受美国的贸易制裁,其中一个原因就是美国纺织业工人大量失业,他们派出代表要求美国政府对中国纺织品出口实施制裁。可见,要保持对外政局稳定,国际收支平衡是不可缺少的目标。

这里要注意的是,盈利并非政府的目标。政府的终极目标是保持政局稳定,上述四个宏观经济目标都是围绕这一目标设置的。

一、经济增长

(一)经济增长的衡量指标

一个国家的经济增长通常用国内生产总值(GDP)或国民生产总值(GNP)来衡量。

GDP(Gross Domestic Product),中文名为国内生产总值,是指在一定时期内,一个国家或地区的经济生产出的全部最终产品和劳务的价值。这里要注意的是,只有最终产品和劳务才计入国内生产总值,中间产品不计入国内生产总值。所谓最终产品,是指在已经到达生产的最后阶段,不能再作为原料或半成品投入其他产品和劳务的生产过程中的、可供人们直接消费或使用的物品和服务,比如罐装饮料、汽车等。中间产品是指为了再加工或者转卖用于供别种产品生产使用的物品和劳务,如原材料、燃料等。为避免重复计算,在度量 GDP 时只计算最终产品,不计算中间产品。

GDP 被公认为衡量国家经济状况的最佳指标。当 GDP 持续增长时,意味着该国的经济发展状况良好;当 GDP 下降时,意味着该国的经济发展受到制约。各国都会根据自己国家的实际情况设定相应的 GDP 增长速度,作为本国的经济增长目标。2008 年遭遇金融危机后,中国的 GDP 迅速回落,于是中国政府将经济增长目标设置为"保八",即将 GDP 增长保持在 8% 左右。随着中国经济总量的进一步提升,GDP 不可能再继续保持高速增长,因此中国政府下调了经济增长目标,"保八"的目标逐渐下调到"保七""保六"。

从图 3-1 来看,2007 年以前,GDP 增长率是两位数;遭遇金融危机后,GDP 增长率下降幅度很明显,2009 年第 1 季度低于 8% 的红线。

除了 GDP 这个指标,GNP 也可以用来衡量一国的经济增长水平。GNP(Gross National Product)中文名为国民生产总值,是指一个国家或地区的国民在一定时期内生产的全部最终产品和劳务的价值总和。比较 GDP 和 GNP 的定义就可以发现,GDP 是指一个国家或地区范围内的最终产品和劳务价值的总和,计算范围是以地理区域为标准的;而 GNP 是指一个国家或地区国民生产的最终产品和劳务的价值总和,计算范围是以产品或劳务提供者的国籍为标准的。按照上述不同标准,美国人在中国范围内生产的最终产品价值或提供的劳务价值将被计入中国的 GDP,而不会计入中国的 GNP;同理,中国人在美国范围内生产的最终产品价值或提供的劳务价值将被计入中国的 GNP,而不会计入中国的 GDP。

图 3-1　2006—2018 年 GDP 增长率

资料来源:东方财富网(http://data.eastmoney.com/cjsj/gdp.html)。

不论是 GDP 还是 GNP,都可以作为衡量经济增长的指标。经济增长之所以是一国政府的宏观经济目标之一,是因为只有尽可能地维持经济增长,才能使一个国家或地区内的人民生活水平不断提高;生活水平提高了,人民才会安居乐业,国家政局才能保持稳定。试想一下,如果一个国家或地区的人民生活水平不能提高,他们还会愿意支持政府吗?以前的农民起义大多数情况下是民不聊生导致的。当然,国家或地区经济的增长,并不一定能保证人民生活水平得到提高,这又涉及贫富差距问题。这也是为什么中共十六届四中全会要提出"构建社会主义和谐社会"的概念,其目标是在保持经济增长的同时缩小贫富差距,提高人民的整体生活水平,而不是提高少数人的生活水平。2017 年中共十九大进一步明确提出,"我国的社会主要矛盾已经转化为人民日益增长的美好生活需要和不平衡、不充分的发展之间的矛盾"。

学有所思　搜集最近 10 年的重大政策变化,深入思考,为什么国家政策会发生这些变化?

(二)国内生产总值的构成

一国政府如何实现经济增长目标呢?在宏观经济中,有三驾拉动经济增长的马车,分别是投资、消费、进出口净额,用公式表示为:

$$GDP = I + C + X$$

其中，I为投资（包含政府投资和私人投资），C为消费，X为净出口额。

在国民经济核算中，经常用投资率和消费率反映投资与消费的比例关系。

投资率又称资本形成率，通常是指一定时期内资本形成总额占国内生产总值使用额的比例，一般按现行价格计算，用公式表示为：

$$投资率 = (资本形成总额/GDP) \times 100\%$$

消费率又称最终消费率，通常是指一定时期内最终消费额占国内生产总值使用额的比例，一般按现行价格计算，用公式表示为：

$$消费率 = (最终消费/GDP) \times 100\%$$

表3-2列出了1980—2017年世界主要国家的投资率和消费率，可以看到，美国的投资率为16.5%—22.0%，平均为21.0%；英国的投资率为16.8%—20.3%，平均为17.0%；日本的投资率为23.2%—32.6%，平均为23.9%；韩国的投资率为30.0%—37.7%，平均为30.2%。从数据来看，亚洲国家的投资率整体偏高，接近30%；而英美国家的投资率相对较低，接近20%。从消费率水平来看，美国的消费率为79.1%—89.2%，平均为81.9%；英国的消费率为79.1%—87.1%，平均为84.2%；日本的消费率为66.4%—75.4%，平均为75.1%；韩国的消费率为62.7%—75.0%，平均为64.4%。从数据来看，亚洲国家的消费率整体偏低，接近70%；而英美国家的消费率相对较高，超过80%。

表3-2 1980—2017年世界主要国家的投资率和消费率　　单位：%

		1980年	1985年	1995年	2000年	2005年	2010年	2017年	1980—2017年
世界	投资率	24.2	24.0	21.7	23.5	22.6	22.3	21.0	25.9
	消费率	75.6	76.1	77.7	76.8	77.0	77.6	78.8	73.2
美国	投资率	22.0	20.3	20.3	17.7	18.1	16.5	18.8	21.0
	消费率	79.1	80.2	82.5	83.7	83.1	83.4	89.2	81.9
德国	投资率	23.4	25.4	21.4	23.5	22.2	21.8	17.2	20.1
	消费率	80.9	82.0	81.6	77.0	77.9	77.8	78.5	72.4
英国	投资率	20.3	17.6	18.4	20.2	17.0	17.5	16.8	17.0
	消费率	79.1	80.4	80.8	82.4	83.5	84.5	87.1	84.2
韩国	投资率	33.1	31.8	30.0	37.5	37.7	31.0	30.1	30.2
	消费率	69.7	75.0	67.8	62.7	63.5	66.1	66.7	64.4
日本	投资率	30.9	32.3	28.3	32.6	28.0	25.2	23.2	23.9
	消费率	67.3	68.6	68.3	66.4	70.6	73.3	75.4	75.1
巴西	投资率	23.0	25.0	19.2	22.9	22.3	21.5	20.6	15.0
	消费率	78.4	83.3	75.6	75.3	79.5	80.0	75.6	84.0
印度	投资率	22.3	20.9	24.2	25.2	26.5	22.6	23.5	29.3
	消费率	87.3	88.2	84.8	79.0	74.8	77.4	75.7	73.5

（续表）

		1980年	1985年	1995年	2000年	2005年	2010年	2017年	1980—2017年
印尼	投资率	20.5	20.9	28.0	30.7	31.9	22.2	22.2	33.7
	消费率	78.4	70.8	70.2	67.7	9.4	68.2	73.7	65.2
南非	投资率	26.7	31.4	22.0	19.2	16.4	18.3	19.5	18.6
	消费率	66.8	60.8	69.4	80.1	80.7	82.0	79.3	80.0

资料来源：笔者根据世界银行居民消费数据统计整理而得。

投资率和消费率的水平显示出英美国家与亚洲国家经济增长驱动力的差异。在英美国家，经济增长中消费所起的拉动作用较强，而亚洲国家更侧重于投资拉动。

图3-2显示了中国1978—2017年经济增长率、投资率和消费率的变动。从经济增长率走势来看，1993年以后中国经济增长波动率减少了。与经济增长率走势最吻合的是投资率走势，这说明中国的经济增长率更多地依靠投资拉动而非消费拉动。

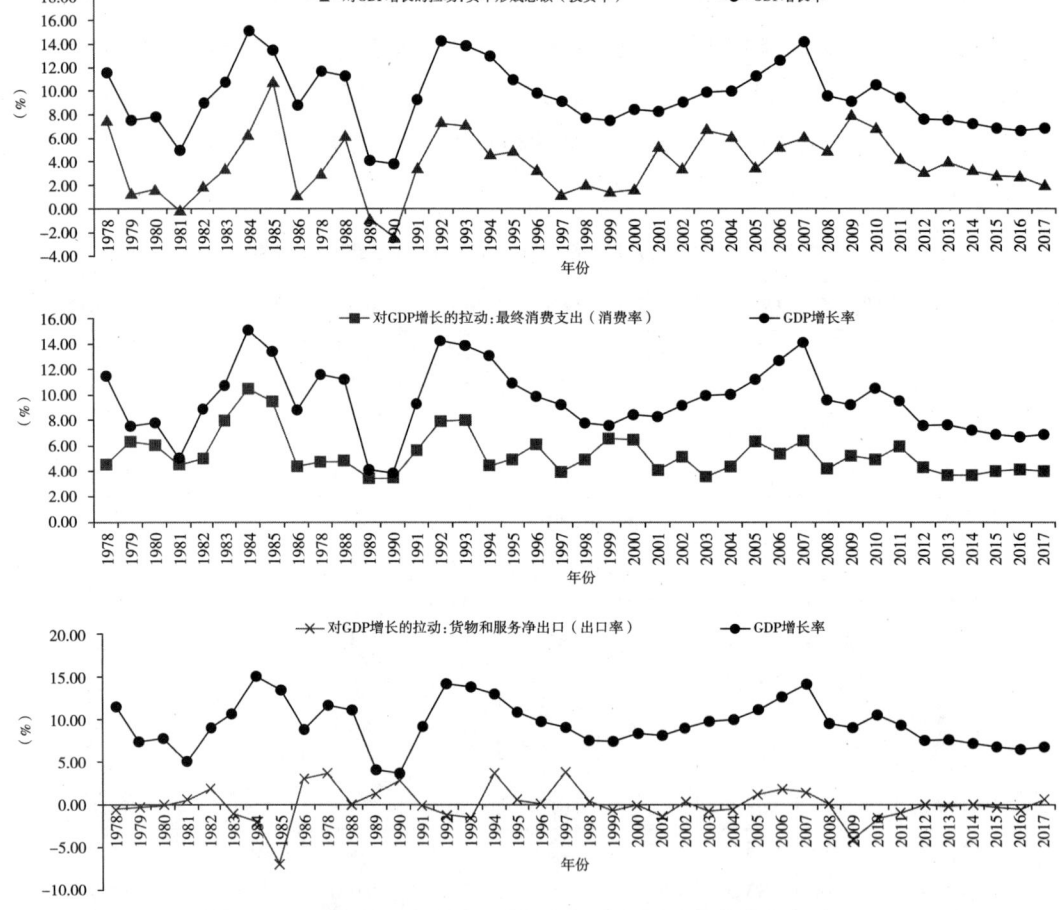

图3-2　1978—2017年中国经济增长率、投资率和消费率的变动

图 3-3 显示了 1990—2018 年美国的 GDP 增长率。从图中可以看出，美国自 2004 年以来经济增长速度持续下降；在遭遇 2008 年金融危机后，经济甚至出现负增长，于 2010 年左右恢复正增长。

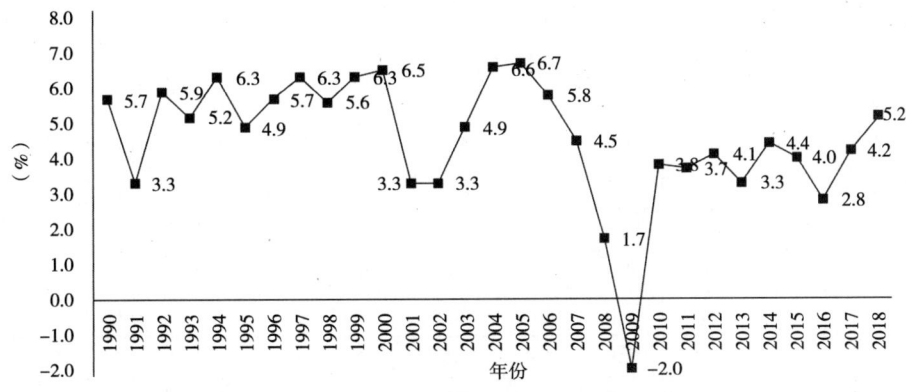

图 3-3　1990—2018 年美国的 GDP 增长率

资料来源：笔者根据美国经济分析局数据手工整理。

二、充分就业

宏观经济中第二个目标是充分就业（Full Employment）。充分就业是英国著名经济学家凯恩斯在 1936 年出版的《就业、利息和货币通论》一书中提出的。凯恩斯认为在某一工资水平之下，所有愿意接受工作的人如果都能获得就业机会，这时就达到充分就业。充分就业与所有人就业或者完全就业是不同的，在充分就业下仍然存在一定的失业，比如有些人自愿失业。

失业可分成自愿失业和非自愿失业。自愿失业是指自愿放弃工作机会而不愿意寻找工作所造成的失业。非自愿失业是指愿意接受现行工资水平与工作条件，但仍找不到工作而形成的失业。在充分就业的情形下，存在自愿失业，但不存在非自愿失业，即只要劳动者愿意接受现行工资和工作条件就能找到工作。

一个国家或地区的稳定在一定程度上依赖于低失业率。这里的失业率通常指非自愿失业率。

$$失业率 = 失业人数 /（失业人数 + 就业人数）\times 100\%$$

当一个国家或地区的失业率太高时，同样会威胁到政局的稳定。失业率也可以作为经济指标，反映一个国家或地区的经济发展状况。一般情况下，失业率下降，反映了一个国家或地区的整体经济正在健康发展；相反，如果失业率上升，则反映了一个国家或地区的经济发展放缓衰退。在 2008 年美国遭遇金融危机后，失业率急剧上升，从 5% 上升到 10%，反映了美国的经济发展步入严重衰退阶段（见表 3-3 和图 3-4）。美国经济能否复苏则要看其失业率能否回落到 7% 左右的水平。

表 3-3　2000—2018 年美国失业率　　　　　　　　　　　　单位:%

年份	1月	2月	3月	4月	5月	6月	7月	8月	9月	10月	11月	12月
2000	4.0	4.1	4.0	3.8	4.0	4.0	4.0	4.1	3.9	3.9	3.9	3.9
2001	4.2	4.2	4.3	4.4	4.3	4.5	4.6	4.9	5.0	5.3	5.5	5.7
2002	5.7	5.7	5.7	5.9	5.8	5.8	5.8	5.7	5.7	5.7	5.9	6.0
2003	5.8	5.9	5.9	6.0	6.1	6.3	6.2	6.1	6.1	6.0	5.8	5.7
2004	5.7	5.6	5.8	5.6	5.6	5.6	5.5	5.4	5.4	5.5	5.4	5.4
2005	5.3	5.4	5.2	5.2	5.1	5.0	5.0	4.9	5.0	5.0	5.0	4.9
2006	4.7	4.8	4.7	4.7	4.6	4.6	4.7	4.7	4.5	4.4	4.5	4.4
2007	4.6	4.5	4.4	4.5	4.4	4.6	4.6	4.6	4.7	4.7	4.7	5.0
2008	5.0	4.8	5.1	5.0	5.4	5.5	5.8	6.1	6.2	6.6	6.9	7.4
2009	7.7	8.2	8.6	8.9	9.4	9.5	9.4	9.7	9.8	10.1	10.0	10.0
2010	9.7	9.7	9.7	9.9	9.7	9.5	9.5	9.6	9.6	9.7	9.8	9.4
2011	9.1	9.0	9.0	9.1	9.0	9.1	9.0	9.0	9.0	8.8	8.6	8.5
2012	8.3	8.3	8.2	8.2	8.2	8.2	8.2	8.1	7.8	7.8	7.7	7.9
2013	8.0	7.7	7.5	7.6	7.5	7.5	7.3	7.2	7.2	7.2	6.9	6.7
2014	6.6	6.7	6.7	6.2	6.3	6.1	6.2	6.1	5.9	5.7	5.8	5.6
2015	5.7	5.5	5.4	5.4	5.6	5.3	5.2	5.1	5.0	5.0	5.1	5.0
2016	4.9	4.9	5.0	5.0	4.8	4.9	4.8	4.9	5.0	4.9	4.7	4.7
2017	4.7	4.7	4.4	4.4	4.4	4.3	4.3	4.4	4.2	4.1	4.2	4.1
2018	4.1	4.1	4.0	3.9	3.8	4.0	3.9	3.8	3.7	3.8	3.7	3.9

资料来源:美国劳工统计局(http://www.bls.gov)。

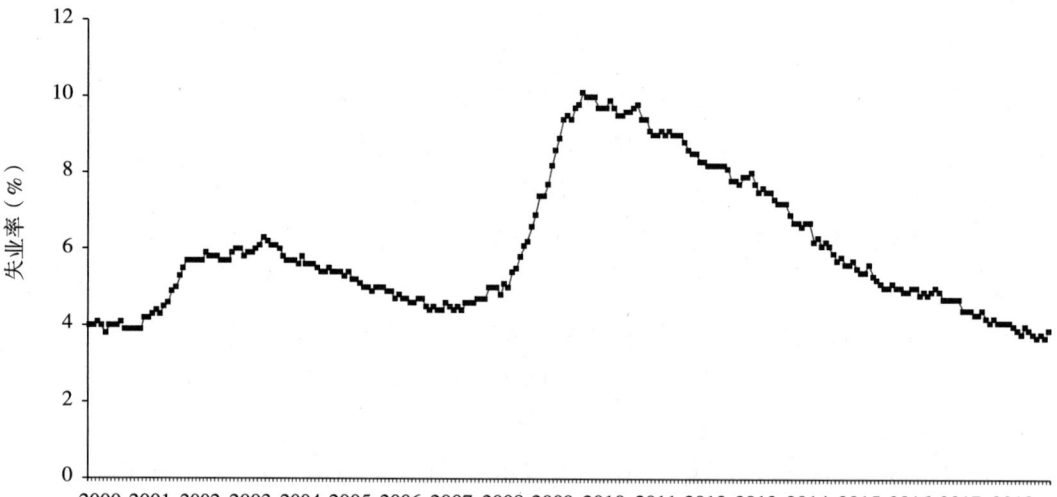

图 3-4　2000—2018 年美国失业率走势

资料来源:笔者根据美国劳工统计局数据整理。

在失业率升高的情况下,凯恩斯认为可以通过以下方式降低失业率:
① 刺激私人投资,为扩大个人消费创造条件;
② 促进国家投资,通过公共工程、救济金、教育费用、军事费用等公共投资,抵补私人投资的不足;
③ 政府实行累进税以提高社会消费倾向。

【案例 3-1】 2009 年,美国总统奥巴马在就职演讲中曾表示,在 1 月 20 日就任总统后,将签署一项重大经济刺激计划。这项计划将创造 300 万个就业职位,可能斥资 7 750 亿美元或者更多。刺激计划包括大规模投资基础设施建设,给中等收入者减税 500—1 000 美元,给银根吃紧的各州政府提供 2 000 亿美元用于医疗保险系统及其他公共开支等。

案例分析 从上述政策可以看出,在遭遇金融危机后,面对危机造成的失业率上升,2009 年美国的应对策略包括大规模的政府投资和减税两项措施。这些应对策略与凯恩斯的思想基本一致。

三、物价稳定

物价稳定也是一个国家或地区政府的宏观经济政策目标之一。如果一个国家或地区的经济持续增长,但物价也不断增长,有时物价增长幅度甚至超过经济增长幅度,在这种情况下,人民生活水平并不会有所提高,反而会下降。所以,在保持经济增长的同时,还要保持物价稳定才能使人民生活水平获得实质性的改善。

衡量物价稳定的指标是消费者物价指数(Consumer Price Index, CPI),计算公式为:

$$CPI = \frac{一组固定商品按当期价格计算的价值}{一组固定商品按基期价格计算的价值} \times 100\%$$

CPI 增幅通常作为观察通货膨胀水平的重要指标,反映按居民生活相关的商品及劳务价格统计出来的物价变动情况。

【案例 3-2】 某国人民在 2000 年购买一组商品要花费 1 000 元,购买同样的一组商品在 2009 年要花费 1 500 元,在 2010 年要花费 1 600 元。假设以 2000 年的价格水平为基期指数 100,请计算该国的 CPI 和 2010 年相对 2009 年的通货膨胀率。

案例分析　　　$CPI_{2009} = 1\ 500/1\ 000 \times 100 = 150$

$CPI_{2010} = 1\ 600/100 \times 100 = 160$

通货膨胀率 $= (160 - 150)/150 = 6.7\%$

通常认为,当 CPI 增幅超过 3% 时,此时存在通货膨胀(Inflation);当 CPI 增幅超过 5% 时,此时存在严重的通货膨胀(Serious Inflation)。

美国劳工统计局按季度准时公布 CPI 数据,财经媒体经常引用的数据是美国所有城市地区全部消费品的城市平均消费者物价指数(Consumer Price Index for all Urban

Consumer for the U.S. City Average for all Items, CPI_U)。CPI_U 的基期是 1982—1984 年,基期指数设置为 100。在公布 CPI_U 的同时,还会看到扣除食品和能源价格上涨因素影响(All Items Less Food and Energy)后的 CPI 上涨率。美国在 1974—1975 年受到第一次石油危机的影响,通货膨胀出现较大幅度的提升,而当时的通货膨胀主要是受食品价格和能源价格上涨的影响。1975 年,美国经济学家戈登(Robert J. Gordon)提出应剔除食品和能源价格之后再计算 CPI。于是,美国劳工统计局从 1978 年起也一并公布剔除食品和能源价格之后的 CPI 上涨率。图 3-5 是美国近十年来的 CPI 增长幅度。从图 3-5 可以看到,剔除食品和能源价格之后的 CPI 增幅基本维持在 2.5% 以下,但遭遇 2008 年金融危机后有通货紧缩的趋势。

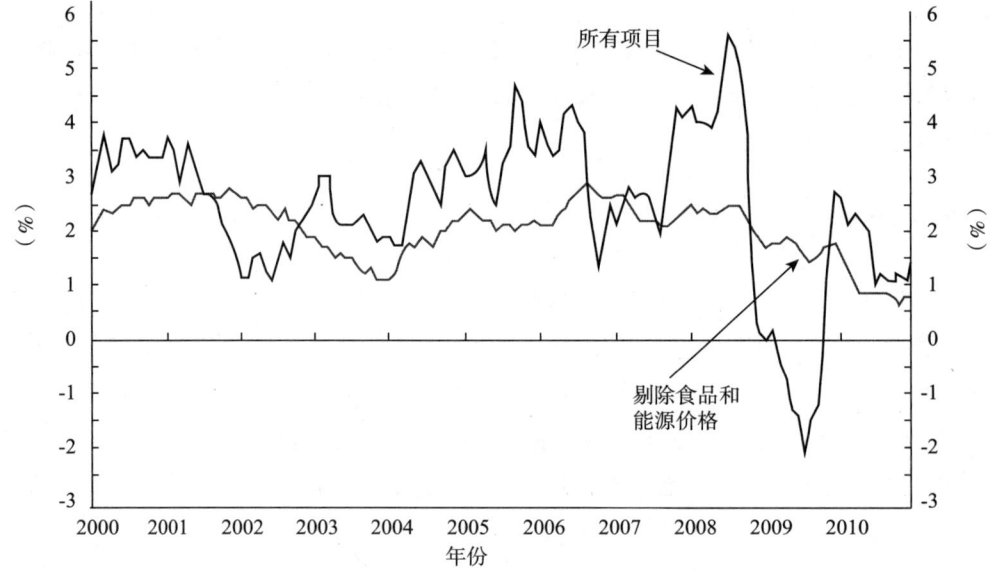

图 3-5 美国 2000—2010 年的 CPI_U 增幅趋势

资料来源:美国劳工统计局。

表 3-4 美国 1970—2019 年的 CPI_U

年份	1月	2月	3月	4月	5月	6月	7月	8月	9月	10月	11月	12月
1970	37.8	38.0	38.2	38.5	38.6	38.8	39.0	39.0	39.2	39.4	39.6	39.8
1971	39.8	39.9	40.0	40.1	40.3	40.6	40.7	40.8	40.8	40.9	40.9	41.1
1972	41.1	41.3	41.4	41.5	41.6	41.7	41.9	42.0	42.1	42.3	42.4	42.5
1973	42.6	42.9	43.3	43.6	43.9	44.2	44.3	45.1	45.2	45.6	45.9	46.2
1974	46.6	47.2	47.8	48.0	48.6	49.0	49.4	50.0	50.6	51.1	51.5	51.9
1975	52.1	52.5	52.7	52.9	53.2	53.6	54.2	54.3	54.6	54.9	55.3	55.5
1976	55.6	55.8	55.9	56.1	56.5	56.8	57.1	57.4	57.6	57.9	58.0	58.2
1977	58.5	59.1	59.5	60.0	60.3	60.7	61.0	61.2	61.4	61.6	61.9	62.1

(续表)

年份	1月	2月	3月	4月	5月	6月	7月	8月	9月	10月	11月	12月
1978	62.5	62.9	63.4	63.9	64.5	65.2	65.7	66.0	66.5	67.1	67.4	67.7
1979	68.3	69.1	69.8	70.6	71.5	72.3	73.1	73.8	74.6	75.2	75.9	76.7
1980	77.8	78.9	80.1	81.0	81.8	82.7	82.7	83.3	84.0	84.8	85.5	86.3
1981	87.0	87.9	88.5	89.1	89.8	90.6	91.6	92.3	93.2	93.4	93.7	94.0
1982	94.3	94.6	94.5	94.9	95.8	97.0	97.5	97.7	97.9	98.2	98.0	97.6
1983	97.8	97.9	97.9	98.6	99.2	99.5	99.9	100.2	100.7	101.0	101.2	101.3
1984	101.9	102.4	102.6	103.1	103.4	103.7	104.1	104.5	105.0	105.3	105.3	105.3
1985	105.5	106.0	106.4	106.9	107.3	107.6	107.8	108.0	108.3	108.7	109.0	109.3
1986	109.6	109.3	108.8	108.6	108.9	109.5	109.5	109.7	110.2	110.3	110.4	110.5
1987	111.2	111.6	112.1	112.7	113.1	113.5	113.8	114.4	115.0	115.3	115.4	115.4
1988	115.7	116.0	116.5	117.1	117.5	118.0	118.5	119.0	119.8	120.2	120.3	120.5
1989	121.1	121.6	122.3	123.1	123.8	124.1	124.4	124.6	125.0	125.6	125.9	126.1
1990	127.4	128.0	128.7	128.9	129.2	129.9	130.4	131.6	132.7	133.5	133.8	133.8
1991	134.6	134.8	135.0	135.2	135.6	136.0	136.2	136.6	137.2	137.4	137.8	137.9
1992	138.1	138.6	139.3	139.5	139.7	140.2	140.5	140.9	141.3	141.8	142.0	141.9
1993	142.6	143.1	143.6	144.0	144.2	144.4	144.4	144.8	145.1	145.7	145.8	145.8
1994	146.2	146.7	147.2	147.4	147.5	148.0	148.4	149.0	149.4	149.5	149.7	149.7
1995	150.3	150.9	151.4	151.9	152.2	152.5	152.5	152.9	153.2	153.7	153.6	153.5
1996	154.4	154.9	155.7	156.3	156.6	156.7	157.0	157.3	157.8	158.3	158.6	158.6
1997	159.1	159.6	160.0	160.2	160.1	160.3	160.5	160.8	161.2	161.6	161.5	161.3
1998	161.6	161.9	162.2	162.5	162.8	163.0	163.2	163.4	163.6	164.0	164.0	163.9
1999	164.3	164.5	165.0	166.2	166.2	166.2	166.7	167.1	167.9	168.2	168.3	168.3
2000	168.8	169.8	171.2	171.3	171.5	172.4	172.8	172.8	173.7	174.0	174.1	174.0
2001	175.1	175.8	176.2	176.9	177.7	178.0	177.5	177.5	178.3	177.7	177.4	176.7
2002	177.1	177.8	178.8	179.8	179.8	179.9	180.1	180.7	181.0	181.3	181.3	180.9
2003	181.7	183.1	184.2	183.8	183.5	183.7	183.9	184.6	185.2	185.0	184.5	184.3
2004	185.2	186.2	187.4	188.0	189.1	189.7	189.4	189.5	189.9	190.9	191.0	190.3
2005	190.7	191.8	193.3	194.6	194.4	194.5	195.4	196.4	198.8	199.2	197.6	196.8
2006	198.3	198.7	199.8	201.5	202.5	202.9	203.5	203.9	202.9	201.8	201.5	201.8
2007	202.416	203.499	205.352	206.686	207.949	208.352	208.299	207.917	208.490	208.936	210.177	210.036
2008	211.080	211.693	213.528	214.823	216.632	218.815	219.964	219.086	218.783	216.573	212.425	210.228
2009	211.143	212.193	212.709	213.240	213.856	215.693	215.351	215.834	215.969	216.177	216.330	215.949

(续表)

年份	1月	2月	3月	4月	5月	6月	7月	8月	9月	10月	11月	12月
2010	216.687	216.741	217.631	218.009	218.178	217.965	218.011	218.312	218.439	218.711	218.803	219.179
2011	220.223	221.309	223.467	224.906	225.964	225.722	225.922	226.545	226.889	226.421	226.230	225.672
2012	226.665	227.663	229.392	230.085	229.815	229.478	229.104	230.379	231.407	231.317	230.221	229.601
2013	230.280	232.166	232.773	232.531	232.945	233.504	233.596	233.877	234.149	233.546	233.069	233.049
2014	233.916	234.781	236.293	237.072	237.900	238.343	238.250	237.852	238.031	237.433	236.151	234.812
2015	233.707	234.722	236.119	236.599	237.805	238.638	238.654	238.316	237.945	237.838	237.336	236.525
2016	236.916	237.111	238.132	239.261	240.229	241.018	240.628	240.849	241.428	241.729	241.353	241.432
2017	242.839	243.603	243.801	244.524	244.733	244.955	244.786	245.519	246.819	246.663	246.669	246.524
2018	247.867	248.991	249.554	250.546	251.588	251.989	252.006	252.146	252.439	252.885	252.038	251.233
2019	251.712	252.776	254.202	255.548	256.092	256.143	—	—	—	—	—	—

注：数据以1982—1984年为基期，指数为100。

资料来源：美国劳工统计局。

1958年，菲利普斯(Phillips)撰写了论文《1861—1957年英国失业和货币工资变动率的关系》，他根据英国1867—1957年失业率和货币工资变动率的统计数据，提出失业率和通货膨胀率存在反向变动关系。以货币工资变动率表示通货膨胀率，当失业率较低时，通货膨胀率较高；反之，当失业率较高时，通货膨胀率较低，甚至是负数。1960年萨缪尔森和索洛在分析了美国1900—1960年的数据后，也发现了这种反向变动关系。这种反向变动关系形成的曲线就是著名的菲利普斯曲线(见图3-6)。从2008年金融危机来看，美国的通货膨胀率与失业率符合菲利普斯曲线的规律。

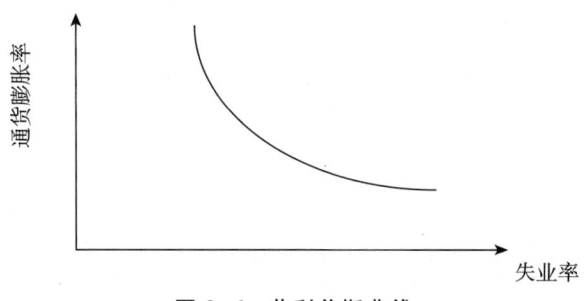

图3-6 菲利普斯曲线

菲利普斯曲线的政策含义是：当经济进入衰退期，采用扩张性的宏观经济政策将提高通货膨胀率，从而用较高的通货膨胀率换取较低的失业率；反之，当经济进入繁荣期，可以适当采用紧缩性的宏观经济政策，在提高失业率的同时换取较低的通货膨胀率。

四、国际收支平衡

国际收支是指一国在一定时期内全部对外往来的货币记录。当一国与另一国有经济贸易往来时,就会产生国际收支。当一国国际收入等于国际支出时,称为国际收支平衡。

(一)进出口贸易

假设贸易往来中都要用 B 国货币进行交易,那么 A 国将商品卖给 B 国,A 国收到 B 国的货币,就形成了外汇;当 A 国要购买 B 国产品时又将 B 国货币支付出去。如果 A 国在一定时期内收到的 B 国货币和支付给 B 国的货币的金额相同,就可以达成国际收支平衡,A 国最后的外汇储备是零。当 A 国出口到 B 国产品的金额超过了从 B 国进口产品的金额时,就会形成贸易顺差,A 国就会有多余的外汇储备;反之,当 A 国出口到 B 国产品的金额少于从 B 国进口产品时,金额就会出现贸易逆差,A 国的外汇储备就会不足。贸易不平衡是导致国际收支不平衡的一个重要因素。所以,政府将国际收支平衡作为宏观经济政策目标,实质上是希望保持国际贸易平衡。

国家贸易不平衡会引发一国与另一国经济发展状况的不平衡,从而影响到经济增长、充分就业和物价稳定三个目标。A 国的产品大量出口到 B 国,会导致 A 国的经济繁荣、就业增加;但同时也可能导致 B 国生产同类产品的厂商倒闭、失业增加,从而引发 B 国政府的不满。于是,两个国家开始进行贸易制裁、设置关税壁垒等。

当 A 国货币和 B 国货币都可以在国际贸易中充当支付手段并可以自由兑换时,A 国货币和 B 国货币之间会有一个兑换比例,这就是汇率。汇率的计算基础通常以一个国家的经济实力为参考。当一个国家的经济实力较强,则该国货币的币值较高,1 单位的该国货币可以兑换超过 1 单位的其他国家货币,比如 1 美元兑换 6.6621 元人民币、1 美元兑换 80.8000 日元。在确定计算基础之后,汇率的变动也可以在一定程度上反映一国经济实力的变化。本国货币币值上升,反映该国经济发展状况较好、实力增强;本国货币币值下降,则反映该国经济发展状况变差、实力下降。

当一个国家或地区的对外贸易不平衡时,汇率的变动能在一定程度上调控这种不平衡。比如,A 国将更多的产品卖到 B 国后,B 国由于出口乏力,其内部经济增长会受到影响,于是 B 国的货币开始贬值。假设贬值前 1 单位 A 货币可以兑换 5 单位 B 国货币,贬值后 1 单位 A 货币可以兑换 10 单位 B 国货币,那么贬值后 A 国人民会感觉到 B 国产品比之前便宜一半,因为 A 国人民现在用同样的 1 单位 A 国货币可以换到 10 单位 B 国货币,从而可以用 1 单位 A 国货币购买到 2 个以前需要 5 单位 B 国货币的产品。在这种情况下,B 国的出口会增加,从而改善两国贸易不平衡的状况。因此,一国的货币贬值可以促进该国的出口,同时也会抑制该国的进口。不过,货币贬值要能起到这种调节作用,需要双方国家在贸易上存在互补优势,即 A 国的产品是 B 国需要的,B 国的产品又是 A 国需要的。如果 B 国的产品是 A 国不需要的,那么即使 B 国货币贬值,也无法促进出口的提升。

（二）资本流入流出

除了进出口贸易，资本的流入流出也会影响国际收支平衡。当一个国家的资本回报率较高，在没有外汇管制的情况下，会促使国外资金流入，从而造成在该国的投资增加、经济繁荣，进一步推动该国货币币值上升，但同时也会推动该国物价上涨，并可能造成严重的通货膨胀和资产价格泡沫。资产价格泡沫膨胀到一定程度会使得未来预期资本回报率下降，使得资本又反转流向国外，造成资产泡沫破灭。泡沫破灭对一国经济造成的打击难以在短期内恢复。资本流入对一国货币的影响至少是双重的：一方面会促进该国经济繁荣，提升该国货币在国际市场上的地位，货币相对其他国家升值；另一方面会促使该国物价上升，其本质是货币对内贬值。对外升值不利于进口，对内贬值不利于提高国内人民生活水平。所以，资本流入流出导致的国际收支不平衡对一国经济是不利的。

开拓视野　　　　　　**日本的《广场协议》**

20世纪80年代初期，美国财政赤字剧增，对外贸易逆差大幅增长。美国希望通过美元贬值来增强产品的出口竞争力，以改善美国国际收支不平衡状况。1985年9月22日，美国、日本、联邦德国、法国和英国（简称G5）的财政部长和中央银行行长在纽约广场饭店举行会议，达成协议：五国政府联合干预外汇市场，诱导美元对主要货币的汇率有秩序地贬值，以解决美国巨额贸易赤字问题。因协议在广场饭店签署，故又称《广场协议》。1985年《广场协议》签订后的10年间，日元币值平均每年上升超过5%，给国际资本投资日本的股市和房市一个稳赚不赔的保险。《广场协议》后近五年时间里，日本股市股价年以30%、地价年以15%的幅度增长，而同期日本名义GDP的年增幅只有5%左右。泡沫经济离实体经济越来越远，虽然当时日本人均GNP超过美国，但国内高昂的房价使得拥有自己的住房成为普通日本国民遥不可及的梦想。1989年，日本政府开始施行紧缩货币政策，虽然戳破了泡沫经济，但股价和地价短期内下跌50%左右，银行出现大量坏账，日本经济进入十几年的衰退期。

资料来源：百度百科（http://baike.baidu.com/view/67984.htm）。

第三节　宏观经济政策

为了实现宏观经济目标，政府需要制定相应的经济政策进行调控。当经济增长下降时，政府应当采取宽松的货币政策和财政政策以推动经济的发展；当经济增长过热时，政府应当采取出台紧缩的货币政策或财政政策以抑制泡沫的产生。同样，当充分就业、物价稳定和国际收支平衡三个目标偏离正常运行轨道时，政府会制定相应的宏观经济政策来矫正这种偏离。

政府针对宏观经济的调控政策主要有财政政策和货币政策，有些国家还可动用汇率政策。其中，财政政策通常是由一个国家或地区的财政部门做出的，而货币政策通常是由一个国家或地区的中央银行做出的。中国的财政政策是由财政部做出的，而中国的货币政策是由中国人民银行做出的。

一、财政政策

财政政策（Fiscal Policy）是指国家或地区根据一定时期政治、经济、社会发展的任务而规定的有关财政工作的指导原则，通过财政支出与税收政策来调节社会总需求。

当社会总需求不足时，政府可以增加政府支出以刺激总需求，从而提升国内生产总值，使经济得以发展；反之，政府可以缩减政府支出以抑制总需求，从而减少国内生产总值，使经济过热状态降温。

除政府支出外，税收政策也是一种财政政策。当社会总需求过旺时，增加政府税收，可以抑制总需求，减少国内生产总值；当社会总需求不足时，减少政府税收，可以刺激总需求，增加国内生产总值。

根据调节国民经济总量和结构中的不同功能，财政政策可以划分为积极的财政政策、稳健的财政政策和中性的财政政策。①积极的财政政策又称扩张性财政政策，是指增加和刺激社会总需求的财政政策，包括增加国债、增加政府支出、以财政赤字刺激经济、减少税收等；②稳健的财政政策又称紧缩性财政政策，是指减少和抑制社会总需求的财政政策，包括停发国债、增加税收等；③中性的财政政策是指对社会总需求的影响保持中性的财政政策，比如增加某项支出而减少另一项支出，只改变社会需求结构而没有改变社会需求总量。

二、货币政策

货币政策（Monetary Policy）是指政府或中央银行为达到或维持特定的经济目标而采取的影响经济活动的措施，包括控制货币供给、调控利率、调控存款准备金率、公开市场操作等。

根据货币政策对经济运行的影响，可以将货币政策划分为紧缩性货币政策和扩张性货币政策。当经济过热时，采用紧缩性货币政策来减少货币供应量，从而达到紧缩经济的作用；当经济萧条时，采用扩张性货币政策来增加货币供应量，从而达到扩张经济的作用。

货币政策工具是指中央银行为调控货币政策这一中介目标而采取的政策手段。中央银行的货币政策工具可以划分为一般性的货币政策工具、选择性的货币政策工具和补充性的货币政策工具。一般性的货币政策工具是通过间接调控货币供应量而实现的,包括法定存款准备金率政策、再贴现政策和公开市场业务。选择性的货币政策工具则是有选择地调控某类信用,包括消费者信用控制、证券市场信用控制、优惠利率、预缴进口保证金等。补充性的货币政策工具则是直接调控货币供应量,包括贷款规模控制、特种存款、对金融企业进行窗口指导等。

(一) 一般性的货币政策工具

1. 法定存款准备金率政策(Cash Reserve Ratio Policy)

一家银行要向外发放贷款,需要先有存款才有钱放贷。但并非存在银行的钱都可以拿去放贷。如果一家银行将所有钱都贷出去,遇到储户来取钱的时候就会面临危机。因此,法律规定发放贷款的银行必须提取一定的准备金后才能用剩余的钱发放贷款,这种准备金存放在中央银行,就是法定存款准备金。法定存款准备金率就是指存款货币银行按法律规定存放在中央银行的存款与其吸收的总存款的比率。这个比率越高,意味着银行放贷能力越低。比如,当法定存款准备金率为15%时,意味着银行只能用存款中85%的资金放贷;当这个比率提高到20%时,银行只能用存款中80%的资金放贷了。

若中央银行采取紧缩性政策,提高法定存款准备金率,则限制了存款货币银行发放贷款的能力,流通在外的货币或信贷量将减少,从而抑制了一些投资或投机行为,起到紧缩经济的效果;反之,若采取扩张性政策,降低法定存款准备金率,则提高了存款货币银行发放贷款的能力,流通在外的货币或信贷量将增加,从而推动了一些投资或投机行为,起到扩张经济的效果。

除法定存款准备金外,一些银行还会在中央银行保留高于法定存款准备金率的准备金,这部分准备金称为超额存款准备金。当中央银行提高法定准备金率时,这些银行可以动用超额存款准备金抵消上述货币政策带来的影响。另外,由于法定存款准备金率要在限制存款货币银行的放贷能力后才能逐步传导到实体经济中,因此对实体经济并不能起到立竿见影的效果,这一政策对实体经济作用的时滞比较长。但法定存款准备金的提高发出了中央银行采取紧缩性货币政策信号,这种政策信号使投资者对未来的预期有所改变,从而会对股票市场和房地产市场产生不利的影响。

2. 再贴现政策(Rediscount Rate Policy)

贸易中的买方可以利用商业票据(如汇票等)向卖方进行短期融资。汇票(Bill of Exchange/Postal Order/Draft)是由出票人(通常是卖方)签发的,要求付款人(买方)在见票时或在一定期限内,向收款人或持票人无条件支付一定款项的票据。这种票据基于买卖双方的信用,是卖方提供给买方的信用工具。为了保证汇票能得到偿还,卖方通常会要求买方找一家银行承兑。如果银行在汇票上加盖承兑章,这种汇票即为银行承兑汇票。银行承兑汇票的持票人如果希望将汇票提前兑换成现金,就可以在汇票到期日前贴付一定利息将票据权利转让给银行,这种行为称为"贴现",是银行向持票人融通资金的一种方式。当存款货币银行面临现金不足时,可以再将持有的客户贴现的商业票据向中央银行请求贴现,以取得中央银行的信用支持,这种行为称为"再贴现"。中央银行在对商业银行进行再贴现时要收取一定的再贴现率。

中央银行提高再贴现率意味着商业银行再贴现的成本上升,会抑制商业银行的再贴现行为,从而向外放出的货币供应量随之减少;反之,中央银行降低再贴现率会鼓励商业银行的再贴现行为,向实体经济注入更多的货币。由于商业银行除通过再贴现进行融资外,还可以通过出售证券、发行存单等方式融资。中央银行提高或降低再贴现率的行为要想取得预期效果,还取决于商业银行是否会采用再贴现方式来融资。

3. 公开市场业务(Open Market Operation)

当一国或地区经济衰退时,中央银行可以通过在公开市场上买入证券等业务向经济体注入货币,推动投资和消费的增加,从而刺激经济;当经济过热时,又可以通过在公开市场上出售证券来收回货币。这种调控称为"公开市场业务"。

与法定存款准备金率政策相比,公开市场业务是比较灵活的金融调控工具。其灵活性体现在:一是中央银行运用公开市场业务直接影响货币供应量,而法定存款准备金率政策只能间接影响货币供应量;二是中央银行能够随时根据金融市场的变化,利用公开市场业务经常性、连续性地操作,而法定存款准备金率政策不可能经常调整;三是中央银行通过公开市场业务掌握有主动权,而法定存款准备金率政策还要受到商业银行的一些制约;四是中央银行可以灵活安排公开市场业务的规模和方向性,能对货币供应量进行微调,而法定存款准备金率政策需要通过一些传导才能影响实体经济,无法进行微调。但是公开市场业务工具要发挥作用,要求中央银行买卖的证券具有较大规模,能影响整个国家的经济,而这也依赖于一国证券市场的发展。

法定存款准备金率政策、再贴现率政策、公开市场业务是传统的三大货币政策工具。利率工具有时被列入再贴现政策,有时被单独列出作为货币政策的一种。

(二)选择性的货币政策工具

除一般性的货币政策工具外,还有选择性的货币政策工具。消费者信用控制和证券市场信用控制是常见的两类选择性货币政策工具。消费信用控制是指中央银行对不动产以外的各种耐用消费品的销售信用融资予以控制,比如规定分期付款购买耐用消费品的首付最低金额、还款最长期限、可使用的耐用消费品种类等。证券市场信用控制是指中央银行为限制过度投机,对有关证券交易的各种贷款进行限制,比如规定一定比例的证券保证金,并随时根据证券市场状况进行调整。

(三)补充性的货币政策工具

第三类货币政策工具是补充性的货币政策工具,主要包括直接信用控制和间接信用指导两种。

直接信用控制是指中央银行以行政命令或其他方式,直接对金融机构尤其是商业银行的信用活动从质和量两个方面进行控制,包括利率最高限、信用配额、流动比率和直接干预等。其中,最常使用的直接信用控制工具是规定存贷款的最高和最低利率限制,比如美国1980年以前设置的Q条例即直接信用控制工具。1929年之后进入经济大萧条的美国对金融市场也开始实施严格管制。美国联邦储备委员会颁布了一系列金融管理条例,并且按照字母顺序对这一系列条例进行排序,其中第Q条的内容是:银行对于活期存款不得公开支付利息,并对储蓄存款和定期存款的利率设定最高限度,即禁止联邦储备委员会的会员银行对其吸收的活期存款(30天以下)支付利息,并对上述银行所吸收的储蓄存款和定期存款规定了2.5%的利率上限,这一上限一直维持至1957年。从1957年开始,联邦储备委员会频繁对这个上限进行调整,使其成为直接信用控制工具。此后,Q条例成为对存款利率进行管制的代名词。

间接信用指导是指中央银行通过道义劝告、窗口指导等办法间接影响商业银行的信用创造。道义劝告是指中央银行利用其声望和地位,对商业银行及其他金融机构经常发出通告或指示,或者与各金融机构负责人面谈,劝告其遵守政府政策并自动采取贯彻政策的相应措施。窗口指导是指中央银行根据产业行情、物价趋势和金融市场动向等经济运行中出现的新情况与新问题,对商业银行提出信贷增减建议。若商业银行不接受,则中央银行将采取必要的措施,比如可以减少其贷款额度,甚至采取停止提供信用等制裁措施。窗口指导虽然没有法律约束力,但影响力往往比较大。间接信用指导是以中央银行在金融体系中较高的地位为支撑的,如果一个国家中央银行的控制力不强,这种货币政策工具的作用就会受到限制。

三、汇率政策

汇率政策是指一个国家或地区政府运用金融法令、政策或措施,将本国货币与外国货币的兑换比例确定或控制在适度的水平上,以达到一定的调控宏观经济目的而采取的政策手段。

(一)汇率政策的作用

汇率政策的目标是调控宏观经济,其作用主要体现在以下三个方面:

第一,保持出口竞争力,实现经济增长的目标。当一个国家或地区依靠国内或地区内的投资和消费无力拉动经济内部增长时,可以将本国或本地区的产品或劳务输出到其他国家或地区,从而获得外部的增长。为了让本国的产品在其他国家更具竞争力,降低本国货币和外国货币的兑换比率可以使本国货币贬值,从而促进本国产品的出口,带动本国经济的增长。比如,当汇率是1美元兑换6元人民币时,如果一个杯子的国内价格是6元人民币,则5美元可以买到5个杯子;为了促进出口,可以使本国货币贬值,如1美元可以兑换8元人民币,在杯子的国内价格仍然是6元的情况下,买5个杯子只需要3.75美元。这样,国外的需求将更旺盛,从而促使国外买入量上升,进而出口量上升,货币贬值国家经济获得增长。

第二,调节进出口,保持国际收支平衡。当一个国家或地区对另一个国家或地区的出口量总是大于进口量时,就会造成双方贸易不平衡,进而造成国际收支不平衡。长期的国际收支不平衡将会使双方发生贸易摩擦,如果处理得不好,有可能导致以战争的方式来解决。因此,保持调节汇率以保持国际收支平衡是有必要的。当一国相对于另一国的出口量大于进口量时,可提高本国货币和外国货币的兑换比例,以货币升值抑制出口来促进进口,从而保持国际收支平衡。

第三,稳定物价。汇率本身反映了一个国家或地区的货币与另一个国家或地区的货币的兑换价值,而这种兑换价值背后的支撑是两个国家经济实力的对比。当一国经济实力较强时,该国货币的币值较高,1单位货币可以兑换多个单位的其他货币,比如1美元兑换6元人民币。如果一国经济实力逐步增强,该国币值也会逐步上升。比如2005年12月30日1美元兑换8.07021元人民币,至2010年11月29日1美元可兑换6.6700元人民币。这与中国经济实力逐步增强、美国经济实力逐步减弱有关。由于汇率反映了两国经济实力的对比,因此当预期一国货币未来将走向升值通道时,这意味着预期该国经济实力将增强。在这种情况下,国际资本将通过各种渠道进入未来预期货币会升值的国家。这一方面可获得货币升值的收益,另一方面也可获得该国经济增长带来的收益。如果国际资本的进入是无限制的,这些国际资本就会在预期升值的国家进行大量投资、购买相关资产,从而使得该国资产价格膨胀,造成该国物价上涨,促使该国通货膨胀率上升。为了避免国际资本的流入对本国经济造成不利冲击,一个国家或地区政府有必要采取一定的汇率政策限制这种流入,以控制资本流入带来的通货膨胀,从而使得本国经济得到稳定发展。

由于汇率影响的层面颇多,涉及国家经济增长、物价稳定、国际收支平衡等,因此汇率对宏观经济具有相当大的影响。由于汇率的波动反映了一个国家经济实力的变化以及该国产品的国际竞争力,并会导致国内物价波动,因此汇率政策对一个国家宏观经济的影响也是深远的。

(二) 汇率政策工具

制定汇率政策时所用的工具是汇率政策工具,主要包括汇率制度的选择、汇率水平的确定,以及汇率水平的变动和调整。其中,最根本的政策是汇率制度的选择。

汇率制度是指一个国家政府对本国货币汇率水平的确定、汇率的变动方式等问题所做的一系列安排和规定。一般将汇率制度区分为固定汇率制和浮动汇率制两大类。

1. 固定汇率制

固定汇率制度(Fixed Exchange Rates)是指一国货币与他国货币保持固定汇率的制度。这种制度起源于金本位制和布雷顿森林体系。

金本位制是以黄金为本位币的货币制度。在金本位制下,1 单位的货币价值等同于若干重量的黄金(货币含金量),即一个国家或地区的货币值多少钱以该国货币对应的货币含金量表示。

金本位制又可分为金币本位制、金块本位制和金汇兑本位制。金币本位制是以一定量的黄金为货币单位铸造金币,作为本位币;在金块本位制和金汇兑本位制下,虽然都规定以黄金为本位货币,但只规定货币单位的含金量而不铸造金币,实行银行券流通。金块本位制和金汇兑本位制的区别在于:在金块本位制下,银行券可按规定的含金量在国内兑换金块,但有数额和用途等方面的限制,即达到一定金额(如英国 1925 年规定在 1 700 英镑以上,法国 1928 年规定在 215 000 法郎以上)才能兑换成金块,黄金集中存储于本国政府;在金汇兑本位制下,银行券在国内不兑换金块,只规定银行券与实行金本位制国家货币的兑换比率,先兑换外汇,再以外汇兑换黄金。

从三种金本位制可以看到,金币本位制是最可靠的,因为每发行 1 单位货币,都有相应的含金量作保证,这些货币都可以兑换成等值的黄金。物品的价格实际上有统一的定价标准,即黄金。在这种情况下,各国物品的定价能达到相对稳定的状态。而在金块本位制和金汇兑本位制下,银行券不能自由兑换成黄金,银行券的价值大打折扣,这种银行券要发行,其背后依靠的是一个国家的实力,而非市场。当一个国家的黄金储备不足时,银行券的价值就会受到质疑,从而造成货币贬值、物价上涨,金币本位制的稳定性将受到冲击。

金币本位制与黄金有密切的关系,因而流通在外的货币受到黄金储备的制约。在战争时期,这不利于迅速筹集庞大的军费开支。1914 年,第一次世界大战爆发,各国为筹集军费不再发行以黄金作为最后保障的货币,而纷纷发行不兑现黄金的纸币,并禁止黄金自由输出。这导致以金币为本位的货币制度破灭。

第一次世界大战结束后,各国尝试恢复金币本位制,但由于战中发行的不兑现纸币已经动摇了金币本位制的根基,因此大多数国家只能实行金块本位制和金汇兑本位制;但是,当时的美国仍然实行金币本位制。这在一定程度上奠定了美国在后来的世界货币体系中的地位。

金块本位制和金汇兑本位制由于不是以黄金为基础发行的,而是靠国家信用发行的,因此当一个国家的经济受到冲击时,该国货币价值也将受到冲击。正因为如此,在1929—1933年世界性经济大危机的冲击下,各国不得不放弃金块本位制和金汇兑本位制,实行完全不兑换的信用货币制度。

第二次世界大战结束后,美国登上了资本主义世界盟主地位,由于美国拥有巨量的国际黄金储备,美元的国际地位得到空前提高。1944年7月,为商讨战后的世界贸易格局,44个国家或政府代表聚集在美国新罕布什尔州的布雷顿森林召开会议。1945年12月27日,参加布雷顿森林会议的44个国家中的22国代表签订了《布雷顿森林协定》,正式成立国际货币基金组织和世界银行,并作为联合国的常设专门机构。作为这两个机构的创始国之一的中国,由于国内战争,直到1980年才先后恢复在国际货币基金组织和世界银行的合法席位。

在布雷顿森林会议上,美国的经济实力得到一些国家的肯定,各国认可以美元为中心重新建立金汇兑本位制,即其他国家政府将美元作为主要储备资产,美国国内不再流通金币,但允许其他国家政府以美元向美国兑换黄金。这就形成了以黄金为基础、以美元为最主要的国际储备货币的布雷顿森林体系。国际货币基金组织负责监督国际汇率、提供国际信贷、协调国际货币关系,以维持布雷顿森林体系正常运转。按照《布雷顿森林协定》,凡属于国际货币基金组织的会员国必须确认美国政府35美元折合1盎司黄金的官价,而美国政府则承担各国政府用美元向美国兑换黄金的义务。当国际炒家炒作黄金官价时,各国政府要协同美国政府进行干预。

以美元为中心的国际货币体系,实际上确立了一个国家货币币值与该国经济实力的联系,但同样依赖于处于中心地位国家的经济实力能否持续强劲。以美元为主要储备资产,其经济基础是美国能够保持持续的贸易逆差——对美国来说出口小于进口,这样才能使美元更广泛地流通到美国境外,使其他国家有美元供应且用于国际贸易收支。但在出口小于进口的情况下,美国只能依靠内部增长以保持经济持续增长。如果美国内部的投资和消费不足以维持经济持续增长的需求,美元就会遭遇信任危机。从20世纪50年代后期起,美国的内部增长无法带动经济持续增长,国家经济竞争力下降,各国开始抛售美元并兑换黄金,造成"美元危机"。为了阻止黄金外流,1971年8月美国政府不得不宣布停止美元兑换黄金,以美元为中心的金汇兑本位制终于崩溃。1973年2月美元进一步贬值,世界各主要货币受投机商冲击而被迫实行浮动汇率制。这标志着以固定汇率制为基础的布雷顿森林体系完全崩溃。

2. 浮动汇率制

浮动汇率制（Floating Exchange Rates）是指一国货币的汇率并非人为固定，而是由市场供求关系所决定的制度。在浮动汇率制下，各国政府和中央银行原则上不限制汇率的涨跌，任由本国货币的汇率随市场变化而自由涨落，即使发生外部冲击也不承担义务来维持汇率的稳定。

20世纪70年代后期，美元贬值导致以固定汇率制为基础的布雷顿森林体系崩溃，各国开始实行浮动汇率制。各国采用的浮动汇率制不尽相同。有的国家采用自由浮动汇率制（又称清洁浮动汇率制），在这种制度下，汇率完全不受国家干预；有的国家采用管理浮动汇率制（又称肮脏浮动汇率制），在这种制度下，国家一定程度地对汇率进行相应的干预。从全球目前的状况来看，大多数国家采用的是管理浮动汇率制。管理浮动汇率制又可以分成单独浮动、联合浮动、钉住浮动。

单独浮动（Single Float）是指一国货币不与其他任何货币保持固定兑换比率，其汇率根据市场外汇供求关系来决定。目前，包括美国、英国、德国、法国、日本等在内的三十多个国家实行单独浮动。

联合浮动（Joint Float）是指国家与国家之间形成的联盟或集团对集团内部成员国的货币实行固定汇率，对集团外部国家的货币则实行联合浮动的汇率制度。1973年3月11日，欧洲经济共同体9国（比利时、丹麦、法国、联邦德国、荷兰、卢森堡、英国、爱尔兰和意大利）率先建立联合浮动集团。实行联合浮动的国家包含比利时、丹麦、法国、联邦德国、荷兰、卢森堡6个成员国以及瑞典和挪威2个非成员国，英国、爱尔兰和意大利3个成员国则因货币极不稳定，暂不参加联合浮动，继续实行单独浮动。1999年1月1日起，欧元逐渐取代欧盟各国货币后，这种联合浮动制已不存在。

钉住浮动（Pegged Float）是指一国货币与另一种货币保持固定兑换比率，随另一种货币的浮动而浮动。之所以要采用钉住浮动制，主要是因为一些物价不稳定的国家希望通过钉住一种稳定的货币来抑制本国的通货膨胀、提高货币信用。但这种制度也会使本国的经济发展与被钉住国的经济状况密切相关，当被钉住国的经济遭遇危机时，本国也会蒙受经济损失。

为了避免钉住单一货币受到被钉住国经济状况的制约，钉住浮动制还可采用钉住一篮子货币的做法。一篮子货币（Basket of Currencies）是指将一系列外国货币做一个组合，然后将本国货币钉住这个组合，组合中某一外币所占权重通常以该外币在本国国际贸易中的重要性为基准。例如，如果某国的进出口有30%以美元计价，美元在该国一篮子货币中所占的权重可能就是30%。

1994年1月1日，我国开始实行以市场供求为基础的、单一的、有管理的浮动汇率制。当时钉住的是单一货币——美元。2003年，国际社会强烈呼吁人民币升值。自2005年7月21日起，中国人民银行宣布人民币从原本紧钉美元的汇率制度，改为参考一篮子货币进行调节的、有管理的浮动汇率制。这里要注意的是，中国的浮动汇率制是参考一篮子货币，而非严格钉住一篮子货币。参考一篮子货币和钉住一篮子货币的最大区别在于：参考一篮子货币只是"参考"，并不严格"钉住"，因而政府保留了对调节汇率的主动权和控制权，即政府还可以对汇率进行干预；而钉住一篮子货币则是采用明确的规则代替中央银行对汇率进行任意干预，一旦钉住一篮子货币，中央银行就不能随意调节汇率。如果是在严格钉住一篮子货币的汇率制度下，货币的汇率变动就完全根据一篮子中各货币的汇率变动而被动地变动。而在参考一篮子货币的汇率制度下，除每天以上一交易日收盘价为中心日常波动±3‰之内外，中央银行还可以调节浮动的方式有两个：一是参考一篮子货币调整中间价；二是在必要时扩大汇率浮动区间。

在布雷顿森林体系以美元为基础的固定汇率制崩溃后，国际货币基金组织为了找到一种能替代美元的储备货币，创设了特别提款权（Special Drawing Right, SDR），也称纸黄金（Paper Gold）。它是国际货币基金组织分配给会员国的一种资金使用权，只有会员国才能享有。不过，特别提款权只是一种记账单位，不是真正的货币，所以在使用时必须先将特别提款权换成指定的其他会员国的货币，才能用于贸易或非贸易的支付。特别提款权的价值采用一篮子货币来计算，一篮子中的货币每五年复审一次，以确保一篮子中的货币是国际交易中使用的具有代表性的货币。一篮子中各货币所占的权重反映了各自在国际贸易和金融体系中的重要程度。每种货币在特别提款权一篮子货币中所占权重，依据会员国（或货币联盟）的商品和劳务的出口额以及各会员国的货币被国际货币基金组织其他会员国所持储备资产的数量来确定。目前，国际货币基金组织确定四种货币（美元、欧元、日元和英镑）符合上述两个标准，并将它们作为特别提款权重的一篮子货币。特别提款权以伦敦市场午市欧元、日元、英镑对美元的汇率中间价作为计算标准，计算出含有多种货币的特别提款权对美元的比价，就可以得到一个用美元标价的特别提款权价格。表3-5是以2005年12月31日和2016年10月1日一篮子货币数据确定的特别提款权价格。

表3-5 特别提款权一篮子货币数量的确定

	新权重		折合的美元数	
	2005年12月31日	2016年10月1日	2005年12月31日	2016年10月1日
美元	0.44	0.4173	0.632	0.58252
欧元	0.34	0.3093	0.488	0.38671
日元	0.11	0.0833	0.158	1.01740
英镑	0.11	0.0809	0.158	11.9000
人民币	—	0.1092	—	0.085946

资料来源：国际货币基金组织。

> **开拓视野**　　　　　**特别提款权**
>
> 　　特别提款权也称纸黄金,最早发行于1969年,是国际货币基金组织根据会员国认缴的份额分配的,可用于偿还国际货币基金组织债务、弥补会员国政府之间国际收支逆差的一种账面资产。特别提款权的价值目前由美元、欧元、人民币、日元和英镑组成的一篮子储备货币决定。会员国在发生国际收支逆差时,可用特别提款权向国际货币基金组织指定的其他会员国换取外汇,以偿付国际收支逆差或偿还国际货币基金组织的贷款,还可与黄金、自由兑换货币一样充当国际储备。因为它是国际货币基金组织原有的普通提款权以外的一种补充,所以称为特别提款权。
>
> 资料来源:百度百科(https://baike.baidu.com/item/)特别提款权。

四、中国宏观经济政策分析

(一)2006—2010年的宏观经济政策

近年来,中国的宏观经济政策始终围绕着两个中心:一是经济增长,二是通货膨胀。2008年金融危机之前,中国政府在调控宏观经济过程中有两条红线,一条是GDP增速为8%,另一条是CPI为3%。若GDP增速低于8%,政府将实施一些政策,使得GDP增速维持在8%,这就是2008年遭遇金融危机后中国政府提出的"保八"目标。若CPI超过3%,政府将实施一些政策,使得CPI下降,这就是2010年7月CPI同比增长3.3%、8月CPI同比增长3.5%、9月CPI同比增长3.6%后,政府果断提高利率的原因。

从图3-7来看,中国的GDP一直保持持续增长,2010年GDP达到约39.8万亿元,但GDP增速在2008年金融危机后逐渐放缓。从图3-8来看,2008年金融危机对GDP造成了很大的影响,GDP指数呈明显下跌趋势。GDP指数在2007年第2—3季度达到最高点113.4,之后迅速下跌到最低点106.1。在宽松的经济政策刺激下2010年第1季度逐步回升至119.9。

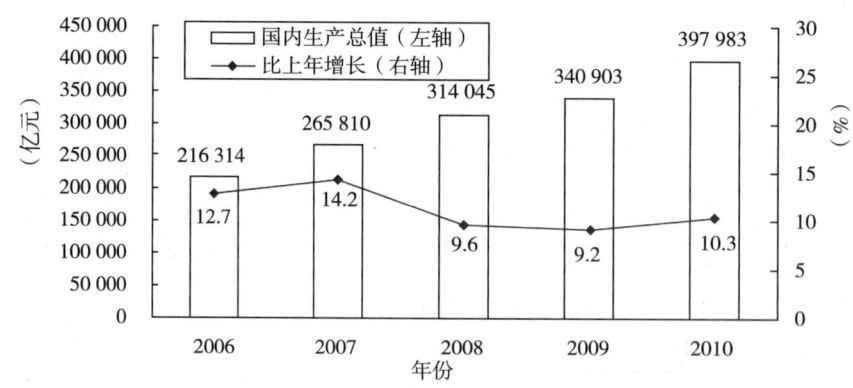

图3-7　2006—2010年国内生产总值

资料来源:《中华人民共和国2010年国民经济和社会发展统计公报》。

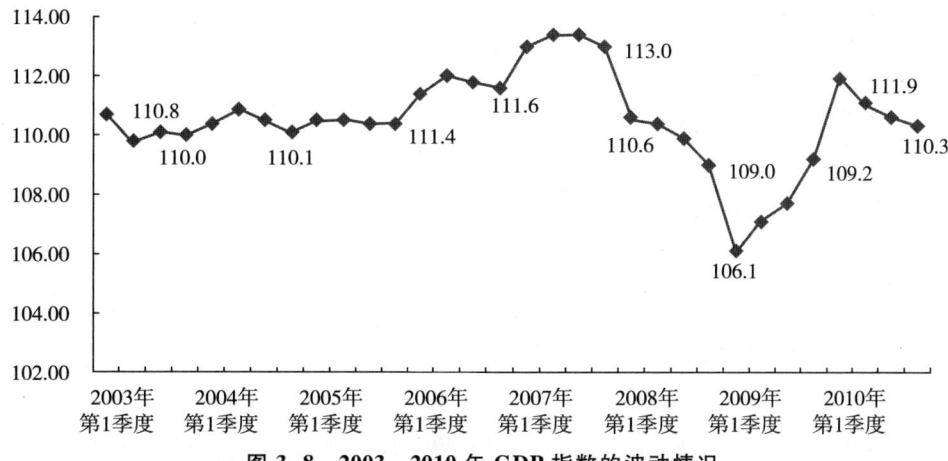

图 3-8 2003—2010 年 GDP 指数的波动情况

资料来源:国家统计局。

从图 3-9 来看,CPI 在 2008 年 2 月达到最高点 108.7,随后受金融危机的影响持续降至 2009 年 7 月的 98.2。随着 2009 年年初中国经济在宽松政策的刺激下率先复苏,CPI 和 GDP 重新步入上升趋势。

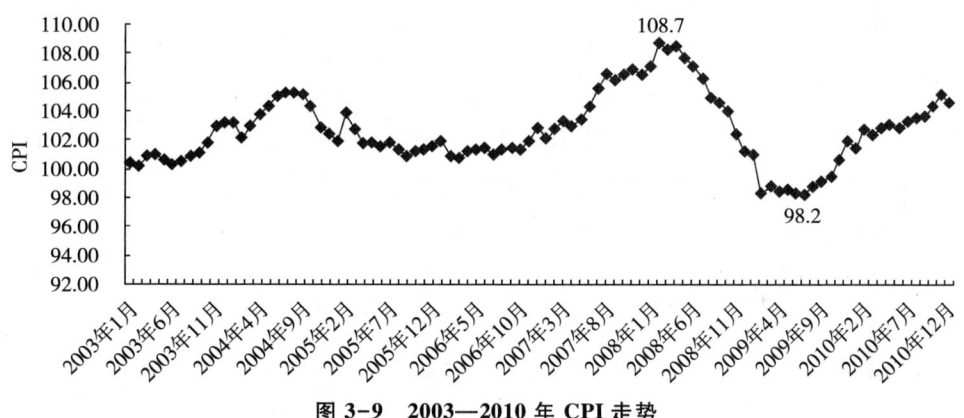

图 3-9 2003—2010 年 CPI 走势

资料来源:国家统计局。

2008 年中国的宏观经济政策非常具有代表性,因为从上半年到下半年,宏观经济政策发生了急剧转变。

2008 年年初,中国宏观经济政策的基调是"双防":防止经济增长由偏快转为过热和防止价格由结构性上涨演变为明显通货膨胀。在这样的基调下,政府实施了稳健的财政政策和从紧的货币政策。

到了 2008 年年中(见图 3-8),GDP 增速发生较大转向,上半年中国 GDP 同比增长 10.4%,比上年同期回落 1.8 个百分点;但同期的居民消费价格水平上涨 7.9%。表明"防过热"已见效,但物价涨幅仍较高。这时候的宏观经济政策基调变成了"一保一控":保增长、控通胀。2008 年 8 月 1 日,国家采取财政政策中的税收政策,将部分纺织

第三章 理财中的宏观经济分析

品、服装的出口退税率由11%提高到13%。中国人民银行也开始采用宽松的货币政策。2008年8月,中国人民银行宣布调增全国商业银行信贷规模;2008年的9月16日,中国人民银行下调人民币贷款基准利率和中小金融机构人民币存款准备金率。

随着GDP指数的进一步下滑,2008年10月政府明确表示"保增长"成为当前宏观调控的首要任务。在这个基调之下,政府相继出台了如下政策:加大强农惠农政策,加强基础设施建设、适当调高纺织品、服装、玩具等劳动密集型商品和高技术含量、高附加值商品的出口退税率,降低住房交易税费,下调个人住房公积金贷款利率和扩大商业性个人住房贷款利率的下限。

由于2008年中国经济增长速度发生明显变化,因此政府的宏观经济政策也在当年发生了急剧转变。从图3-8和图3-9的GDP和CPI走势就可以看到,中国在该段时期的宏观经济政策是紧盯GDP和CPI的。

(二) 2011—2018年的宏观经济政策

从图3-10的GDP走势来看,自2008年金融危机后,中国的经济增长率没有再出现两位数,且经济增速出现缓慢下降趋势。这是一个正常的趋势,因为中国的经济体量已经很大,保持两位数的高速增长是非常难的。尽管中国的GDP增速逐渐降至6%—7%,但仍高于同期的世界平均水平2.7%。2013—2018年,中国对世界经济增长的年均贡献率为28.1%,居世界第1位。从图3-10来看,2018年的GDP总额已达90万亿元,折合美元13万亿美元,仅次于美国。也正因为如此,美国总统特朗普上台之后,将中国列为美国的竞争对手。

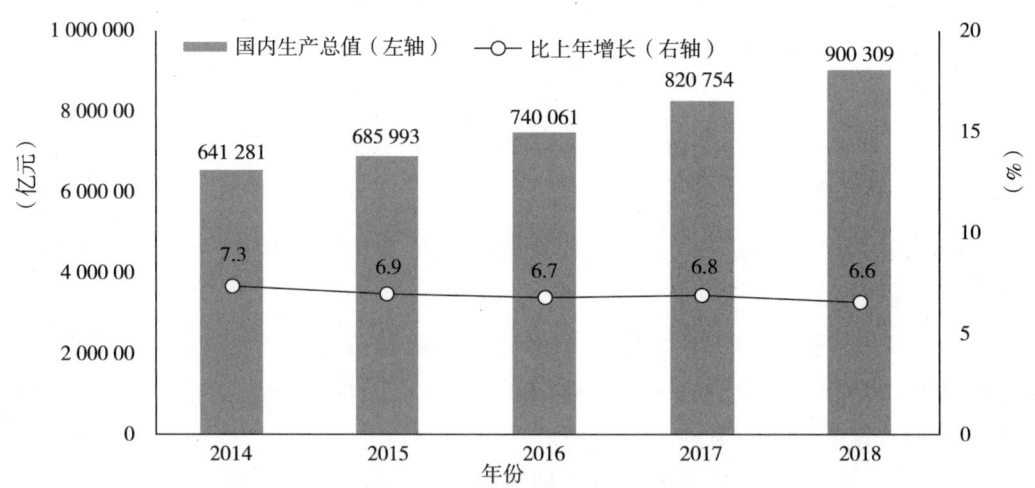

图3-10 2014—2018年国内生产总值

资料来源:国家统计局。

从图3-11来看,CPI在2011—2019年基本保持平稳状态,围绕3%的红线略有波动。

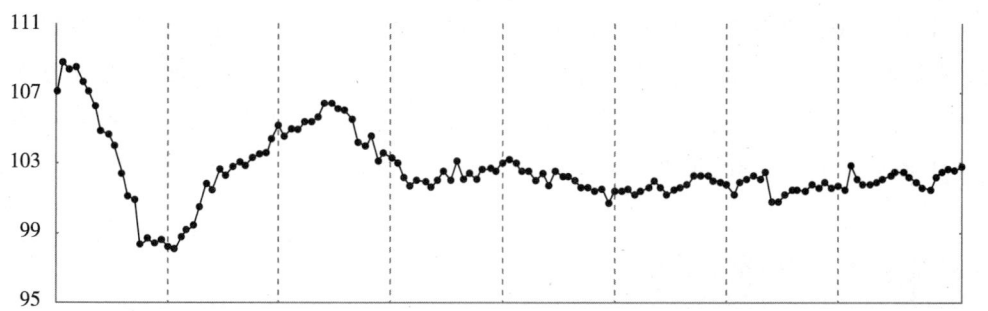

图 3-11　2008—2019 年 CPI 走势

资料来源：东方财富网。

从 GDP 和 CPI 的走势来看，2011—2018 年的宏观经济政策主要目标偏重于维持经济增长而非抑制通货膨胀，因此宏观经济政策在这段期间内基本遵循"保增长、稳通货"的基调。

> **学有所思**　从宏观经济政策的四个目标着眼分析在特朗普当选美国总统后，为什么会爆发中美贸易战？
> 这一贸易战对中美经济、股票市场和汇率产生了什么影响？
> 在贸易战情景下，投资者如何配置财富？

美国总统特朗普发动的贸易战使得中国经济形势面临更为复杂的外部环境。从图 3-12 可以看到，2011—2018 年美国的贸易账户逆差长期维持在 400 亿—500 亿美元。特朗普的一系列政策旨在帮助美国实现贸易账户逆差缩减、缓解贸易不平衡状况，而这也对中国甚至整个世界经济产生了无法估量的影响。

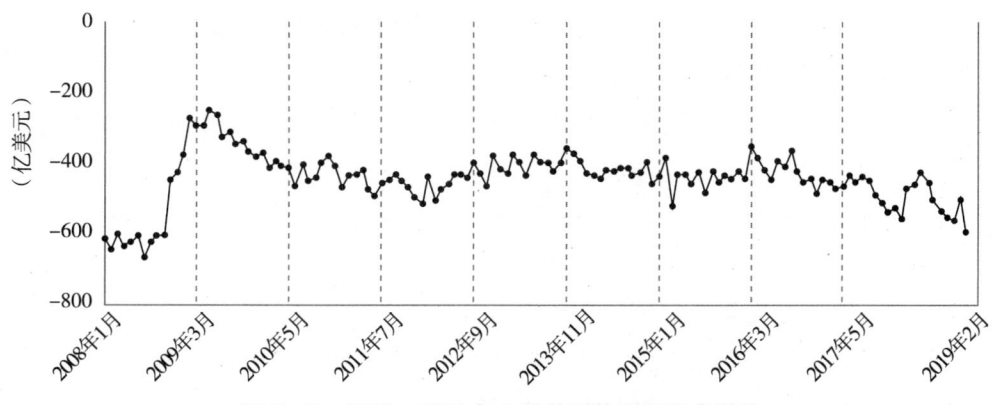

图 3-12　2008—2019 年 2 月美国的贸易账户逆差

资料来源：东方财富网。

第三章　理财中的宏观经济分析

对于宏观经济微小的变化，投资者无须花费较大精力去分析；对于宏观经济重大的变化，投资者则需运用宏观经济学中的一些基本理论去判断。投资者如果理解宏观经济政策与宏观经济指标的关系，就可以预先判断政策的未来走向，从而可以把握经济形势变化中最重要的关键点，跟随政策的变动以获得财富增值。

复习题

一、名词解释

中间产品　投资率　自愿失业　扩张性财政政策　　贴现　　特别提款权

二、选择题（不定项选择）

1. 政府宏观经济政策的目标有（　　）。

   A. 经济增长　　　B. 充分就业　　　C. 物价稳定　　　D. 国际收支平衡

   E. 政局稳定

2. 下列选项属于货币政策工具的有（　　）。

   A. 增发国债，调整税率　　　　　B. 调控存款准备金率

   C. 预缴进口保证金　　　　　　　D. 调控存贷款利率

3. 最常使用的直接信用控制工具是（　　）。

   A. 存贷款最高和最低利率限制　　B. 信用配额

   C. 流动比率　　　　　　　　　　D. 直接干预

4. 汇率政策的目标是调控宏观经济，主要体现在（　　）。

   A. 保持出口竞争力，实现经济增长

   B. 调节进出口，保持国际收支平衡

   C. 增加就业

   D. 稳定物价

5. 与法定存款准备金率政策相比，公开市场业务的灵活性体现在（　　）。

   A. 中央银行能运用公开市场业务直接影响货币供应量

   B. 中央银行能随时根据金融市场的变化，利用公开市场业务经常性、连续性地操作

   C. 中央银行通过公开市场业务掌握主动权

   D. 中央银行可以灵活安排公开市场业务的规模和方向性，能微调货币供应量

三、判断题

1. 投资股票时经常换手会使实际收益更高。（　　）
2. 消费率是指一定时期内所有消费额占国内生产总值使用额的比例。（　　）
3. 充分就业不等于所有人就业或者完全就业。（　　）
4. 补充性的货币政策工具间接对货币供应量进行调控。（　　）

5. 规定一定比例的证券保证金,是中央银行为限制过度投机对有关证券交易的贷款进行限制的货币政策工具之一。( )

四、简答题

1. 简述 GDP 和 GNP 的区别。
2. 试描述菲利普斯曲线的由来及其政策含义。
3. 资本的流入流出如何影响一国的经济?
4. 简述法定存款准备金率的作用机制。
5. 为什么金币本位制比金块本位和金汇兑本位制更可靠?

第四章
Chapter 4

家庭财务健康诊断

 引导案例

小李最近不顺心,看着高涨的房价,后悔两年前没有买房。两年前,房价才 10 000 元/平方米。当时,小李没有买房的想法。没想到两年后房价翻了一倍,到了 20 000 元/平方米。这时,小李想买房也买不起了。后来,小李咨询了理财师,理财师告知小李,房价的涨跌是很难预期到的,但在有购房实力时没有购房从而错过购房居住或财富增值的机会,是因为事先没有做好家庭财务分析。不了解家庭的财务状况,就无法做出正确的决策。

▶ 案例启迪

这个案例是大多数人在房价上涨这几年的切身体验。大多数人都没有意识到自己的家庭已经达到支付房屋首付款的能力,而只要达到这种能力的人越多,对房屋的需求就会越多。意识到这种需求可以满足的人就会去买房,而仍然没有意识到这种需求的人就只会看着房价上涨。小李就属于后者。其实,小李在两年前已具备了支付能力,但没有事先规划买房,从而错过了大好时机。

工作压力大、薪酬不高、房价高涨、子女教育花费不菲、退休养老遥不可及，这些问题是压在年轻一代身上的几重大山。这些问题的解决不是一朝一夕的事情，要想未来过上更好的生活，就需要进行良好的长期规划。预则立，不预则废。做过规划之后，一切了然于胸，未来的方向将看得更清楚，工作将变得更加踏实，焦躁的情绪也将得到缓解。

　　做好家庭财务规划的前提是首先做好家庭财务诊断。家庭财务诊断的目标是帮助家庭成员了解目前所有的财务资源，理顺未来要实现的财务目标，从而能在规划中使财务资源和理财目标更好地匹配起来。例如，买房是每个家庭都希望实现的目标，但很少有家庭成员能在买房的前几年事先做好规划。大家常常陷入的困境是：在合适的时机拿不出钱买房，于是努力工作试图赚钱，但努力几年后却发现工资收入的增长远远落后于房价的增长。回头一想，如果前几年借钱买了房，房价的上涨可能抵得上近几年的工资收入了。

　　大多数家庭会遇到过这种情况。之所以出现这种情况，原因之一就是不清楚家庭的财务资源究竟能否支持买房目标。这里常犯的错误有三个：第一，大多数家庭希望能一次性支付房屋价款，不希望背负债务；第二，即使愿意向银行贷款，大多数家庭在买房之前也不太清楚未来每月要还多少钱？第三，即使只是支付首付款，大多数家庭也不太清楚目前能筹备多少首付款？

　　按照第二章对资金机会成本的分析，当资金的收益率超过资金机会成本时，可以去借钱来投资。如果房价处于上升趋势，其收益率超过银行贷款利率，借钱买房就是一个好的决策。如果投资者清楚资金成本的概念，在贷款利率低的时候就愿意贷款买房。但还要弄清楚一个问题，家庭的偿还能力有多大？如果贷款 50 万元，贷 30 年，贷款利率 4.9%，每月需要平均还款 2 654 元。如果一个家庭的收入减去开支后只剩下 2 000 元的节余，那么这个家庭根本无力偿还这样的贷款。即使还款能力有保证，首付款能筹到吗？这就需要尽早梳理家庭财务资源，为买房做好准备。详细的买房规划在第五章进行讨论，此处不再赘述。

　　家庭的财务目标多种多样，包括买房、买车、子女教育、养老、旅游、创业等，为了能更好地实现这些目标，就需要相应的财务资源去满足。或许投资者认为可以一个一个地去实现——先实现一个目标再实现另一个目标，但从规划的角度看，在梳理了家庭财务资源后，利用一个综合性的规划来实现这些目标会更有效。

　　梳理家庭财务资源的方法就是利用家庭资产负债表、收入支出表、现金流量表诊断目前和未来的财务资源与财务目标的匹配程度，从而对家庭财务健康状况有一个清晰的认识。

第一节 家庭资产负债表

(一) 家庭资产负债表的形式

家庭资产负债表能帮助家庭成员了解家庭现有的财务资源和财务状况。家庭资产负债表一般一个年度可以编制一次,反映每年年末家庭拥有的资产和未偿还的负债情况。家庭资产负债表的编制形式如表4-1所示。

表4-1 家庭资产负债表

家庭资产	金额(元)	占比(%)	家庭负债	金额(元)	占比(%)
现金、活期储蓄			房屋贷款		
定期存款			汽车贷款		
债券			消费贷款		
基金			助学贷款		
股票			信用卡透支		
理财产品			其他债务		
自用房产					
投资房产					
汽车					
黄金及收藏品					
其他资产					
总资产合计			总负债合计		
家庭净资产(总资产-总负债)					

总资产是家庭成员现在拥有所有权的资产,总负债是家庭成员为获得资产所借贷且未偿还的债务。按资产的表现形式来划分,总资产又可以划分为金融资产和实物资产。比如股票、基金、债券、现金、活期储蓄等属于金融资产,而房产、汽车、家具等属于实物资产。金融资产与实物资产在流动性、人为可分性、人为期限性、名义价值不变性方面有着显著的差异。

流动性是指非现金资产在短期内变为现金且不受损失的属性。一般来说,金融资产的流动性要比实物资产强。

人为可分性是指资产是否可以人为设定的最小交换单位。金融资产可以人为设置最小的交换单位,从而方便交易;但实物资产的最小单位是由其物理属性决定的,不可以人为划分。

人为期限性是指资产是否可以人为设置到期期限。金融资产的到期期限是人为设定的,是交易双方的一个契约;实物资产的到期期限通常是由其自然属性决定的。

名义价值不变性是指在物价变化期间,资产的名义价值是否发生变化。金融资产的名义价值在出现通货膨胀时是不变的,但变现后的实际购买力是下降的;实物资产的名义价值会随着通货膨胀的上升而上升,但实际价值没发生变化。

金融资产和实物资产的这些差异会影响资产配置决策。投资金融资产的优势是流动性强、可分性强、方便交易,但有一定人为期限,且面临通货膨胀,有可能导致实际收益率下降。投资实物资产虽然流动性差、可分性差,但没有人为设置的期限,且面临通货膨胀时其名义价值能在一定程度上跟随通货膨胀的上升速度,有抵御通货膨胀的效果。因此,当通货膨胀预期较严重时,家庭资产配置中可适当增加实物资产,如房产、黄金、收藏品等。

根据金融资产满足财务目标的期限不同,又可划分为货币资产和投资资产。货币资产通常用于满足家庭短期财务目标的需要;投资资产则通常用于家庭积累财富,以实现未来长期财务目标。现金、活期存款、定期存款等属于货币资产,股票、债券、基金等属于投资资产。

在资产负债表中,所有的资产金额应按市场价值计算,而不是按原始购买价值计算。比如2009年李四购买了1 000股贵州茅台股票,当时的总市值是18万元,2010年12月李四持有的贵州茅台股票总市值达到20万元。这时,资产负债表中股票一栏应填写的金额为20万元。

家庭的总负债包括房屋贷款、汽车贷款、消费贷款、助学贷款、信用卡贷款、其他负债。在资产负债表中,所有的贷款不是指原始贷款金额,而是指还未偿还的贷款。比如张三在2008年借了30万元房屋贷款,2010年偿还了5万元本金,则张三的未偿还贷款金额为25万元。资产负债表中房屋贷款一栏应填写的金额为25万元。

基于家庭资产负债表,可以诊断家庭财务健康状况。

(二)案例解读

下面以一个家庭的实际情况为例,说明如何诊断家庭健康状况。

【案例4-1】 张先生35岁,张太太32岁,育有一女8岁。两人经过近十年的奋斗,家庭已经步入成长期,职业生涯也进入黄金期,收入不断提高,并在前两年以旧房换购了一套新房,目前价值为110万元。2010年买入一辆20万元的新车。张先生目前的银行存款总额为118 700元,其中98 700元是活期存款,20 000元是定期存款。张先生2008年购买了10 000元的国库券,2009年用25 000元投资了一只基金,截至2010年年底该基金的市值达到31 200元。不过,张先生用20 000元投资的股票发生亏损市值为

17 800元。张先生还在银行购买了10 000元的理财产品。张先生还购买了一些黄金，2010年年底价值为10 000元。家用电器等家私的价值大约为50 000元。在换购新房的时候，张先生向银行贷了款，该笔贷款目前还有786 000元本金未偿还。刚买的新车也有50 000元贷款尚未偿还；还向亲戚朋友借了100 000元，目前还有20 000元未还清。

案例分析 将张先生家庭的每一项资产和负债按对应的栏目列入资产负债表中，就可以得到张先生的家庭资产负债表（见表4-2）。

表4-2 张先生的家庭资产负债表

家庭资产	金额（元）	占比（%）	家庭负债	金额（元）	占比（%）
现金、活期储蓄	98 700	6.38	房屋贷款	786 000	91.82
定期存款	20 000	1.29	汽车贷款	50 000	5.84
债券	10 000	0.65	消费贷款	0	0
基金	31 200	2.02	助学贷款	0	0
股票	17 800	1.15	信用卡透支	0	0
理财产品	10 000	0.65	其他债务	20 000	2.34
自用房产	1 100 000	71.07			
投资房产	0	0			
汽车	10 000	0.65			
黄金及收藏品	200 000	12.92			
其他资产	50 000	3.23			
总资产合计	1 547 700	100.00	总负债合计	856 000	100.00
家庭净资产（总资产-总负债）	691 700				

从张先生的家庭资产负债表来看，目前家庭总资产为1 547 700元，总负债为856 000元，总资产扣除总负债后的家庭净资产为691 700元。在家庭总资产中，金融资产占比为12.14%，实物资产占比为87.86%；其中，金融资产中的货币资产占比为7.67%，投资资产占比为4.47%。

根据张先生家庭的资产负债构成来看，家庭总负债（856 000元）占家庭总资产（1 547 700元）的55.31%。总负债/总资产（资产负债率）保持在50%以下为安全水平。目前，张先生家庭的资产负债率超过50%的安全水平，当家庭遭遇意外无法偿还过高的债务时，很容易导致家庭陷入财务困境。

除资产负债率外，有时还可以用净资产占总资产的比例来衡量家庭财务稳健状况。净资产占总资产的比例低于50%,意味着负债过高。目前,张先生家庭的净资产(691 700元)占总资产(1 547 700元)的比例为44.69%,低于50%的安全的水平,当经济不景气或利率提高时,张先生家庭的还债压力将增大。

通过上述诊断可以判断,张先生家庭的资产以实物资产为主,但购买实物资产的资金大多通过贷款融资获得,因而面临较大的还贷压力。从资产负债率来看,张先生可以采用偿还部分贷款的方式,降低目前家庭的负债水平。另外,张先生家庭金融资产中货币资产占比过高、投资资产占比较低,使得家庭资产长期投资收益率较低。如果张先生无法通过投资获得超过银行贷款利率的收益,不如将货币资产中的活期储蓄、定期存款、股票、债券等用来提前还款,以降低资产负债率。如果张先生投资的基金收益率高于银行贷款利率,就不必用投放在基金上的钱来还款。

假设张先生用定期存款20 000元偿还其他负债20 000元,用股票、债券、理财产品及一部分活期储蓄(活期存款保留20 000元作为应急准备金)偿还车贷和房贷,则家庭负债只剩下房屋贷款,金额为719 500元。调整后的资产负债状况如表4-3所示。

表4-3 张先生家庭调整后的资产负债表

家庭资产	金额(元)	占比(%)	家庭负债	金额(元)	占比(%)
现金、活期储蓄	20 000	1.42	房屋贷款	719 500	100
定期存款	0	0	汽车贷款	0	0
债券	0	0	消费贷款	0	0
基金	31 200	2.21	助学贷款	0	0
股票	0	0	信用卡透支	0	0
理财产品	0	0	其他债务		
自用房产	1 100 000	77.95			
投资房产	0	0			
汽车	200 000	14.17			
黄金及收藏品	10 000	0.71			
其他资产	50 000	3.54			
合计	1 411 200	100.00	合计:	719 500	100.00
家庭净资产	691 700				

经调整后,张先生家庭总资产为1 411 200元,总负债为719 500元,总资产扣除总负债后的家庭净资产为691 700元。家庭总负债占家庭总资产的比例降至50.98%,但仍然高于50%的安全水平。由于下一年度的房屋贷款本金会每月得到清偿,因此预计下一年度张先生的家庭总负债占家庭总资产的比例将回到安全水平。

第二节 家庭收入支出表

(一) 收入支出表的形式

家庭资产负债表反映了家庭在某个时点拥有的各项资产和各项负债的金额,而家庭收入支出表则反映了家庭在某个时期内发生的各笔收入和各笔支出的总额(见表4-4)。

表4-4 家庭收入支出表

			月度金额(元)	年度金额(元)	占比(%)
一、家庭收入					
	工资和薪金	男方			
		女方			
	奖金和佣金	男方			
		女方			
	养老金和年金	男方			
		女方			
	投资收入				
	其他收入				
	合计				
二、家庭支出					
	房子	租金/抵押贷款支付(包括保险和纳税)			
		修理、维护和装饰			
	日用	水、电、煤气			
		电话、手机			
		网络			
		有线电视			
	食品	一日三餐			
		在外就餐和其他			
	交通	非自驾车费用			
		自驾车贷款支付			
		驾驶执照、年审、过路过桥、车船税			
		汽油及维护费用			

(续表)

		月度金额(元)	年度金额(元)	占比(%)
医疗	健康、大病医疗和残疾保险(从工资中扣减或非雇主提供的)			
	医生、医院、药品			
衣服	衣服、鞋子及附件			
保险	家财险			
	寿险			
	汽车保险			
	养老险			
	健康险			
纳税	个人所得税			
家用品、家具和其他大件消费	购买和维护			
个人护理支出	化妆品、头发护理、美容、健身			
休闲和娱乐	度假、娱乐和休闲			
其他项目	无法列入上面栏目的支出			
合计				
三、盈余				

从表4-4可以看到,统计家庭的支出比统计家庭的收入要复杂得多。收入来源涉及面并不多,支出则涉及衣、食、住、行等生活的方方面面。

收入包含家庭中男方和女方的共同收入。需要注意的是,在统计"工资和薪金""奖金和佣金""养老金和年金"这三个栏目时,要将男方和女方分开计算。这样可以了解到家庭中谁是经济支柱,从而为未来的保险规划提供基础。如果一个家庭中有一方没有工作,则这一方的收入都为0且要填入表中。如果是单身,对方的栏目就不需要填写任何数字。对于未退休人员,只填写"工资和薪金"和"奖金和佣金";对于已退休人员只填写"养老金和年金"。

收入金额分成月度金额和年度金额。在收入是以月为单位计算时,填入"月度金额"一栏;在收入是以年为单位计算时,填入"年度金额"一栏。比如,每月发放的工资就填写月度金额,乘以12后就可以得到年度金额(有的地方发放13个月或14个月的工资,则乘以相应的月份数)。如果公司在年底一次性发放较高金额的年终奖,则将这笔奖金计入年度金额中,再将这个金额除以12就可以得到月度金额。

退休人员没有工资收入和奖金收入等,填写"养老金和年金"一栏。这部分金额是退休人员的收入来源。对于自雇者,可以将每月获得的收入填入"工资和薪金"一栏。

除工资、薪金、奖金、佣金、养老金、年金等依靠工作获得的收入外,一个会理财的家庭还应培养另一块收入——理财收入。《穷爸爸和富爸爸》的作者罗伯特·清崎开发了一款理财教学游戏——《现金流游戏》。游戏中设置了一个实现财务自由的量化标准:当理财收入超过月支出时,你就实现了财务自由。当达到这个标准时,由于不再需要依靠工资收入来支付月支出,你在财务上就获得了真正的自由。从这里可以看出,一个家庭的收入可以分成两个部分:工作收入和理财收入。工作收入包括上述所有的依靠工作取得的收入,如工资、薪金、奖金等。理财收入则不是从工作中取得的收入,而是从投资中取得的资本收入。需要注意的是,这里的理财收入指的是资本收入而不是资本利得。资本收入是指投资资产所带来的利息收入、股息收入、分红收入、房产租金收入等。与资本收入对应的概念是资本利得。资本利得是指低买高卖所获得的差价,比如以10元/股买入万科A股,以18元/股卖出,从中获得的8元/股差价是资本利得,而不是资本收入。很多人将炒房、炒股赚取的资本利得错误地当作理财收入,以为在市场好的情况下赚取的资本利得超过工资收入就可以不再工作,于是错误地选择辞职专业炒股;但却在市场不好的情况下遭遇家庭财务危机,之后又不得不重新找工作来养家糊口。一个家庭要想尽早实现财务自由,一定要尽早开始理财,多投资可以获得资本收入的资产,而不是靠资本利得攫取短期财富。

开拓视野　　现金流游戏简介

现金流游戏是由罗伯特·清崎发明的旨在提高财富认知的一款学习型游戏。游戏的目标是通过设定各项与现实非常接近的情景,让人们模拟人生的理财投资过程,从中学习如何把握投资机会和掌握理财技能。

游戏规则

现金流游戏共有两个游戏圈,一个是"老鼠赛跑"圈,另一个是获得财务自由的人的"快车道"圈。在"老鼠赛跑"圈内,人们为金钱而工作,主要靠工资维持生活,资产带来的资本收入(利息收入、股息收入、分红收入、房产租金收入等)不足以维持家庭的花费。而在"快车道"圈中的人们已经获得财务自由,已经脱离靠工资维持生活的模式,他们为实现梦想而奋斗。

获胜方式

当资本收入超出支出时,你就跳出了"老鼠赛跑"圈的陷阱,进入"快车道"圈。如果能在"快车道"圈实现梦想或者月现金流增加50 000元以上,你就获得了比赛的胜利。

游戏过程

玩家各抽取一个职业,每个职业有对应的收入和支出;每个玩家抛色子按顺时针方向行进,经过银行结算日可领取一次净现金流(收入-支出);每遇到一个有大小买卖、市场风云、失业、慈善、大额支出等提示时,从相应的卡片中抽取卡片,按提示决定是否买卖;在游戏期间,你可以向银行借款,但也可能破产。对于每笔交易,你都要详细记录在资产负债表中。

游戏收获

你可以从游戏中学会如何记录家庭的收入支出、如何获得非工资收入、如何让非工资收入超过工资收入、如何管理财富以实现财务自由,从而最终实现自己的梦想。

产生资本收入的资产也称生息资产。那么,哪些资产可以作为未来获得理财收入的生息资产呢?债券、股票、基金、投资性房产等能够带来长期稳定的资本收入的资产都可以作为生息资产。当一个家庭每月获得的理财收入超过家庭每月的支出时,这个家庭就不用再为失去工作而担心了,真正的财务自由才能得以实现。

这个财务自由的标准清晰且容易让人理解。更有价值的是,这个标准能帮助不富裕的家庭识别未来生活的努力方向并建立信心。

(二)案例解读

【案例 4-2】 A 家庭和 B 家庭目前的资产和负债都一样,没有生息资产。不同的是 A 家庭的家庭成员从事白领工作,收入较高,月入 20 000 元,但同时生活支出较高,月生活支出约 15 000 元;B 家庭成员从事蓝领工作,收入较低,月收入 6 000 元,但生活支出也较低,约 3 000 元。假设投资年收益率为 8%,哪一个家庭更容易实现财务自由?

案例分析 A 家庭:月收入 20 000 元,月支出 15 000 元,月盈余 5 000 元。将每月盈余全部拿来做投资,假设年收益率为 12%,可以计算出月收益率为 12%/12 = 1%。每月投入 5 000 元能产生的资本收入为 50 元。

为实现财务自由,A 家庭的资本收入应超过月支出 15 000 元,因此其投资累计应达到的金额为 1 500 000 元(15 000/1%)。按每月投入 5 000 元计算,需要 300 个月能实现财务自由。

B 家庭:月收入 6 000 元,月支出 4 000 元,月盈余 2 000 元。将每月盈余全部拿来做投资,同样按月收益率 1% 计算,每月投入 2 000 元能产生的资本收入为 20 元。

为实现财务自由,B 家庭的资本收入应超过月支出 4 000 元,因此其投资累计应达到的金额为 400 000 元(4 000/1%)。按每月投入 2 000 元计算,需要 200 个月能实现财务自由。

由上可见,B 家庭更容易实现财务自由。

从【案例 4-2】可以看到,家庭收入较低并不是决定能否实现财务自由的关键因素。收入较低的家庭因月支出较少而更容易率先实现财务自由;收入较高的家庭如果不懂得如何投资理财以获得更高的资本收入,其实现财务自由的难度反而更大。这种情况也是当前很多中产家庭面临的困境,即虽然收入很高,但由于房产、私家车等支出占比高,使得中产阶级走向财务自由的路仍显得很漫长。"房奴""车奴""孩奴"等说法反映了这种现状,"三座大山"引起了社会各阶层的焦虑,也带走了大多数家庭的幸福感。不过,通过理财规划,这些焦虑是可以得到缓解的。焦虑是因为看不到解决问题的办法,当有了解决问题的思路和努力的方向后,焦虑是可以化解的。

以李先生家庭的情况为例对收入支出进行诊断分析。

【案例4-3】 李先生是一家电子公司的工程师,每月可获得薪金收入8 200元,年底公司发放奖金20 000元;李太太在一家集团公司做财务经理,每月可获得薪金收入5 300元,年底有年终奖8 000元。李先生和李太太除了自住房,还投资了一套房子。目前该房出租给他人,每月可获得2 000元的租金。自住房没有贷款,但这套投资性房产贷了款,每月需还贷1 500元。为打理自住房和投资性房产,每年需要花费约2 000元。在自住房中生活,每月需支付的水、电、煤气费用约400元、电话和手机费用约200元、网络费200元、有线电视费用26.5元。李先生和李太太平时在家做饭或买外卖每月需花费2 000元,请朋友吃饭和应酬每月需1 000元,上班及平时外出的交通费每月平均300元左右。每月从工资中扣缴的保险费用合计1 600元,去医院看门诊等小病的费用每年约2 000元。由于是做财务出身,李太太做事有计划性,因此每年都计划好拿出2 000元添置衣物。李太太为两人各购买了100 000元保额的保险,保费每年共交5 000元,两人合计缴纳的个人所得税约1 700元。李先生每年会花2 000元添置一些家具,李太太还办理了年费2 000元的美容健身卡。两人每年还计划花8 000元去旅游度假。

案例分析 我们可以列出李先生家庭的收入和支出(见表4-5)。

表4-5 李先生家庭收入支出表

		月度金额(元)	年度金额(元)	占比(%)
一、家庭收入				
工资和薪金	李先生	8 200.0	98 400.0	46.0
	李太太	5 300.0	63 600.0	29.7
奖金和佣金	李先生	1 666.7	20 000.0	9.3
	李太太	666.7	8 000.0	3.7
养老金和年金	李先生			
	李太太			
投资收入		2 000	24 000.0	11.2
其他收入		0	0	0
合计		17 833.3	214 000.0	100

（续表）

		月度金额(元)	年度金额(元)	占比(%)
二、家庭支出				
房子	租金/抵押贷款支付（包括保险和纳税）	1 500.0	18 000.0	14.2
	修理、维护和装饰	166.7	2 000.0	1.6
日用	水、电、煤气	400.0	4 800.0	3.8
	电话、手机	200.0	2 400.0	1.9
	网络	200.0	2 400.0	1.9
	有线电视	26.5	318.0	0.3
食品	一日三餐	2 000.0	24 000.0	18.9
	在外就餐和其他	1 000.0	12 000.0	9.5
交通	非自驾车	300.0	3 600.0	2.8
	自驾车贷款支付			
	驾驶执照、年审、过路过桥、车船税			
	汽油及维护费用			
医疗	健康、大病医疗和残疾保险（从工资中扣减或非雇主提供的）	1 600.0	19 200.0	15.2
	医生、医院、药品	166.7	2 000.0	1.6
衣服	衣服、鞋子及附件	166.7	2 000.0	1.6
保险	家财险			
	寿险	416.7	5 000.0	3.9
	汽车保险			
	养老险			
	健康险			
纳税	个人所得税	1 417.0	17 000.0	13.4
家用品、家具和其他大件消费	购买和维护	166.7	2 000.0	1.6
个人护理支出	化妆品、头发护理、美容、健身	166.7	2 000.0	1.6
休闲和娱乐	度假、娱乐和休闲	666.7	8 000.0	6.3
其他项目	无法列入上面栏目的支出			
	合计	10 560.4	126 718	100.0
三、盈余		7 272.9	87 282.0	40.8

将李先生的收入支出情况整理填入表4-5后,可以看出李先生家庭目前的月平均收入为17 833.3元。其中工资薪金收入中,李先生的每月工资薪金收入为8 200元,占61.54%;李太太的月工资薪金收入为5 300元,占38.46%。李先生的家庭收入构成中,李先生的收入较高,属于家庭的主要经济支柱;李太太收入较低,属于次要经济支柱。因此在做保险配置时,应注意首先为家庭主要经济支柱的李先生购买;以李太太为受益人,其次再为次要经济支柱的李太太购买,以李先生为受益人。

从家庭收入构成来看,工资收入占到总收入的88.8%,显示家庭的收入来源较多依靠工作收入。这会使家庭在面临失业风险的同时也可能陷入财务困境。所幸的是,李先生和李太太具有良好的意识,已经开始投资房产,产生的租金收入占总收入的11.2%,一定程度地缓解了这种压力。建议李先生和李太太还可尝试通过各种途径获得理财收入,以早日实现财务自由。

目前家庭的月总支出为10 560.4元。其中,日常生活支出为5 626.7元,占53.3%;贷款月供支出为1 500元,占14.2%;寿险支出为416.7元,占3.9%;其他支出为3 017元,占28.6%。从李先生家庭的月支出构成来看,贷款月供支出占月盈余的20.6%,低于50%的临界水平,在安全范围之内。未来即使进入加息通道,利率上升,月供水平提高,家庭收支仍留有余地。李先生的房贷支出比租金收入少,因此该项投资每月可给李先生带来500元的正现金流。李先生和李太太的寿险支出为5 000元,在家庭年收入214 000元中占比为2.34%,寿险支出相对较少。根据寿险的双十原则,李先生和李太太的寿险额度应为家庭年收入的5—10倍,即107万—214万元,相应的保费支出以年收入的10%左右为宜,即10 700—21 400元。

目前家庭年节余资金87 282元,占家庭年总收入的40.8%(即储蓄比率),反映了李先生家庭控制开支的能力较强。对于这些节余资金,李先生可以通过合理的投资规划来实现未来家庭各项财务目标的资金积累。

除用表4-5的形式将支出按各项用途划分外,还可以将表4-5中的支出项进一步划分为基本生活支出和额外生活支出。基本生活支出包括修理、维护和装饰房屋的费用,水、电、煤气费用,一日三餐费用,非自驾车交通费用,健康、大病医疗和残疾保险支出(从工资中扣减或非雇主提供的),门诊医药费用和个人所得税等。这些支出是不可避免的,不能任意减少的,可以看作刚性支出。额外生活支出则包括租金/抵押贷款支付(包括保险和纳税),寿险保费,电话、手机、网络等通信费用,有线电视费,在外就餐和其他费用,服装费用,购买和维护家具的费用,化妆品、头发护理、美容、健身费用,度假、娱乐和休闲费用,自驾车贷款还款费用,驾驶执照、年审、过路过桥、车船税、汽油及维护等费用,家财险、汽车保险、养老险、健康险等及其他费用。额外生活支出是可支出可不支出的费用,可以通过支出预算来控制,在家庭支出管理中是值得重点关注的;特别是当某项额外支出突然增加时,必须调节未来一个月或几个月的额外生活支出,以使得年度收入支出达到较好的平衡,保持一个较稳定的储蓄比率。相关支出项调整后的收入支出状况如表 4-6 所示。

表 4-6　李先生家庭收入支出表二

		月度金额(元)	年度金额(元)	占比(%)
一、家庭收入				
工资和薪金	李先生	8 200.0	98 400.0	46.0
	李太太	5 300.0	63 600.0	29.7
奖金和佣金	李先生	1 666.7	20 000.0	9.3
	李太太	666.7	8 000.0	3.7
养老金和年金	李先生			
	李太太			
投资收入		2 000.0	24 000.0	11.2
其他收入		0	0	0
	合计	17 833.3	214 000.0	100
二、家庭支出				
基本生活支出	修理、维护和装饰房屋	166.7	2 000.0	1.6
	水、电、煤气	400.0	4 800.0	3.8
	一日三餐	2 000.0	24 000.0	18.9
	非自驾车	300.0	3 600.0	2.8
	健康、大病医疗和残疾保险(从工资中扣减或非雇主提供的)	1 600.0	19 200.0	15.2
	门诊医药	166.7	2 000.0	1.6
	个人所得税	1 417	17 000.0	13.4
	基本生活支出小计	6 050.4	72 600	57.3
额外生活支出	租金/抵押贷款支付(包括保险和纳税)	1 500.0	18 000.0	14.2
	寿险	416.7	5 000.0	3.9
	电话、手机	200.0	2 400.0	1.9
	网络	200.0	2 400.0	1.9
	有线电视	26.5	318.0	0.3
	在外就餐和其他	1 000.0	12 000.0	9.5
	衣服、鞋子及附件	166.7	2 000.0	1.6
	购买和维护家具	166.7	2 000.0	1.6
	化妆品、头发护理、美容、健身	166.7	2 000.0	1.6

(续表)

	月度金额(元)	年度金额(元)	占比(%)
度假、娱乐和休闲	666.7	8 000.0	6.3
自驾车贷款支付			
驾驶执照、年审、过路过桥、车船税			
汽油及维护费用			
家财险			
汽车保险			
养老险			
健康险			
无法列入上面栏目的支出			
额外生活支出小计	4 510.0	54 118.0	42.7
合计	10 560.4	126 718.0	100
三、盈余	7 272.9	87 282.0	40.8

从表4-6可以看出,李先生家庭中的月基本生活支出为6 050.4元,占总月度支出的比例为57.3%;月额外生活支出为4 510元,占总月度支出的比例为42.7%。需要注意的是,某些额外生活支出在一些家庭被视为基本生活支出,比如网络费对于SOHO一族(自由职业者,通常在家工作)是必需的,服装费对于职业女性是必需的。在划分基本生活支出和额外生活支出时,可根据不同家庭情况进行个性化调整,以便更好地满足自己的生活目标。但对于一些可控制的支出,将其列入额外生活支出更有利于弄清楚支出管理中需要调控的项目。

从表4-6各项额外生活支出占比来看,最高的是抵押贷款支付项,每月需还贷1 500元,占比为14.2%。但由于该项支出能带来2 000元的现金收入,因此这是一笔好的投资,不仅不需要控制,还应当拓展更多的此类项目。

居第二位的是在外就餐费用,每月需支出1 000元,占比为9.5%。由于李先生和李太太的职业都属于内勤工作,并不需要太多应酬,因此建议李先生找到此项支出的缘由并设法减少,从而提高月度盈余。

居第三位的是度假、娱乐和休闲,每年计划花费8 000元旅游,占比为6.3%。如果李先生有其他财务目标要达成但缺乏财务资源,那么可以减少此项计划开支,以便将财务资源用来满足其他目标。

居第四位的是寿险支出,占比为3.9%。与前文分析相同,寿险支出相对李先生的家庭年收入来说偏少,不应缩减反而应增加。

其他费用由于占比不高,若它们的月波动幅度不大,则不必特别加以管理。

我们还可以根据月度和年度的划分,重新编制李先生家庭的收入支出表(见表4-7)。

表 4-7 李先生家庭收入支出表三

		月度金额(元)	年度金额(元)	占比(%)
一、家庭收入				
工资和薪金	李先生	8 200.0	98 400.0	46.0
	李太太	5 300.0	63 600.0	29.7
奖金和佣金	李先生		20 000.0	9.3
	李太太		8 000.0	3.7
养老金和年金	李先生			
	李太太			
投资收入		2 000.0	24 000.0	11.2
其他收入		0	0	0
	合计	15 500.0	214 000.0	100.0
二、家庭支出				
基本生活支出	修理、维护和装饰房屋	166.7	2 000.0	1.6
	水、电、煤气	400.0	4 800.0	3.8
	一日三餐	2 000.0	24 000.0	18.9
	非自驾车	300.0	3 600.0	2.8
	健康、大病医疗和残疾保险(从工资中扣减或非雇主提供的)	1 600.0	19 200.0	15.2
	门诊医药		2 000.0	1.6
	个人所得税	1 417.0	17 000.0	13.4
	基本生活支出小计	5 883.7	72 600.0	57.3
额外生活支出	租金/抵押贷款支付(包括保险和纳税)	1 500.0	18 000.0	14.2
	寿险		5 000.0	3.9
	电话、手机	200.0	2 400.0	1.9
	网络	200.0	2 400.0	1.9
	有线电视	26.5	318.0	0.3
	在外就餐和其他	1 000.0	12 000.0	9.5
	衣服、鞋子及附件		2 000.0	1.6
	购买和维护家具		2 000.0	1.6
	化妆品、头发护理、美容、健身		2 000.0	1.6
	度假、娱乐和休闲		8 000.0	6.3
	自驾车贷款支付			
	驾驶执照、年审、过路过桥、车船税			

(续表)

	月度金额（元）	年度金额（元）	占比（%）
汽油及维护费用			
家财险			
汽车保险			
养老险			
健康险			
无法列入上面栏目的支出			
额外生活支出小计	2 926.5	54 118.0	42.7
合计	8 810.2	126 718.0	100.0
三、盈余	6 689.8	87 282.0	40.8

表 4-7 只列出了每月会发生的实际收入和支出，以及年度发生的收入和支出。如果是年底的奖金，则计入年度收入而不计入月均收入，这样每月实际发生的收入和支出就更加清晰。从表 4-7 可以看出，李先生每月实际可取到收入 15 500 元，每月实际发生的支出为 8 810.2 元，每月实际盈余为 6 689.8 元。这个盈余是李先生每月可实际用于支配的资金，而年终奖等收入只有到年底才成为实际可支配的资金。李先生家庭一年结束后实际可支配的资金为 87 282.0 元。

开拓视野　　ValueGo 理财规划机器人

ValueGo 理财规划机器人是根据本书的原理开发的一款理财工具，能高效地帮助理财师完成理财规划过程。

网址：www.51valuego.com

进入理财规划机器人界面后，点击左边的栏目可以使用相应的功能。

第三节 家庭现金流量表

现金流量表与收入支出表都属于流量表,反映的是一定时期内的资金流量;不同的是,家庭现金流量表主要反映当期和未来的现金流入与流出,而收入支出表包含非现金部分。如果收入支出都是用现金来结算,那么收入支出表与现金流量表没有差异。但是,有些收入或支出不是以现金方式结算的,比如通常所说的月收入是指税前收入,而扣除个人所得税后拿到的收入才是现金流入。税前收入可以计入收入支出表,扣减个人所得税后计算出的现金流入应计入现金流量表。

(一) 现金流量表的形式

在家庭理财规划中,家庭现金流量表一个更重要的功能在于预测未来现金流。根据客户的理财目标,理财师预测未来的现金流,从中了解客户的现金缺口在哪里,从而提前拟定相应的理财方案来应对资金缺口,保障理财目标的实现。

在理财规划过程中,通常先根据家庭的当前状况编制现金流量表,然后将理财目标所需的现金支出累加到相应年份,诊断哪些年份可能会遇到财务瓶颈。根据诊断情况,理财师再给出相应的建议。现金流量表可以参照表 4-8 进行编制和调整。

表 4-8 家庭现金流量表

项目	年数 年份	0 2014	1 2015	2 2016	3 2017	4 2018	5 2019
×先生	—						
×太太	—						
子女姓名	—						
	增长率						
现金流入项							
一方收入							
配偶收入							
社会保险							
临时收入							
现金流入合计							
现金流出项							

（续表）

项目	年数	0	1	2	3	4	5
	年份	2014	2015	2016	2017	2018	2019
基本生活费							
买房支出							
房租或贷款还款额							
教育费							
临时性支出							
其他支出							
保险费							
现金流出合计							
现金净流量							
现金余额累计							

注：本表不限于5年，可以扩展至未来几十年，包含退休及退休以后的生活。

（二）案例解读

【案例 4-4】 王先生，28岁，月收入8 000元，扣除个人所得税和其他费用后每月能拿到6 000元现金收入；王太太，23岁，月收入5 000元，扣除个人所得税和其他费用后每月能拿到3 500元现金收入。王先生和王太太有一个1岁的女儿。目前王先生家庭每个月的生活支出为3 500元，房租2 000元，保险费每年缴纳10 000元，交20年。王先生目前的银行存款有150 000元，希望能在30岁那年买一套属于自己的房子，房价约1 000 000元，采用首付3成、贷款7成的方式购买。另外，王先生还希望能为女儿在18岁时准备600 000元的留学教育金。假设王先生和王太太的收入每年可以增加3%，年通货膨胀率3%，房租每年上涨10%，贷款利率7%，退休时两人通过社会保险可拿到的养老金每月合计6 000元，政府将按通货膨胀率调整每年的养老金。请列出王先生家庭的现金流量表并加以诊断。

案例分析 参考表4-8，根据以下步骤将相应项目填入表4-9中。

第一步，将客户姓名和年龄信息填入，并将年数和年份填入表格，孩子的年龄填写到18岁即可，父母的年龄可填写至85岁。

第二步，将第1年所有项目的数据填入，包括现金流入项目、现金流出项目和增长率。

第三步，按增长率计算出自第2年开始的所有现金收入项目数据。需要注意的是，男方收入填写至 60 岁退休时,女方收入填写至 55 岁退休时。退休后的收入来自社会保险提供的养老金。若贷款购房,则贷款所获现金属于现金流入项。

第四步,按增长率计算出自第 2 年开始的所有现金支出项目数据。基本生活支出按通货膨胀率设置增长率。房屋总价 1 000 000 元作为买房支出。需要注意的是,房租或房贷还款额列入同一栏目。贷款买房前填入房租金额,贷款买房后填入房贷还款支出。王先生贷款 700 000 元,按 7% 贷款利率计算,贷款 30 年每月要还 4 657 元,一年还款额为 55 884 元。保险费支出只填写 20 年。孩子的教育金支出可填写在孩子 19 岁那一年。

第五步,根据现金流入和现金流出的金额,计算年现金净流量。

第六步,将王先生家庭的存款以及第 1 年的现金净流量作为第 1 年的现金余额计入现金余额累计一行,并将以后各年的现金余额累计出来。

第七步,根据现金余额累计可绘制图 4-1。从图 4-1 可以看到,王先生的生命周期中有三个阶段可能出现现金余额为负的情况:第一个阶段出现在王先生 30—32 岁,这个时期由于买房需要大笔现金支出,现金流紧张;第二阶段出现在王先生 46—47 岁,这个时期由于王先生的孩子出国留学需要大笔现金,现金余额累计也为负;第三阶段出现在王先生 83—85 岁,由于养老金不足,导致最后 3 年现金余额累计为负。

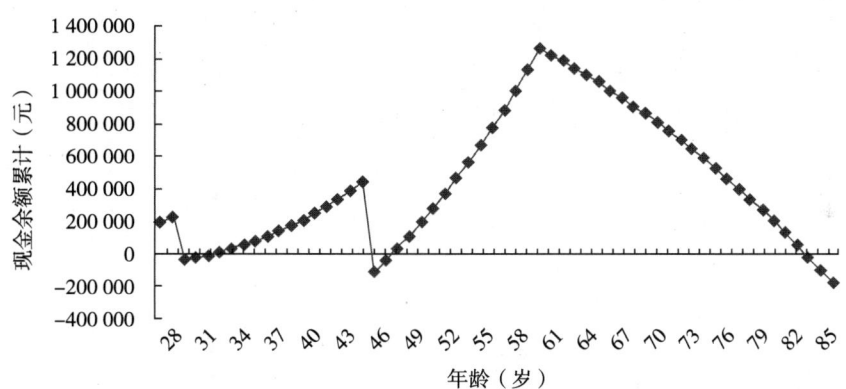

图 4-1　王先生家庭现金余额累计

现金余额累计为负意味着在这三个阶段内,王先生家庭必须借钱来维持家庭生活水平。如果借不到钱,王先生家庭将陷入财务困境。查找表 4-9 可知,第一个阶段的现金余额缺口最高为 36 895.2 元,这个额度范围内的资金应该不难筹集。第二个阶段的现金余额缺口最高为 105 169.5 元,这个额度范围内的资金筹集难度相对增大。第三个阶段的现金余额缺口最高为 176 780.4 元,这个额度范围内的资金筹集难度非常大,意味着王先生可能陷入"老无所养"的困境。

表 4-9 王先生家庭现金流量表

金额单位:元

项目	年数	0	1	2	3	4	…	53	54	55	56	57
	年份	2011	2012	2013	2014	2015	…	2064	2065	2066	2067	2068
王先生	—	28	29	30	31	32	…	81	82	83	84	85
王太太	—	23	24	25	26	27	…	76	77	78	79	80
女儿	—	1	2	3	4	5	…					
现金流入项	增长率											
王先生收入	3%	72 000	74 160	76 384.8	78 676.34	81 036.63	…					
王太太收入	3%	42 000	43 260	44 557.8	45 894.53	47 271.37	…					
社会保险	3%						…	130 040.01	133 941.21	137 959.45	142 098.23	146 361.18
临时收入				700 000			…					
现金流入合计		114 000	117 420	820 942.6	124 570.88	128 308.00	…	130 040.01	133 941.21	137 959.45	142 098.23	146 361.18
现金流出项												
基本生活费	3%	42 000	43 260	44 557.8	45 894.53	47 271.37	…	201 197.32	207 233.24	213 450.24	219 853.75	226 449.36
买房支出				1 000 000			…					
房租或贷款还款额	10%	24 000	26 400	29 040	55 884	55 884	…					
教育费							…					
临时性支出							…					
其他支出							…					
保险费		10 000	10 000	10 000	10 000	10 000	…					
现金流出合计		76 000	79 660	1 083 597.8	111 778.53	113 155.37	…	201 197.32	207 233.24	213 450.24	219 853.75	226 449.36
现金净流量		38 000	37 760	−262 655.2	12 792.34	15 152.63	…	−71 157.31	−73 292.03	−75 490.80	−77 755.52	−80 088.18
现金余额累计		188 000	225 760	−36 895.2	−24 102.86	−8 950.22	…	129 846.09	56 554.06	−18 936.74	−96 692.26	−176 780.40

第四节　家庭财务健康诊断

资产负债表、收入支出表、现金流量表是家庭财务健康诊断的三个基础工具。利用这三个基础工具，可以较全面地搜集和整理家庭财务信息。有了详细的家庭财务信息之后，我们就可以基于这些信息对家庭财务健康状况进行诊断，并为下一步理财规划做好准备。

（一）财务健康诊断所需信息

在做家庭财务健康诊断的时候，要注意三个报表所反映的信息是密切相关的。资产负债表反映了目前家庭拥有的财务资源；收入支出表反映了家庭目前每月和每年能节余的财务资源；现金流量表反映了家庭目前和未来的财务资源是否足够以达成理财目标。

诊断家庭的资产负债表，要获得的关键信息包括：

（1）家庭资产有多少？负债有多少？净资产有多少？
（2）家庭资产中各项资产占比有多少？各项负债占比有多少？
（3）负债与资产的比例是否处于合理范围内？
（4）各项资产的配置是否合理？

诊断家庭的收入支出表，要获得的关键信息包括：

（1）家庭月收入多少？月支出多少？年收入多少？年支出多少？
（2）家庭月节余多少？年节余多少？
（3）家庭成员中谁是主要经济支柱？
（4）月支出中各项支出占比是多少？月生活支出是多少？月房贷支出是多少？

诊断家庭的现金流量表，要获得的关键信息包括：

（1）家庭的理财目标有哪些？这些理财目标各需要花费多少现金？
（2）家庭目前的财务资源有多少？
（3）家庭未来的财务资源有多少？
（4）家庭目前的财务资源和未来的财务资源汇总后能否实现理财目标？在哪个阶段会有现金缺口？

（二）财务健康诊断分析方法

在分析关键信息的时候，可以利用两种分析方法：绝对值诊断和相对值诊断。绝对值诊断是指分析金额的绝对数值进行诊断。比如，家庭资产总额有多少？负债总额有多少？某个阶段的现金缺口有多少？相对值诊断是指分析两个指标的比例进行诊断，也称作比例诊断。比如,资产中现金占比多少,房产占比多少?资产负债率是多少?

比例诊断中常用的比例有:

(1)总负债/总资产。这个比例称为资产负债率,反映了家庭总资产中有多少是通过负债的方式购得的。资产总负债率超过50%,表明家庭资产有一半以上是通过负债的形式购得,在这种情况下,家庭财务风险较大,因为一旦不能偿还债务,家庭资产就会缩水一半以上。

(2)净资产/总负债。这个比例称为清偿比率,反映了家庭资不抵债的风险。清偿比率小于1,意味着净资产不足以偿还总负债,当遭遇经济危机时,家庭极易陷入艰难的困境,导致个人或家庭破产。

(3)现金节余/年收入。这个比例称为储蓄比率,反映了家庭的储蓄能力。在财富积累初期,家庭储蓄能力的高低决定了有多少财可以理,也反映了家庭控制开支的能力。通常用税后年收入计算储蓄比率更能反映家庭控制开支的能力,因为税收是家庭无法控制的。储蓄比率没有一个标准值,各个家庭可根据自己的实际情况确定一个储蓄比率,长期坚持按储蓄比率控制开支。

(4)月税后收入/月债务还款。这个比例称为债务比率,反映了家庭月债务的稳健程度。债务比率等于2,意味着月税后收入中的一半要用来还债,另一半用来支付生活费用。债务比率也没有一个标准值,因为不同家庭的生活费不同,所以月税后收入还债后剩余的部分如果足以支付生活费,家庭还债压力就不会太大。债务比率越高,家庭财务稳健程度越高。

(5)月债务还款/月节余。这个比例称为债务压力比率,反映了家庭的月还债压力。这里的月节余是用月收入减去月生活支出。债务压力比率超过50%,意味着月收入扣减月生活支出后的月节余中的一半以上要用来还债,在这种情况下,家庭实现其他财务目标的资源受到较大限制。一般情况下,以50%作为债务压力比率的标准值。

【案例4-1】中张先生家庭总负债(856 000元)占总资产(1 547 700元)的比例为55.3%,超过50%;净资产/总负债为80.8%,低于1的安全水平。从这两个比例可以看出,当经济不景气或利率上升时,张先生家庭极易陷入财务困境。

【案例4-3】中李先生家庭的现金节余/年税后收入(87 282/197 000)为44.3%,反映了李先生家庭的储蓄比率较高,控制开支的能力强。月税后收入/月债务还款为11倍,显示李先生家庭稳健程度较高。月债务还款/月节余为17%,显示李先生的债务压力不大。

(三)案例解读

接下来以一个综合案例来分析三个报表之间的关联关系。

【案例 4-5】 陈先生和陈太太正养育一个 3 岁的儿子。陈先生今年 36 岁,是某公司销售总监,陈太太今年 34 岁,在某公司任人事主管。两人都有五险一金。陈太太在朋友的游说下刚买了 100 000 元的重疾商业险。儿子加入了少儿医疗保险。目前陈先生的月收入 20 000 元,陈太太的月收入 10 000 元。陈先生的公司年终奖税后收入 80 000 元,陈太太的公司年终奖税后收入 20 000 元。经过多年的辛苦打拼,陈先生在某省城已购得两套房产,一套自住、一套出租,市值分别为 200 000 元和 500 000 元。出租的房子每月可获得租金 2 500 元。除房产外,陈先生还投资了股票和基金,目前股票市值 260 000 元,基金 40 000 元。为以车代步,陈先生刚买了一辆轿车,市值 200 000 元。另有存款 50 000 元,银行短期理财产品 50 000 元。

陈先生家庭每月基本生活和孩子教育需花费 6 000 元。目前出租的房产没有贷款,自住房有贷款,每月需还贷 3 500 元,修理维护杂费 500 元,日常费用 1 000 元,人情、娱乐、旅游 2 000 元,医疗保健费 1 000 元,衣服花费 1 000 元,保险月支出 500 元,养车花费 1 000 元,个人所得税共缴纳 3 930 元。

陈先生希望在未来 2—3 年再买一套约 100 平方米的房产,房价在 15 000 元/平方米左右。另外,陈先生还希望为孩子未来的留学准备 1 200 000 元教育基金。

案例分析 第一步,编制陈先生家庭资产负债表(见表 4-10)。

表 4-10 陈先生家庭资产负债表

家庭资产	金额(元)	占比(%)	家庭负债	金额(元)	占比(%)
现金、活期储蓄	50 000	2.17	房屋贷款	530 000	100.00
定期存款			汽车贷款		
债券			消费贷款		
基金	40 000	1.74	助学贷款		
股票	260 000	11.30	信用卡透支		
理财产品	50 000	2.17	其他债务		
自用房产	1 200 000	52.17			
投资房产	500 000	21.74			
汽车	200 000	8.70			
黄金及收藏品					
其他资产					
总资产合计	2 300 000	100.00	总负债合计	530 000	100.00
家庭净资产(总资产-总负债)	1 770 000				

根据陈先生的家庭资产负债表,可以得出以下诊断结果:

(1)陈先生的家庭资产目前有 2 300 000 元,负债 530 000 元,净资产 1 770 000 元。

(2)陈先生家庭资产中现金和活期储蓄 50 000 元,占比为 2.17%;基金 40 000 元,占比为1.74%;股票 260 000 元,占比为 11.3%;银行理财产品 50 000 元,占比为2.17%;自住房产 1 200 000 元,占比为 52.17%;投资房产 500 000 元,占比为 21.74%;汽车 200 000 元,占比为 8.7%。从以上数据可以看出,陈先生家庭资产以不动产为主,陈先生家庭负债全部是自住房的贷款 53 万元。

(3)陈先生家庭的资产负债率为 23%,处于 50% 以下的安全水平。另外,清偿比率为 3.33,显示陈先生家庭财务很稳健。

(4)从陈先生家庭的资产配置来看,生息资产占比为 39.12%(包括现金、活期储蓄、基金、股票、银行理财产品和投资房产),非生息资产占比为 60.88%(包括自住房产和汽车)。这种结构基本合理。但从生息资产的配置来看,陈先生家庭的现金留存率偏小,没有配置固定收益证券。

第二步,编制陈先生家庭收入支出表(见表 4-11)。

表 4-11 陈先生家庭收入支出表

		月度金额(元)	年度金额(元)	占比(%)
一、家庭收入				
工资和薪金	陈先生	20 000	240 000	48.98
	陈太太	10 000	120 000	24.49
奖金和佣金	陈先生		80 000	16.33
	陈太太		20 000	4.08
养老金和年金	陈先生			
	陈太太			
投资收入		2 500	30 000	6.12
其他收入				
合计		32 500	490 000	100.00
房产	租金/抵押贷款支付(包括保险和纳税)	3 500	42 000	17.13
	修理、维护和装饰	500	6 000	2.45
日用	水、电、煤气、电话、网络、电视等	1 000	12 000	4.89
食品	一日三餐	6 000	72 000	29.37
交通	汽油及维护	1 000	12 000	4.89

(续表)

		月度金额（元）	年度金额（元）	占比（%）
医疗	医生、医院、药品	1 000	12 000	4.89
衣服	衣服、鞋子及附件	1 000	12 000	4.89
保险	家财险			
	寿险			
	汽车保险	500	6 000	2.45
	养老险			
	健康险			
纳税	个人所得税	3 930	47 160	19.24
休闲和娱乐	度假、娱乐和休闲	2 000	24 000	9.79
合计		17 430	245 160	100.00
三、盈余		15 070	244 840	49.97

根据陈先生家庭的收入支出表，可以得出以下诊断结果：

（1）陈先生家庭月收入32 500元，月支出17 430元；年收入490 000元，年支出244 840元。

（2）陈先生家庭月节余15 070元，年节余244 840元。现金节余/总收入为50%，说明陈先生家庭储蓄比率高，控制开支的能力强。

（3）陈先生家庭成员中陈先生的收入贡献率为65.31%、陈太太的收入贡献率为28.57%，因此陈先生是家庭的主要经济支柱。

（4）陈先生家庭月支出中占比最高的是食品费用，每月需花费6 000元，占比为29.37%；其次是个人所得税，占比为19.24%；排第三位的是房贷还款，占比为17.13%；再依次分别是休闲娱乐费用（9.79%）、日用费用（4.89%）、交通费用（4.89%）、医疗费用（4.89%）、衣服费用（4.89%）、房屋修理维护费用（2.45%）、保险费用（2.45%）。月税后收入/月债务还款为8.16，说明陈先生的家庭财务状况相当稳健。月债务还款/月节余为23.22%，低于50%的安全水平，显示陈先生的家庭偿债压力小。

第三步，编制陈先生家庭现金流量表。

为简便起见，这里只编制陈先生儿子成长到18岁前的现金流量表（见表4-12）。

表 4-12 陈先生家庭现金流量表

项目	年数	0	1	2	3	4	5	6	7	8	9	10	11	12	13	14	15
	年份	2019	2020	2021	2022	2023	2024	2025	2026	2027	2028	2029	2030	2031	2032	2033	2034
陈先生	—	36	37	38	39	40	41	42	43	44	45	46	47	48	49	50	51
陈太太	—	34	35	36	37	38	39	40	41	42	43	44	45	46	47	48	49
儿子	—	3	4	5	6	7	8	9	10	11	12	13	14	15	16	17	18
	增长率																
现金流入项																	
陈先生收入	3%	285 620	294 188.6	303 014.3	312 104.7	321 467.8	331 111.9	341 045.2	351 276.6	361 814.9	372 669.3	383 849.4	395 364.9	407 225.8	419 442.6	432 025.9	444 986.7
陈太太收入	3%	127 220	131 036.6	134 967.7	139 016.7	143 187.2	147 482.8	151 907.3	156 464.6	161 158.5	165 993.2	170 973	176 102.2	181 385.3	186 826.9	192 431.7	198 204.6
社会保险																	
临时收入		30 000	30 000	780 000	30 000	30 000	30 000	30 000	30 000	30 000	30 000	30 000	30 000	30 000	30 000	30 000	30 000
现金流入合计		442 840	455 225.2	1 217 982	481 121.4	494 655.1	508 594.7	522 952.6	537 741.1	552 973.4	568 662.6	584 822.4	601 467.1	618 611.1	636 269.5	654 457.5	673 191.3
现金流出项																	
基本生活	3%	96 000	98 880	101 846.4	104 901.8	108 048.8	111 290.3	114 629	118 067.9	121 609.9	125 258.2	129 016	132 886.5	136 873	140 979.2	145 208.6	149 564.9
买房				1 500 000													
房租或贷款还款		42 000	42 000	42 000	65 208	65 208	65 208	65 208	65 208	65 208	65 208	65 208	65 208	65 208	65 208	65 208	65 208
教育																	
临时性支出																	
其他支出	3%	101 160	104 194.8	107 320.6	110 540.3	113 856.5	117 272.2	120 790.3	124 414	128 146.5	131 990.9	135 950.6	140 029.1	144 230	148 556.9	153 013.6	157 604
保险		6 000	6 000	6 000	6 000	6 000	6 000	6 000	6 000	6 000	6 000	6 000	6 000	6 000	6 000	6 000	6 000
现金流出合计		245 160	251 074.8	1 757 167	286 649.9	293 113.1	299 770.3	306 627.2	313 689.7	320 964.2	328 456.9	336 174.4	344 123.4	352 310.8	360 743.9	369 430	378 377
现金净流量		197 680	204 150.4	−539 185	194 471.6	201 541.9	208 824.4	216 325.4	224 051.4	232 009.2	240 205.7	248 648.1	257 343.8	266 300.3	275 525.5	285 027.5	−905 185
现金余额累计		597 680	801 830.4	262 645.3	457 116.9	658 658.8	867 483.2	1 083 809	1 307 860	1 539 869	1 780 075	2 028 723	2 286 067	2 552 367	2 827 893	3 112 920	2 207 735

根据陈先生家庭的现金流量表,可以得出以下诊断结果:

(1)陈先生家庭的理财目标目前有两个:一是3年内买房,房价1 500 000元;二是为孩子18岁时储备1 200 000元留学基金。(2)陈先生家庭目前的财务资源有现金和活期储蓄50 000元、基金40 000元、股票260 000元、银行理财产品50 000元,合计400 000元(这些从资产负债表中获得)。在编制现金流量表时,400 000元加入到第1年的现金余额中。

(3)陈先生家庭未来的财务资源包含未来每年的现金节余,这从现金流量表中的现金净流量项可以看到。

(4)从图4-2的现金余额累计走势来看,3年实现买房目标以及为儿子18岁时储备留学基金都没有任何问题,不存在现金缺口。

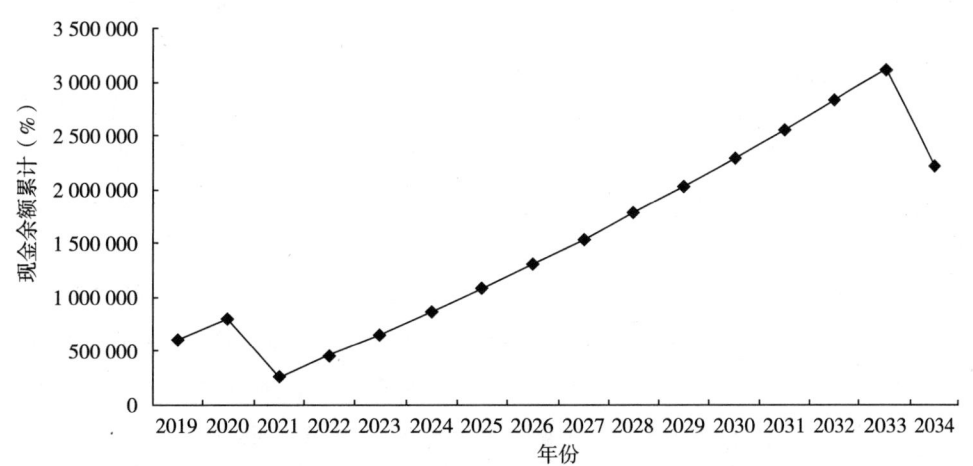

图4-2 陈先生家庭现金余额累计走势

复习题

一、名词解释

流动性　　投资资产　　资产负债率　　债务压力比率

二、判断题

1. 实物资产的名义价值在出现通货膨胀时是不变的。(　　)
2. 在资产负债表中,资产金额应按市场价值计算,而不是按原始购买价值计算。(　　)
3. 当家庭月收入超过月支出时,就实现了财务自由。(　　)
4. 清偿比率小于1,意味着净资产不足以偿还总负债。(　　)
5. 反映家庭控制开支能力的指标是债务比率。(　　)

三、简答题

1. 请总结资产负债表、收入支出表、现金流量表之间的区别。
2. 根据自己的家庭情况,编制上述三张表,并计算资产负债率、清偿比率和债务比率。

第五章 理财规划

 引导案例

已到不惑之年的傅先生,最近遇到了让他颇感困惑的事情。傅先生从事的是销售工作,月收入8 000元;傅太太也在同行业从事销售工作,月收入5 000元。结婚时傅先生刚满30岁,而太太28岁。婚后不久俩人就生育了一个儿子,目前已经10岁。生活费用每月4 000元。傅先生的父亲和母亲与他们一起生活,母亲身体孱弱,经常住院,每月医疗费用约1 000元。他们买了一套房,房价600 000元,还有320 000元的贷款未偿还,每月需还贷2 320元。为了工作方便,他们还买了一辆车,每月养车费用2 000元左右。平时的生活花费、房贷还款、养车费用都从傅先生的收入中支取,傅太太的收入则做基金定投,为子女教育和养老做好准备。原本生活一切安排有序,傅先生也很满意当前的状态。然而,天有不测风云,2008年金融危机的到来,使很多厂商倒闭,傅先生所在公司不幸也在其中。"失业"这个很多人都没做好准备的字眼降临到傅先生的头上。以前的生活费、房贷还款、养车费都可以靠傅先生的收入来支撑,但现在这笔收入来源已中断。怎么办?靠傅太太的收入无法应付每月的生活支出、房贷还款和母亲的医疗费用,傅先生想到了以前投资的基金。不幸的是,基金市值在金融危机到来后大幅缩水,如果赎回则面临实际亏损。傅先生陷入了极度的困惑中。最终,傅先生决定赎回亏损的基金以应付当前的困境,并努力寻找新的工作。6个月后,傅先生所投基金几乎用光。幸运的是,他找到了一份新的工作。经历这件事后,傅先生又对理财有了更深的认识:风险无处不在,关键是做好充分的准备。重新开始工作后,傅先生找了一位理财师进行咨询。理财师建议他从活期存款中拨出3—6个月的应急资金后,再用每月的收入节余进行子女教育和养老的投资,即做好应对所有风险的准备后再规划长期的理财目标。

第一节 现 金 规 划

一、现金规划的内涵

现金规划是为了满足个人或家庭短期需求而进行的管理日常现金、现金等价物和短期融资的活动。现金规划对每个家庭都具有重要的意义,因为财务困境是由现金不足导致的。比如,引导案例中傅先生对现金管理不足,因而在失业时家庭陷入财务困境。有些金融资产的作用等同于现金,被称为现金等价物,比如活期存款、货币市场基金、7天通知存款等。由于这些工具变现的能力很强,因此在现金规划中经常用到。

货币市场基金(Money Market Fund,MMF)是指投资于货币市场上短期有价证券的一种投资基金。货币市场短期有价证券通常是指期限在1年以内,平均期限120天的短期证券,比如国库券、商业票据、银行定期存单、政府短期债券、企业债券等。

7天通知存款是一种不约定存期、支取时需提前通知银行、约定支取日期和金额方能支取的存款。7天通知存款必须提前七天通知约定银行支取存款。开户金额是50 000元人民币起(外币是6 250美元或等值外币起)。除7天通知存款外,还有1天通知存款,即提前一天通知约定银行支取存款。7天通知存款的利率和3个月定期存款利率比较接近,但取款的灵活性接近活期储蓄,比较适合打理那些使用时间不固定的大额业务往来资金。

一个家庭如果保留的现金或现金等价物不足,就可能出现财务困境,需要借钱度日或导致生活质量下降。但一个家庭如果保留的现金或现金等价物过多,由于现金或现金等价物在所有理财产品中的收益是最低的,又会影响到这个家庭的理财收益。现金规划就是帮助平衡现金储备和理财收益之间的矛盾,使得家庭在做好足够准备的前提下提高理财收益。

二、现金规划的适用情景

现金规划是所有理财规划中最简单的一个环节。在这个环节中,理财师需要了解的信息包括家庭的每月必需支出信息和目前资产中拥有多少现金。每月必需支出信息可以从第四章的家庭收入支出表中找到,资产中拥有多少现金可以从第四章的家庭资产负债表中找到。对比家庭资产负债表中的现金与每月必需支出信息,可以判断家庭的现金储备是否足够或是否过多。这里的判断标准是现金储备是否达到月必需支出金额的3—6倍。

以月必需支出金额的3—6倍作为现金储备的标准,主要出于以下考虑:如果家庭每月能保持正常的收入和支出,那么按部就班地生活就能保持家庭财务的稳定。但往往突发事件都是人为难以掌控的,一旦出现突发事件导致正常的收入减少甚至中断,或者支出大幅增加,家庭就可能陷入财务困境。这时,家庭保留应急准备金就能起到关键作用。比如傅先生的案例中由于没有准备应急准备金,结果导致家庭在失业情况下突然陷入财务困境。

(一)因失业而导致的收入中断

2008年的金融危机,使得美国很多历史悠久的公司倒闭,一些历史长达百年的大公司也不得不面临裁员的问题。以前在这些公司工作、拿着高收入、令人羡慕的职员可能从未想象过自己会失业,但失业仍意外地降临到他们头上。由于领着高薪水,这些职员平时的生活支出相当高,甚至住房贷款的还款额也相当高。失业的来临,不仅剥夺了他们工作的权利,也让他们瞬间陷入财务困境。虽然生活质量可以降低以缩减开支,但是房贷还款没有办法缩减。如果没有做好事前的应急准备,一旦应付不了房贷还款,房子将被银行收回。一般来说,失业后至少要花费3—6个月时间才能找到一份新的工作,在这段时间内能否应付每月的支出就要靠事先的现金规划。

(二)因失能而导致的收入中断

除失业外,还有一种情况也可能导致收入中断,即失能。因意外伤害或身心疾病导致暂时无法工作,即保险术语所谓的"失能"。当家庭成员遇到意外情况时,往往会影响整个家庭的其他成员。比如,其他成员需要暂时放下手中的工作来照顾这个成员。在这种情况下,整个家庭的财务风险将大大提高。"失能"可以通过向商业保险公司投保来降低风险。但在"失能险"的头一个月出于手续等原因仍需自己垫付生活费。因此,即使投保了失能险,也要自己想办法度过应急时期。

(三)因意外伤害或疾病导致的大额费用

当家庭成员遭遇意外伤害或疾病时,不但收入中断,大额治疗费用也会成为家庭面临的一个主要负担。每月收入可能不足以支付大额治疗费用,这时就需要动用应急准备金。

由于应急准备金是以现金或现金等价物的形式准备的,收益比较低,不适宜准备太多。以月必需支出金额的3—6倍为标准储备应急准备金,即可应付未来3—6个月的生活需要。

【案例5-1】 郭先生家庭的每月生活支出为3 000元。由于贷款买了房和车,每月需要还贷4 500元。郭先生的活期存款有20 000元,股票投资100 000元。根据郭先生的家庭财务状况,如何准备应急准备金?

案例分析 应急准备金是为了应对未来3—6个月家庭遭遇意外情况而准备的,因此在计算应急准备金时应汇总郭先生家庭的每月生活支出与贷款支出,以便在遭遇意外情况时有现金应付这些必需支出。对于有贷款的家庭,建议按上限准备更加稳妥,即按6个月的支出金额储备应急准备金。按郭先生家庭月生活支出3 000元和月贷款还款额4 500元计算,郭先生家庭应准备45 000元[(3 000 + 4 500) × 6]。

从郭先生家庭的资产配置来看,活期存款只有20 000元,表明郭先生家庭的应急准备金不足,应将部分股票转为活期存款,增加应急准备金以应付未来不时之需。

三、现金管理的技巧

现金规划的基础是了解家庭每月的现金支出,但大多数人连自己每月花费多少钱都不知道。因此,做好现金规划的前提是做好家庭的现金管理。

记账是现金管理的首要环节。并不一定要每天记账,但要学会保留消费凭证,每个月盘点当月的支出是有必要的。如果自己懒得花时间整理家庭账务,还可以请专业的理财公司或理财师帮你整理。

生活中每天都会有各种各样的开支,现代社会为记录这些开支提供了很多方便。比如,去超市购买水果、零食之类的,超市会提供小票,这些小票就是最好的消费凭据。如果你去餐馆消费,别忘了要相应的小票。任何消费你都可以索要相应的票据,养成这种习惯后,你只需每次回家后将票据放到一个固定的盒子里,每月取出这些小票盘点一次,就可以知道当月的家庭生活开支了。

记录生活开支的另一个凭据是银行卡的取款记录。由于目前的工资和薪水基本上是发到工资卡中,因此从工资的支取能大致推算出当月的消费额。银行卡的相关票据不仅记录了你的开支,还记录了你的收入。依靠银行票据记录你的账目信息有不利的地方,就是无法分清支出的性质,比如哪笔开支属于食品开支,哪笔开支属于加油开支等。

对于一部分没有索要票据的开支,你可以自己在钱包中准备一些小便签并随身携带一支笔以方便记录。如果不习惯当众记录,也可以使用一些电子设备,比如记录在手机的备忘录里。

当搜集好当月的所有票据以及自己记录的信息后,就可以整理当月的收入和开支。收入支出的整理方式为:按第四章的收入支出表将各项收支的金额记录在相应的栏目中并汇总。

每月做好上月的盘点后,注意与前三个月的情况做对比分析,看支出是否发生特别大的变化。这一方面可以了解通货膨胀的实际增长情况,另一方面可以在随后的月份里适当调整支出以平衡每年的开支,保证实现预设的储蓄比率。

【案例 5-2】 郭太太盘点了6个月的家庭收入支出情况发现,4月份的生活开支为3 200元,5月份的生活开支为3 270元,6月份的生活开支为5 000元,7月份的生活开支为3 500元,8月份的生活开支为3 550元,9月份的生活开支为3 600元;每月的工资收入没有变化,均为12 000元。郭太太仔细比较了每月的开支,发现除6月份花费1 600元购买了一套家具外,并没有额外的支出。究竟是什么导致支出不断增加呢?

案例分析　郭太太可以列出家庭收入支出的变化趋势(见表5-1)。从表中可以看到,在没有额外支出的情况下,物价上涨速度每月平均为2%左右。

表 5-1　郭太太家庭收入支出变化趋势

月份	4月	5月	6月	7月	8月	9月
收入(元)	12 000	12 000	12 000	12 000	12 000	12 000
支出(元)	3 200	3 270	5 000	3 500	3 550	3 600
支出增长率(%)		2.2	52.9	−30.0	1.4	1.4
扣除额外支出后的增长率(%)		2.2	4.0	2.9	1.4	1.4

郭太太计划把每月支出控制在3 500元左右,因为6月份有一笔额外支出,在当年未来的3个月内每月生活支出要控制在3 127元左右。计算方法为:

设未来每月要控制生活支出金额为 x 元,则:

$$3\,200 + 3\,270 + 5\,000 + 3\,500 + 3\,550 + 3\,600 + 3x = 3\,500 \times 9$$

可求出 $x = 3\,127$ 元。

四、现金等价物的比较

(一) 货币层次划分

1. 国际货币基金组织的货币层次划分

国际货币基金组织(International Monetary Fund,IMF)将货币划分为 M0、M1 和 M2。

M0 = 流通于银行体系外的现金通货

M1 = M0 + 商业银行活期存款 + 邮政汇划资金 + 国库接受的私人活期存款

M2 = M1 + 储蓄存款 + 定期存款 + 政府短期债券

2. 西方发达国家的货币层次划分

西方发达国家将货币划分为四个层次:M1、M2、M3、M4。

M1 = 流通中现金 + 商业银行的活期存款

M2 = M1 + 商业银行的定期存款和储蓄存款

M3 = M2 + 其他金融机构的定期存款和储蓄存款

M4 = M3 + 其他短期流动资产(如国库券、银行及商业承兑汇票、人寿保险单等)

3. 中国的货币层次划分

中国也将货币划分为四个层次,但划分方式与 IMF 和西方国家有所不同。由于中国的信用制度不完善,大多数商品用现金交易,因而将流通中的现金单独列为一个层次 M0。然后在此基础上进一步划分出 M1、M2、M3。其中的 M1 称为狭义货币,M2 称为广义货币。

M0 = 流通中现金

M1 = M0 + 企业单位活期存款 + 农村存款 + 机关团体部分存款 + 个人持有信用卡类存款

其中,企业活期存款 = 企业存款 − 单位定期存款 − 自筹基建存款

M2 = M1 + 企业单位定期存款 + 城乡居民储蓄存款 + 外币存款 + 信托类存款 + 证券公司客户保障金

M3 = M2 + 金融债券 + 商业票据 + 大额可转让定期存单

(二)现金等价物的比较

活期存款和定期存款由于变现力很强,可看作现金等价物。各类存款的特征比较如表 5-2 所示。

表 5-2 银行存款特征比较

现金等价物	特点
活期	1 元起存,2005 年 9 月 1 日起按季结息,每个季度最后一个月的 20 日为结息日
定活两便	50 元起存,不满 3 个月,按活期计息;3—6 月,按 3 个月定期打 6 折计息;半年至一年,按半年存款利率打 6 折计息;1 年以上,按 1 年打 6 折计息
整存整取	50 元起,分为 3 个月、6 个月、9 个月、1 年、2 年、3 年、5 年期
零存整取	每月固定存入一定金额,存期为 1 年、3 年、5 年
整存零取	1 000 元起,一次存入,分次领取本息,存期为 1 年、3 年、5 年,约定第 1 个月、3 个月、6 个月领取一次
存本取息	5 000 元起,分次取息,到期还本,存期为 1 年、3 年、5 年,约定第 1 个月、3 个月、6 个月领取一次
通知存款	存取均 5 万元起,一次存入,可分次领取,分为 1 天通知存款和 7 天通知存款
定期定额储蓄	存款金额固定、存期固定,不记名

除银行存款外,货币市场基金也可以作为现金等价物。货币市场基金主要投资现金、1 年内存款、大额存单、1 年内央行票据、1 年内债券回购、397 天以内的债券,以及监管部门认可的其他金融工具。货币市场基金不能投资股票、可转债、397 天以上的债券、AAA 级以下的企业债券,以及监管部门禁止投资的其他金融工具。货币市场基金没有申购费和赎回费,其安全性与活期储蓄相似,收益略高于活期储蓄,并且所获收益不用

缴纳利息税。货币市场基金可以在银行柜台直接办理,也可以在证券公司、基金公司办理。

不同基金公司发行的货币市场基金带来的收益率略有差异。表5-3列举了2018年12月31日货币市场基金的万份基金单位收益和七日年化收益率。

在选择货币市场基金时可关注两个指标:一个是七日年化收益率,另一个是每万份货币市场基金单位收益。七日年化收益率是货币市场基金过去7天每万份基金份额净收益折合的年收益率,它是一个短期指标,反映基金过去7天的盈利水平。但是,这并不意味着七日年化收益率高,未来收益水平就高。选择货币市场基金时最好关注每万份基金单位收益,这个指标反映了货币市场基金管理人为投资者带来长期回报的能力,万份基金单位收益越高,投资者获得的实际收益率越高。

表5-3 货币市场基金数据比较

排序	基金代码	基金名称	万份基金单位收益(%)	七日年化收益率(%)
1	050003	博时现金收益基金	0.7572	2.7800
2	163802	中银货币市场基金	1.4725	4.6470
3	161608	融通易支付货币市场基金	0.8008	3.0950
4	240007	华宝兴业现金宝B基金	0.9914	3.5750
5	090005	大成货币A	1.1534	3.9110
6	240006	华宝兴业现金宝A基金	0.9256	3.3360
7	320002	诺安货币A基金	0.9918	3.5050
8	260202	景顺长城货币B基金	0.7958	3.0420
9	041003	华安现金富利B基金	1.1569	3.8800
10	260102	景顺长城货币A基金	0.7301	2.8060

资料来源:东方财富网。

第二节 保险规划

 引导案例

杨先生与朋友创办了一家公司。经过多年的发展,公司资产已达500万元。杨太太是全职妈妈,在家带儿子。儿子已经7岁。正当杨先生事业如日中天之时,由于日常应酬过多、饮酒过度,杨先生被确诊患有肝癌。医生告诉杨先生,可以立即实施换肝治疗,不过治疗费用至少需要40万—50万元。按一般人的推断,杨先生的生意都做到500万元了,拿出这笔费用应该不成问题。但50万元对500万元的公司来说是一笔不小的

现金流,这些现金流要用于日常营运,比如开工资、买原料等,不能随便用于医疗。那么,杨先生家里能否拿出50万元呢?事后杨太太说,当时所有的钱都拿去投资公司了,家里根本没留下什么钱,要拿出50万元简直是痴人说梦。于是,杨先生和杨太太向亲戚朋友筹借。但亲戚朋友一时间也拿不出多少钱,他们的钱不是投资股票被套牢,就是还有房贷要还。最终,杨先生放弃了治疗,撒手人寰。杨太太不得不独自承担抚养孩子的责任,既要照看儿子,还要出去打工挣钱。但因为太久没有工作了,没有人愿意雇用她。在孤独无依的情况下,杨太太也得了忧郁症,在杨先生去世的第二年扔下儿子也撒手人寰。

▶ **案例启迪**

幸福的家庭都是相似的,不幸的家庭却各有各的不幸。天有不测风云,人有旦夕祸福。谁也不能保证自己的一生总是一帆风顺。特别是过了30岁之后,结婚成家,养育子女,以致责任更重、压力更大,而随着年龄的增长,疾病发生的概率越来越高。

如何尽到为人父母的责任?

如何应对未来的意外事件?

如何将家庭的风险降到最低?

一、保险规划的内涵

保险规划是对家庭成员的经济状况和生命周期进行诊断后,根据家庭经济状况配置相应的保险产品,以防范未来意外事件对家庭财务造成的冲击。上述杨先生的案例中,原本可以通过保险规划来规避重大疾病给家庭带来的财务风险,但由于事前没有进行这样的规划,因而在突发事件来临时给杨先生家庭造成严重的打击,留下一个令人唏嘘的结局。

人的一生中会面临的风险可以归结为人身风险、财产风险、责任风险。人身风险是指由生老病死或者残疾所导致的身体上的风险。这种风险不但会对身体造成损害,还会增大家庭的财务负担,比如上述案例中杨先生需花费高额费用治疗。财产风险是指造成实物财产的贬值、损毁或者灭失的风险。这种风险直接影响到家庭的财务,比如房子遭遇火灾、发生地震等。责任风险是指因自身或被监护人的行为对他人造成伤害或者损失而必须承担责任的风险,比如司机因意外撞伤了行人而要承担赔偿责任,会计师因工作疏忽给公司造成损失而要承担赔偿责任等。

并非所有的风险都需要通过保险规划来规避,保险规划只是管理风险的一种方式。管理风险可以采用风险控制、风险回避、风险分散、风险保留、风险转移五种方式。风险控制是指人们在风险发生之前,采取措施消除风险发生的条件,降低风险发生的概率,比如为汽车安装防盗系统。风险回避是指不做可能导致风险的事情,从而避免某种风险的发生以及由此带来的损失,比如从不赌博。风险分散是指设法将同一风险分散到相关的多个个体上,从而使每一个个体所承担的风险相对以前较少,比如两个家庭成员不在同一家公司工作就会分散失业风险。风险保留是指自己承担风险可能带来的损失,比如丢失一支钢笔的风险。风险转移是指将风险及其可能造成的损失转移给他人,比如购买保险可将风险转移给保险公司。从这里可以看出,保险规划主要是规划如何转移风险。

虽然保险规划能帮助家庭转移风险,但并不是所有的风险都能转移给保险公司。只有满足下列条件的风险才有可能转移给保险公司:

(1) 必须是纯粹风险。纯粹风险(Pure Risk)是指只会损失机会而无获利可能的风险。这种风险可能造成的结果只有两个:要么没有损失,要么造成损失。例如,地震、洪灾、雪灾、疾病等。

与纯粹风险对应的是投机风险(Speculative Risk)。投机风险造成的结果比纯粹风险多了一种可能,除损失和无损失两种结果外,还可能出现获得收益的结果,比如买卖股票、投资基金等。

保险公司只承保纯粹风险,不承保投机风险。

> **学有所思** 一些网站推出高温险,即连续几日超过某个温度就赔付。这种高温险承保的是纯粹风险吗?航空延误险承保的是纯粹风险吗?

(2) 必须是偶然和意外的风险。当人们既不知道风险是不是一定发生,也不知道风险一旦发生是否会造成损失以及损失到底有多大,这就是偶然的风险。当人们确知风险会发生时,去找保险公司投保,保险公司也不会承保。比如,一个人知道自己得了肿瘤,再去向保险公司投保,此时保险公司不可能承保。

被保险人因故意行为或故意不行为而造成的风险及其损失,保险公司也不会承担赔偿责任。比如,会计师故意做假给公司造成的损失,或者某人故意烧毁自己的旧房。

(3) 风险发生的概率必须是可以预测的。保险公司是通过精算师运用数理方法和统计资料对风险发生的概率进行预测,以此为基础制定相应的赔偿规则,并开展保险业务。其原理是:集中多数人的少部分资金来承担少数人的小概率事件造成的大损失。如果保险公司承保大概率的风险,那么保险公司将入不敷出,收取的保费将不足以支付赔偿。

(4) 风险造成的损失必须是明确的。保险公司与投保人签订的合同会明确规定保险损失发生后保险人应该给付的保险金数额。这有赖于对风险造成的损失的估计。比如当重大疾病发生时,保险公司不会无休止地为被保险人支付治疗费用,而是在保险合同中规定一个限额。通常每份保单的限额是根据平均费用确定的。当然,投保人可以多交保费以获得更多的保额。

（5）对保险人而言不能是巨灾损失。对于巨灾损失,保险公司一般不承保。保险公司即使承保了巨灾险,但因为赔偿能力有限,也无法提供全额补偿。比如地震给一片区域造成的房屋损失,这种损失往往是巨灾损失。在保险中,对于自然灾害造成的巨大损失,保险公司一般不承保或在保险合同中规定免责。这种巨灾损失靠商业保险公司是无法独立承担的,但一些国家和政府会联合商业保险公司对这种巨灾造成的损失给予适度赔偿。

对于巨灾损失,保险公司除与政府联合承担外,还可以向其他保险人转移风险,即再保险。《中华人民共和国保险法》规定,保险公司对每一危险单位,即对每一次保险事故可能造成的最大损失范围所承担的责任,不得超过其实有资本金加公积金总和的10%;超过的部分,依法应当办理再保险。除人寿保险业务外,保险公司应当将其承保的每笔保险业务的 20% 办理再保险。

满足上述五个条件的风险才可以通过保险规划并利用商业保险进行风险转移。

根据风险来源的不同,保险规划可以分为人身保险规划、财产保险规划、责任保险规划。人身保险规划又可分为寿险规划、意外险规划、重大疾病险规划等。财产保险规划又可分为家财险规划、车险规划等。责任保险规划包括公众责任保险规划、第三者责任保险规划、产品责任保险规划、雇主责任保险规划、职业责任保险规划等。

二、保险规划的步骤

保险,这个以前被多数国人嗤之以鼻的金融产品,如今已成为千家万户的保护神。随着越来越多的理赔兑现,大家对保险的功能也有了越来越多的认识,对保险的需求也日益增长。但由于对保险产品不熟悉,对保险在整个家庭理财中所起的作用不清晰,很多家庭在购买保险时仍具有相当大的盲目性。

保险规划是从家庭的经济状况和所处生命周期入手进行科学分析,并在此基础上诊断家庭未来的风险暴露程度,从家庭的实际需求出发规划风险转移。科学的保险规划遵循六个流程:诊断(Diagnosis)、规划(Plan)、产品分析(Analysis)、选择(Choose)、执行(Execute)和跟踪(Track)。

（一）诊断

1. 保险的功能

保险规划的第一步是诊断家庭保险需求。并非所有的保险都要购买,也并非所有的家庭都要购买保险。要诊断出家庭的保险需求,必须了解保险对家庭财务的意义。

保险在家庭整个理财规划中至少具有三种功能：一是转移风险的功能，这是保险的基本功能，也是保险代理人推销保险时重点强调的功能；二是投资功能，随着保险产品的更新换代，保险还具备一定的投资功能，比如投资连结险、万能险等；三是储蓄功能，比如教育险等在提供孩子保障的同时也为孩子未来的教育筹备一定金额的款项。

以上三种功能是不同保险产品所提供的。但如果从家庭理财规划的全局来看，保险还具有一种非常重要的功能，即在做好保障的前提下释放家庭财务资源。为什么中国的消费在 GDP 增长中的贡献总是不多？为什么中国家庭的储蓄比率相当高？为什么中国的实际利率为负，但普通老百姓还把钱存在银行，每天一觉醒后看着财富缩水？其根本原因在于中国的社会保障体系还不健全，大家必须将钱存起来以应付未来之需。正是出于对未来的担忧，大家不敢消费，更不用说做一些风险较高的投资了。即使做投资，也不敢长期坚持，其原因也是担心未来要用钱的时候正处于亏损怎么办。这不仅导致了我国股票市场的短线操作，加剧了市场波动，也使得大多数投资者因无法承担股价波动带来的风险而以亏损离场。那么，在什么情况下，投资者才敢长期投资并且坚持长期投资呢？其前提就是投资者已经做好长期投资的规划。而投资者要能坚持长期投资，其动用的资金就必须是短期内不会用到或不需要用到的钱。试想一下，如果现在有一笔钱是为未来看病所需的，你会动用这笔钱进行长期投资吗？当你用其中部分资金做好了未来的保障后，是否可以释放剩余资金进行长期投资呢？

【案例5-3】 梁先生在一家民营企业工作，有五险一金。通过打拼，梁先生在银行有存款10万元，即使明知银行实际利率为负，也从来没有想过要将这笔钱拿来投资。2007年，见到周围的朋友在银行买基金都赚了一笔，梁先生忍不住在银行花5万元购买了一只基金。3个月的时间里，这只基金帮梁先生赚了20%，梁先生高兴地又将剩余5万元投入基金中。没想到2007年年底，股票市场逆转，梁先生看着自己买的基金一直缩水，但又舍不得赎回。坚持到2008年年底，基金从最高点回落了60%以上。梁先生也因大病住进了医院。为了支付医疗费用，梁先生不得不将已经亏损的基金赎回。然而，2009年上半年股市似乎又给梁先生开了一个玩笑，梁先生原来拥有的那只基金又回到赚钱状态了。梁先生后悔不迭，但也无可奈何。事后，梁先生说："我再也不买基金了！"

案例分析 这个例子非常具有代表性，描述了2007—2009年三年时间里多数基金投资者大起大落的一个经历。实际上，2015—2017年也发生了同样的事情。从大牛市到大熊市，部分投资者在经历了收益和风险的洗礼后变得更加谨慎，部分投资者在经历了大风大浪后则变得更淡定。梁先生之所以最终产生亏损的结局，是因为在出现疾病时，由于事先没有规划，而不得不动用正处于亏损状态的投资资金。要避免这样的问题，需要事先做好两个规划，一个是现金规划，另一个是保险规划。现金规划使得梁先生在出现疾病这种意外情况时有一定的现金能够应急，保险规划则使得梁先生在出现疾病需要动用大笔现金时保险公司可以先行垫付,而不必动用发生亏损的投资。

梁先生有五险一金,不能满足其保障需求吗?五险一金可以满足基本的保障需求,但国家关于社会保险的规定是先自己垫付医疗费用,待治疗完毕之后再凭治疗清单去报销。实际上,这表明医疗费用要患者自己先行垫付。这笔支出对不少工薪家庭来说并不容易筹集。也正因为如此,工薪家庭不得不在银行保留大额存款以应付不时之需。

2. 保险需求

究竟如何确定家庭的保险需求呢?以下对人寿保险需求进行分析,养老保险需求在后文养老规划中进行分析。

在计算人寿保险需求时,经常利用双十原则推算保险需求和保险费支出金额。所谓的双十原则,是指一个家庭的寿险需求应是家庭年收入的5—10倍,保险费支出金额控制在年收入的10%—15%。这是一种简单粗略的计算方法。其原理是:寿险需求应覆盖意外出现后未来10年的家庭收入,使得家庭成员能依靠这笔收入维持正常生活10年左右。比如一个家庭年收入10万元,则该家庭的寿险需求可设置为100万元,保险费控制在1万元左右。由于一些家庭成员所在工作单位的福利较好,已覆盖部分风险,因此商业保险的需求可以适当降低。

专业的理财规划师或人寿保险代理人常常使用一种复杂的需求分析法来诊断家庭人寿保险需求。诊断流程分成三个步骤:第一步,估算家庭成员的所有经济需求;第二步,计算家庭成员现在和未来确切可得的财务资源;第三步,以经济需求和财务资源之间的缺口作为人寿保险的需求。这种方法需要假设:家庭主要经济支柱(能给家庭带来主要收入的成员)如果明天去世的话,家庭其他成员还需要多少财务资源以应对未来的需求?

未来需求包括:

(1) 维持家庭收入。对于家庭其他成员,他们最基本的需求就是维持生活水平。在主要经济支柱去世的情况下,能否有同样的家庭收入是决定家庭其他成员能否维持相同生活水平的重要因素。本节引导案例就是因为杨先生家庭在杨先生去世后没有相应的收入来源,导致家庭其他成员陷入异常悲惨的困境。

(2) 债务偿还。除维持生活水平需要的生活费用外,家庭的房屋贷款、信用卡贷款、买车贷款等债务也需要家庭其他成员来负担。在分析保险需求时,这部分支出必须予以考虑。也正因为如此,有房贷的家庭比没有房贷的家庭更需要保险保障。

(3) 身后费用。过世后的丧葬费用等也要提前准备,以免给家庭其他成员在丧失亲人的痛苦上再增加财务负担。

(4) 子女抚养教育费。比如,抚养孩子的费用,为孩子接受高等教育准备教育金等。

(5) 父母赡养费。比如,给父母的生活费,父母享受养老院服务的费用等。

(6) 流动性需求。中国正在试点房产税,一旦大面积推广,在分析保险需求的时候就要考虑使用不动产所产生的税费。

3. 需求缺口

现有的财务资源或者确切可得的收入可以通过对资产负债表和收入支出表的分析得到,包括当前的金融资产、公司提供的保险、社会保险、商业保险、配偶的收入、投资收入等。

计算出未来需求和已有财务资源后,看是否存在需求缺口。如果财务资源满足不了未来需求,就存在需求缺口,还要购买人寿保险以弥补缺口。如果财务资源足够覆盖未来需求,就不需要购买人寿保险。

实际操作过程中,可利用寿险需求分析表对家庭寿险需求进行分析(见表5-4)。

表5-4 寿险需求分析表

家庭保障需求	
1. 维持家庭收入	
2. 债务偿还	
3. 身后费用	
4. 子女抚养教育费	
5. 父母赡养费	
6. 流动性需求	
7. 其他需求	
家庭财务资源	
1. 当前金融资产	
2. 公司提供保险保障额度	
3. 社会保险保障额度	
4. 商业保险保障额度	
5. 配偶工资收入(按需保障年限计算)	
6. 投资收入	
7. 其他收入来源	
寿险需求缺口(家庭保障需求-家庭财务资源)	

【案例5-4】 夏先生,32岁,开出租车,月收入3 000元。夏太太,28岁,在某公司从事会计工作,月收入2 500元。儿子8岁,读小学2年级。每月家庭生活开支为2 500元。夏先生家庭存款100 000元,贷款买了房,还有120 000元贷款未偿还。夏先生未购买任何商业保险,仅有公司按国家规定缴纳的社会保险,社会保险账户金额120 000元。

夏先生和夏太太都期望儿子将来能接受高等教育,希望能为孩子准备 100 000 元的教育金。夏先生的父母和夏太太的父母都健在,都有社会保险。夏先生和夏太太每年给父母的额外赡养费共计 5 000 元。目前的身后费用为 15 000 元。不考虑通货膨胀。根据以上信息,诊断夏先生的寿险需求(假设保障到孩子 18 岁)。

案例分析 根据夏先生的家庭情况编制寿险需求分析表(见表 5-5)。从表 5-5 可以看出,夏先生未来 10 年家庭保障需求为 945 000 元,家庭财务资源为 520 000 元,寿险需求缺口为 42.5 万元。夏先生还需要补充寿险才能覆盖未来 10 年的收支缺口。

表 5-5 夏先生寿险需求分析表

家庭保障需求	金额(元)
1. 维持家庭收入	(3 000 + 2 500) × 12 月 × 10 年 = 660 000
2. 债务偿还	120 000
3. 身后费用	15 000
4. 子女抚养教育费	100 000
5. 父母赡养费	5 000 × 10 年 = 50 000
6. 流动性需求	
7. 其他需求	
合计	945 000
家庭财务资源	
1. 当前金融资产	100 000
2. 公司提供保险保障额度	
3. 社会保险保障额度	120 000
4. 商业保险保障额度	
5. 配偶工资收入(按需保障年限计算)	2 500 × 12 月 × 10 年 = 300 000
6. 投资收入	
7. 其他收入来源	
合计	520 000
寿险需求缺口(家庭保障需求-家庭财务资源)	945 000 - 520 000 = 425 000

通过以上分析,夏先生觉得依靠目前的经济实力无法承担 10 年的保障需求,希望将自己的收入保障期降为未来 5 年,但孩子的教育保障不变。重新调整后的寿险需求缺口如表 5-6 所示。调整后,夏先生的家庭保障需求为 615 000 元,财务资源为 370 000 元,寿险需求缺口为 245 000 元。这个缺口是夏先生目前能承担的。

表 5-6 夏先生寿险需求调整分析表

家庭保障需求	金额(元)
1. 维持家庭收入	(3 000 + 2 500) × 12月 × 5年 = 330 000
2. 债务偿还	120 000
3. 身后费	15 000
4. 子女抚养教育费	100 000
5. 父母赡养费用	5 000 × 10年 = 50 000
6. 流动性需求	
7. 其他需求	
合计	615 000
家庭财务资源	
1. 当前金融资产	100 000
2. 公司提供保险保障额度	
3. 社会保险保障额度	120 000
4. 商业保险保障额度	
5. 配偶工资收入(按需保障年限计算)	2 500 × 12月 × 5年 = 150 000
6. 投资收入	
7. 其他收入来源	
合计	370 000
寿险需求缺口(家庭保障需求-家庭财务资源)	615 000 - 370 000 = 245 000

除寿险外,重大疾病险、意外险、医疗保险等的需求缺口计算思路相近,即先计算出保障需求的金额,再计算出已有的财务资源,然后计算出保险需求缺口,根据缺口和自己的经济实力最后进行调整。

(二) 规划

在诊断过程完成之后,理财师需要根据诊断情况开出药方,这就是"规划"。在规划过程中,要注意的关键点如下:

(1) 保障顺序。首先应为家庭经济支柱做好保障。保险最核心的功能不是保障自己,而是保障家人。保险不是保障自己不生病、不出意外,而是保障在生病和遭遇意外情况时,家庭有足够的财务资源来维持稳定。所以,对家庭贡献最大的那个人是最需要保障的。做好了家庭经济支柱的保障,家庭的财务风险就会降低很多。

(2) 保险是承担家庭责任的一种方式。由于保险的核心功能不是保障自己,而是保障家人,因此做好保险规划是家庭成员承担责任的一种体现。

(3) 购买保险要量力而行,既不宜太多,也不宜太少。保额设置太少,家庭保障将不足,遭遇意外情况时抗风险能力也就不足。保额设置太多,则会出现财务资源浪费的情况。

(4)先做好险种规划,再在不同险种和不同产品之间进行优化配置。

(5)不同保险产品之间的搭配组合能起到优化资源配置的作用,等量保额情况下保费较低的组合为最优组合。

(三)产品分析

做好险种规划后,就可以按规划配置组合相应的产品。由于各个保险公司每年推出的保险产品并不一样,需要理财师和各个保险公司代理人充分沟通,只有在获得新产品的详细信息后才能做比较分析。一般来说,每个保险公司的优势产品是不一样的。在同一家保险公司购买产品的好处是方便管理,但买到的产品不一定是最合适的。正因为这样,第三方理财才具有生存空间:为客户挑选最优的产品组合,这个组合可以包含不同保险公司的产品。理财师操作的这个流程就是产品分析。

(四)选择

在对各个产品进行分析后,理财师一般可以提出两套方案供客户选择。理财师应说明各个方案的优缺点,让客户能在获得充分信息后做出决定。这就是选择流程。

(五)执行

当客户选定方案后,理财师还应协助客户执行,比如填表、开户、协助交费等。这就是执行流程。

(六)跟踪

执行完毕并不意味着工作就结束了。理财师还要定期与客户沟通,看是否需要调整规划。这就是跟踪流程,也是服务客户必不可少的过程。以往保险公司的代理人工作一段时间跳槽后,其登记的保单就成了"孤儿"保单(无人管的保单),这种没有后续跟踪服务的保险公司遭受客户的唾弃。同样,没有后续跟踪服务的理财师最终也会被客户离弃。

第三节 子女教育规划

 引导案例

季先生30岁,在某公司负责人事工作。最近双喜临门,一是喜得贵子,二是职位升迁。季先生和季太太都是研究生学历,因而对孩子未来的期望非常高。他们已经将孩

子的教育金的筹备提到日程上，希望能在孩子18岁时有足够的出国留学费。季先生去留学中介机构咨询，被告知去美国的留学费用一年需要约35万元人民币，4年下来约需准备140万元人民币。季先生和季太太的每月收入为1.8万元，扣除生活费、房贷、养车费后每月可节余6 000元。季先生找到一家第三方理财公司，请理财师协助对教育金做一个规划。理财师首先根据季先生目前的留学费需求140万元，按每年3%的通货膨胀率测算出季先生孩子成长到18岁时的学费需求约为238万元。为了筹备这笔留学费，理财师建议季先生每月做基金定投，投入资金4 960元，如果基金年均收益率达到8%，即可在未来筹到238万元的留学费。不过，理财师也提醒季先生，应在做好未来个人收入保障后再考虑高额的教育储备需求。因为未来18年是否有意外情况出现是谁也不能预料的。当意外情况发生后，收入中断将无法保证教育金可实现。另外，季先生也未规划自己未来的养老保障。在季先生升职后，收入提高，每月节余也会提高，6 000元的节余扣除子女教育投资支出4 960元后还有剩余可用来满足养老保障需求。

▶ **案例启迪**

从这个案例可以看到，家庭财务目标中的子女教育是一个非常重要的需求，特别是对于中国家庭来说，子女教育在家庭事项中占据着重要的位置。家庭财务资源中必然会拿出一部分配置在子女教育需求上。

一、子女教育规划的内涵

子女教育规划是在对教育费用进行测算和评估的基础上，根据家庭的需求和经济状况，确定合理的子女教育目标，并拟定相应的财务规划以实现目标的过程。

子女教育费用包含幼儿教育、九年义务教育、高中教育、大学教育、研究生教育等费用。随着社会经济的发展，家庭用于不同阶段教育支出的比例也在变化。目前出现的是两头重中间轻的"纺锤形"结构，即幼儿教育阶段和大学教育阶段花费较高。尽管幼儿园本身的学费并不高，但为了让孩子不输在起跑线上，许多家庭纷纷让孩子参加各种各样的学习培训班。这些费用加起来，一年少则几千元，多则上万元。最新的统计数据和调查显示，2018年每名学生从幼儿园到大学毕业19年时间的教育支出为21万—33.4万元（不含生活费、择校费）。幼儿教育阶段公立幼儿园的开销约2 000元/月，私立幼儿园约4 000元/月，三年花费为7.2万—14.4万元；九年义务教育约需4.5万元，每年0.5万元左右；三年高中教育阶段约需4.5万元，每年1.5万元左右；大学教育阶段需5万—10万元。[①]

随着中国家庭可支配收入不断提升，出国留学等教育需求变得越来越普遍。教育

---

① http://www.chinanews.com/edu/edu-xyztc/news/2010/06-09/2 332 319.shtml

部发布的数据显示,2018年我国出国留学人员总数为66.21万,其中国家公派3.02万人、单位公派3.56万人、自费留学59.63万人。据统计,1978—2018年,各类出国留学人员累计达585.71万人。在即将或有意出国留学的学生中,家庭收入在30万元以下的占被调查人群的52.28%。2019年计划留学的学生中,来自普通工薪家庭的比例达到43%,而且这个比例在逐年上升,近五成学生的留学意向国是美国。

出国留学网的调查显示,美国两年制公立大学2018—2019学年一年的教育费用平均需要12 320美元,四年制公立大学平均需要37 430美元,四年制私立大学平均需要38 510美元。而在常春藤私立名校中,一年的费用约需要50 000美元,四年下来的教育花费超过20万美元。如果按1美元兑换7.00元人民币计算,美国常春藤名校的学费四年约需140万元人民币。

表5-7　2018—2019年美国大学年平均费用　　　　　　　　　　　　单位:美元

项目	公立大学		私立大学
	两年制	四年制	四年制
学费、学杂费	3 660	26 290	35 830
食宿费	8 660	11 140	12 680
总计(每年)	12 320	37 430	38 510

资料来源:http://finance.jrj.com.cn/2011/01/3115279118017.shtml

要想让孩子能接受高层次的教育,除了孩子本身的学习能力,家长要做的就是提供相应的财务资源。从表5-7的统计数据看,教育费是一笔不菲的开支。对于大多数家庭来说,一下子拿出这么多钱是很困难的,但如果运用长期规划原理去筹备,难度将大大下降。

二、子女教育规划的步骤

子女教育规划的基本步骤为:第一步,测算子女教育的需求,并将这种需求转化为财务目标;第二步,根据财务目标制定长期规划方案;第三步,选择相应的产品来满足规划;第四步,执行规划;第五步,跟踪规划。

【案例5-5】　陈先生25岁,在某城市工作,月收入6 500元;陈太太24岁,月收入5 200元。两人均是外地户口。孩子刚出生,两人和孩子的月生活费用约6 000元,房贷每月支出约3 500元。由于购房花光了存款,目前无任何积蓄。两人希望为孩子储备从幼儿园到大学的费用。如何筹备?

案例分析　要为陈先生和陈太太诊断其教育需求,需要先搜集各个阶段的教育费。可通过各地政府部门获取相关信息。表5-8是根据当地信息整理的陈先生家庭各个阶段的教育需求。

表 5-8 陈先生家庭教育需求测算表

教育阶段	年限	教育费用(元/年)	阶段小计(元)
幼儿园	3	20 000	60 000
小学	6	15 000	90 000
初中	3	25 000	75 000
高中	3	25 000	75 000
大学	4	8 000	32 000
总计	19		332 000

从表 5-8 可以看到,陈先生家庭需要准备 332 000 元作为教育储备。要注意的是,这笔费用没有考虑通货膨胀对学费的影响。由于陈先生并不需要一次性准备好这笔资金,因此通过合理的规划能够满足陈先生各个阶段的子女教育需求。

在这里,可利用第四章的现金流量表分析陈先生的子女教育需求。假设陈先生家庭的收入增长率为 1%,支出增长率为 3%,教育费支出增长率为 3%。根据表 5-8 中各阶段的教育费用,可以编制陈先生的子女教育需求现金流量表(见表 5-9)。

(1) 幼儿阶段的教育费支出。

3 岁:$20\ 000 \times (1 + 3\%)^3 = 21\ 854$(元)

4 岁:$20\ 000 \times (1 + 3\%)^4 = 22\ 510$(元)

5 岁:$20\ 000 \times (1 + 3\%)^5 = 23\ 185$(元)

(2) 小学阶段的教育费支出。

6 岁:$15\ 000 \times (1 + 3\%)^6 = 17\ 910$(元)

7 岁:$15\ 000 \times (1 + 3\%)^7 = 18\ 448$(元)

8 岁:$15\ 000 \times (1 + 3\%)^8 = 19\ 001$(元)

9 岁:$15\ 000 \times (1 + 3\%)^9 = 19\ 571$(元)

10 岁:$15\ 000 \times (1 + 3\%)^{10} = 20\ 158$(元)

11 岁:$15\ 000 \times (1 + 3\%)^{11} = 20\ 763$(元)

(3) 初中阶段的教育费支出。

12 岁:$25\ 000 \times (1 + 3\%)^{12} = 35\ 644$(元)

13 岁:$25\ 000 \times (1 + 3\%)^{13} = 36\ 713$(元)

14 岁:$25\ 000 \times (1 + 3\%)^{14} = 37\ 814$(元)

(4) 高中阶段的教育费支出。

15 岁:$25\ 000 \times (1 + 3\%)^{15} = 38\ 949$(元)

16 岁:$25\ 000 \times (1 + 3\%)^{16} = 40\ 117$(元)

17 岁:$25\ 000 \times (1 + 3\%)^{17} = 41\ 321$(元)

表5-9 陈先生的子女教育需求现金流量表

单位：元

	增长率	0	1	2	3	4	5	6	7	8	9	10
月收入	1%	11 700	11 817	11 935	12 055	12 175	12 297	12 420	12 544	12 669	12 796	12 924
月支出	3%	6 000	6 180	6 365	6 556	6 753	6 956	7 164	7 379	7 601	7 829	8 063
房贷支出		3 500	3 500	3 500	3 500	3 500	3 500	3 500	3 500	3 500	3 500	3 500
月节余		2 200	2 137	2 070	1 998	1 922	1 841	1 755	1 665	1 569	1 467	1 361
年收入		140 400	141 804	143 222	144 654	146 101	147 562	149 037	150 528	152 033	153 553	155 089
年支出		114 000	116 160	118 385	120 676	123 037	125 468	127 972	130 551	133 207	135 944	138 762
年节余		26 400	25 644	24 837	23 978	23 064	22 094	21 066	19 977	18 826	17 610	16 327
累计年节余		26 400	52 044	76 881	100 859	102 069	101 653	99 533	101 599	101 976	100 585	97 340
教育支出	3%				21 855	22 510	23 185	17 911	18 448	19 002	19 572	20 159
需求缺口					79 005	79 559	78 467	81 622	83 151	82 975	81 013	77 181

	增长率	11	12	13	14	15	16	17	18	19	20	21
月收入	1%	13 053	13 184	13 316	13 449	13 583	13 719	13 856	13 995	14 135	14 276	14 419
月支出	3%	8 305	8 555	8 811	9 076	9 348	9 628	9 917	10 215	10 521	10 837	11 162
房贷支出		3 500	3 500	3 500	3 500	3 500	3 500	3 500	3 500	3 500	3 500	3 500
月节余		1 248	1 129	1 004	873	736	591	439	280	114	-60	-243
年收入		156 640	158 206	159 788	161 386	163 000	164 630	166 276	167 939	169 618	171 315	173 028
年支出		141 665	144 655	147 734	150 906	154 174	157 539	161 005	164 575	168 252	172 040	175 941
年节余		14 975	13 551	12 054	10 480	8 826	7 091	5 271	3 364	1 366	-725	-2 913
累计年节余		92 156	84 944	61 354	35 120	6 132	-25 726	-60 572	-98 530	-110 783	-125 536	-142 899
教育支出	3%	20 764	35 644	36 713	37 815	38 949	40 118	41 321	13 619	14 028	14 449	14 882
需求缺口		71 393	49 300	24 641	-2 694	-32 817	-65 844	-101 893	-112 149	-124 811	-139 985	-157 781

(5) 大学阶段的教育费支出。

18 岁：$8\,000 \times (1 + 3\%)^{18} = 13\,619$（元）

19 岁：$8\,000 \times (1 + 3\%)^{19} = 14\,028$（元）

20 岁：$8\,000 \times (1 + 3\%)^{20} = 14\,448$（元）

21 岁：$8\,000 \times (1 + 3\%)^{21} = 14\,882$（元）

从表5-9可以看到，在陈先生的孩子14岁读初三时，陈先生家庭的子女教育需求开始出现缺口2 694元；这个缺口会一直扩大并延续到大学毕业，金额为157 781元。需要注意的是，在本次诊断中，并没有考虑陈先生的其他资金需求，如保障、养老等。如果考虑到其他需求对财务资源的占用，子女教育资金缺口还会变大。

在诊断出教育需求缺口后，还要根据诊断结果提出相应的规划方案。由于陈先生家庭在孩子14岁时会遇到资金缺口，距离现在还有14年。孙先生可以采用基金定投方式来筹备，每年拿出6 515元进行基金定投，在基金年均收益率达到8%的情况下，即可弥补157 781元的资金缺口。

要实现这样的目标，可以选择指数基金，在指数基金中可以选择嘉实300或广发中证500指数基金。具体的产品选择在第六章中做进一步分析。

在客户选定产品后，理财师可以协助客户执行规划方案，比如协助客户开立基金账户、进行网上操作等。

由于当前的规划方案是根据当时的信息拟定的，而教育费是不断变化的，其上涨幅度有可能超过设定的3%，而且陈先生家庭的收入随着职位的升迁也会提高。因此，理财师应当不断跟踪外部信息的变化，并在外部环境变化较大时通知陈先生调整其规划方案。

三、大额留学费用规划

随着收入的提高和家庭财富的进一步增长，对出国留学接受海外教育的需求也越来越多。留学费用与在国内接受教育的费用差距更大，如果不提前筹备，临时筹集高额学费并不容易。

【案例 5-6】 高先生，30岁，想为4岁的儿子筹备一笔教育金。他希望儿子能在读完高中就出国留学。他了解到目前去美国的留学费用大约为60万元人民币。他如何筹备这笔教育金？

案例分析 在不考虑其他需求规划的情况，仅考虑如何筹备大额教育费的问题可以利用一些简易的理财计算工具来完成，比如ValueGo，其输入界面及输出界面如图5-1所示。

表5-10是用来计算大额教育金的一款EXCEL表格，只需填写三项信息，即可自动输出家庭每月需要定投的金额。

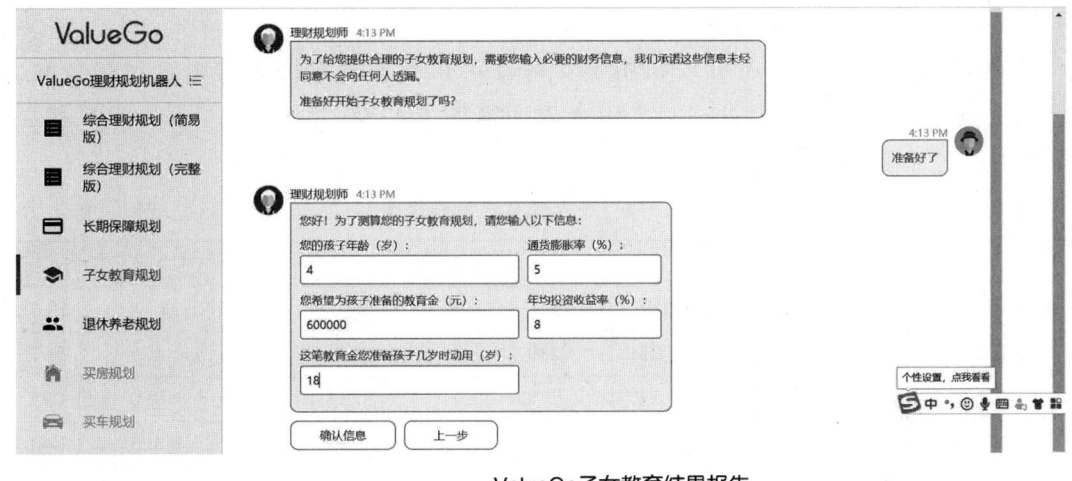

图 5-1　大额教育费理财计算工具示例

表 5-10　大额教育费用的 EXCEL 示例

客户信息（A 列）	输入输出（B 列）	计算公式
以下信息由客户填写：		
您的孩子现在几岁	4	B3
您希望为孩子在几岁时筹备一笔高额教育费	18	B4
您希望为您的子女筹备教育费(元)	600 000	B5
以下自动输出：		
假设基金的年均收益率为	8%	B8
为筹备这笔费用,您需要每月定投(元)	1 948	PMT(B8/12,12*(B4-B3),-B5)

资料来源：招宝理财网。

在表 5-10 中输入高先生孩子的年龄 4 岁,输入希望为孩子筹备教育费用的年龄 18 岁,输入希望筹集的金额 600 000 元,再输入公式 PMT(B8/12,12*(B4-B3),-B5)即可自动输出高先生应每月定投基金1 948元。

在实际操作过程中,还可以利用子女教育定投测算表直接查询相应定投金额。从表5-11可以看到,孩子4—18岁14年时间筹备600 000元教育金应每月定投基金1 948元。

表5-11 子女教育定投测算表　　　　　　　　　　　　　　　　　　　　单位:元

教育金	定投年限								
	18	17	16	15	…	4	3	2	1
100 000	208	232	258	289	…	366	416	475	547
200 000	417	463	517	578	…	733	832	950	1 093
300 000	625	695	775	867	…	1 099	1 247	1 425	1 640
400 000	833	926	1 033	1 156	…	1 466	1 663	1 900	2 186
500 000	1 041	1 158	1 291	1 445	…	1 832	2 079	2 374	2 733
600 000	1 250	1 390	1 550	1 734	…	2 198	2 495	2 849	3 280
700 000	1 458	1 621	1 808	2 023	…	2 565	2 911	3 324	3 826
800 000	1 666	1 853	2 066	2 312	…	2 931	3 326	3 799	4 373
900 000	1 875	2 084	2 324	2 601	…	3 298	3 742	4 274	4 919
1 000 000	2 083	2 316	2 583	2 890	…	3 664	4 158	4 749	5 466
2 000 000	4 166	4 632	5 165	5 780	…	7 328	8 316	9 498	10 932
3 000 000	6 249	6 948	7 748	8 670	…	10 992	12 474	14 246	16 398
4 000 000	8 332	9 264	10 330	11 559	…	14 656	16 631	18 995	21 864
5 000 000	10 415	11 580	12 913	14 449	…	18 320	20 789	23 744	27 330
6 000 000	12 498	13 895	15 496	17 339	…	21 984	24 947	28 493	32 797
7 000 000	14 581	16 211	18 078	20 229	…	25 649	29 105	33 241	38 263
8 000 000	16 664	18 527	20 661	23 119	…	29 313	33 263	37 990	43 729
9 000 000	18 747	20 843	23 243	26 009	…	32 977	37 421	42 739	49 195
10 000 000	20 830	23 159	25 826	28 899	…	36 641	41 579	47 488	54 661

注:假设基金的年均收益率为8%。

扫码获取全表

第四节　养老规划

 引导案例

胡先生,34岁,报社记者,月收入12 000元。胡太太,32岁,会计主管,月收入6 000元。孩子4岁,上幼儿园。家庭基本生活费3 500元,由于是记者,胡先生在外应酬较多,花费也较大,其月收入中的 2/3 用于养车和应酬。胡先生 4 年前购买的商品房还有 500 000 元房贷未还清,现在每月还贷 3 300 元。胡先生和胡太太希望孩子能出国留学,从孩子出生就开始为孩子进行基金定投,每月投入 2 083 元,希望在孩子 18 岁时拥有 1 000 000 元的教育金。不仅如此,胡先生和胡太太还为自己每月定投 1 050 元,希望在 25 年后退休时拥有 1 000 000 元退休金。

在这个案例中,胡先生和胡太太具有非常好的理财意识,他们不仅为孩子的教育做了准备,还为自己未来的养老生活进行了筹备,其财务资源的分配如表 5-12 所示。从表 5-12 可以看出,胡先生家庭的财务资源基本上配置完了。

表 5-12　胡先生家庭收入支出表　　　　　　　　　　　单位:元

项目	金额
胡先生	12 000
胡太太	6 000
家庭月收入	**18 000**
月生活支出	3 500
月房贷支出	3 300
月子女教育	2 083
月养老准备	1 050
其他支出	8 000
家庭月支出合计	17 933
家庭月节余	67

▶ **案例启迪**

这样的配置能让胡先生过上舒适的退休生活吗?

一、养老规划的内涵

养老规划是在对家庭成员生命周期和家庭财务状况进行全面分析的基础上,运用科学的分析方法对家庭成员退休后的生活进行财务安排的过程。

不同的家庭,由于生活方式不同,对未来养老的需求也不同。养老将不再停留在满足基本生活需要的层面上,而应能满足更高层面的追求。马斯洛(1943)在"人类激励理论"一文中提出人的需求层次理论(Maslow's Hierarchy of Needs)。他将人的需求从低到高排列,分成生理需求、安全需求、社交需求、尊重需求、自我实现需求五个层次。在低层次的需求得到满足后,人会追求高层次的需求。生理需求和安全需求是物质性的需求,社交需求、尊重需求和自我实现需求是精神性的需求。在人们的收入足够满足生理需求和安全需求后,人们会追求精神性的需求。也正因为这样,随着家庭财富的增长,家庭成员的需求层次也逐渐提高。这决定了不同家庭对未来养老的需求层次不一样。

养老的方式也有很多种,"养儿防老""以房养老"是其中的体现形式。随着社会观念的转变,传统的"养儿防老"思想也随之发生改变。现代社会工作节奏的加快和竞争压力的加剧,使得"孩子们"根本无力承担"养老"的重任。2018年中国社会科学院等机构联合发布的《大健康产业蓝皮书》预测,到2050年,我国老龄化水平将达到35.1%。在2010年北京举办的"21世纪论坛"上,清华大学就业与社会保障研究中心主任杨燕绥教授称,2035年将出现8.1亿劳动人口(15—64岁)对2.94亿老龄人口(65岁以上)的结果,减去在校生、失业人口和未达纳税起征额的低收入人口,将出现不足2个纳税人供养1个养老金领取者的局面,这被称为"老龄社会危机时点"。① 这个时点离现在只有十多年了。虽然已经放开二胎,但现存的众多"421"(四个老人、一对夫妇、一个孩子)家庭的结构将演化成"842"(8个老人、2对夫妇、4个孩子)的结构。在这种结构下,"养儿防老"根本不现实。

为了能在退休后过上一个高品质、有尊严、舒适的生活,每一个家庭都应当未雨绸缪,提前进行养老规划。

二、养老规划的步骤

养老规划同样包含家庭财务诊断、规划、产品选择、执行及跟踪等几个步骤。

【案例5-7】 古先生,32岁,公司财务主管,月收入5 000元。古太太,28岁,在企业负责人事工作,月收入3 000元。两人都有社会保险。家庭月生活支出4 000元。目前有存款20 000元,未购买任何商业保险。他们希望为刚出生的孩子准备18岁时的600 000元教育金,此为首要理财目标,并希望能在退休时过上和退休前相同水平的生活。如何进行理财规划?

案例分析 古先生既提出了子女教育需求,又提出了养老需求,并且以子女教育为首要理财目标。理财师可以在规划子女教育需求后,再根据古先生家庭的财务资源安排养老规划。

(1)要为古先生的孩子准备600 000元教育金,古先生既可以采用教育保险的方式,也可以采用基金定投的方式。查表5-11可知,他们需要每月定投基金1 250元。

古先生的月生活支出为4 000元,根据现金规划,需要准备12 000—24 000元作为应急准备金。目前的存款20 000元可以满足这项需求。

古先生和古太太都有社会保险,基本保障足够。但家庭未购买任何商业保险,风险

---

① http://finance.bjnews.com.cn/2010/0908/32214.shtml

应对能力不充分。古先生和古太太可根据双十原则确定自己的保额设置和保费支出范围。古先生年收入 60 000 元,保额可设置为 300 000—600 000 元,保费支出控制在 6 000—9 000 元;古太太年收入 36 000 元,保额可设置为 180 000—360 000 元,保费支出控制在 3 600—5 400 元。家庭年保费支出为 9 000—14 400 元。

目前古先生的剩余财务资源为每月节余:月收入(8 000 元) - 月支出(4 000 元) - 月均摊保费(1 200 元) - 月子女教育金定投(1 250 元) = 1 550 元。

(2)接下来诊断古先生的养老需求。古先生家庭目前生活支出为 4 000 元,以年通货膨胀率 3% 计算,在古太太 55 岁退休时要保持相同生活水平,家庭月生活支出将增加为:

$$FV = 4\,000 \times (1 + 3\%)^{(55-28)} = 8\,885(元)$$

古太太退休后,假设年通货膨胀率和银行利率相同,则古太太从 55 岁退休到 85 岁的 30 年间,古先生家庭需要的生活费用为:

$$8\,885\,元 \times 12\,月 \times 30\,年 = 3\,198\,600(元)$$

假设其中的 50% 可以靠社会保险解决,另外 50% 靠古先生家庭自己筹措,则古先生需要每月定投 1 400 元才能实现(见图 5-2)。古先生之前测算的月节余 1 550 元能够满足这项需求。

完成上述诊断和规划之后,再为古先生挑选相应的产品,帮助古先生执行并跟踪后续变化。

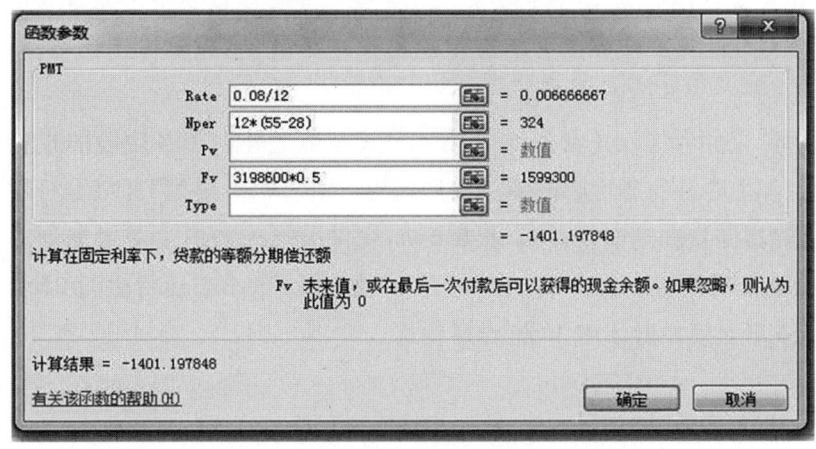

图 5-2 古先生养老规划的 EXCEL 测算

三、养老规划工具

(一)时间线工具

在养老规划中,用时间线工具能更容易理解整个规划过程。在使用时间线工具时,注意"先需求、后规划"原则,即先分析养老需求,再对需求进行规划。

在【案例 5-7】中,我们先绘制一条时间线,分析古先生家庭的养老需求。古先生 32 岁,离 60 岁退休还有 28 年;古太太 28 岁,离 55 岁退休还有 27 年。我们以离退休最短年限的家庭成员列出时间线(见图 5-3)。

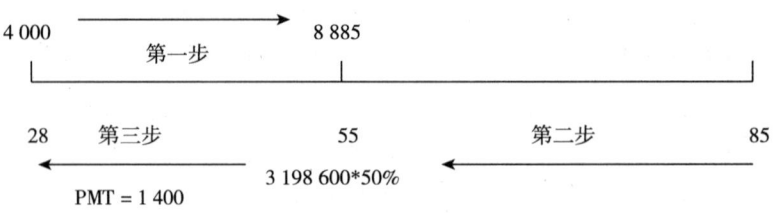

图 5-3　养老规划时间线工具

第一步,计算古太太从 28 到 55 岁退休时所需的月生活费用。

第二步,根据古太太 55—85 岁退休期间计算养老需求金。

第三步,根据养老需求金,以年金的形式规划养老。

在古先生的案例中我们假设 55—85 岁这个期间的通货膨胀率与银行利率相同,我们直接用每月支出乘以时间即可计算出养老需求金。但在通货膨胀率与银行利率不同的情况下,则要用更复杂的方法来计算,遵循的仍然是"先需求、后规划"原则。

【案例 5-8】　小李 30 岁,30 年后退休,目前生活水平所需的年支出为 5.5 万元,年通货膨胀率为 4%。退休前可进行较高风险的投资,投资收益率为 8%;退休后要降低投资风险,投资收益率为 6%。退休支出必须于年初准备好。假设小李退休后还可以活 25 年,小李退休前每月底应投资多少才能筹备足够的退休金(不考虑社会保险,全部由自己筹备)?

案例分析　这个案例比【案例 5-6】复杂,其复杂之处在于各阶段的投资收益率不同,还要考虑各个阶段的通货膨胀率。我们运用"先需求、后规划"原则分析这个案例。

首先,绘制时间线(见图 5-4)。根据时间线将小李未来的生命周期划分成两个阶段:一是退休前,小李还有 30 年的工作时间;二是退休后,小李还将生活 25 年。退休后小李的生活支出必须在退休前 30 年内筹备好。

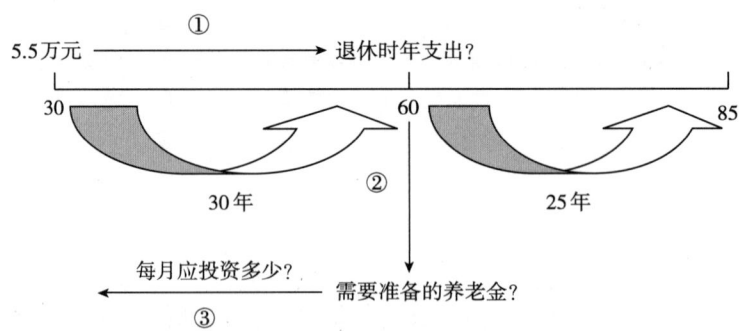

图 5-4　小李的时间线

其次,在时间线的基础上,分三个步骤计算小李的养老规划。

第一步,计算小李退休第一年所需的年支出。目前小李的生活支出每年需要 5.5 万元,通货膨胀率为 4%,小李在 30 年后退休时的年生活支出可用复利公式计算如下:

$$FV = 5.5 \times (1 + 4\%)^{30} = 17.8387(万元)$$

上述计算可以利用第二章介绍的 EXCEL 财务函数工具处理,也可以使用卡西欧财务计算器处理。

第二步,计算小李 60—85 岁的 25 年退休时间里总共需要筹备的生活费(养老金)。第一步计算出小李退休时第一年的年生活支出为 17.8387 万元,在通货膨胀率和投资收益率相等的情况下,可以直接将这个年生活的支出乘以 25 年即可得到所需筹备的生活费。但这里通货膨胀率和投资收益率并不相等,意味着需要考虑退休后资金的收益率和通货膨胀对收益率的影响。在这里,以 17.8387 万元作为年金(PMT),以实际收益率作为贴现率(r),以退休后还将生活的 25 年作为期限(n),利用 EXCEL 财务函数工具求出现值(PV)。需要注意的是,这里退休支出在每年年初就要准备好,所以要按预付年金计算,即在 PV 函数中把 Type 设置为 1。

$$实际收益率 = \frac{6\% - 4\%}{1 + 4\%} = 1.92\%$$

PV 计算结果为 358.1972 万元(见图 5-5)。

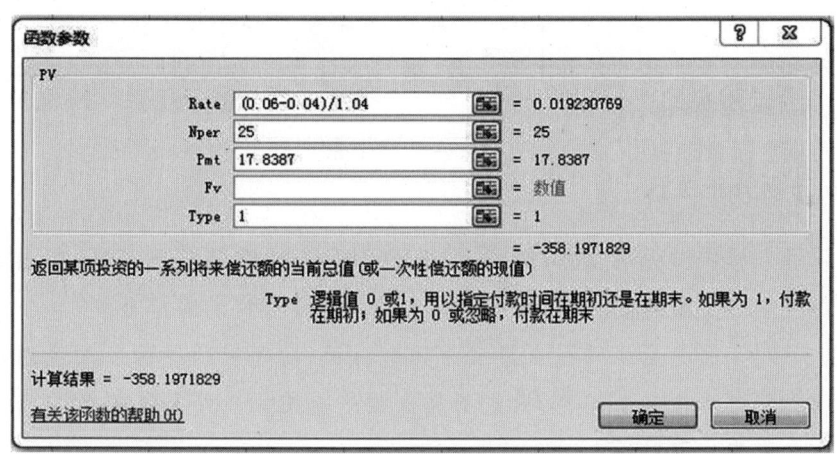

图 5-5　小李应筹备的养老金

第三步,计算为筹备 358.1972 万元养老金,小李每月需要投资的金额。以 358.1972 万元为终值(FV),以小李目前还可工作的 30 年为期限(n),以投资收益率 8% 为贴现率(r),求出每月需要投资的金额(PMT)。需要注意的是,这里小李是月底进行投资,要按普通年金计算。由于第一步考虑了通货膨胀,这里的投资收益率不再考虑通货膨胀的影响。如图 5-6 所示。计算结果为 0.2403 万元,即小李每月需要投资 2 403 元。

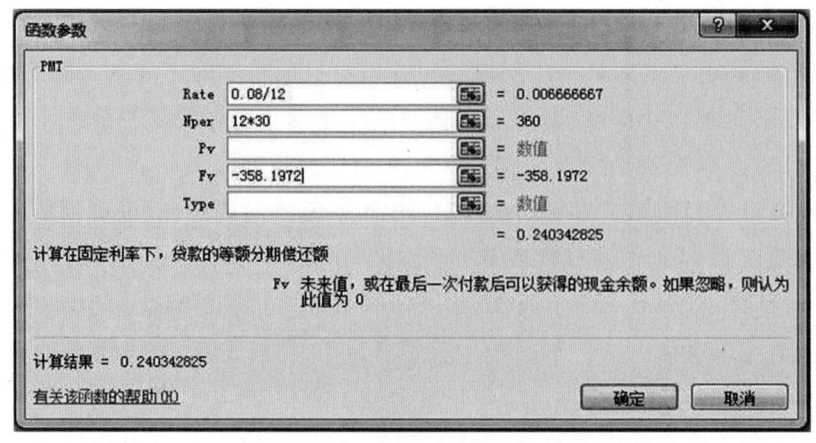

图 5-6 小李每月投资金额

【案例 5-8】中的三个关键点均与贴现率有关。

第一个关键点是计算考虑通货膨胀后的退休生活支出,这时要将当前的生活水平按通货膨胀率计算出退休时保持现有生活水平所需的生活费用。

第二个关键点是计算退休后的总生活支出,这时使用的贴现率是考虑了通货膨胀的实际收益率。

第三个关键点是计算从现在起如何投资为退休做准备,这时使用的贴现率是名义收益率。

第一步和第二步计算的是养老需求金,第三步计算的是规划所需的投资金额,遵循的是"先需求、后规划"原则。

(二) 简易分析工具

在实际业务操作过程中,理财师可利用 EXCEL 制作简易分析工具,在只需客户输入年龄和每月生活支出的情况下,即可计算出每月需要投资的固定金额。

【案例 5-9】 张先生来到一家第三方理财公司,向理财师咨询养老规划时相关事宜。理财师询问张先生三个问题,据此测算出张先生应做一个什么样的定投计划。以下是理财师和张先生的对话:

理财师:"张先生,您好!"

张先生:"您好!"

理财师:"为了能帮你拟定一个合理的养老规划,我们需要了解您的一些信息。能否告知我们您今年贵庚?"

张先生:"32 岁。"

理财师:"您太太的贵庚呢?"

张先生:"28 岁。"

理财师:"您目前的家庭月消费金额是多少?"

张先生:"3 000 元。"

理财师:"好的,经过测算,您应每月定投约 2 100 元,这样可以为您筹备 2 400 000 元左右的养老金(见表 5-13)。"

表 5-13　客户养老规划定投测算表

A 列	B 列	备注
客户基本信息		
以下三行由客户填写		
男方的年龄	32	B3
女方的年龄	28	B4
您家庭现在每月生活费用(元)	3 000	B5
以下部分自动输出		
男方还将继续工作的年限	28	B8
女方还将继续工作的年限	27	B9
通货膨胀率	3.0%	B11
男方退休时家庭每月生活费用(元)	6 864	FV(B11,B8,,-B5)
女方退休时家庭每月生活费用(元)	6 664	FV(B11,B9,,-B5)
您需储备的退休费用(元)	2 398 992	IF(B8>B9,B14*30*12,B13*25*12)
假设基金年均收益率为(可手工调整)	8.0%	B18
为筹备这笔退休费用,您需要每月定投(元)	2 102	IF(B8>B9,PMT(B18/12,12*B9,-B16), PMT(B18/12,12*B8,-B16))

在没有任何电子设备的情况下,理财师还可以利用手工制作的表格简易测算养老规划(见表 5-14 和表 5-15)。张太太的退休早于张先生,可按张太太的退休年限计算养老规划所需资金。张太太 28 岁,当前家庭生活费用 3 000 元,可查女性简易养老规划测算表,结果显示张先生家庭需要每月定投 2 102 元。

扫码获取男性简易养老规划测算全表

扫码获取女性简易养老规划测算全表

表 5-14　男性简易养老规划测算表

单位：元

目前生活费用	22	23	24	25	26	27	28	…	45	46	47	48	49	50
1 000	312	330	348	368	389	412	435	…	1 351	1 473	1 614	1 778	1 972	2 204
2 000	624	659	696	736	778	823	871	…	2 701	2 946	3 228	3 557	3 944	4 408
3 000	937	989	1 045	1 104	1 167	1 235	1 306	…	4 052	4 420	4 843	5 335	5 916	6 611
4 000	1 249	1 319	1 393	1 472	1 556	1 646	1 742	…	5 403	5 893	6 457	7 114	7 888	8 815
5 000	1 561	1 648	1 741	1 840	1 945	2 058	2 177	…	6 753	7 366	8 071	8 892	9 860	11 019
6 000	1 873	1 978	2 089	2 208	2 334	2 469	2 613	…	8 104	8 839	9 685	10 671	11 832	13 223
7 000	2 186	2 308	2 438	2 576	2 723	2 881	3 048	…	9 455	10 312	11 300	12 449	13 804	15 427
8 000	2 498	2 638	2 786	2 944	3 112	3 292	3 484	…	10 806	11 786	12 914	14 227	15 776	17 630
9 000	2 810	2 967	3 134	3 312	3 501	3 704	3 919	…	12 156	13 259	14 528	16 006	17 748	19 834
10 000	3 122	3 297	3 482	3 680	3 891	4 115	4 355	…	13 507	14 732	16 142	17 784	19 720	22 038
20 000	6 245	6 594	6 965	7 360	7 781	8 230	8 710	…	27 014	29 464	32 285	35 569	39 441	44 076
30 000	9 367	9 891	10 447	11 040	11 672	12 345	13 064	…	40 521	44 196	48 427	53 353	59 161	66 114
40 000	12 489	13 188	13 930	14 720	15 562	16 460	17 419	…	54 028	58 928	64 570	71 137	78 881	88 152
50 000	15 612	16 484	17 412	18 400	19 453	20 575	21 774	…	67 534	73 660	80 712	88 922	98 601	110 190
60 000	18 734	19 781	20 895	22 080	23 343	24 690	26 129	…	81 041	88 392	96 855	106 706	118 322	132 227
70 000	21 856	23 078	24 377	25 760	27 234	28 805	30 484	…	94 548	103 124	112 997	124 490	138 042	154 265
80 000	24 979	26 375	27 860	29 440	31 124	32 920	34 838	…	108 055	117 855	129 140	142 275	157 762	176 303
90 000	28 101	29 672	31 342	33 120	35 015	37 035	39 193	…	121 562	132 587	145 282	160 059	177 482	198 341
100 000	31 223	32 969	34 825	36 800	38 905	41 150	43 548	…	135 069	147 319	161 424	177 843	197 203	220 379

注：假设男性 60 岁退休，寿命 85 岁；通货膨胀率 3%，基金年均收益率为 8%。

表 5-15 女性简易养老规划测算表

年龄

目前生活费用	22	23	24	25	26	27	28	…	45	46	47	48	49	50
1 000	494	523	553	586	622	660	701	…	2 645	2 984	3 407	3 949	4 671	5 680
2 000	988	1 045	1 107	1 173	1 243	1 319	1 401	…	5 289	5 967	6 813	7 898	9 342	11 360
3 000	1 481	1 568	1 660	1 759	1 865	1 979	2 102	…	7 934	8 951	10 220	11 848	14 013	17 040
4 000	1 975	2 090	2 213	2 345	2 487	2 639	2 802	…	10 578	11 935	13 626	15 797	18 684	22 719
5 000	2 469	2 613	2 767	2 932	3 108	3 298	3 503	…	13 223	14 918	17 033	19 746	23 355	28 399
6 000	2 963	3 135	3 320	3 518	3 730	3 958	4 204	…	15 867	17 902	20 440	23 695	28 027	34 079
7 000	3 457	3 658	3 873	4 104	4 352	4 618	4 904	…	18 512	20 886	23 846	27 644	32 698	39 759
8 000	3 950	4 181	4 427	4 690	4 973	5 277	5 605	…	21 156	23 869	27 253	31 593	37 369	45 439
9 000	4 444	4 703	4 980	5 277	5 595	5 937	6 306	…	23 801	26 853	30 659	35 543	42 040	51 119
10 000	4 938	5 226	5 534	5 863	6 217	6 597	7 006	…	26 445	29 837	34 066	39 492	46 711	56 799
20 000	9 876	10 452	11 067	11 726	12 433	13 194	14 012	…	52 891	59 673	68 132	78 983	93 422	113 597
30 000	14 814	15 677	16 601	17 589	18 650	19 790	21 018	…	79 336	89 510	102 198	118 475	140 133	170 396
40 000	19 752	20 903	22 134	23 452	24 867	26 387	28 024	…	105 782	119 347	136 264	157 967	186 844	227 195
50 000	24 690	26 129	27 668	29 316	31 084	32 984	35 031	…	132 227	149 184	170 330	197 459	233 555	283 993
60 000	29 628	31 355	33 201	35 179	37 300	39 581	42 037	…	158 673	179 020	204 396	236 950	280 266	340 792
70 000	34 566	36 580	38 735	41 042	43 517	46 178	49 043	…	185 118	208 857	238 462	276 442	326 976	397 591
80 000	39 504	41 806	44 268	46 905	49 734	52 774	56 049	…	211 564	238 694	272 528	315 934	373 687	454 389
90 000	44 442	47 032	49 802	52 768	55 951	59 371	63 055	…	238 009	268 531	306 594	355 425	420 398	511 188
100 000	49 380	52 258	55 335	58 631	62 167	65 968	70 061	…	264 455	298 367	340 660	394 917	467 109	567 987

注：假设女性 55 岁退休，寿命 85 岁；通货膨胀率为 3%，基金年均收益率为 8%。

第五节 房产规划

 引导案例

彭先生,33岁,彭太太28岁,都是公司一般职员,固定工资,没有额外收入。每月彭先生可获得工资收入2 500元,彭太太可获得工资收入2 000元。有一个孩子,1岁。每月家庭支出2 500元。两人勤俭节约,银行存款170 000元。两人一直想买房,但总觉得钱不够,一直想着多存一点钱后再买。没想到房价从2006年起上涨速度加快,远远超过他们存款的累积速度。两人对上涨的房价望而生畏,已不敢奢谈买房的事情了。有一天,他们遇到了很久没有见面的老朋友陈先生。从事理财工作的陈先生和他们聊起了房价,一听到他们的这种情况,陈先生建议做一个规划,以了解在不影响目前生活质量的情况下是否有能力买房以及能买多大的房子。在测算之后,陈先生告诉彭先生,在做好应急准备、长期保障、子女教育、养老等规划后,他们还有能力买房。陈先生建议他们可以用半年左右的时间看房,在根据测算结果测算出的能承受的价格范围内选房,一旦选中自己喜欢的房子就可以出手。房子的首付款可以使用银行存款来支付,剩余部分房款则可以利用公积金贷款或商业贷款来支付。这样,在不影响生活质量的情况下,彭先生能够买到自己喜欢的房子。

一、房产规划的内涵

房产规划是在对家庭经济状况进行分析的基础上,测算合理的买房需求和买房能力,并根据买房需求和买房能力拟定相应的财务安排的过程。

很多人看着房价一步步地上涨,望房兴叹。有的人则后悔当初没有果断下手买房。虽然不知道未来的房价会涨还是会跌,但我们可以根据自己的承受能力买房。自住房购买者对房价的上涨和下跌人敏感性并不高,因为自住是一种刚性需求。只要有相应的支付能力,相信大家都愿意出手买房;但大多数人只是不断地判断房价上涨和下跌的趋势,希望能以较低的价格买入。如何判断房价的趋势可以参阅第三章中的宏观经济分析;但在房产规划中,最重要的是判断自己的购买能力。知己知彼,百战不殆。在判断出自己的购买能力后,在相应的价格范围内选房,就能明确地搜寻标的房子,而不是盲目地、不着边际地瞎看房。方向明确后,之后的操作就容易多了。由于房产规划是在做好保障、子女教育和养老规划之后才做的,这样买房时心里也踏实,不会影响家庭未来的生活。

二、房产规划的步骤

房产规划既可以单独进行,也可以放在综合规划中进行。通常,将房产规划放在综合规划中能更全面地考虑家庭财务资源的配置。

(一) 单独的房产规划

单独做房产规划,可以根据两个思路来进行。

一个思路是先诊断出家庭的购买能力,根据购买能力确定房产的价格上限,在此价格上限以下选择合适的房产。

【案例 5-10】 吴先生 25 岁,研究生刚毕业,吴太太 23 岁,本科刚毕业,两人的年收入一共 12 万元,一年可留存收入 4.8 万元,目前有存款 2 万元。他们打算在未来 5 年买 100 平方米的房,希望能在 20 年内还清贷款。假设投资收益率为 8%,收入增长率为 3%,房产贷款利率为 6%。吴先生能承受的价格上限是多少?

案例分析 我们可以利用购房能力诊断表(见表 5-16)计算吴先生能承受的房价上限。

(1) 根据吴先生家庭信息在表 5-16 第 2 行至第 7 行输入相应的信息。

届时拟买房平方米数:输入 100(根据家庭买房意愿填写,与最后测算出的可承受的每平方米房价有关)。

目前年收入:输入 120 000(输入家庭的全部年收入,含奖金等)。

年收入留存比例:根据吴先生留存收入 4.8 万元和年收入 12 万元,可计算出留存比例为 40%,输入单元格中(根据家庭年收入节余计算后填入表格)。

现有可投资资产:输入 20 000(根据现有的可用来投资的金融资产计算,比如现金、存款、股票、基金等)。

拟几年后买房:输入 5(家庭成员根据自己意愿填写,注意合理性)。

拟贷款年数:输入 20(家庭成员希望贷款的年限,有 3 年、5 年、10 年、15 年、20 年、25 年、30 年等)。

(2) 各种参数假设默认信息与案例一致,不需要修改。

投资收益率:8%(可在 3% 和 8% 之间选择,不同的选择将导致以不同的投资产品来满足投资需要)。

收入增长率:3%(可在 3% 和 8% 之间选择,也可根据实际情况调整)。

房屋贷款利率:6%(可根据当时的贷款利率进行调整)。

表 5-16 吴先生购房能力诊断表

以下信息需要客户输入	数值	EXCEL 计算公式
届时拟买房(平方米)	100	B3
目前年收入(元)	120 000	B4
年收入留存比例(%)	40	B5
现有可投资资产(元)	20 000	B6
拟几年后买房(年)	5	B7
拟贷款年数(年)	20	B8
以下是默认信息,可手动修改		
投资收益率假设(%)	8	B9
收入增长率(%)	3	B10
房屋贷款利率(%)	6	B11
以下信息自动输出		
可筹备首期(元)	310 983	B14=FV(B9,B7,−B4∗B5,−B6)
买房当年收入(元)	139 113	B15=FV(B10,B7,−B4)
可负担月还款额(元)	4 637	B16=B15∗B5/12
可负担房屋贷款额(元)	647 249	B17=PV(B11/12,B8∗12,−B16)
可负担买房总价(元)	958 233	B18=B17+B14
可负担买房单价(元)	9 582	B19=B18/B3
房屋贷款占总价成数(%)	67.55	B20=B17/B18

(3) 输入上述信息后,在 EXCEL 表格中会自动输出相应的信息。

可筹备首期:310 983,表明吴先生家庭可在 5 年后筹备 310 000 元首付款(这是以 8%作为投资收益率 r,以 5 年作为投资期,以现有可投资资产 20 000 元作为一次性投资现值 PV,以 5 年中的年留存收入作为年金 PMT,求出 5 年后的投资终值 FV)。

买房当年收入:139 113 元,表明吴先生家庭 5 年后买房时收入可达到 139 000 元(这是以收入增长率 3%作为收益率,以 5 年作为期限,以当前收入 120 000 元作为一次性投资现值 PV,求出 5 年后的收入终值 FV)。

可负担月还款额:4 637 元,表明吴先生家庭在 5 年后买房时可负担的年还款额为 4 637 元(这是以买房当年收入留存部分测算每月能负担的还款额)。

可负担房屋贷款额:647 249 元,表明吴先生家庭在 5 年后买房时可负担的房屋贷款总额为 647 000 元左右(这是以贷款利率 6%为贴现率,以 20 年为期限,以可负担的月还款额为年金 PMT,求出可负担的贷款现值 PV)。

可负担买房总价:958 233 元,表明吴先生家庭在 5 年后买房时可负担的总价为 958 000 元(这是以可筹备的首期款和可负担的房屋贷款总额之和计算可负担的房屋总价)。

可负担买房单价:9 582 元,表明吴先生家庭在 5 年后买房时可负担的房屋每平方米单价为 9 582 元,这是吴先生买房的价格上限(这是以可负担的房屋总价除以房屋面积计算得到的每平方米单价)。

房屋贷款占总价成数:67.55%,表明吴先生家庭在 5 年后买房时房贷占房价的 67.55%(这个比例是贷款成数,一般银行贷款只能贷 70%,即这个比例应在 70%以下)。

从输出结果看,吴先生家庭能负担的房价为每平方米 9 582 元左右,吴先生在搜寻房源时可根据这个价格确定合适的标的房子。对于每平方米高于 10 000 元的房源,吴先生可以不用考虑。

另一个思路是先确定家庭拟购买的房产价格,然后分析如何配置家庭的财务资源以实现购房目标。

【案例 5-11】 秦先生 28 岁,秦太太 25 岁,两人工作后一直租房居住。最近秦先生刚刚升职,两人也开始计划生育孩子。考虑到未来孩子出生后需要老人照顾,因两人决定购买一套三室一厅的房子。其中,一间给老人住,一间给孩子住,一间给自己住。他们希望至少能买 90 平方米的房子。目前两人已有积蓄 100 000 元。两人的月收入合计 8 000 元,月支出 3 000 元。当地的房屋均价为 7 000 元。假设贷款利率为 6%,投资收益率为 8%。请规划秦先生和秦太太如何实现买房需求。

案例分析 秦先生和秦太太的买房需求可以根据房屋均价和房屋面积测算。

$$7\ 000\ 元/平方米 \times 90\ 平方米 = 630\ 000(元)$$

买房不一定要一次性付清全款,只要能先筹备到首付款,未来有还贷能力即可。

(1)测算秦先生家庭买房需要筹备的首付款。以首付三成计算,秦先生需要预先筹备的款项为:

$$630\ 000 \times 30\% = 189\ 000(元)$$

目前秦先生家庭有积蓄 100 000 元,还需要筹备 89 000 元,才能筹集到首付款。为筹集 89 000 元,秦先生可以通过基金定投方式来筹备。秦先生家庭月收入为 8 000 元,月支出为 3 000 元,月节余为 5 000 元。假设秦先生将所有月节余投入到年投资收益率为 8%的产品上,则筹备 89 000 元需要的时间为 17 个月(见图 5-7),即 1 年 5 个月的时间。在 1 年 5 个月之后,秦先生有能力支付房子的首付款。

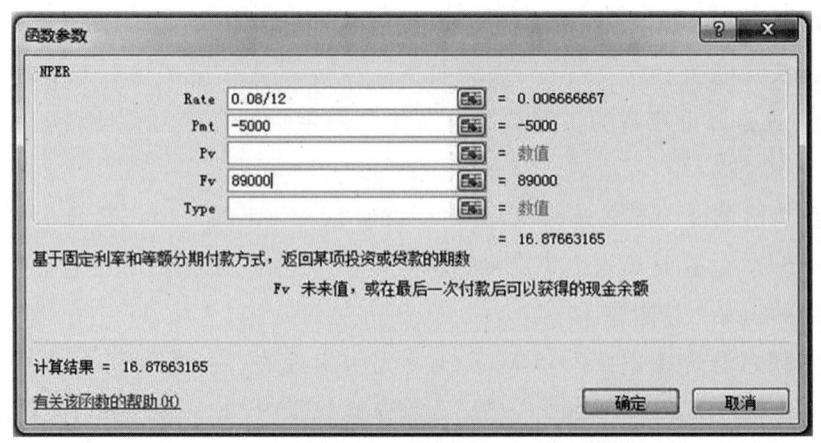

图 5-7　利用 EXCEL 计算筹备 89 000 元所需的时间

（2）仅仅支付了首付款还不够,还要测算秦先生未来的还贷能力。秦先生需要贷款七成,即贷款金额为:

$$630\,000 \times 70\% = 441\,000(元)$$

按 6% 的贷款利率,如果用 20 年期还贷,则每月需要还款 3 160 元;如果用 30 年期还贷,则每月需要还款 2 644 元(计算方法参阅第二章第七节)。秦先生家庭月节余目前为 5 000 元,采用 20 年期贷款,每月还款额占月节余的比例为 63.2%;采用 30 年期贷款,每月还款额占月节余的比例为 52.88%。由于 1 年 5 个月之后秦先生还未到 30 岁,建议秦先生家庭采用 30 年期贷款,这样尽管还款额占月节余的比例在 50% 以上,但考虑到秦先生未来收入的增长性,这个比例不会给秦先生家庭带来过重的负担。

综上所述,秦先生可以将每月节余 5 000 元定投到一款年收益率为 8% 的产品上,则 1 年 5 个月之后秦先生可筹集到首付款;秦先生可以采用 30 年期贷款七成的方式实现其买房需求。

(二) 综合规划中的房产规划

综合规划中的房产规划需要在考虑了保障、子女教育、养老等基本需求之后,再考虑房产规划。

【案例 5-12】　彭先生 33 岁,彭太太 28 岁,都是公司一般职员,拿固定工资,没有额外收入。彭先生每月可获得 2 500 元收入,彭太太每月可获得 2 000 元收入。有一个孩子,1 岁。每月家庭月支出 2 500 元。两人勤俭节约,有银行存款 170 000 元。两人一直想买房,但总觉得钱不够,一直想着多存一点钱后再买。没想到房价从 2006 年起上涨速度加快,远远超过他们存款的累积速度。两人对上涨的房价望而生畏,已不敢奢谈买房的事情。作为理财师,如何设计一个合理的方案能让彭先生家庭实现买房愿望呢?

案例分析 彭先生的年龄显示，他正处于家庭形成期。在这个时期，事业处于上升阶段，经济能力逐渐稳定，风险承受力中等。该阶段的投资目的通常是为购房、子女教育、养老等做准备。虽然彭先生没有将购房纳入需求，但仍建议彭先生在做好规划的前提下选择合适时机考虑买房。彭先生家庭经济条件并不宽裕，但并不是没有条件实现买房的愿望。在平衡彭先生家庭的基本需求后，通过规划能够有效达成其愿望。

理财师可以先利用资产负债表、收入支出表等工具，对彭先生家庭的财务状况进行简单的分析和诊断，然后从应急准备、长期保障、子女教育、养老准备等基本需求出发进行相应的规划，再考虑购房规划，并提出相应的实施策略。

第一步，对彭先生家庭财务状况进行诊断。

（1）资产负债状况。就目前的信息来看，彭先生的家庭资产负债非常简单，总资产为170 000元，全部为存款，总负债为0元，总资产扣除总负债后的家庭净资产为170 000元。

（2）收支状况。从彭先生家庭的月度收支情况来看，家庭月总收入为4 500元。其中，彭先生的月收入为2 500元，占55.5%；彭太太的月收入为2 000元，占44.5%。家庭收入构成中，夫妻双方的收入相差不大，对家庭的经济贡献相似，共同承担家庭责任。从家庭收入构成来看，工资收入占总收入的100%，显示家庭的收入来源较为单一。彭先生可尝试通过各种途径获得兼职收入、租金收入等。

目前家庭月总支出为2 500元，全部为日常生活支出，占100%。彭先生家庭尚无任何贷款。家庭支出构成中，日常支出和其他支出较高，占月总收入的55.5%，彭先生还可进一步控制支出，增加可储蓄金额。目前家庭月节余资金为2 000元，年节余资金为24 000元，储蓄比率为44.4%，反映了彭先生具有较强的家庭控制开支和增加净资产的能力。对于这些储蓄资金，彭先生应通过合理的投资来实现未来家庭各项财务目标。

（3）投资组合。理财师对彭先生进行风险测试，了解到彭先生和彭太太属于积极成长型投资者，其风险承受能力较高并期望投资能获得高收益。这与彭先生家庭的实际投资情况不符。彭先生家庭将所有资产以活期存款的形式保留，没有实现合理的资产配置和投资组合。

（4）家庭应急金准备情况。彭先生家庭将过多的资金放在活期存款上，虽然应急准备非常充分，但由于该类资产的流动性较强而收益率较低，持有过多将导致整体资产的收率较低。因此，应调整资产结构以减少现金、活期储蓄占比。彭先生应在专业理财顾问的帮助下，提高家庭财富管理水平。

（5）保险状况。彭先生家庭目前没有做好相应的保障，因而才需要在银行保留大额存款以应付不时之需。这不但占用了家庭本来就不多的财务资源，而且没有利用外部保障来降低家庭财务风险。

第二步,理顺彭先生的家庭理财目标并给出相应的规划方案。

(1) 应急准备。为了保障家庭能应付短期风险,需要储备一笔应急资金。这笔应急资金的金额一般为 3—6 个月的月生活开支(含还贷支出)。根据彭先生的情况,家庭月支出 2 500 元,需要储备 7 500—15 000 元的应急资金。

(2) 家庭长期保障。除为短期风险做好准备外,还需要为长期风险做好准备。这可以通过保险规划来实现。为了防止未来因意外而导致家庭收入中断,从而使家庭陷入财务困境,可以通过购买寿险 + 重大疾病险 + 意外险的方式做好保障。只有做好了长期保障,家庭风险承受能力增强后,才能考虑将剩余的钱做投资。保额可以设置为家庭年收入的 5—10 倍,即 27 万—54 万元;保费控制在年收入的 10%—15%,即 5 400—8 100 元。

(3) 子女教育准备。传统上,中国家庭对子女看得很重,让孩子接受良好的教育是做父母的心愿。彭先生希望为孩子筹备 20 万元的教育金,可以采用基金定投的方式进行,每个月投资 465 元,按基金年均收益率 8% 计算,18 年后彭先生的家庭账户中将有 20 万元供子女接受高等教育所用。

(4) 养老准备。虽然大多数人有社保,但社保只能满足基本的生活开支。如果彭先生希望退休后的生活质量不会太差,就要做好养老准备。彭先生 60 岁退休、彭太太 55 岁退休,距离现在还有 27 年。假设退休后要保持与目前一样的生活水平,通货膨胀率为 3%,退休后的通货膨胀率和银行利率一致,则彭先生家庭需要准备 1 665 967 元的退休养老生活。假设 50% 可通过社保来满足,为筹备另外 50% 的养老费,彭先生家庭可每月定投 730 元,按 8% 的年均收益率计算,可以在 27 年内筹备到 832 983.5 元的退休养老费。

第三步,在做好家庭基本财务目标规划的前提下,再考虑彭先生的购房规划。

彭先生的财务资源包含已有的财务资源和每月节余的财务资源。

已有的财务资源有存款 17 万元,其中需要提取 1.5 万元作为应急准备金,剩余 15.5 万元可动用。

做好上述基本规划后,每月节余的财务资源为:

月收入	4 500
减:月生活支出	2 500
减:保险费平摊到每月	675
减:子女教育定投	465
减:养老准备	730
月节余	130

根据上述测算,彭先生做好保障、子女教育、养老准备后,每月节余只剩130元。目前彭先生买房的可动用资金就是15.5万元存款及每月节余130元。

如果以15.5万元作为买房首付款,首付按50%计算,则彭先生目前可以考虑购买30万元左右的房产;按贷款50%计算,彭先生需要贷款15万元。如果贷款利率为7%,贷款期为20年,则每月需要还贷1 163元。经过这样的测算后,可以给彭先生两个建议:第一,彭先生现在具备购买30万元房产的能力,但需要牺牲对子女教育和养老准备的投入来满足;第二,彭先生可以更加努力地工作以提高收入,或者从事一些适当的工作(如写稿、兼职设计等)来获得额外收入。如果彭先生未来的每月收入能增加1 000元,彭先生就可以考虑购买30万元左右的房产。

第四步,帮助彭先生制定实施策略。

(1)应急准备金。彭先生家庭的活期存款有17万元,可从中拿出1.5万元作为应急准备金,余下15.5万元可转为其他用途或进行投资组合。

(2)长期保障。保险购买的顺序是先为家庭经济支柱购买,最后才为孩子购买。由于彭先生夫妻经济收入差不多,双方都应做好保障。彭先生和彭太太可以各自购买15万元保额的寿险、重疾险及附加意外险。每年的保费约为8 100元,平摊到每月需留出675元用于支付。

(3)子女教育准备。彭先生可凭工资卡在银行柜台开设基金账户,然后在柜台说明需要办理基金定投,可选择指数基金(如嘉实300),每月投资465元。从长期来看,指数基金的收益要高于75%的基金,另外指数基金的手续费低,长期投资可节约大笔手续费和管理费。

(4)养老准备。可以按子女教育准备的方式,开设基金定投,选择投资诸如嘉实300等指数基金,每月定投730元。

(5)其他资金。暂时不考虑买房,结合彭先生的积极投资风格,建议将15.5万元中的60%投资股票型基金,投资收益可用于满足每年的浮动支出,比如旅游;另外40%投资于债券型基金,债券基金的风险低,投资收益可用于满足每年的固定支出。

如果彭先生考虑近两年买房,则15.5万元可用于购买3—6个月的短期理财产品,以保证一定的流动性和收益。此外,彭先生应努力工作,设法将每月家庭总收入提高到5 500元以上。

(三)买房与租房的选择

年轻人刚毕业参加工作,往往收入不高。由于缺乏财富的积累,年轻人在无法筹集到房屋首付款的前提下,只有先租房。只要能支付得起首付款,就可以开始考虑是买房还是继续租房了。在考虑是买房还是继续租房的问题上,可以根据一定的测算结果来判断买房划算还是租房划算。

买房与租房的决策可采用两种方法来判断:一是年成本法,二是成本现值法。这两种方法从不同的角度进行分析,得到的结果不一定相同。

1. 年成本法

年成本法比较的是购房和租房的年成本。

购房年成本 = 首付款 × 存款利率 + 贷款余额 × 贷款利息 + 其他费用

首付款的成本以机会成本来计算,即如果支付了首付款来买房,则首付款就不能享受银行利息,从而构成了首付款的机会成本。贷款的成本则以贷款利率计算,即借钱成本。其他费用包括每年平摊的房屋维修费、税费等。

租房年成本 = 押金 × 存款利率 + 年租金

由于押金是交给房东的,因此押金的时间价值被房东占用了,从而构成了押金的机会成本。

【案例 5-13】 田女士的公司在城市中心。为生活方便,田女士在公司附近租了一套房居住,月租金 4 000 元。最近,田女士看中一套价值 500 000 元的房产,首付 3 成。贷款期为 20 年,贷款利率为 6.6%,存款利率为 3%,其他费用年均 10 000 元。在不考虑未来房价涨跌的情况下,田女士是租房划算还是买房划算?

案例分析

购房年成本 = 150 000 × 3% + 350 000 × 6.6% + 10 000 = 37 600(元)

押金按 3 个月的租金计算,即 12 000 元。

租房年成本 = 12 000 × 3% + 4 000 × 12 = 48 360(元)

从购房年成本和租房年成本来看,田女士在能支付得起首付款的前提下应买房。

2. 成本现值法

成本现值法是将所有成本的现值计算出来并汇总,然后比较购房成本的现值和租房成本的现值。

【案例 5-14】 谢先生购买一套价值 50 万元的房子,首付 15 万元,按揭贷款 20 年,月末还款,贷款年利率 6.6%。谢先生租一套同样的房子,每月末付租金 2 000 元,押金为 3 个月的租金。如果年存款利率 3%,谢先生是买房还是租房(均按月计息)?

案例分析

首先,计算买房成本现值。买房成本现值包含三个部分:首付款成本现值、贷款成本现值、房屋处置现值。

第一个部分是首付款成本现值,其金额就是首付款 15 万元。

第二个部分是贷款成本现值。将每月还款额看作年金,计算所有还款额的现值。

(1)计算每月还款额。

在卡西欧财务计算器下,点击复利模式 CMPD ,依次输入 n = 20 × 12,I% = 6.6,PV = 350 000;然后将光标移到 PMT,点击 SOLVE 键,即可求得 PMT = -2 630.152 27。

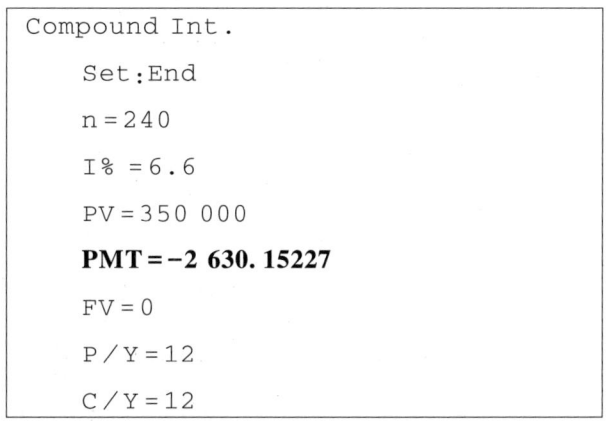

利用 EXCEL 财务函数进行计算。打开 EXCEL 程序,找到财务函数中的 PMT 函数,点开后分别输入 Rate = 0.066/12, Nper = 12 * 20, Pv = -350 000,即可求得 PMT = 2 630.152 27(见图 5-8)。计算结果显示,谢先生每月需还贷 2 630 元。

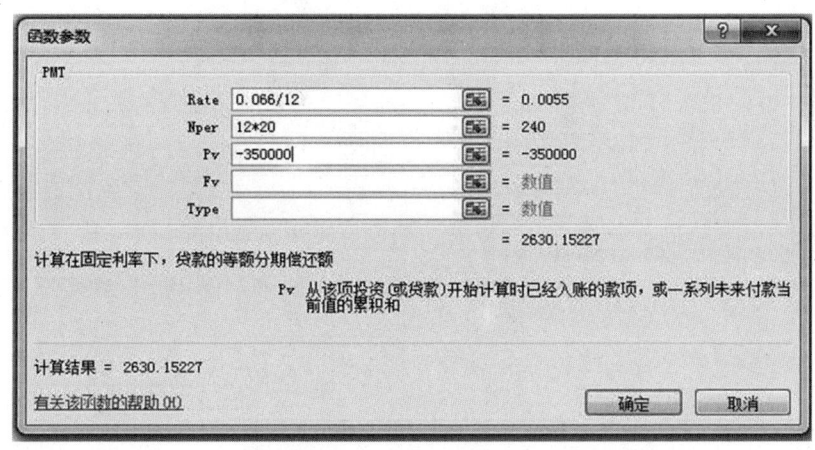

图 5-8　EXCEL 财务函数等额还款下每月还款额计算

(2)将每月还款额作为年金(见图 5-9),以存款利率 3% 作为贴现率,计算这笔贷款成本的现值。

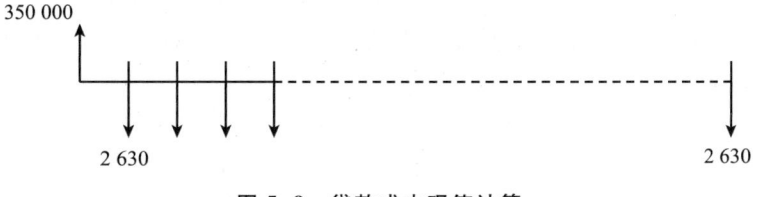

图 5-9　贷款成本现值计算

在卡西欧财务计算器下,点击复利模式 CMPD ,将上述输入的利率 I% = 6.6 修改为 I% = 3,然后将光标移到 PV,点击 SOLVE 键,即可求得 PV = 474 245.160 9。

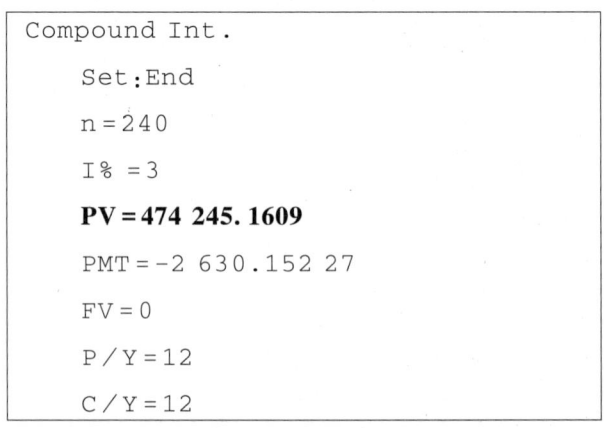

利用 EXCEL 财务函数进行计算。打开 EXCEL 程序,找到财务函数中的 PV 函数,点开后分别输入 Rate = 0.03/12,Nper = 12 * 20,Pmt = -2 630.152 27,即可求得 PV = 474 245.1608(见图 5-10)。即贷款成本现值为 474 245 元。

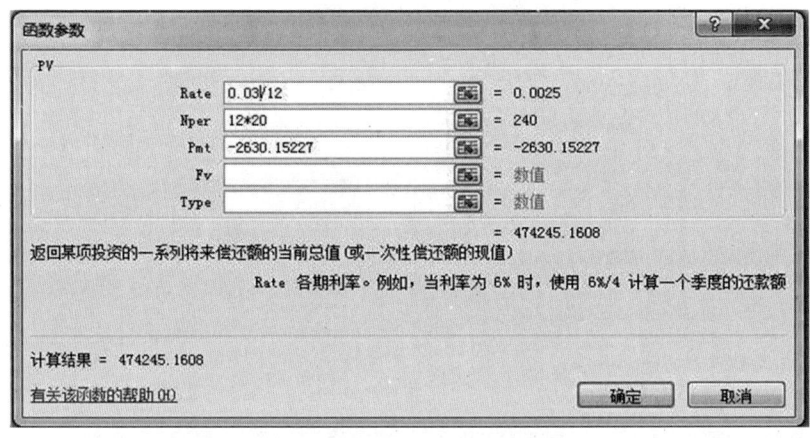

图 5-10 EXCEL 财务函数计算贷款成本现值

(3)为了对比买房和租房,需要假设买房后入住时间和租房时间相同,同时居住效用也相同。当不再居住在所购房子里时,为了和租房效用相匹配,还要假设房屋最后按照初始购买价格处置(由于房屋价格涨跌难测且房屋还有折旧等,假设按初始购买价格处置)。但是,按初始购买价格处置的时间是在未来,还需要将未来的处置价格贴现到当前(见图 5-11)。

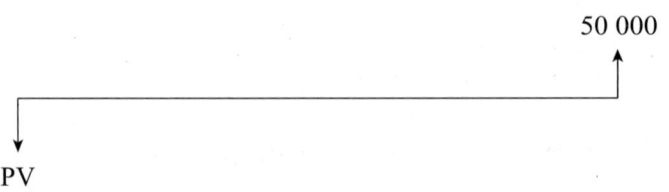

图 5-11 房屋处置价格的现值

在卡西欧财务计算器下,点击复利模式 CMPD ,输入 Set:End,n = 240,I% = 3,FV = 500 000,P/Y = 12,C/Y = 12(均按月计息);然后将光标移到 PV,点击 SOLVE 键,即可求得 PV = -274 611.357。

```
Compound Int.
    Set:End
    n = 240
    I% = 3
    PV = -274 611.357
    PMT = 0
    FV = 500 000
    P/Y = 12
    C/Y = 12
```

利用 EXCEL 财务函数进行计算。打开 EXCEL 程序,找到财务函数中的 PV 函数,点开后分别输入 Rate = 0.03/12,Nper = 12 * 20,Fv = 500 000,即可求得 PV = -274 611.357(见图 5-12)。计算结果表明,房屋处置现值为 274 611 元。

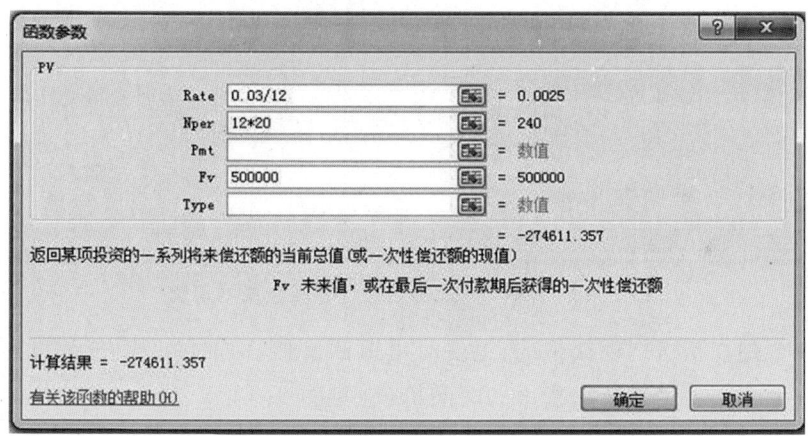

图 5-12 EXCEL 财务函数计算房屋处置现值

购房成本 = 首付款现值 + 贷款成本现值 - 房屋处置现值
= 150 000 + 474 245 - 274 611 = 349 634(元)

其次,计算租房成本现值。租房成本现值包含两个部分:一是租金成本现值,二是押金被占用的时间价值。

(1)租金成本现值也是将租金看作年金,计算年金现值。

在卡西欧财务计算器下,点击复利模式 CMPD ,输入 n = 240,I% = 3,PMT = -2 000;然后将光标移到 PV,点击 SOLVE 键,即可求得 PV = -360 621.8288。

```
Compound Int.
    Set:End
    n = 240
    I% = 3
    PV = -360 621.8288
    PMT = -2 000
    FV = 0
    P/Y = 12
    C/Y = 12
```

利用 EXCEL 财务函数进行计算。打开 EXCEL 程序,找到财务函数中的 PV 函数,点开后分别输入 Rate = 0.03/12,Nper = 12 * 20,Pmt = -2 000,即可求得 PV = 360 621.8288(见图 5-13)。计算结果表明,租金成本现值为 360 622 元。

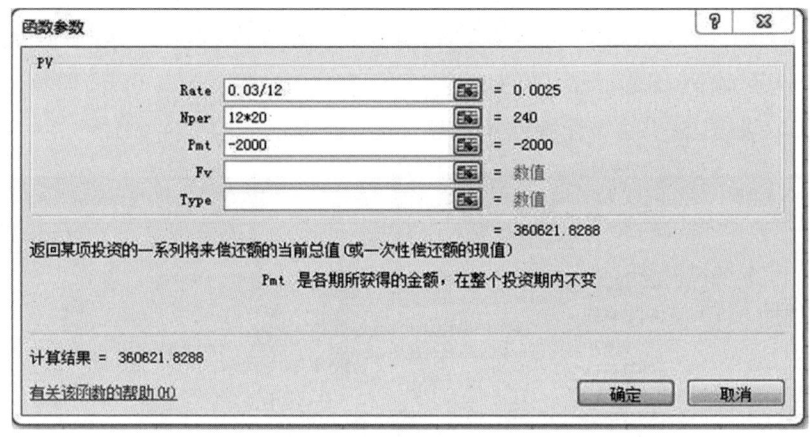

图 5-13　EXCEL 财务函数计算租金成本现值

（2）押金是在租房初期交纳的,退房时可退回,但退回时的货币价值已经缩水。所以需要计算押金被占用期所交货币的时间价值(见图 5-14)。

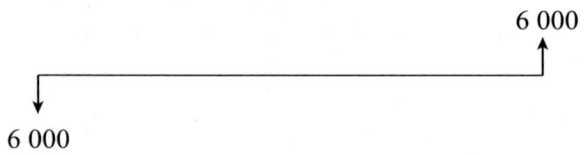

图 5-14　押金被占用的货币时间价值

将未来的 6 000 元贴现计算现值,然后用现在的 6 000 元减去押金现值就是押金被占用的货币时间价值。

在卡西欧财务计算器下,点击复利模式 CMPD ,输入 Set:End,n = 240,I% = 3,FV = 6 000,P/Y = 12,C/Y = 12(均按月计息);然后将光标移到 PV,点击 SOLVE 键,即可求得

PV=-3 295.336 284。

```
Compound Int.
    Set:End
    n=240
    I%=3
    PV=-3 295.336284
    PMT=0
    FV=6 000
    P/Y=12
    C/Y=12
```

利用 EXCEL 财务函数进行计算。打开 EXCEL 程序,找到财务函数中的 PV 函数,点开后分别输入 Rate=0.03/12,Nper=12*20,Fv=6 000,即可求得 PV=-3 295.336284(见图 5-15)。计算结果表明,押金现值为 3 295 元。

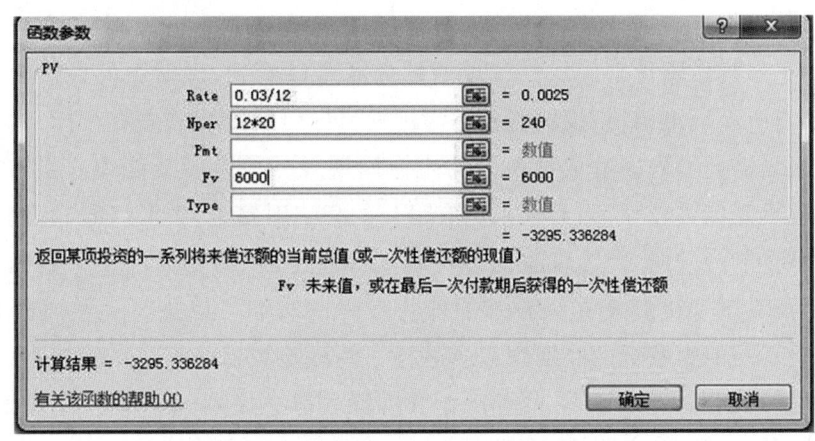

图 5-15　EXCEL 财务函数计算押金现值

$$押金被占用的货币时间价值 = 6\ 000 - 3\ 295 = 2\ 705(元)$$
$$租房成本现值 = 360\ 622 + 2\ 705 = 363\ 327(元)$$

综上所述,买房成本现值是 349 634 元,少于租房成本现值,所以买房划算。

第六节　投 资 规 划

 引导案例

张先生,57 岁,2007 年上半年在一次饭局上听到朋友说炒股票赚了 100 万元,心动之余拿出 10 万元杀入了股市。1 个月的时间里,张先生斩获了 20% 的收益,初始投资 10 万元增值到了 12 万元。张先生喜出望外,到银行取出了全部存款 60 万元,投入了股

市。不幸的是,当月张先生没能获得收益,反而出现10%的亏损。不但前一个月赚的2万元亏掉了,还损失了5万元以上。张先生并不甘心,认为自己只是运气不好而已,不愿意止损。没想到股市除偶有反弹外,一路走低。1年后,张先生70万元的资本金只剩下20万元。张先生成天愁眉苦脸,心情低落,并常常冲着家人无端地发脾气。只剩下2年就要退休了,而自己辛辛苦苦积攒多年的养老储蓄缩水了70%。

▶ 案例启迪

第一,投资是有风险的,因此需要根据自己的风险承受能力合理地投资。

第二,作为即将步入退休阶段的人,由于风险承受能力有限,不应做风险过高的投资。

一、投资规划的内涵

投资规划是根据家庭成员所处的生命周期及其风险承受能力,为实现未来理财目标所拟定的一系列投资计划。从投资规划的内涵可以看到,理财中的投资规划与一般的投资规划有所不同。第一,投资规划是为理财目标而做的,是"先有目标,才有规划"。第二,投资规划需要考虑家庭成员所处的生命周期及其风险承受能力。当家庭处于初建期时,风险承受能力较强,因为未来还有很长的积累财富的时间。而当家庭处于退休期时,风险承受能力较弱,因为未来的工作收入即将中断,需要靠前期积累的财富和退休金满足生活需求。投资者在风险承受能力较强的时期可以进行一些风险较高的投资,而在风险承受能力较低的时期则应当进行一些风险较低的投资。第三,投资规划是一系列的投资计划,不是单独拿一笔资金来投资。前文提到的子女教育规划、养老规划、房产规划等用到的基金定投,本质上也属于投资规划的一部分。

"投资"与"理财"是经常被混淆的两个概念。从战略和战术的角度去理解这两个概念,理财是属于战略层面的问题,而投资是属于战术层面的问题。理财确定的是方向,而投资确定的是手段。所以,理财规划包含了投资规划,投资规划只是理财规划中用来实现理财目标的一种手段。

彼得·德鲁克曾说:"做正确的事,并正确地做事。"理财规划的首要任务就是明确理财目标,确定正确的方向,一切规划都为理财目标而制定;然后通过专业的规划流程,正确地拟定达成目标的方案。

二、投资规划的步骤

在为家庭确定现金规划、保险规划、子女教育规划、养老规划、房产规划后,如果家庭还有闲置资金,就可以从生命周期和风险承受能力两个方面考虑如何配置闲置资金。

第一,明确理财目标。做投资规划的第一步就是明确理财目标。任何投资都不应该是盲目的行为,而应该了解投资目标是什么。比如前文提到的子女教育规划,为了在18岁时可储备到教育金,可以用基金定投的方式来准备。在这个规划中,储备教育金是投资目标。为了进一步明确投资目标,还需要将目标进行量化,比如需要在18岁时可储备到60万元教育金。在明确目标的过程中,必须列明投资期和最终想达到的目标金额。同样,养老规划和房产规划也需要先量化目标金额和投资期。

除子女教育、养老、买房这些基本目标之外,每个家庭还会有不同的目标。这通常需要家庭成员做一个目标梳理,列出想实现的目标,并将希望实现目标的时间点标明,然后根据目标的可变更性进行分类,可以使用目标梳理工具表(见表5-17)进行。

表5-17 理财目标梳理工具表

目标名称	目标金额	预期实现时间	可变更性
目标一	x	XX 年	可变更
目标二	y	YY 年	不可变更
⋮	⋮	⋮	⋮

第二,判断家庭的生命周期及其风险承受能力,可参考表5-18所列示项目进行判断。

表5-18 家庭生命周期与风险承受能力

	单身期 (24岁以下)	家庭初建期 (24—30岁)	家庭成长期 (30—45岁)	家庭成熟期 (45—60岁)	退休期 (60岁以上)
经济特征	开始有收入 埋怨待遇低 总是存不了钱	收入略增 略有节余 财富增长幅度慢	职业趋于稳定 进入收入高成长期(以薪资收入为主)	职业生涯更上一层楼 资产规模快速累积(薪资收入、理财收入并重)	薪资收入停止,完全依赖理财收入
理财目标	量入为出 积极创造财富	结婚 买房 生育 子女教育 养老 买车 旅游等	子女教育 养老 清偿房贷 旅游等	寻求能带来稳定收入的投资 构建退休生活蓝图 旅游等	颐养天年,退休生活质量不下降 生病能得到好的医疗条件 享受生活等
风险承受能力	强	强	中等偏强	中等偏弱	弱

(续表)

	单身期 (24岁以下)	家庭初建期 (24—30岁)	家庭成长期 (30—45岁)	家庭成熟期 (45—60岁)	退休期 (60岁以上)
对投资收益的预期	高	高	中等	中等	低
适合的投资品种	激进型	激进型	稳健型	稳健型	保守型

第三,根据理财目标和家庭所处生命周期及其风险承受能力拟定相应的投资规划。

从理财目标是否可变更来看,对于不可变更的理财目标,应配置稳健型投资品种,以保证理财目标的实现。对于可变更的理财目标,可以配置激进型投资品种,在投资收益可实现的情况下,达成相应的理财目标;而在投资收益暂未能实现的情况下,可延长达成目标的时间,不急于在收益未达成的情况下撤回投资。

从家庭所处生命周期来看,当处于家庭初建期时,可配置激进型投资品种,能够在较长时间内进行规划,只要投资收益在这段时间内任何一个时点达成预期目标,就可以撤回目标金额的投资并转投风险较低的品种,从而保证理财目标可实现。当接近或处于退休期时,由于未来的现金流出通常高于现金流入,应减少激进型投资品种占比,甚至不配置任何激进型投资品种。

从家庭成员的风险承受能力来看,对于风险承受能力不强的家庭成员,其理财目标需通过稳健型投资品种来实现;对于风险承受能力较高的家庭成员,其理财目标可以通过激进型投资品种来实现。

【案例5-15】 魏先生,40岁,企业高管,有房有车,银行存款200万元。魏先生有一个儿子,15岁。魏先生已为子女教育和自身养老做了准备。现在,魏先生希望能更好地利用银行存款200万元进行投资,但不知道如何着手。

案例分析 首先,在理财师的建议下,魏先生及其家庭成员梳理出理财目标(见表5-19)。

表5-19 魏先生家庭的理财目标

目标名称	目标金额(元)	预期实现时间(年)	可变更性
换车	500 000	2	可变更
资助儿子创业	1 000 000	7	不可变更
境外旅游	200 000	3	可变更
重新装修房子	300 000	2	不可变更
魏先生读EMBA	300 000	1	不可变更

其次,判断魏先生的家庭生命周期和风险承受能力。魏先生正处于家庭成长期,职业趋于稳定,收入也进入高成长期,此时的风险承受能力属于中等偏强,对投资收益的预期为中等,整体来看适宜选择稳健型投资品种。

再次,根据魏先生的理财目标、家庭生命周期和风险承受能力进行相应的投资规划。魏先生的理财目标有五个,其中的资助儿子创业、重新装修房子、读 EMBA 的目标对魏先生来说是不可变更的,而换车和境外旅游的目标则是可变更的。因此,对于不可变更的三个目标,可选择稳健型投资品种,比如偏债型混合基金或债券型基金;对于可变更的两个目标,可选择股票、股票基金或偏股型混合基金。

由于距离实现理财目标的时间有长有短,还可以根据魏先生目前的财务资源匹配各项目标。2—3 年以内要实现的目标需要回避一定的风险,匹配这些目标应以稳健型投资品种为主。3 年以上要实现的目标则可以适当做一些激进点的长期投资。对于魏先生来说,换车、境外旅游、重新装修房子、读 EMBA 是 3 年以内要实现的目标,而资助儿子创业是 3 年以上要实现的目标。魏先生的银行存款有 200 万元,可留出 30 万元用于读 EMBA、30 万元重新装修房子,这两个目标是不可变更的,可选择债券型基金进行投资;再留出 50 万元用于换车、20 万元用于境外旅游,这两个目标是 3 年以内可实现且属于可变更的,可选择相对股票基金更稳健的偏股型基金进行投资,或者进行股票型基金与债券型基金的组合投资;对于 7 年才要达成的资助儿子创业的目标,剩余 70 万元财务资源可以动用,虽然这个目标是不可变更的,但却是长期的,可以在前期进行激进型投资,比如挑选一些质地优良的股票组合或股票基金组合长期持有,在期间任何一个时间点达成 100 万元后即可将资金转为债券型基金或货币市场基金等形式持有以保证实现目标。

第七节　税　收　规　划

 **引导案例**

陈教授对企业管理很有研究,经常受邀去一些知名企业授课,一次内训课程的报酬为 50 000—60 000 元。某企业提出两种支付报酬的方案供陈教授选择:一种是只支付给陈教授现金 50 000 元作为报酬,由企业负责授课期间的交通费、住宿费、伙食费等;另一种是企业不负责往返交通费、住宿费、伙食费等,只支付给陈教授 60 000 元作为报酬。如果陈教授授课期间的交通费、住宿费、伙食费等共需 10 000 元,陈教授应该选择哪一种方案呢?

如果陈教授选择由企业负责交通费、住宿费、伙食费等的方案,实际收到的报酬收入为 50 000 元,属于劳务报酬,按 20% 税率纳税。由于超过 20 000 元,属于畸高收入,需要加成征收,应纳个人所得税额为 50 000×(1-20%)×30%-2 000=10 000 元。陈教授实际净收入为 50 000-10 000=40 000 元。

如果陈教授选择自己负担交通费、住宿费、伙食费等的方案,则应纳个人所得税额为 60 000×(1-20%)×30%-2 000=12 400 元,扣除交通费、住宿费、伙食费等 10 000 元后,陈教授实际净收入为 60 000-12 400-10 000=37 600 元。

从两种方案的结果来看,陈教授应选择由企业负责交通费、住宿费、伙食费的方案,能够节省个人所得税 2 400 元。

一、个人所得税的相关规定

1980 年 9 月 10 日,第五届全国人民代表大会第三次会议通过《中华人民共和国个人所得税法》。目前的《中华人民共和国个人所得税法》是经过 1993 年 10 月 31 日、1999 年 8 月 30 日、2005 年 10 月 27 日、2007 年 6 月 29 日、2007 年 12 月 29 日、2011 年 6 月 30 日、2018 年 8 月 31 日七次修正后,自 2019 年 1 月 1 日起施行。2018 年 8 月 31 日,第十三届全国人民代表大会常务委员会第五次会议通过了关于修改个人所得税法的决定。新个税法将工资、薪金所得的基本减除费用标准提高至 5 000 元/月,并适用新的综合所得税率:个税的部分税率级距进一步优化调整,扩大 3%、10%、20% 三档低税率级距,缩小 25% 税率级距,30%、35%、45% 三档较高税率级距不变。新个税法规定:居民个人的综合所得,以每一纳税年度收入额减除费用 60 000 元,以及专项扣除和依法确定的其他扣除项余额,为应纳税所得额。在计算个人所得税时,在减除基本减除费用标准和"三险一金"等专项扣除外,还增加了专项附加扣除,包括子女教育、继续教育、大病医疗、住房贷款利息或住房租金、赡养老人等支出。

2018 年的个人所得税起征额为 5 000 元。其中的"四金"是指养老保险金、医疗保险金、失业保险金、住房公积金,也称为"三险一金"。

个人所得税是以所得人为纳税义务人,以支付所得的单位或者个人为扣缴义务人的税种。应交纳个人所得税的项目包括:

(1) 工资、薪金所得,是指个人因任职或者受雇而取得的工资、薪金、奖金、年终加薪、劳动分红、津贴、补贴,以及与任职或者受雇有关的其他所得。

(2) 劳务报酬所得,是指个人从事劳务而取得的所得,包括从事设计、装潢、安装、制图、化验、测试、医疗、法律、会计、咨询、讲学、翻译、审稿、书画、雕刻、影视、录音、录像、演出、表演、广告、展览、技术服务、介绍服务、经纪服务、代办服务以及其他劳务而取得的所得。

(3) 稿酬所得,是指个人因其作品以图书、报刊等形式出版、发表而取得的所得。

(4) 特许权使用费所得,是指个人提供专利权、商标权、著作权、非专利技术以及其他特许权的使用权而取得的所得;提供著作使用权而取得的所得,不包括稿酬所得。

(5)经营所得,是指个体工商户从事生产、经营活动而取得的所得,个人独资企业投资人、合伙企业的个人合伙人来自境内注册的个人独资企业、合伙企业的生产和经营所得;个人依法从事办学、医疗、咨询及其他有偿服务活动而取得的所得;个人对企业、事业单位承包经营、承租经营以及转包、转租而取得的所得;个人从事其他生产、经营活动取得的所得。

(6)利息、股息、红利所得,是指个人拥有债权、股权等而取得的利息、股息和红利所得。

(7)财产租赁所得,是指个人出租不动产、机器设备、车船以及其他财产而取得的所得。

(8)财产转让所得,是指个人转让有价证券、股权、合伙企业中的财产份额、不动产、机器设备、车船以及其他财产而取得的所得。

(9)偶然所得,是指个人得奖、中奖、中彩以及其他偶然性质的所得。

二、个人所得税的计算方法

在计算个人所得税时,关键的两个要素是应纳税所得额和税率。首先,个人所得税法对不同所得规定的应纳税所得额是不同的。比如对于工资、薪金所得,是以每月收入额减除费用5 000元,以及专项扣除、专项附加扣除和依法确定的其他扣除后的余额作为应纳税所得额;而对于劳务报酬所得,是以实际所得扣除20%的费用作为应纳税所得额。由于应纳税所得额的标准不同,给后文的税收规划留下了空间。其次,不同应纳税所得额对应的税率可能一样,也可能不一样。比如比例税率一般是一样的,而超额累进税率在不同应纳税所得额下是不一样的,税率随着应纳税所得额的增加而提高。

(一)工资、薪酬所得

工资、薪金所得以每月收入额减除费用5 000元,以及专项扣除、专项附加扣除和依法确定的其他扣除后的余额为应纳税所得额。工资、薪酬所得适用于超额累进税率(见表5-20)。

表5-20 工资薪金所得超额累进税率

级数	全年应纳税所得额	税率(%)	速算扣除数(元)
1	不超过36 000元的	3	0
2	超过36 000元至144 000元的部分	10	2 520
3	超过144 000元至300 000元的部分	20	16 920
4	超过300 000元至420 000元的部分	25	31 920

(续表)

级数	全年应纳税所得额	税率(%)	速算扣除数(元)
5	超过 420 000 元至 660 000 元的部分	30	52 920
6	超过 660 000 元至 960 000 元的部分	35	85 920
7	超过 960 000 元的部分	45	181 920

根据超额累进税率计算应纳税额的计算公式为：

全月应纳税额 =（每月工资所得 - 专项扣除 - 专项附加扣除 - 个人所得税起征额）× 税率 - 速算扣除数

扫码观看：个税六项专项附加扣除

开拓视野　　　　专项附加扣除明细规定

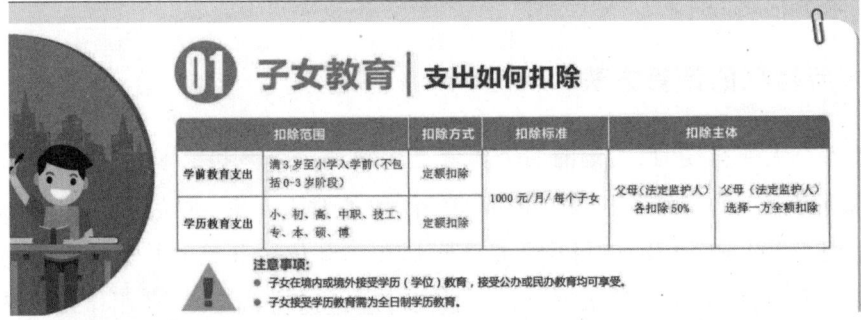

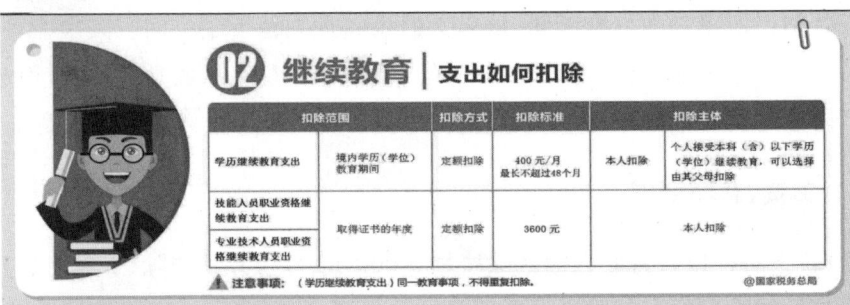

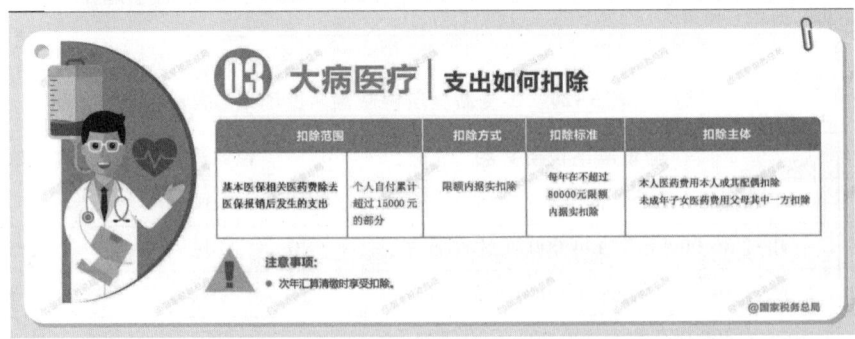

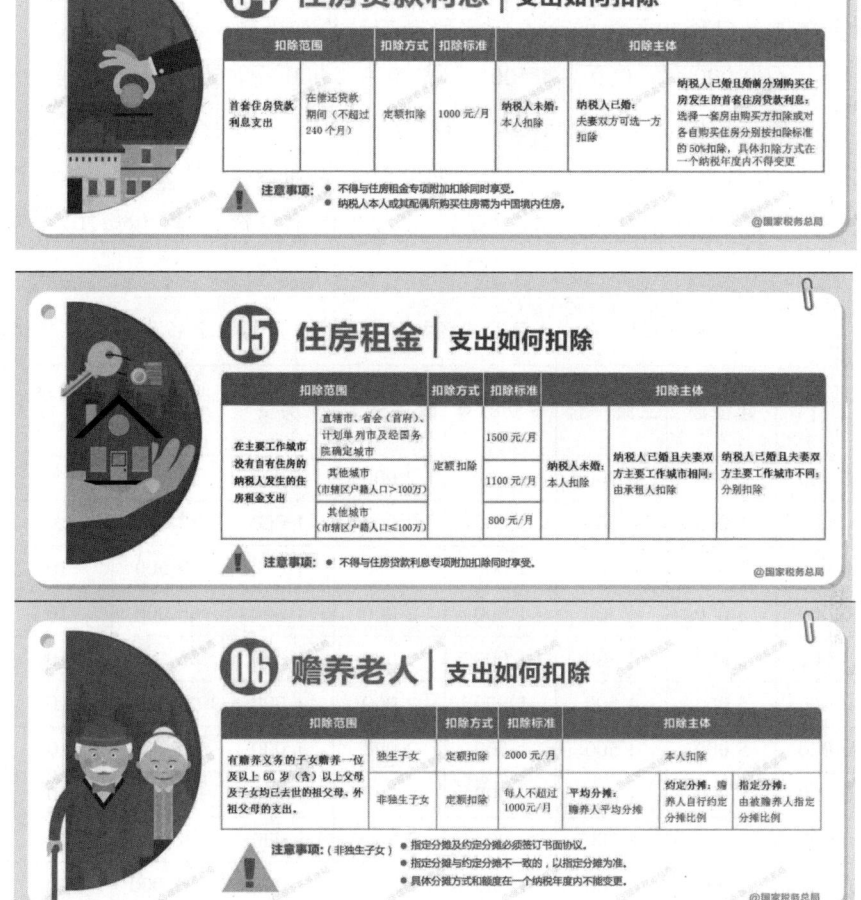

【**案例 5-16**】 秦女士 2019 年每月应发工资为 30 000 元,每月"三险一金"专项扣除为 4 500 元,子女教育专项扣除为 1 000 元,赡养老人专项扣除为 2 000 元(独生子女),房贷利息专项扣除为 1 000 元。秦女士每个月应预扣预缴的个人所得税金额是多少?

案例分析

秦女士在 1 月应预扣预缴的个人所得税金额计算如下:

(30 000 − 5 000 − 4 500 − 1 000 − 2 000 − 1 000) × 3% − 0 = 495(元)

秦女士在 2 月应预扣预缴的个人所得税金额计算如下:

(30 000 − 5 000 − 4 500 − 1 000 − 2 000 − 1 000) × 2 × 3% − 495 = 495(元)

秦女士在 3 月应预扣预缴的个人所得税金额计算如下:

$$(30\,000 - 5\,000 - 4\,500 - 1\,000 - 2\,000 - 1\,000) \times$$
$$3 \times 10\% - 2\,520 - 495 - 495 = 1\,440(元)$$

秦女士在 4 月应预扣预缴的个人所得税金额计算如下:

$$(30\,000 - 5\,000 - 4\,500 - 1\,000 - 2\,000 - 1\,000) \times 4 \times$$
$$10\% - 2\,520 - 495 - 495 - 1\,440 = 1\,650(元)$$

以此类推,各月份应预扣预缴的个人所得税金额如表 5-21 所示。从表中可以看到,秦女士年工资收入为 360 000 元,应缴纳个人所得税金额为 22 680 元,平均税率为 6.3%。

表 5-21 秦女士每月应预扣预缴的个人所得税金额　　　金额单位:元

月份	工资	起征额	三险一金	子女教育	赡养老人	房贷	应纳税所得额	税率(%)	税额
1	30 000	5 000	4 500	1 000	2 000	1 000	16 500	3	495
2	30 000	5 000	4 500	1 000	2 000	1 000	33 000	3	495
3	30 000	5 000	4 500	1 000	2 000	1 000	49 500	10	1 440
4	30 000	5 000	4 500	1 000	2 000	1 000	66 000	10	1 650
5	30 000	5 000	4 500	1 000	2 000	1 000	82 500	10	1 650
6	30 000	5 000	4 500	1 000	2 000	1 000	99 000	10	1 650
7	30 000	5 000	4 500	1 000	2 000	1 000	115 500	10	1 650
8	30 000	5 000	4 500	1 000	2 000	1 000	132 000	10	1 650
9	30 000	5 000	4 500	1 000	2 000	1 000	148 500	20	2 100
10	30 000	5 000	4 500	1 000	2 000	1 000	165 000	20	3 300
11	30 000	5 000	4 500	1 000	2 000	1 000	181 500	20	3 300
12	30 000	5 000	4 500	1 000	2 000	1 000	198 000	20	3 300
合计	360 000								22 680

(二) 劳务报酬所得、稿酬所得、特许权使用费所得

劳务报酬所得、稿酬所得、特许权使用费所得以收入减除 20% 费用后的余额为收入额。稿酬所得按收入额的 70% 减除,余额为预扣预缴应纳税所得额。

预扣预缴应纳税所得额乘以适用预扣率为应预扣预缴税额。其中,劳务报酬所得适用个人所得税预扣率(见表 5-22),稿酬所得、特许权使用费所得适用 20% 的比例预扣率。劳务报酬所得、稿酬所得、特许权使用费所得三项综合所得属于一次性收入的,以取得该项收入为一次;属于同一项目连续性收入的,以一个月内取得的收入为一次。

$$应纳税额 = (劳务报酬收入 - 费用) \times 适用税率 - 速算扣除数$$

表 5-22 劳务报酬所得税率

级数	含税级距	税率(%)	速算扣除数(元)
1	不超过 20 000 元的	20	0
2	超过 20 000 元至 50 000 元的部分	30	2 000
3	超过 50 000 元的部分	40	7 000

【案例 5-17】 钱先生一次取得劳务报酬收入为 3 万元,计算其个人所得税。

案例分析 钱先生预扣预缴的应纳税所得额计算如下:

$$30\,000 - 30\,000 \times 20\% = 24\,000(元)$$

预扣预缴应纳税额计算如下:

$$24\,000 \times 20\% + (24\,000 - 20\,000) \times 20\% \times 50\% = 5\,200(元)$$

利用表 5-22 的速算扣除数计算如下:

$$24\,000 \times 30\% - 2\,000 = 5\,200(元)$$

【案例 5-18】 黄老师出版一部教材获得稿费 3 万元。计算黄老师的个人所得税额。

案例分析 黄老师预扣预缴的应纳所得额计算如下:

$$(30\,000 - 30\,000 \times 20\%) \times 70\% = 16\,800(元)$$

预扣预缴的个人所得税额计算如下:

$$16\,800 \times 20\% = 3\,360(元)$$

(三)经营所得

个体工商户的生产、经营所得,以每一纳税年度的收入总额减除成本、费用以及损失后的余额,为应纳税所得额,适用超额累进税率(见表 5-23)。需要注意的是,2019 年已取消定期定额征税的方式。

应纳税额 = [收入总额 - (成本 + 费用 + 损失)] × 适用税率 - 速算扣除数

表 5-23 个体工商户的生产、经营所得税率

级数	全年应纳税所得额	税率(%)	速算扣除数
1	不超过 30 000 元的	5	0
2	超过 30 000 元至 90 000 元的部分	10	1 500
3	超过 90 000 元至 300 000 元的部分	20	10 500
4	超过 300 000 元至 500 000 元的部分	30	40 500
5	超过 500 000 元的部分	35	65 500

【案例 5-19】 张先生是从事餐饮业的个体工商户,2019 年实现收入 70 万元,发生成本费用支出 60 万元(含减除费用),计算其应纳个人所得税额。

案例分析

应纳个人所得税额 =(700 000 - 600 000)× 20% - 10 500 = 9 500(元)

取得经营所得的个人没有综合所得的,计算其每一纳税年度的应纳税所得额时,应当减除费用 6 万元、专项扣除、专项附加扣除以及依法确定的其他扣除。专项附加扣除在办理汇算清缴时减除。

【案例 5-20】 魏先生 2019 年承包了某地布料厂,分别在 6 月和 12 月取得承包收入 8 万元和 9 万元,预缴个人所得税 6 500 元和 7 500 元,假设没有其他综合所得和扣除项。计算魏先生的应纳个人所得税额。

案例分析

应纳个人所得税额 =(80 000 + 90 000 - 5 000 × 12)× 20% - 10 500 = 11 500(元)

年终汇算清缴时可申请退回个人所得税额为 2 500 元(6 500+7 500-11 500)。

(四)利息、股息、红利所得,财产租赁所得和偶然所得

利息、股息、红利所得和偶然所得,以每次收入额为应纳税所得额,税率适用比例税率 20%。财产租赁所得,每次收入不超过 4 000 元的,减除费用 800 元;4 000 元以上的,减除 20% 的费用,余额为应纳税所得额。

【案例 5-21】 项先生购买体育彩票获得大奖,奖品为价值 500 000 元的小轿车一辆及现金 300 000 元。项先生领奖时拿出 200 000 元捐给希望工程。项先生应如何计算缴纳个人所得税?

案例分析

根据税法规定,公益、救济性质的捐赠,允许税前扣除未超过其申报应纳所得额 30% 的部分,而非公益、非救济性捐赠不能扣除。个人通过非营利性社会团队和国家机关向农村义务教育、红十字会、公益性青少年活动场所的捐赠及个人向慈善机构、基金会等非营利性机构的公益性、救济性捐赠,在计算个人所得税时可以全额扣除。项先生一共获得 800 000 元所得,按 30% 计算,扣除标准为 240 000 元。项先生的捐款额高于 240 000 元,在计算应纳税额时可以全额扣除。

项先生的应纳所得税 =(500 000 + 300 000 - 200 000)× 20% = 120 000(元)

(五)财产转让所得

财产转让所得,是指个人转让有价证券、股权、建筑物、土地使用权、机器设备、车船以及其他财产而取得的所得,以转让财产的收入额减除财产原值和合理费用后的余额为应纳税所得额,税率适用比例税率 20%。目前,对个人转让上市公司股票所得暂不征收个人所得税。

个人出售自有住房的应纳税所得额也是许多家庭关心的问题。对于能提供完整的、准确的房屋原值凭证和合理费用证明的,以转让财产的收入额减除财产原值和合理费用后的余额为应纳税所得额。纳税人未能提供完整的、准确的房屋原值凭证,不能正确计算应纳税所得额的,税务机关对其实行核定征税。

由于国家对房地产的调控政策多变,而且各个地方的核定征税方法不一致,因此关于个人财产转让所得的具体计算方法要参考各个地方政府的规定。

三、税收规划技巧

个人理财中的税收规划是指在符合国家法规和税法的前提下,选择合理合法的方式进行收入规划,从而降低个人所得税额。税收规划与逃税、偷税的本质是不同的,税收规划的前提是合法,而逃税、偷税是逃避法定纳税义务或偷漏税额的行为,是违法的。税收规划包含节税和避税两个层面,其中节税和避税又有所差别。节税是指在不违背税法立法精神的前提下,纳税人充分利用税法中的起征、减免税等一系列优惠政策,对比多种纳税方案,并选择以税收负担最小的方式处理财务、经营、交易事项。避税是指纳税人利用不同国家或地区税制上的差异、漏洞等,进行适当的财务安排,在不违反当地税法规定的前提下,达到减轻或解除税负的目的。从节税与避税的差别来看,节税是"合法的",避税是"不违法的"。

我们分别从受雇者、自由职业者、投资者(包括股东和企业主)三个视角度,分析不同的受众如何进行税收规划。这里的税收规划是指节税。

(一)受雇者的税收规划

受雇者是被一家机构雇佣并从中获得收入的人。一般受雇者与雇佣者会签订较长期的合同,雇佣者能以年薪制也能以月薪制的方式支付报酬。如果一个雇佣机构有好的税务筹划师,不仅能帮雇佣机构节省大量的企业所得税,也能帮受雇者节省一定的个人所得税。在日本,理财规划的兴起是由税务改革带来的税务筹划需求而引发的。

【案例 5-22】【案例 5-16】的秦女士在 2019 年还获得年终奖 10 万元,对于该笔年终奖,应该如何筹划才能节税呢?

案例分析 2019 年新税法规定,2019 年 1 月 1 日至 2021 年 12 月 31 日期间,个人取得全年一次性奖金,可以选择不并入当年综合所得,单独计税。

如果秦女士选择单独计税,则应交个人所得税为:
$$100\ 000 \times 10\% - 210 = 9\ 790(元)$$

如果秦女士选择合并在当年综合所得中计税,则应交个人所得税为:
$$(360\ 000 + 100\ 000 - 5\ 000 \times 12 - 4\ 500 \times 12 - 1\ 000 \times 12 - 2\ 000 \times 12 - 1\ 000 \times 12) \times 20\% - 16\ 920 = 42\ 680(元)$$

合并后缴纳的个人所得税 42 680 元比按工资收入应交个人所得税 22 680 元多了 20 000 元,多出部分相当于 10 万元年终奖应交个人所得税。

从计算结果可以看到,将年终奖单独计税只需缴纳个人所得税 9 790 元,而合并在当年综合所得中计税则需多缴纳 10 210 元(20 000-9 790)。因此,秦女士应该选择单独计税。

(二) 自由职业者的税收规划

自由职业者是指独立工作、不隶属于任何组织的人,不向任何雇主做长期承诺而从事某种职业的人。[①] 美术从业者、音乐人、自由撰稿人、电脑精英、设计师、顾问、医生、律师、理财师等拥有专业知识或一技之长的人士,都可以成为自由职业者。

自由职业者又可分为 SOHO 族、MORE 族和 MO 族。SOHO(Small Office/Home Office)族是指在家办公的一类人;MORE(Mobile Office Residential Edifice)族是指在互动商务居住区办公的一类人;MO(Mobile-Office)族是指没有固定办公地点、移动办公的一类人。

对于自由职业者来说,没有雇主,工作方式灵活多变,不受约束,但收入却并一定能保持稳定。于是,如何在工作方式和收入之间取得平衡是很多自由职业者反复斟酌的内容。自由职业者在所从事的领域做出一定的成绩后,可能会有一些雇主向自由职业者伸出橄榄枝,希望长期聘用。聘用方式一是成为雇员,二是成为长期合作伙伴。从收入的稳定性来说,成为雇员或长期合作伙伴,都能从以前不稳定的收入状态进入稳定的收入状态,但不利之处是工作方式不再那么灵活,需要按时提交工作成果。除了平衡工作方式与收入的关系,自由职业者还要考虑一个重要环节——税收规划。

【案例 5-23】 冯先生是一名自由撰稿人,经常为一些杂志和报纸撰写文章,每月发表的稿件 15 篇,平均每月收入为 15 000 元左右。由于冯先生的文笔犀利、见解独到、语言生动有趣,不仅受到读者的好评,还受到杂志社领导的青睐。一些杂志社和报社邀请冯先生长期提供稿源,有两种方式:一种是聘用为记者或编辑,提供的待遇为每月 15 000 元;另一种是每月向杂志社固定供稿 15 篇,每篇稿件 1 000 元。冯先生自己缴纳的社保医保每月 2 000 元,子女教育、赡养老人、房贷等专项扣除费每月 3 000 元。从个人所得税方面来看,冯先生是采用上述两种方式中的一种还是继续保持自由撰稿人的身份?

案例分析 从个人所得税方面来看,虽然冯先生取得的每月收入都相同,但冯先生在三种情况下所缴纳的个人所得税是不一样的。

---

① 参阅《韦氏大词典》。

（1）如果冯先生被杂志社或报社聘用为记者或编辑，则属于杂志社或报社的雇员，要按受雇者的"工资、薪金所得"缴纳个人所得税，计算如下：

$$(15\,000 - 5\,000 - 2\,000 - 3\,000) \times 12 \times 10\% - 2\,520 = 3\,480(元)$$

（2）如果冯先生与杂志社或报社签订长期合作协议，每月供稿30篇，则按"劳务报酬所得"缴纳个人所得税。对于劳务报酬所得，如果属于一次性收入的，以取得该项目收入为一次计算；如果属于同一项目连续性收入的，以一个月内取得的收入为一次计算。冯先生的每月收入属于同一项目的连续性收入，因此每月都按15 000元劳务报酬所得减除20%的费用计算个人所得税。每月预扣预缴的劳务报酬个人所得税计算如下：

$$15\,000 \times (1 - 20\%) \times 20\% = 2\,400(元)$$

一年预扣预缴的劳务报酬个人所得税 = $2\,400 \times 12 = 28\,800(元)$

汇算清缴时，劳务报酬所得是并入综合所得计税的，汇算清缴的个人所得税额计算如下：

$$[15\,000 \times (1 - 20\%) - 5\,000 - 2\,000 - 3\,000] \times 12 \times 3\% = 720(元)$$

汇算清缴后，冯先生可以获得28 080元（28 800-720）的退税，实际缴纳个人所得税为720元。

（3）如果冯先生继续保持自由职业者的身份，则按稿酬所得计算个人所得税。稿酬所得以每次出版、发表取得收入为一次。冯先生每月发表的稿件数量为15篇，每篇收入1 000元。税法规定，稿酬所得以收入减除20%的费用后的余额为收入额，稿酬所得收入额减按70%计算。稿酬每年预扣预缴个人所得税计算如下：

$$(1\,000 - 1\,000 \times 20\%) \times 70\% \times 20\% \times 15 \times 12 = 20\,160(元)$$

在汇算清缴时，稿酬所得并入综合所得计税。汇算清缴的个人应纳所得金额计算如下：

$$[(1\,000 - 1\,000 \times 20\%) \times 70\% \times 15 \times 12 - 5\,000 \times 12 - 2\,000 \times 12 - 3\,000 \times 12] = -19\,200(元)$$

冯先生汇算清缴的个人应纳所得金额小于0，不用缴纳个人所得税，可获得20 160元退税。

从以上三个计算结果来看，冯先生继续保持自由撰稿人的身份更有利于节省个人所得税。

（三）投资者（包括股东和企业主）的税收规划

除工资收入、奖金收入、稿酬收入、劳务报酬收入可以合理进行税收规划外，在投资理财方面也要注意运用各种方式提高税后收益。

投资收益有两种类型：一种是资本收入，比如利息、股利等；另一种是资本利得，比如低价买入高价卖出而产生的差价。个人所得税法规定，利息、股息、红利、偶然所得以全额为税基按20%税率征税。但在目前的实际操作中,部分资本收入并未要求缴纳个人所得税。比如,开放式基金的红利收入、国债利息收入、分红险和养老险等的分红收入及赔偿所得、信托产品的收入、教育储蓄存款的利息收入、银行理财产品的利息收入等不需要缴纳个人所得税。对于买卖股票、买卖基金中低价买入高价卖出获得的资本利得,也不需要缴纳个人所得税。

对于投资房产的投资者来说,租金收入是需要缴纳个人所得税。

对于股东或企业主来说,在工资、薪金、股息分红、经营所得之间进行收入筹划,能够合理合法地降低个人所得税。

【案例5-24】 蒋先生和蒋太太共同创业,以蒋先生的名义创办了一家个人独资企业,蒋太太以员工的身份在公司每月领取工资4 000元。2019年度,蒋先生企业的总收入为300 000元,对应的成本费用为120 000元(含蒋太太的工资)。如何规划能节省个人所得税?

案例分析 新个税法规定,个体工商户业主、个人独资企业和合伙企业自然人投资者、企事业单位承包承租经营者取得的生产经营所得,减除费用按照5 000元/月执行。因此,蒋先生应纳税所得金额计算如下:

$$300\ 000 - 120\ 000 - 60\ 000 = 120\ 000(元)$$

$$应纳所得税额 = 120\ 000 \times 20\% - 10\ 500 = 13\ 500(元)$$

蒋太太的月工资收入额为4 000元,不需要纳税。

如果蒋先生将个人独资企业变成合伙企业,由蒋太太作为合伙人之一,各占50%的份额,假设其他条件不变,合伙企业的成本费用计算如下:

$$120\ 000 - 4\ 000 \times 12 = 72\ 000(元)$$

$$合伙企业的利润总额 = 300\ 000 - 72\ 000 = 228\ 000(元)$$

蒋先生和蒋太太各自可分享50%的利润,即每人可分得114 000元,应缴纳的个人所得税为:

$$(114\ 000 - 60\ 000) \times 10\% - 1\ 500 = 3\ 900(元)$$

将个人独资企业变成合伙企业,两人缴纳的个人所得税减少金额为:

$$13\ 500 - 3\ 900 - 3\ 900 = 5\ 700(元)$$

第八节 遗 产 规 划

 引导案例

香港特区著名影星梅艳芳2003年去世时留下了现金和多处房产(包括香港、东京、伦敦、新加坡等地),遗产价值3 000万—3 500万港元。在患宫颈癌去世前27天,梅艳芳订立了一份遗嘱,将自己的两套房产赠予好友,同时成立信托基金管理其余遗产。信托合同中要求信托基金每月向梅艳芳的母亲提供7万港元生活费,并供梅艳芳的二哥及姐姐的儿女读书至大学毕业。

台湾经营之神、台塑集团创办人王永庆2008年在新泽西视察旗下的生产线和业务时因心肌梗死突然辞世。由于没有留下遗嘱,引发了家族争夺遗产大战。王永庆在台湾地区和美国的遗产都面临遗产税的问题。在台湾遗产适用50%的遗产税率;在美国,遗产扣除200万美元免税额后适用45%的遗产税率。不过,王永庆虽然没有做好遗嘱安排,但在2001—2005年也着手成立了信托基金,委托信托基金管理自己拥有的公司股权。依托基金的管理由台塑7人决策小组负责,他们对基金只有共同经营权,没有所有权,且该基金没有指定受益人。这种信托安排一方面可以避税,另一方面可以避免家族成员争夺公司的控制权。

▶ **案例启迪**

遗产规划是对身故后家庭和谐的一种保护。没有良好的遗产规划,生前所得不但不能帮助家庭其他成员,还会引起纷争,平添家族烦恼;有了良好的遗产规划,生前所得不但能有效地帮助家庭其他成员,还能有效平息纷争,使家族财产得以延续,家族氛围保持和谐。从心理学的角度来看,争夺财产是缘于失去所经历的痛苦比得到所获得的快乐要大很多,大家都不愿意失去自认为应得的财产,因此不得不加入到这种纷争中。如果事前规定了哪些财产属于家族成员所有,纷争就会大大减少。采用信托方式管理身故者的财产,更能避免继承者大肆挥霍财产,有效保护身前努力经营获得的成果。

一、遗产和遗产转移

遗产是指自然人死亡时遗留的个人所有合法财产和法律规定可以继承的其他财产权益,包括动产、不动产和其他具有财产价值的权利。遗产具有三个典型特征:第一,必须是自然人死亡时遗留的财产;第二,必须是自然人的个人所有财产;第三,必须是合法财产或法律规定的财产权益。

遗产转移的方式很多,比如赠与、为受益人创建不可撤销信托、为受益人购买人寿保险、遗赠、遗嘱信托、遗产继承等。

赠与,是指赠与人将自己的财产无偿给予受赠人、受赠人表示接受的一种行为。从法律程序来看,赠与行为应通过签订赠与合同进行,但有时通过口头合同和其他形式也可以完成。需要注意的是,赠与并非一种随意的财产转移行为。在一些国家,赠与财产时还需要缴纳赠与税。因此,赠与时需要赠与人愿意赠与且受赠人愿意接受才能完成。

为受益人创建不可撤销信托,是指信托一旦成立,财产受益人无权撤销信托。比如梅艳芳设立的信托基金,受益人无权撤销信托。因此,即使是梅艳芳的母亲作为受益人,也无权撤销信托,只能按信托条款每月收取相应的生活费。这种机制可避免受益人随意挥霍身故者留下的遗产。

为受益人购买人寿保险,是指自然人生前购买人寿保单,指定保险受益人,身故后通过保险赔付的方式将财产转移给受益人。

遗赠,是指身故者生前通过遗嘱的方式,将其遗产的一部分或全部赠与国家、社会或者法定继承人以外的被继承人。遗赠与赠与的区别在于:赠与发生在赠与人身故前,遗赠发生在赠与人身故后。

遗嘱信托,是指委托人预先以设立遗嘱的方式,在遗嘱信托中规定财产的规划内容,包括身故后遗产交付信托进行管理、分配、运用及给付等。等到委托人身故时遗嘱生效,信托财产的管理权转移给受托人,由受托人根据遗嘱信托事先设置的条款管理和处分信托财产。与一般信托不同在于,遗嘱信托是在委托人死亡后契约才生效。

遗产继承,是指身故者生前所有遗留的合法财产依法转移给继承人所有。遗产继承有遗嘱继承和法定继承两种形式。遗产继承所遵循的原则依次是:遗嘱优先于法律规定;法定继承中实行优先顺序位继承;同一顺序继承人原则上平均分配;照顾分配;鼓励家庭成员和社会成员相互扶助。

如果没有遗嘱,中国的继承法规定,遗产的法定继承顺序如下:

第一顺序为配偶、子女、父母。其中,子女包括婚生子女、非婚生子女、养子女和有扶养关系的继子女;父母包括生父母、养父母和有扶养关系的继父母;丧偶儿媳对公公婆婆以及丧偶女婿对岳父岳母,尽了主要赡养义务的,作为第一顺序继承人。

第二顺序为兄弟姐妹、祖父母、外祖父母。兄弟姐妹包括同父母的兄弟姐妹、同父异母,或者同母异父的兄弟姐妹、养兄弟姐妹、有扶养关系的继兄弟姐妹。

继承开始后,由第一顺序继承人继承,第二顺序继承人不继承;没有第一顺序继承人继承的,由第二顺序继承人继承。

被继承人的子女先于被继承人死亡的,由被继承人子女的晚辈直系血亲代位继承。代位继承人一般只能继承其父亲或者母亲有权继承的遗产份额。

同一顺序继承人原则上平均分配遗产。不过,按照照顾原则,分配遗产时,对生活有特殊困难的、缺乏劳动能力的继承人应当予以照顾。

按照鼓励家庭成员和社会成员相互扶助的原则,对被继承人尽了主要抚养义务或者与被继承人共同生活的继承人,分配遗产时可以多分;有抚养能力和有抚养条件的继承人但不尽抚养义务的,分配遗产时应当不分或者少分。

如果继承人协商同意的,分配遗产时也可以不均等。

二、遗产规划

遗产规划不但有利于身故者财产的传承,而且有利于家庭的和谐。遗产规划主要解决的问题是采用何种方式进行遗产转移更有利于财产的传承,考虑的关键点主要是税收和财富管理方式。

遗产税的征收方式分为总遗产税、分遗产税和总分遗产税三种。总遗产税是对身故者遗留的全部财产总额综合征收,一般采用累进税率,可扣除起征点。美国实行的是总遗产税制。分遗产税是在考虑继承人与身故者的亲疏关系和继承人的实际负担能力的前提下,对各个继承人分得的遗产分别进行征收,采用累进税率。德国实行的是分遗产税制。总分遗产税是对身故者的遗产先征收总遗产税,再对继承人分得的继承份额征收分遗产税。意大利采用的是总分遗产税制。

目前中国尚未开征遗产税。在开征遗产税的国家,节省遗产税的方式通常是捐赠或保险。

(一)利用捐赠方式节省遗产税

遗产存在形式多种多样,针对不同形式的遗产做出不同的处置有利于节省遗产税支出,使财富更好地传承下去。

【案例 5-25】 美国加利福尼亚州报业巨子赫氏修建了一栋古堡,主楼有 115 个房间,3 栋独立客楼各有 50 个房间。赫氏身故后,遗产留给儿子。不幸的是,由于未事先做好遗产规划,其儿子因为交不起巨额的现金遗产税,三个月后就把所有财产捐给了美国政府。

案例分析 赫氏的所有资产最后集中在了古堡,由于古堡是不动产,而遗产税征收时要求交纳现金。如果没有足够的现金用于缴纳遗产税,则只能将财产捐出以免除现金遗产税。

(二)利用保险方式节省遗产税

虽然通过捐赠可以节省遗产税,但遗产无法全额传承给家族成员。另一个合适的传承财富给家族成员的方式是利用保险做资产保全。

【案例 5-26】 薛先生经营一家私营企业,50 岁。预计 60 岁退休时应税遗产净额为 3 000 万元。假设该金额对应的遗产税率为 50%,速算扣除数为 175 元。薛先生如何通过保险做资产保全?

案例分析 在没有做资产保全的情况下,遗产税按 50% 征收,薛先生应纳税额计算如下:

$$3\ 000 \times 50\% - 175 = 1\ 325(万元)$$

$$税后实际财产 = 3\ 000 - 1\ 325 = 1\ 675(万元)$$

薛先生可以购买保险公司的寿险以减少遗产税。如果薛先生用现金 600 万元购买保额为 1 000 万元的保单,则其身故时的应交遗产税计算如下:

$(3\,000-600)\times 50\%-175=1\,025(万元)$

税后实际财产 $=3\,000-600-1\,025+1\,000=2\,375(万元)$

通过以上规划,薛先生可节省遗产税300万元(1 325-1 025),同时使遗产传承额增加700万元(2 375-1 675)。

复习题

一、名词解释

现金规划　　7天通知存款　　双十原则　　避税　　遗赠

二、选择题

1. M1中除M0外,还包含(　　)等形式货币。

　A. 企业单位活期存款　　　　　　B. 农村存款

　C. 机关团体部分存款　　　　　　D. 个人持有信用卡类存款

　E. 居民储蓄存款

2. 货币市场基金不能投资以下证券中的(　　)。

　A. 股票　　　　　　　　　　　　B. 政府短期债券

　C. AAA级以下的企业债券　　　　D. 可转换债券

3. 做好保险规划后,理财师与客户还需要进行的程序包括(　　)。

　A. 产品分析过程　　　　　　　　B. 选择过程

　C. 执行过程　　　　　　　　　　D. 跟踪过程

4. 买房的成本现值包含(　　)。

　A. 首付款成本现值　　　　　　　B. 贷款成本现值

　C. 还款额机会成本　　　　　　　D. 房屋处置现值

5. 属于初建期家庭的财务或风险承受能力的特征有(　　)。

　A. 经济特征是略有节余、财富增长幅度慢

　B. 理财目标为量入为出、积极创造财富

　C. 风险承受能力强

　D. 适合的投资品种是激进型的

三、判断题

1. 7天通知存款的最低开户金额为5万元人民币或1万美元等值外币。(　　)

2. 货币市场短期有价证券通常是指1年以内,平均期限为180天的短期证券。(　　)

3. 买房与租房决策判断的两种方法得到的结果是不相同的。(　　)

4. 从战略和战术的角度去理解理财与投资这两个概念,投资属于战术层面的问题,理财属于战略层面的问题。(　　)

5. 个人所得税全月应纳税额=(每月工资所得-四金-个人所得税起征额)×税率 ( )

四、简答题

1. 为什么要以月必需支出金额的3—6倍作为现金储备的标准?
2. 满足什么条件的风险才有可能转移给保险公司?

五、计算及应用

1. 王先生34岁,将于60岁退休;王太太32岁,将于55岁退休。目前家庭月消费金额为3 000元,年通货膨胀率为3%,基金年均收益率为8%。王先生希望退休后的生活质量与目前持平。根据这些条件测算,王先生应怎样做准备?

2. 有一对夫妻,男31岁,女26岁。双方均有"四险一金"(女方本年9月后有公积金)。两人目前月收入8 000元,年底无奖金;手头有24 000元现金、借出款32 000元、股票5 000元,男方公积金账户金额现有23 000元左右,每月定投基金300元,交了一年,暂无收益;老家有一套房产,价值65 000—70 000元。目前月开支为房租1 000元、平时花销1 500—2 000元。双方父母都有保险,有居住房,现都能独自生活,暂无须赡养(当然年老后还是需要赡养的);无小孩,无负债。

家庭计划:1—2年内生育小孩;2—3年攒首付买下70—80平方米的新房,总房款500 000元左右,父母不提供资助;给小孩准备300 000元教育金,不考虑出国留学但可能有其他培养计划;5—10年内买一辆50 000—100 000元的小轿车;给父母准备50 000元紧急备用金,给自己准备养老金;若有结余,希望能留几千元旅游。风险喜好偏稳健。

目标:理财后不影响原来的生活水平。

要求:依据所学内容,试为该家庭制作一份理财规划。

第六章
理财产品的选择

 引导案例

盛先生，30岁，刚刚生育一子。盛先生高兴之余，颇感责任重大。一方面，儿子未来的教育费用成为头等大事；另一方面，盛先生也觉得应该为儿子购买一些保险以保障他健康成长。于是盛先生向理财顾问咨询，应该如何配置理财产品以实现上述目标。没想到，理财顾问首先询问盛先生有没有为自己购买商业保险。盛先生有点恼火，认为理财顾问是在推销保险产品。理财顾问耐心地告诉盛先生，保险的作用不在于保障被保险人不生病，而在于保障在被保险人生病的情况下不会影响家庭财务健康。盛先生是家庭的经济支柱，因此盛先生应该首先为自己购买足够的保险，以保障在自己生病或遭受意外的情况下家庭财务不会受到重大不利影响。同时，理财顾问还告诉盛先生，为孩子购买国内的保险，最高保额只能设置为10万元；即使购买超过10万元保额的保险产品，未来得到的赔付也只能是10万元。所以，盛先生要想保障儿子健康成长并筹备足够的教育金，首先应该选择合适的保险产品以做好自身的保障，然后选择合适的投资品种以筹备儿子的教育金。

▶ **案例启迪**

市场上的理财产品有几类？各有何特点？
如何根据自身的财务状况选择适用的理财产品？

第一节 保险的选择

一、保险的定义

保险是指投保人根据合同约定,向保险人支付保费,保险人对于因发生合同约定的事故所造成的财产损失承担赔偿保险金的责任,或者当被保险人死亡、伤残、疾病,或者达到合同约定的年龄、期限而承担给付保险金的责任。

二、保险的分类

(一)按实施方式,可分为强制保险和自愿保险

强制保险是由国家(政府)通过法律或行政手段强制实施的一种保险,又称法定保险,如机动车交通事故责任强制保险。

自愿保险是在自愿原则下,投保人与保险人在平等的基础上,订立保险合同而建立的保险关系。

(二)按保险标的,可分为财产保险和人身保险

财产保险是以财产及其有关利益为保险标的的一种保险,包括财产损失保险、责任保险、信用保险等业务。人身保险是以人的寿命和身体为保险标的的保险,包括人寿保险、健康保险、意外伤害保险等业务。

人寿保险是以被保险人的生命为保险标的,以被保险人的生存或死亡为保险事故的人身保险。人寿保险一般又可分为定期寿险、终身寿险、两全保险和年金保险。定期寿险又称定期死亡保险,是指保险人在保险期内死亡可以获得保险金,但保险期满被保险人仍然生存的,保险公司不承担给付责任。终身保险即终身死亡寿险,是死亡保险的一种,以人的死亡作为保险事故,在事故发生时,由保险人给付一定保险金额的保险。两全保险又称生死合险,是指被保险人在保险合同约定的保险期间内死亡或在保险期届满仍生存时,保险人按照保险合同约定均应承担给付保险金责任的人寿保险。年金保险是指在被保险人生存期间,保险人按照合同约定的金额、方式,在约定的期限内,有规则、定期地向被保险人给付保险金的保险。

健康保险是以被保险人的身体为保险标的,保证被保险人在疾病或意外事故致伤害所产生的费用或损失而获得补偿的一种人身保险,包括疾病保险(重大疾病保险)、医疗保险(包括住院医疗保险、手术保险、意外伤害医疗保险)、收入保障保险、长期护理保险等。

意外伤害是指在人们没有预见到或违背被保险人意愿的情况下，突然发生的外来致害物对被保险人的身体产生明显、剧烈侵害的客观事实。意外伤害保险是以被保险人因遭受意外事故而造成的死亡或伤残为保险事故的人身保险。

（三）按承保方式，可分为原保险、再保险、共同保险和重复保险

原保险是保险人与投保人直接签订保险合同而建立保险关系的一种保险。

再保险也称分保，是保险人将所承保的风险和责任部分或全部转移给其他保险人的一种保险。

共同保险也称共保，是由几个保险人联合直接承保同一保险标的、同一风险、同一保险利益的保险。

重复保险是指投保人以同一保险标的、同一保险利益、同一保险事故分别与两个或两个以上保险人订立保险合同的一种保险。

（四）按保险产品是否具有保障和投资（储蓄）的双重功能，可分为纯保障型保险产品和非纯保障型保险产品

纯保障型产品包括定期寿险、意外伤害保险和健康保险等。

非纯保障型保险产品包括养老保险、分红保险、少儿教育金保险、万能型保险、投资连结险等。

三、保险在现代理财中的重要地位

（一）做好保障以释放家庭财务资源

多数家庭经过一段时间会有一定的存款积累，但这些存款大多不会有大幅度的增值。在负利率时代，存款不但不会增值，反而会因通货膨胀的存在而逐渐贬值，大多数人会发现存在银行的钱越来越不"值"钱。即便是这样，多数家庭也只能将存款放在银行任其贬值，而不敢投资。造成这种现象主要有两个原因：一是短期投资风险通常较大，容易出现亏损，与其承担投资亏损，不如放在银行稳妥；二是担心需要用钱的时候无法动用投资资金，比如生病时需要用钱但无法取出投资本金。鉴于这两个主要原因，多数家庭即便知道存款贬值，也束手无策。其实，解决这个问题的关键在于是否做好了家庭财务保障。试想一下，无论是遇到意外还是患病，都有一个机构为家庭提供财务保障，而我们无须再为未来的财务状况而担心，我们是否愿意将银行存款用来进行长期投资从而获得比银行存款利率更高的收益？如果有一家机构为我们做好了未来的财务保障，我们就可以释放存在银行的家庭财务资源，从而更好地追求财富增值。

(二)解决"老有所养"的问题

我们都要经历一个从工作中获得收入维持生活到退休后靠退休金维持生活的过程。人一生的工作时间是有限的,在有限的工作时间内赚取的财富也是有限的。我们在工作期间赚取的财富不仅要用于工作期间的生活,还要为未来的养老生活做准备。我们努力地工作,谁也不希望老了之后或退休之后活得没有尊严,谁都希望退休后的生活品质不会下降。以前的传统观念是"养儿防老",但自1978年实行独生子女政策以来,"养儿防老"的观念受到极大挑战。70年代甚至80年代出生的人现在大多成家立业了,一方面他们需要赡养和照顾双方的父母4个老人,另一方面他们需要抚养照顾至少1个孩子,出现了所谓的"倒三角形"结构,也就是我们常说的421家庭结构(见图6-1)。

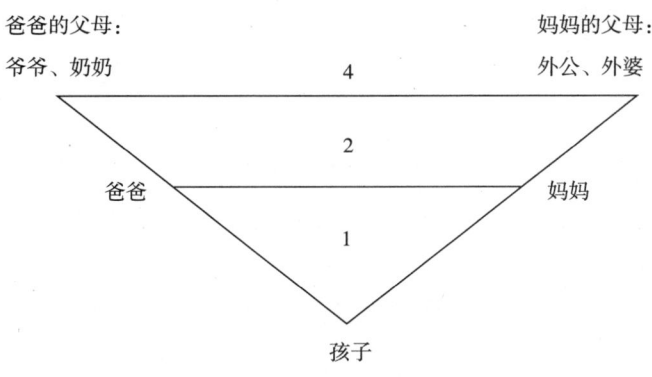

图6-1　421家庭结构

如果仍然持有"养儿防老"观念,所有的压力就会传递给最底层的孩子。当爸爸妈妈退休后,位于倒三角形最底层的孩子需要赡养6个老人。一旦遇到其中一个老人长期生病的情况,整个家庭的财务压力就会变得相当大。这种压力不仅会影响一个家庭的幸福指数,还会对孩子的工作和事业造成很大的冲击。为了保证在退休后能拥有高质量的生活,减轻子女的生活压力和负担,在退休前就需要未雨绸缪,早早做好自己的养老规划,以便自己在退休后能过上有尊严的生活,真正让自己老有所养、老有所依。通过合理的养老规划并配置一定的养老保险,我们就能自主选择未来的养老生活质量。

(三)保障子女生活和教育费用

孩子是一个家庭快乐的源泉,也是父母工作的动力。让孩子享受安定美好的生活和良好的教育,是每个父母的义务与责任,也是孩子应享有的权利。给孩子准备充足的教育金,成为父母们的头等大事。对于经济条件尚可的家庭,一般认为自己目前的经济状况足以支付孩子的教育费用。但是,一旦家庭的经济支柱万一发生不幸,恐怕就不能按期支付孩子的生活费和高昂的教育费用,在这种情况下,孩子的生活和教育轨道都将发生重大的改变。因而选择合适的保险产品以锁定未来的风险,可以让孩子无论在何种情况下都能接受良好的教育。

(四) 作为财富传承的工具

对于富裕家庭来说,保险可以起到保全资产、传承财富的作用,还可以进行合法合理的避税。相关法律规定,保险金的给付并不作为遗产处理,这说明保险金可以免征遗产税、所得税,有利于财产转移和节税。另外,保险金不会因抵偿债务而被冻结,在出现债务纠纷的情况下,保险金作为资产仍可保全,这也正是保险理财与其他理财方式不同的地方。

总之,保险能为个人和家庭构筑一道非常坚固的防火墙。从家庭资产中拿出一小部分配置保险产品,就能隔离财务风险,从而能更安心地进行其他高风险投资,以使家庭财富更好地保值增值。

四、保险的选择

不同的保险具有不同的作用,选对合适的保险产品相当重要。保险并非"买得越多,保障越多"。我们应当权衡家庭的财务资源与合适的保险,用最少的保费支出买到最合适的保险产品。

通常,个人和家庭可选择的保障型保险产品包括寿险、重大疾病险、意外险和医疗保障保险等。

(一) 根据不同的生命周期选择保险类型

生命周期可以分为五个阶段:家庭准备期(单身期)、家庭形成期、家庭成长期、家庭成型期和成熟期(退休前期)、家庭享受期(退休期)。

处于不同生命周期的家庭之间具有一些相同特征,在选择保险产品时存在一定的共性,但购买者的收入多少和所受教育程度的高低,也会影响对保险产品的选择。因此,理财规划师除了根据家庭生命周期进行保险规划(见表6-1),还会根据客户的特性给出量身定做的产品选择方案。

表 6-1 不同生命周期的保险规划

生命周期名称	家庭情况	保险规划建议
家庭准备期 (单身期)	该时期为参加工作至结婚前。单身的年轻人没有太大的家庭负担,精力旺盛,要为未来家庭积累资金	这一时期应当以人身意外伤害保险为主。如果父母需要赡养,可以购买一些定期寿险;如果有一定的经济能力,还可以购买一些储蓄型健康保险和养老保险

(续表)

生命周期名称	家庭情况	保险规划建议
家庭形成期	该时期为结婚到孩子出生前。这一时期虽然经济收入有所增加,但对于刚刚结婚成家过着二人世界生活的人来说,已经担负起家庭责任,为了提高生活质量,往往需要支付较大额的家庭建设费	这一时期要担负起家庭责任,最需要的是保障类型的险种,夫妻双方可以选择保障性高的终身寿险或定期寿险、附加意外险、重大疾病险及医疗类健康险
家庭成长期	该时期为孩子出生到上大学。这一阶段家庭成员不再增加,但成员的年龄、经济收入和花销均在增长,特别是子女的教育费、家庭建设费、保健医疗费、子女生活费等	在孩子未成年之前,在做足大人保障的基础上,可以给孩子购买一些子女险。购买子女险不仅可以给孩子储备教育金,还可以为孩子储备医疗金。如果家庭还有经济余力,可以趁年轻、健康时购买一些健康险或养老险,为退休生活早做规划
家庭成型期和成熟期（退休前期）	该时期为子女参加工作到父母退休前。这期间,经济状况已达到最佳状态,多数人正值事业发展的顶峰,加上子女开始独立,因此需要积累财富及储备养老金	这一时期,作为家庭的经济支柱,仍然以人身保障类险种作为第一需要,只有建立了足够的家庭安全保障,才能使孩子顺利完成学业。同时,随着年龄的增长,大人生病的概率逐渐增大,第二需要是投保健康险、重大疾病险等。如果家庭还有经济余力,可以投资一些养老保险等
家庭享受期（退休期）	该时期为退休后。这一时期的原则是:身体、精神第一,财富第二,以安度晚年为目的,投资和花费通常比较保守,应做好财产安全和遗产传承	子女都已成人,以购买医疗保险和意外保险最为必要,还可以为儿孙购买一些子女险种

在实务操作中,测算家庭保险需求和保费支出控制的一个简单算法是双十原则,即保险需求额度可设置为家庭年收入的 10 倍左右,总保费支出控制在家庭年收入的 10% 比较合适。

(二) 在不同类型保险中选择适合自己的保险产品

在不同类型保险中又有不同保险公司提供的不同产品。如何筛选保险产品是我们面临的另外一个问题。在选择保险产品时,首先要了解不同保险公司的同类产品,并根据自己的家庭情况选择最合适的产品。但是,保险产品纷繁复杂且保险条款晦涩难懂,非专业人士很难做出合适的选择,因此依靠专业的第三方理财是一条捷径。虽然聘请专业的理财师进行分析需要支付一定的专家费用,但是这不仅可以帮助我们降低搜寻成本和分析成本并节约时间,还可以帮助我们避免选到错误的产品而花费冤枉钱。

下面按照保险产品是否具有保障和投资（储蓄）的双重功能分成纯保障型保险产品和非纯保障型保险产品，并分析和比较主要的保险产品。

1. 纯保障型寿险产品包括定期寿险、意外伤害保险和健康保险

（1）定期寿险。定期寿险只具有保障功能，虽然被保险人期满后仍然生存，但没有现金返还。由于该保险的功能单一，并且没有现金返还，因此保费低廉就成为定期寿险最为突出的特点。这种保险比较适合那些收支节余不多且要承担较高家庭责任的人。比如经济条件不太好且又刚刚建立家庭的年轻人，他们将要支付生活日常开支、偿还房贷、赡养父母等，可以考虑购买定期寿险产品以抵御家庭的风险。表6-2对四家保险公司相关定期寿险产品的承保年龄、缴费年期、保险期间、保障利益进行了比较。

表6-2 四款定期寿险产品比较

产品名称	幸福定期寿险	祥福定期寿险	爱相守	卓越人生定期寿险
所属公司	中国平安	中国人寿	太平洋人寿	新华人寿
承保年龄	18周岁至60周岁	18周岁至60周岁	18周岁至60周岁	18周岁至60周岁
缴费年期	5年、10年、15年、20年、30年	5年、10年、20年、30年	5年、10年、20年	10年、20年、30年
保险期间	不超过70周岁，可以保障10年、15年、20年或30年	5年、10年、20年、30年，或到50岁、60周岁	20年，或到55周岁、60周岁	到55周岁、60周岁、65周岁或70周岁
保障利益	疾病身故：合同生效起1年内因疾病身故，按保额的10%给付，并返还保费；意外身故或合同生效1年后疾病身故：给付保额金额	合同生效日1年内的重大疾病身故，仅返还所交保费；1年后的重大疾病身故和1年内或1年后的意外身故，均按保额赔付	(1)若被保险人因遭受意外伤害导致身故或全残，或在本合同生效或最后一次复效（以较迟者为准）之日起180日后因意外伤害以外的情况导致身故或全残，按合同保险金额给付身故保险金或全残保险金，合同终止（2)若被保险人在合同生效或最后一次复效（以较迟者为准）之日起180日内因意外伤害以外的原因导致身故或全残，按被保险人身故或确定全残时根据合同约定已支付的保险费总额给付身故保险金或全残保险金，合同终止	1年内因疾病身故，赔付所交保费加上保额的10%；1年后的重大疾病身故和1年内或1年后的意外身故，分区按保额赔付

个人理财：理论、实务与案例（第二版）

面对以上四款产品,普通家庭应该如何选择呢?

【案例6-1】 王先生,30岁,未婚,刚刚贷款100 000元购买一套新房,每月总收入3 000元,每月支付还贷款1 200元,日常开支1 000元,没有购买商业保险。

案例分析 根据王先生的情况,他每月结余800元,表明其保费支付能力有限。但由于王先生还有未偿还的房屋贷款,因此所购买保险的保额最好能覆盖房贷风险。对于王先生这样的家庭来说,应当选择低保费、高保障的保险品种。由于定期寿险具有保费低、保障高的特点,建议他先考虑购买定期寿险,同时搭配意外险来抵御风险。

表6-3列出了表6-2所示四款保险产品的保额和保费情况。目前各家保险公司的定期寿险都不能附加重大疾病保险。如果王先生希望附有重大疾病险,则需要单独购买。考虑到王先生的月结余不高,因"爱相守"产品性价比高、观察期短,建议购买太平洋人寿的定期寿险。

表6-3 保险产品的保额、保费及保障利益比较

公司名称	产品名称	保额	缴费期	保障期限	保费	保障利益
中国平安	幸福定期寿险	10万元	20年	60岁	720元/年	(1)消费型定期寿险 (2)在观察期后,保障期内身故或全残赔付10万元 (3)不能附加重大疾病险
中国人寿	祥福定期寿险	10万元	20年	60岁	780元/年	(1)消费型定期寿险 (2)一年内因疾病身故仅赔付所交保费 (3)不能附加重大疾病险
太平洋人寿	爱相守	10万元	20年	60岁	超优体185元/年 优选体248元/年 标准体281元/年	(1)消费型定期寿险 (2)在观察期后,保障期内身故或全残赔付10万元 (3)不能附加重大疾病险 (4)根据投资者填写的问卷内容,决定是超优体、优选体还是标准体
新华人寿	卓越人生定期寿险	10万元	20年	60岁	550元/年	(1)1年内因疾病身故或全残,给付10 550元 (2)身故或全残:因意外伤害或生效1年后因疾病导致,给付10万元

(2)意外伤害保险。意外伤害保险可以单独办理,也可以附加于人身险合同内作为一种附加保险,其保险期限一般较短。意外伤害保险的保费率较低,投保人只要交少量保费,就可以获得较大的保障,被保险人的职业、工种或所从事活动的危险程度越高,

所交保费就越多。意外伤害保险的产品保险期间较短,一般为1年,最多3年或5年,甚至有的为2—3天,比如搭乘交通工具时购买的意外险、航空意外险等。单身期的年轻人或经常出差的人群可以购买意外伤害保险以抵御特定的风险。

（3）健康保险。健康保险又可以分为疾病保险（重大疾病保险）、医疗保险（包括住院保险、手术保险、意外伤害医疗保险）、收入保障保险、长期护理保险等。

① 疾病保险主要指重大疾病保险。人在一生中患大病的概率高达74%,只是每个人患病的时间和程度有所不同。重大疾病的高发期一般为40—60岁。高额的医药费不仅会影响我们的工作和收入,还会对家庭产生较大影响。比如癌症、心脏疾病等,这些疾病一经确诊,必然产生大范围的医疗费用支出。如果患者是家庭的经济支柱,更会对整个家庭产生重大的不利影响。因此,在购买重大疾病保险时,需要注意的是投保的保险金额应足够支付可能产生的各种医疗费用。

当前市场上有200多种重大疾病保险,不论哪种产品,一定包含6种疾病的保障。这6种疾病分别是恶性肿瘤、急性心肌梗死、脑中风后遗症、重大器官移植术或造血干细胞移植术、冠状动脉搭桥术、终末期肾病（或称慢性肾功能衰竭尿毒症期）。这6种疾病的发生率最高,所以国家规定重大疾病保险必须包含这6种疾病的保障。

选择重大疾病保险时需要注意的关键点为:第一,保障是否足够。随着通货膨胀率的提高,医疗费用不断上涨。重大疾病治疗费用一般需要20万—30万元,因此重大疾病的保额最好能设置在20万元以上。第二,考虑观察期。观察期越短越好。第三,囊括的重大疾病类型越多越好,但保费也会随之增加,需要在保费与疾病发生概率之间进行权衡。

【案例6-2】 李小姐,30岁,不吸烟,年收入8 000元。她希望购买保额为200 000元的重大疾病保险。

案例分析 我们选择四款保险产品进行对比分析（见表6-4）。四款产品的保额均为20万元,缴费期、保障期限都相同。从保费来看,最低的是"福禄嘉倍",其次是"守护福",再次是"无忧人生",最高的是"康宁终身重大疾病险"。从观察期来看,"福禄嘉倍"和"守护福"较短。从保障疾病类型的数目来看,最少的是"无忧人生",最多的是"福禄嘉倍"。

从以上比较来看,太平人寿的"福禄嘉倍"性价比最高,但如果李女士考虑恶性肿瘤的保障并获得2倍保额的赔付,并且愿意运动健身,中国平安的"守护福"是最佳选择。

表6-4 部分重大疾病保险产品比较

保险公司	中国平安	人保人寿	中国人寿	太平人寿
产品名称	守护福	无忧人生	康宁终身重大疾病险	福禄嘉倍
保额	20万元	20万元	20万元	20万元

（续表）

缴费期	20 年	20 年	20 年	20 年
保障期限	终身	终身	终身	终身
保费	5 520 元/年	5 600 元/年	6 420 元/年	4 840 元/年
观察期	90 天	180 天	180 天	90 天
重大疾病种类	80 种大病，30 种轻症	70 种大病，30 种轻症	100 种大病，50 种特定疾病	100 种大病，50 种特定疾病
保险利益	（1）身故赔付保额（2）80 种重疾保障全，恶性肿瘤额外 2 次赔付（3）30 种轻症最多 3 次赔付，赔付 20%（4）轻症豁免（5）运动涨保额，助力健康习惯养成	（1）身故及疾病赔付保额（2）轻症豁免剩余保费	（1）身故、全残、100 种重大疾病赔付保额（2）50 种特定疾病，赔付保额的 20%，保单继续有效，但没有保单豁免	（1）身故和重大疾病赔付保额（2）50 种轻症，可获得 3 次不同疾病的赔付，第 1 次 20%，第 2 次 40%，第 3 次 60%（3）有轻症豁免
类型	无分红，无返还	无分红，无返还	无分红，无返还	无分红，无返还

② 医疗保险主要有四种类型：普通医疗保险（包括门诊费用、医药费用、检查费用等一般性医疗费用）、住院保险、手术保险和综合医疗保险（包括医疗和住院、手术等一切费用）。上述保险中有些还包括住院定额医疗保险、高额医疗保险、补充医疗保险等。

③ 收入保障保险主要是为被保险人因丧失工作能力而导致收入丧失或减少提供经济保障，但不承担被保险人因疾病或意外伤害所发生的医疗费用。

④ 长期护理保险是指为因年老、疾病或伤残而需要长期照顾的被保险人提供护理服务费用补偿的健康保险，一般的医疗保险或其他老年医疗保险不提供这样的保障。这种保险适合经济条件较好但没有时间长期照顾老人的家庭。

2.保障功能与储蓄功能相结合的保险产品

带有储蓄功能的保险产品包括养老保险、少儿教育金保险等。

（1）养老保险。随着中国人口老龄化越来越严重，人们购买商业养老保险以补充自己的社会养老保障将是一个趋势。在选择养老保险时，要注意以下三点：

第一，购买多少的养老险才足够。在选择养老保险产品的时候，首先要确定保障额度，综合考虑将来的养老需求缺口和自身的经济承受能力。每个人对退休后的生活都有不同的期望，比如每年出门旅游，退休后可能需要保姆的照顾等，这些都会直接影响自己对未来养老金的需求。退休后共需要多少养老金？可以综合考虑自身对寿命的估算、通货膨胀的预测、现在生活水平、将来退休后可能的收入来源，比如社保养老金、固定资产投资收益(如房屋租金)、子女赡养费等,预算出养老金缺口,并确定其中商业保险金的占比,反推出每月或每年需要的商业养老金,就可以算出对应的保额。

第二,选择养老金的领取方式和领取时间。目前商业保险公司将养老金的领取方式分为趸领和期领两种,对于不同需求的人群,选择领取方式也不一样。比如,趸领比较适合退休后还准备继续创业的人群,或者预算自己未来寿命不长、短期内需要用钱的人群。期领又分为年领和月领。一般家庭选择月领比较合适,可以真正补充社保金。年领比较适合每年有一两笔大支出的人群。养老金的领取年龄可以选择与退休年龄相同的时间,即男性 60 岁、女性 55 岁。对于可终身领取养老金的保险,由于没有最低领取年限限制,被保险人活得越长越划算,在选择这种保险时,养老金开始领取的年龄越早越好,特别是考虑到通货膨胀因素,早领比晚领要好。

第三,选择适合的养老保险。目前保险公司销售的养老保险既可以是年金型、两全型或终身型,也可以是分红型、万能型或投资连结型。

传统型养老保险的预定利率是确定的,一般为 2%—4%,比如年金型或两全型保险等。该保险的领取期限、金额等在投保时就可以明确选择和预知,比较适合工薪阶层的养老需要。

分红型养老险一般有保底的预定利率(1.5%—2%),而且往往低于传统型养老保险的利率。除了预定利率,分红型养老保险还有不确定的分红。这个不确定的分红主要是现金分红和保额分红。现金分红可以每年兑现,保额分红通过长期积累获得。这种产品比较适合希望有长期增长的利率和期望能抵御通货膨胀的人群。

万能型寿险一般比较偏重账户累积,目前一般有 2%—2.5% 的收益,账户较灵活,费用较低,适合中高收入但缺乏稳定性的白领人群。

投资连结险是保险产品中投资风险最高的一类。它是一种长期投资的产品,没有设置保底收益,盈亏由投保人承担,投保人可以设立不同风格的理财账户,按一定比例组合产品,适合能承担较大风险、收入较高的人群。

部分养老保险的比较如表 6-5 所示。

表 6-5 部分养老保险产品比较

保险公司	中国平安	中国人寿	太平人寿	新华人寿	友邦保险	泰康保险
产品名称	财富金瑞	鑫禧一生年金保险	卓越至尊终身年金保险	福享金生 A 款终身年金保险	传世金生 2018 版年金保险	鑫福年金保险
投保年龄	0—65 岁	28 天—65 周岁	28 天—70 周岁	30 天—60 周岁	7 天—64 周岁	28 天—70 周岁
领取年龄	保单生效后第 5 年开始	7 周年开始有年金,65 岁开始有养老金	第 5 周年到终身	第 5 周年到终身	第 5 周年到终身	第 6 周年到终身

(续表)

保障期限	终身	终身	终身	终身	80周岁	定期
保障利益	特别生存保险金。第5个及第6个保单周年日被保险人仍生存的,按照下面的方式给付:3年交为年保费的50%,5年交为年保费的50%,10年交为年保费的100%	(1)特别生存金。满5个、6个保单年度分别给付年交保费的60%和40%。(2)年金。满7个保单年度至65周岁前,每年给付基本保额20%。(3)养老金。首笔养老金领取时间为65周岁或满7个保单周年较晚者;养老金领取之日起至终身,每年给付基本保额30%	(1)特别生存保险金。第5年给付20%×年交保费×MIN[(保单年度-1),交费年期数]。(2)生存保险金。第6年至终身:(基本保额+累计红利保额)×30	(1)关爱金。第5年给付基本保额。(2)生存保险金。第6年至终身,每年给付基本保额20%	(1)年金:第5年至64周岁,基本保额18%;65周岁至104周岁,基本保额36%;(2)满期金。105岁给付MAX(趸缴保险费,年期保险费之和)	(1)特别保险金。第6、7年给付年交保费:趸缴10%、3年交30%、5年交50%、10年及以上100%。(2)生存保险金。第8年起至养老保险金领取前:基本保险金额30%。(3)养老保险金。养老年龄被保人55周岁(含)以下为65周岁,55周岁以上为70周岁;首次给付为上年生存保险金额的105%,依次至终身。(4)养老保险金保证给付至99周岁

保险的好处是可以将退休后的现金流锁定,从而能预先安排好退休后的生活。大多数保险从第5年就可以领取生存金,如果生存金能超过生活支出,被保险人就完全可以实现提前退休的梦想,不用靠工作收入而仅靠理财收入来满足日常生活费。因此,购买养老保险时应当先预算未来退休时的生活费支出,并根据未来预算反推现在需要的保险额度,再根据领取年龄、保障期限、保障利益选择合适的产品。

(2)少儿教育金保险。少儿教育金保险是少儿保险的一种,各保险公司推出的少儿教育金保险主要有保障型和教育储蓄型两种。

购买少儿教育金保险时应当注意以下三点:

第一,为子女选购教育金保险的时候,先将大人的保障做足,再考虑子女保险。第二,保险的功能主要在于保障,不要太关注保险的收益而忽视其保障功能。第三,家长在投保时要注意保费的豁免。父母万一发生意外或疾病就很可能会承担不起保费,中断保费支付,很可能影响日后的教育金领取。保费的豁免意味着在父母发生意外的情况下,保费无须继续缴纳,但少儿教育金保险的保单仍然有效,从而保证了孩子未来的教育费用。

中国人寿、友邦和太平洋保险目前已经没有专门的少儿教育金保险,只有普通的年金保险,之前的少儿险全部停售;只有中国平安,还有一款全能英才教育年金险(见表6-6)。

表6-6 平安全能英才教育年金险

公司名称	中国平安
保险名称	全能英才教育年金
投保年龄	0—10周岁
保障期限	至30周岁
保障利益	自第5年度起每年领取成长关爱金,自15周岁起每年领取教育关爱金至24周岁,在18、21、24周岁领取学业有成金,在30周岁领取成家立业金,还有身故保障

3. 保障功能与投资功能相结合的保险产品

不仅有保障功能还带有投资功能的保险产品包括投资连结保险、万能保险等。

（1）投资连结保险。投资连结保险是包含保障功能并至少在一个投资账户拥有一定资产价值的人寿保险。这种保险产品会为投保人设立单独的投资账户,交纳的保费一部分用来购买寿险保障,另一部分进入专门设立的投资账户进行管理。投保人可以根据自身偏好选择投资账户,给付金额会随着单独投资账户价值的变化而变化。投资账户中的资金没有最低保证收益,投资风险完全由投保人承担。四款投资连结保险产品的比较如表6-7所示。

表6-7 四款投资连结保险产品比较

保险名称	投保年龄	保险期间	保险责任	初始费率	投资账户管理费率	账户转换手续费	部分领取手续费
平安聚富步步高	18—55周岁	终身	身故:被保险人身故当时的基本保额+收到被保险人死亡证明后的下一个资产评估日的投资单位价值总额	4%	发展投资:1.2% 基金投资:1.2% 精选股权:1.2% 货币投资:0.35%	每个保单年度前12次投资账户转换免收手续费,以后每次20元	每个保单年度前12次部分领取免收手续费,以后每次为20元
国寿裕丰	0—65周岁	75周岁	（1）意外身故。账户价值的205% （2）疾病身故。账户未设立:保费+利息;账户已设立:账户价值×105%	3%	进取股票:1.5% 平衡增长:1.5% 精选价值:1% 稳健债券:0.6%	无	第1年:1.5% 第2年:1% 第3年:0.5% 第4年:0.5% 第5年:0.5% 之后年份:0

（续表）

保险名称	投保年龄	保险期间	保险责任	初始费率	投资账户管理费率	账户转换手续费	部分领取手续费
友邦聚财宝	0—55周岁	80周岁	（1）意外身故。个人账户价值×200% （2）疾病身故。个人账户价值×105%	3%	（1）保单管理费、风险管理费：免 （2）资产管理费：1%—1.5%	每天免费转换账户单位一次	第1—5个保单年度分别为5%、4%、3%、2%、1%；第6个年度及以后免收
太平财富领御	0—70周岁	终身	（1）意外身故。额外给付账户价值 （2）保单生效2年内疾病身故的，账户价值给付；保单生效2年后身故的，110%账户价值给付	无	账户价值1.5%	无	按照退保次日卖出价计算账户价值退保手续费。第1年：10% 第2年：8% 第3年：6% 第4年：4% 第5年：2% 之后年份：0

注：各家保险公司已经在2018年停止销售投资连结保险。

（2）万能险。万能险是包含保障功能并设有保底投资账户的人寿保险，具有灵活性高、收益保底、账户透明、流动性强且兼有保障功能的特点。三款万能险产品的比较如表6-8所示。

表6-8 三款万能险产品比较

保险公司	保险名称	投保年龄	保险期限	保险责任	初始费用	退保手续费
中国人寿	国寿鑫尊宝终身保险（万能型）	28天—60周岁	终身	被保险人身故，按照当时的保险金额给付保险金	3%；生存金和红利转入仅收1%	从第1年到第5年分别收取5%、4%、3%、2%、1%，第6年以后不收取
中国平安	平安聚财宝（2017）年金保险（万能型）	0—80周岁	终身	（1）年金。选择领取方式 （2）身故保险金。被保险人身故，按下列两者中较大值给付身故保险金，主险合同终止：①被保险人身故当时本主险合同的保单账户价值；②所交保险费-（累计部分领取+累计年金领取）	2%；生存金和红利转入仅收1%	第1年3%；第2年2%，第3年1%，第4年1%，第5年1%，第6年以后0

(续表)

保险公司	保险名称	投保年龄	保险期限	保险责任	初始费用	退保手续费
太平洋人寿	荣耀金账户终身寿险（万能型）	出生满28天—70周岁	终身	若被保人身故,保险公司按被保人身故时合同的有效保额给付身故保险金,同时合同终止。有效保额为以下两者的较大值:保单账户价值或基本保额×对应身故年龄的给付比例	3%;生存金和红利转入仅收1%	从第1年到第5年分别收取5%、4%、3%、2%、1%,第6年以后不收取

第二节 银行理财产品的选择

一、银行理财产品的定义

银行理财产品是商业银行自行开发、设计、销售或与合作机构共同开发并代为销售的资金投资与管理计划。这些投资与管理计划往往是商业银行在细分潜在客户群的基础上,针对特定目标客户群设计的,投资收益一般要高于银行存款利率,投资风险则由客户或客户与银行按照约定方式承担。

二、银行理财产品的分类

（一）按照本金与收益是否能够得到保证分类

按照本金与收益是否能够得到保证,银行理财产品可以分为保本固定收益产品、保本浮动收益产品与非保本浮动收益产品三类。

（1）保本固定收益产品是指本金和收益都能得到保证的银行理财产品,比如中国农业银行"本利丰"定向人民币理财产品,针对个人客户,期限为367天,保证收益率为3.7%(见表6-9)。

表6-9 保本固定收益产品举例

产品要素			
产品名称	中国农业银行"本利丰"定向人民币理财产品（BFDG190012）		
产品类型	保本保证收益型		
产品风险评级	低	投资币种	人民币
理财期限	367天（取决于银行提前终止条款）	产品认购规模	1.0亿元人民币

（续表）

预期最高年化收益率（扣除各项费用后）	3.70%		
认购开始日	2019年7月18日	认购结束日	2019年7月18日
产品起息日	2019年7月19日	产品到期日	2020年7月20日
认购额	对公：起点认购额为1 000万元人民币，并以1 000元的整数倍递增		
销售机构	中国农业银行山东分行各授权分支机构		
销售渠道	中国农业银行授权网点、网上银行、现金管理平台		
理财资金	投资人认购本理财产品资金净额		
实际理财天数	自本产品起息日（含）至产品到期日（不含）或提前终止日（不含）的自然天数		
本金保证	本理财产品由中国农业银行为投资人提供到期本金担保，100%保障投资者本金安全		
适用投资者	本理财产品适合风险承受能力为保守型、谨慎型、稳健型、进取型和激进型的投资者；本理财产品适合无投资经验及有投资经验的投资者		

资料来源：中国农业银行网站。

（2）保本浮动收益产品是指本金能得到保证、收益浮动的银行理财产品，比如中国农业银行的"金钥匙·本利丰天天利"开放式理财产品，预期收益不保证，工作日可即刻赎回，预期年化收益率为2.4%—2.5%（见表6-10）。

表6-10 保本浮动收益产品举例

产品名称	中国农业银行"金钥匙·本利丰天天利"开放式人民币理财产品（个人专属）		
投资币种	人民币	产品风险评级	低
理财期限	5年（取决于银行提前终止条款）	产品类型	保本浮动收益型
预期最高年化收益率（扣除各项费用后）	对私：100万元（不含）以下，2.30%；100万元（含）以上，2.40% [中国农业银行有权根据市场变化及投资运作情况进行调整，如遇调整，自新预期最高年化收益率生效日（含）后，所有新申购和存续资金均适用新预期最高年化收益率。具体产品收益计算及信息披露方式详见产品说明书"产品收益计算"及"信息披露"等部分]		
募集开始日	2015年8月28日	募集结束日	2015年8月30日
产品起息日	2015年8月31日	产品到期日	2020年8月31日
认购额	个人：认购/申购起点金额10 000元，递增金额100元，追加申购起点金额100元，递增金额100元		

（续表）

销售机构	中国农业银行及其授权分支机构
销售渠道	中国农业银行授权网点、网上银行、掌上银行
理财资金	投资人认购本理财产品资金净额
实际理财天数	自本产品起息日（含）至产品赎回到账日（不含）或到期日（不含）或提前终止日（不含）的自然天数
本金保证	本理财产品由中国农业银行为投资人提供到期本金担保，100%保障投资者本金安全
适用投资者	本理财产品适合风险承受能力为保守型、谨慎型、稳健型、进取型和激进型的投资者；本理财产品适合无投资经验和有投资经验的投资者
银行工作日	国家规定的法定工作日
申购开放期及开放时段	每个银行工作日为开放期，开放期的 00：00 至 17：00（含）为申购开放时段 非申购开放时段的时间均可提出预约申购申请或预约追加申购申请 | 时间	功能	起息日
---	---	---
银行工作日：00：00—17：00	申购/追加申购	当日
银行工作日：17：00—24：00	预约申购/预约追加申购	下一银行工作日
非银行工作日：00：00—24：00	预约申购/预约追加申购	下一银行工作日	 （对公客户仅在我行对公营业工作时间内有效，开放期 00：00 至 8：50 的申购/追加申购申请，以及非申购开放时段的预约申请仅能通过网点办理）
赎回开放期及开放时段	每个银行工作日为开放期，开放期的 5：00—15：00（含）为赎回开放时段。产品到期日不开放赎回（单一账户每日赎回笔数最高为 30 次） 非赎回开放时段的时间均可提出预约赎回申请 （对公客户仅在我行对公营业工作时间内有效，非赎回开放时段的预约赎回申请仅能通过网点办理）
税收规定	本产品运作过程中涉及的各纳税主体，其纳税义务按国家税收法律、法规执行。国家税收法律、法规要求管理人缴纳或代扣代缴的，由中国农业银行缴纳或代扣代缴。除法律、法规特别要求外，投资者应缴纳的税收由投资者负责，产品管理人不承担代扣代缴或纳税的义务。根据目前的增值税法规，本资管产品运营业务应由中国农业银行申报和缴纳增值税及增值税附加税费，税款将直接从理财资管计划账户中扣款缴纳

(续表)

投资范围	本理财产品资金由资产管理人主要投资于银行间和交易所市场债券、回购、拆借（包括国债、金融债、央行票据、较高信用等级的信用债、非公开定向债务融资工具、可转债等）、货币市场基金、债券基金、低风险类其他基金、低风险同业资金业务、非标准债权资产（包括收益权、委托类债权等），以及商业银行或其他符合资质的机构发行的固定收益型产品。其中，现金、回购、主权及准主权债及中高等级信用债等高流动性资产的占比为60%—100%，货币市场基金、债券基金、低风险类其他基金、低风险同业资金业务的投资品种的占比为10%—30%，非标准债权资产及其他投资品种的占比为0—10%，以上投资比例可在±10%的区间内浮动，我行根据相关投资市场走势动态调整资产组合配置。投资比例超出浮动范围，我行将根据有关规定予以披露；客户不接受，可选择赎回本产品
资产管理人	中国农业银行
托管人	中国农业银行
投资收益	产品存续期间，依实际运作情况计算客户投资收益，满足一定条件时本产品预期获得相应的年化收益率；超出最高年化收益率及各项费用的部分，资产管理人有权将其作为浮动管理费。本产品计息基础为实际理财天数/365，本金及累计收益在客户赎回/产品提前终止/产品到期一次性支付

资料来源：中国农业银行网站。

（3）非保本浮动收益产品是指本金和收益都不能得到保证的银行理财产品，比如中国农业银行的"金钥匙·安心得利"，期限为95天，预期年化收益率为4%（见表6-11）。

表6-11 非保本浮动收益产品举例

产品要素			
产品名称	中国农业银行"金钥匙·安心得利"2019年第5131期人民币理财产品		
产品类型	非保本浮动收益型		
产品风险评级	中等	投资币种	人民币
理财期限	95天（取决于银行提前终止条款）	产品认购规模	3亿元人民币
预期最高年化收益率（扣除各项费用后）	4.00%		
认购开始日	2019年7月18日	认购结束日	2019年7月24日
产品起息日	2019年7月25日	产品到期日	2019年10月28日
认购额	对公：起点认购额为100 000元人民币，并以10 000元的整数倍递增 对私：起点认购额为50 000元人民币，并以1 000元的整数倍递增		
销售机构	中国农业银行江苏分行各授权分支机构		
销售渠道	中国农业银行授权网点、网上银行、掌上银行等		
理财资金	投资人认购本理财产品资金净额		
实际理财天数	自本产品起息日（含）至产品到期日（不含）或提前终止日（不含）的自然天数		

资料来源：中国农业银行网站。

（二）按照投资方式与方向分类

按照投资方式与方向的不同,银行理财产品又可分为 QDII 产品、结构型产品等。

（1）银行 QDII 产品是指银行将募集资金投资于海外资本市场证券从而获得收益的一种产品,属于非保本浮动收益型产品。比如中国工商银行发行的专项代客境外理财产品二号,将募集资金投资于境外股票、公募基金和高流动性资产并进行动态资产配置,由工银亚洲投资管理有限公司做产品投资顾问(见表 6-12)。

表 6-12　银行 QDII 产品举例

产品名称	中国工商银行——专项代客境外理财产品二号
产品代码	QD1004
产品风险评级	PR4(本产品的风险评级是工商银行内部测评结果,仅供客户参考)
目标客户	经工商银行风险评估评定为成长型和进取型的、有投资经验的理财金账户客户、财富客户及私人银行客户
首次购买起点/追加金额	首次认购和申购为 300 000 元人民币,追加认购单笔最低限额为 100 000 元人民币及其整数倍
产品募集	本产品以人民币募集并以人民币兑付客户资金,产品认购、申购、赎回及收益分派以实际交易汇率折算的人民币报价,理财产品净值、托管费、管理费及认申赎费以美元净值计算
产品类型	开放式、非保本、浮动收益型代客境外理财产品
期限	无
募集期	2010 年 10 月 12 日—2010 年 10 月 21 日,根据市场情况,银行可调整募集期及其他相关日期
投资封闭期	无
起始日(生效日)	2010 年 10 月 22 日
到期日	无
预计募集规模	40 亿元人民币(产品管理人有权根据实际需要调整产品规模,产品最终规模以实际募集的资金数额为准)
投资范围	(1)在许可证券交易所(即与中国银监会已签订代客境外理财业务监管合作谅解备忘录的境外监管机构批准或认可的交易所)IPO 上市新股,增发、配股及公开交易的股票,公募基金(包括交易所交易基金 ETF);(2)境内外的银行存款、债券、货币市场基金等固定收益类投资工具;(3)外汇远期、掉期等衍生金融工具,仅用于规避风险目的,产品管理人可根据市场情况,主动进行投资组合管理,买进或卖出投资品;(4)产品管理人可根据市场情况留存一定比例的境内资金投资于本外币银行存款

(续表)

投资限制	(1)投资于单只股票的资金不超过单个理财产品总资产净值的5%;(2)投资于股票的资金总和不超过投资组合资产总额的50%;(3)只可为以规避风险为目的对冲而投资于衍生工具(如外汇远期合约)等,严禁用于投机或放大交易
投资比例	本产品投资组合资产总额的50%—100%投资于股票、公募基金(含ETF),产品管理人将根据市场情况,0—50%投资于存款等高流动性资产。如因投资退出限制、流动性限制以及市场剧烈波动等使上述投资比例短期内出现超出,这种情况不视为违背投资限制,但产品管理人必须在合理期限内进行调整,使之符合投资指引的要求
投资目标	参与股票等有价证券的公开发行,分享投资收益
风险收益特征	本产品预期的风险水平和收益水平介于单只股票与股票基金之间
认购费率	无
申购费率	申购金额<100万元,0.5%;<500万元申购金额≥100万元,0.3%;申购金额≥500万元,每笔1 000元
赎回手续费率	0.50%
管理费	按当日产品美元净值的0.8%年费率计提
托管费	按当日产品美元净值的0.2%年费率计提
产品的提前终止	从产品生效日起,产品资产净值连续20个工作日低于1 000万美元时,管理人有权宣布终止本产品
赎回资金到账日	在产品赎回日后最晚于8个工作日(T+8)内将客户赎回资金划转至客户指定账户
其他规定	认购日至募集期结束日之间,客户的认购款项在银行账户冻结,正常按照活期存款利率计息,募集期内的利息不计入认购本金份额;赎回日/产品终止日至到账日之间,客户资金不计利息。自产品份额正式发售之日起1个月内,产品管理人可根据认购情况宣布本产品正式生效或本产品不能生效。产品不能生效的原因包括但不限于产品募集规模低于1 000万美元。若本产品不能生效,则产品管理人将在募集期结束后5个工作日内将客户投资本金返还至客户账户,此期间客户资金不计付利息
税款	理财收益的应纳税款由客户自行申报及缴纳
开放日	指为客户办理产品申购、赎回等业务的工作日。本产品开放日为产品生效后的每周第一个工作日,也必须是所投资有价证券的正常交易日,交易时间为开放日的北京时间9:00—15:00,客户可在开放日交易时间段内提交申购、赎回申请。募集期和封闭期不接受申购、赎回申请。中国工商银行有权根据产品运行的实际情况,在进行信息披露后暂停产品的申购和赎回开放
产品管理人	产品管理人为中国工商银行股份有限公司
产品投资顾问	工银亚洲投资管理有限公司

(续表)

产品境内托管人	中国银行股份有限公司
产品境外托管人	中国银行（香港）有限公司
工作日	任何一个北京、香港及纽约的商业银行开门营业的日期（不包括星期六及星期日），也必须是本理财产品所投资有价证券的正常交易日

资料来源：中国工商银行网站。

（2）银行结构型理财产品是指将募集资金投资于固定收益工具（通常是定息债券）与金融衍生工具（如远期、期权、掉期等）组合从而获得收益的一种理财产品。这类产品可以看作固定收益工具的一个特殊种类，通过与金融衍生工具进行结构配置，可以做到到期保本并按照客户预期设计产品。这类产品对金融技术的要求较高，因此一些收益较高的产品通常面向银行高净值客户发售或定制。比如中国农业银行"金钥匙·汇利丰"2019年第439期人民币结构型存款产品，由投资管理人主要投资于银行间货币市场及利率衍生工具（见表6-13）。

表6-13 银行结构型理财产品举例

产品名称	"金钥匙·汇利丰"2019年第439期人民币结构型存款产品		
投资币种	人民币	客户预期净年化收益率	3.55%/年或3.45%/年
产品风险评级	低风险	产品类型	保本浮动收益型
产品期限	91天	挂钩标的	欧元/美元汇率
认购开始日	2019年7月16日	认购结束日	2019年7月23日
产品起息日	2019年7月24日	产品到期日	2019年10月23日
认购额	定向销售，仅限有本周到期产品的部分客户购买 个人：起点金额200 000元，按1 000元递增		
销售机构	中国农业银行及其授权分支机构		
销售渠道	中国农业银行授权网点、网上银行、掌上银行		
产品认购规模	30亿元人民币		
结构型存款资金	投资人认购本结构型存款产品资金净额		
实际结构型存款天数	自产品起息日（含）至产品到期日（不含）或提前终止日（不含）的自然天数		
本金保证	由中国农业银行为投资人提供到期本金担保，100%保障投资者本金安全		
适用投资者	适合有本期到期产品的部分客户购买且经中国农业银行风险承受能力评估，风险类型为保守型、谨慎型、稳健型、进取型、激进型个人投资者、私人银行客户及机构投资者投资（不含金融机构客户）		
银行工作日	中国规定的法定工作日		

（续表）

计息方式	1年按365天计算,计息天数按实际结构型存款天数计算
计息说明	募集期内(起息前一日除外)投资者结构型存款资金计活期利息;清算期内结构型存款资金不计付利息
投资范围	本金由中国农业银行100%投资于同业存款、同业借款等低风险投资工具,收益部分与外汇期权挂钩获得浮动收益
产品收益说明	(1)如在观察期内,欧元/美元汇率始终位于参考区间内,则到期时预期可实现的投资年化收益率为3.55%,扣除中国农业银行收取的管理费0.00%后,实际支付给投资者的净收益率为3.55% (2)如在观察期内,欧元/美元汇率突破参考区间,则到期时预期可实现的投资年化收益率为3.45%,扣除中国农业银行收取的管理费0.00%后,实际支付给投资者的净收益率为3.45% 投资人收益=结构型存款产品本金×实际支付给投资者的净年化收益率×结构型存款实际天数÷365(精确到小数点后2位,具体以中国农业银行股份有限公司实际派发为准)
资金划转	投资者签署或确认相关协议后,中国农业银行将依据约定划款,划款时将不与投资者再次确认。投资者认购/申购风险较高或单笔金额较大的结构型存款产品时,适用前述操作规则
欧元/美元汇率	取自每周一悉尼时间上午5点至每周五纽约时间下午5点之间,中国农业银行在外汇市场观察并决定的汇率
观察期	产品起息日至产品到期前两个工作日北京时间下午2点之间
参考区间	欧元/美元汇率(1.075,1.183)
还本付息	本结构型存款产品到期日后2个银行工作日内一次性支付产品本金及收益,遇非银行工作日时顺延;本结构性存款产品到期前不分配收益

资料来源：中国农业银行网站。

三、银行理财产品的选择

在选择银行理财产品时，首先要根据理财目标和风险承受能力选定不同的理财产品类型。

（1）2个月期资金。2个月内不用的资金，但第3个月可能要用，可以购买一些流动性强、风险低的产品，比如30—60天的保本固定收益型理财产品。这类产品的年化收益率通常可以接近定期存款利率，缺点是购买起点高，门槛一般为5万元。

（2）1年期及以上资金。1年以上不用的资金，在投资者只愿意承担很低风险的情况下,可以考虑购买1年期以上的固定收益信托类理财产品。虽然这类产品的风险很低,但购买这类固定收益信托类理财产品仍要注意流动性风险和信用风险。由于信托类产品在到期前通常是不能提前支取的,到期前投资者因急事需要用钱就可能陷入困境。另外,信托产品的收益虽然是固定的,但并非"完全固定",一旦出现用款方发生经营问题、不能按时偿还本金和利息的极端情况,产品会遭受损失。

1年以上不用的资金,在投资者愿意承担较大风险的情况下,可以考虑购买保本浮动收益类理财产品。在保障本金的前提下,承担一定的风险以换取较高的收益。由于收益是浮动的,最终的实际收益能否达到产品说明中的预期高收益也是有风险的。

1年以上不用的资金,在投资者愿意承担高风险的情况下,可以考虑购买非保本浮动收益类产品。需要注意的是,非保本理财产品的风险很高,如果市场行情不好,产品会出现较大的损失。2007年发行的很多非保本理财产品遭遇2008年的金融危机后受到重创,损失甚至高达40%。因此,投资者在选择非保本浮动收益类理财产品时,一定要慎重评估自己的风险承受能力和资金使用时间。一般来说,高风险的投资应使用长期闲置的资金。

其次,在相应的产品类型下对产品进行比较分析,着重从以下三个要素入手:

(1) 产品的预期收益。预期收益指的是年化收益,不是到期收益。需要注意的是,银行理财产品的预期收益不是最终的实际收益。购买银行理财产品时应仔细阅读理财产品合同的内容,不明确的方面可要求银行工作人员解答。

(2) 产品的风险。对于宣传所言预期收益特别高的产品,要特别注意其风险。对于设计复杂、不能明确判断风险的产品,普通投资者最好回避。

(3) 产品的赎回条件和期限。这个要素决定了资金的流动性。有些理财产品允许提前赎回,但要扣一定的手续费;有些理财产品允许投资者在到期前的特定时间可以赎回;有的理财产品不允许提前赎回。

第三节 公募基金的选择

一、公募基金的定义

公募基金是指把众多投资人的资金汇集起来,由基金托管人(如银行)托管,由专业的基金管理公司将投资人的资金投资于股票和债券等证券,管理和运用这些资金以实现收益的一种投资工具。公募基金在美国称为"共同基金"(Mutual Fund),意为大家共同拿钱出来交给基金公司管理。

对于单个投资者而言,公募基金是一个非常好的投资工具。单个投资者受到信息和研究能力的限制,在挑选股票方面缺乏专业优势,也不可能花高额成本进行专业调研。因此,将资金委托给具有专业研究能力的基金公司去打理,一来节省了大量的时间和精力,投资者可以利用这些时间和精力去做自己更擅长的事情,也可以体现专业分工的精神;二来分享了专业团队管理资金所获得的收益,而且收益的绝大部分归属于投资者。

以下几类投资者适合购买公募基金:

第一类是有钱没时间的"忙族"。这个族群的人通常有着高额的收入,但工作也非常繁忙,根本没有时间打理自己的财富。他们往往认为赚钱最重要,而从未将理财放在重要位置。"忙族"人群会发现工作越来越辛苦,收入增长速度似乎很难超越工作辛苦的增大程度。他们希望能降低工作的辛苦程度,而收入仍能增长。从某种程度上来说,工作收入与工作的辛苦程度正相关。因此,只有培养起非工作收入(即理财收入),"忙族"人群才能真正地"脱忙"。他们适合投资公募基金,以实现理财收入的增长。

第二类是有钱有时间但没有专业投资能力的"闲族"。这个族群的人也有着高收入,但工作不繁忙。他们也许会看看股票行情,偶尔自己操作一把。在市场好的情况下,他们能有所获利;但在市场不好的情况下,他们会任由所投资股票出现亏损或最后割肉离场。虽然有闲,但由于缺乏专业的投资能力,也不愿意将时间花在详细研究股票上,因此"闲族"人群也适合将资金委托给专业的基金公司管理。

第三类是既没有太多钱也没有太多时间更不具备专业投资能力的"工薪族"。这个族群的特点是收入不高、时间不多、专业投资能力不具备,他们往往存在一个误区,即"有钱了才理财"。他们自认为自己没有财可以理,目前的主要目标是打工赚钱。实际上,通过公募基金进行理财的门槛非常低,只需每月最低拿出100元、200元都可以委托基金公司帮你管理财富。对于"工薪族"而言,公募基金满足了其理财门槛低的需求。

美国公募基金发展非常迅速,公募基金公司超过500家,其中18家基金公司管理的资产在2019年第一季度末超过1万亿美元。资产管理规模最大的两家基金公司是黑石基金公司和先锋基金公司,管理的资产规模分别为6.84万亿美元和5.2万亿美元,其中股票基金管理的资产总额截至2018年年底为9.22万亿美元。截至2018年年底,美国共有5 720万户家庭,其中44.8%的美国家庭持有基金,平均每户家庭持有基金资产15万美元、4只基金。[①]

与美国相比,中国的资产管理规模虽然不大,但发展快速。从图6-2来看,中国自2015年起经历了开放式基金的高速发展期,资产管理规模从2005年不到5 000亿元发展到2018年超过13万亿元,增长了20倍以上;基金数量从2005年不到1 000只增加到2018年超过5 000只,增长了4倍以上。

---

① https://finance.sina.com.cn/roll/2019-09-07/doc-iicezueu4034128.shtml

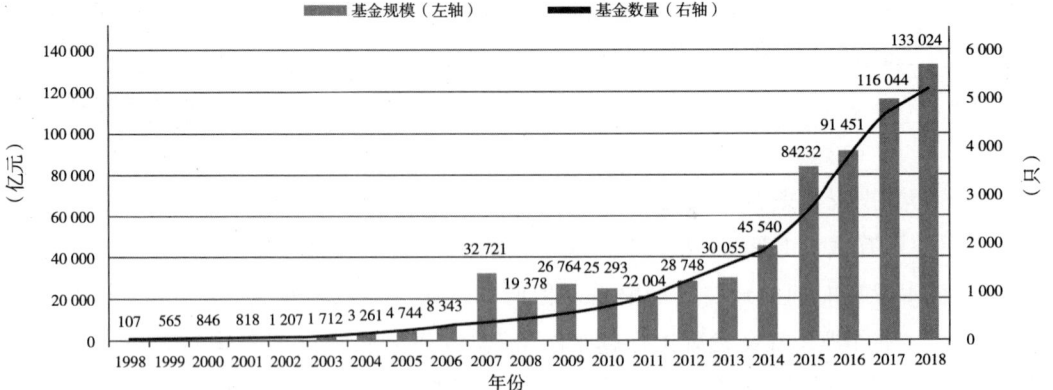

图 6-2　1998—2018 年开放式基金的总规模和基金数量

资料来源：http://cn.morningstar.com/fundtools/article/download.aspx?id=AR00008863&no=0

二、公募基金的种类

（一）按基金规模是否固定分类

按照基金规模是否固定,可分为封闭式基金和开放式基金。封闭式基金(Close-end Funds)是指基金规模在发行前已确定,在发行完毕后的规定期限内,基金规模固定不变的投资基金。封闭式基金的发起人在设立基金时,限定了基金单位的发行总额,筹足总额后,基金即宣告成立并进行封闭,在一定期间内不再接受新的投资。开放式基金(Open-end Funds)是指基金设立后,投资者可以随时申购或赎回基金单位,基金规模不固定的投资基金。投资者既可以通过基金销售机构购买开放式基金,使得基金资产和规模相应增加;也可以将持有的开放式基金份额卖给基金公司并收回现金,使得基金资产和规模相应减少。

封闭式基金与开放式基金的相同点在于：

（1）封闭式基金和开放式基金都属于公募基金,都是投资者将资金交给基金公司管理从而获得收益。

（2）封闭式基金和开放式基金都可以由普通投资者购买,投资门槛都不高。

封闭式基金与开放式基金的不同之处在于：

（1）封闭式基金的规模固定,开放式基金的规模不固定。

（2）封闭式基金通过股票账户购买,开放式基金一般通过银行账户购买。

（3）封闭式基金有到期日,到期后持有人可以按资产净值取回投资本金和收益;开放式基金没有到期日,持有人可以随时将基金卖给基金公司以收回投资本金和收益。

（4）封闭式基金持有人到期日前可将基金卖给其他持有人,从而收回投资;开放式基金持有人在任何开放日都可将基金卖给基金公司,从而收回投资。

（5）封闭式基金在日交易时间内的交易价格是连续变化的,开放式基金每天按收盘时的资产净值公布价格。

（6）封闭式基金的买卖价格受市场供求关系的影响,常出现溢价或折价现象,并不必然反映基金净值;开放式基金的交易价格取决于基金单位净值,其申购价格一般是基金单位净值加上一定的申购费,赎回价格是基金单位净值减去一定的赎回费,不直接受市场供求的影响。

自首只基金成立以来,中国已有几十只封闭式基金,其中部分封闭式基金到期后转为了开放式基金。2019年,传统封闭式基金几乎已转为开放式基金,但又发行了一些创新型封闭式基金。

目前,创新型封闭式基金的创新主要体现在以下两个方面:

（1）基金存续期内,若上市交易后,折价率连续50个交易日超过20%,则基金可召开基金份额持有人大会以转换运作方式,转变为开放式基金(LOF),接受投资者赎回申请。这部分内容被称为"救生艇条款",例如即将发行的大成优选混合型证券投资基金即采用这项应对长期高折价率的措施。

（2）结构化分级基金由两级份额组成:优先级份额和普通级份额。两级份额分别募集和计价,但资产合并运作,在法律主体上是同一基金。

（二）按组织形式分类

按照组织形式,可分为公司型基金和契约型基金。

公司型基金是具有共同投资目标的投资者组成的、以盈利为目的的股份制投资公司,并将资产投资于特定对象的投资基金。契约型投资基金也称信托型投资基金,是指基金发起人依据其与基金管理人、基金托管人订立的基金契约,发行基金单位而组建的投资基金。目前,我国的基金均为契约型基金。

契约型基金实际上是一种三方契约,是投资人、基金管理人、基金托管人三方共同订立的契约。投资人将资金委托给作为基金管理人的基金管理公司,需要与基金管理人签订契约;但投资人会担心基金管理人滥用或挪用自己的资金,需要请一个托管人来监督基金管理人,于是与基金托管人再签订托管契约,由此形成三方契约。

（三）按投资对象分类

按照投资对象的不同,可分为股票基金、债券基金、混合基金、货币市场基金、期货基金、期权基金等。

股票基金是指基金管理人将从投资者处募集资金的大部分投资到股票上,从而为投资者取得收益的一种基金。股票基金需要将募集资金的60%以上投资到股票上,基金的风险较高,但预期收益也较高。2017年,只有约30%的股票上涨;相比之下,权益类基金中有近80%取得正收益。2017年,股票基金全年平均收益达13.25%,涨幅最高的一只基金收益达64.97%;2018年,普通股票基金平均收益率为-24.46%,亏损最多的基金亏损幅度达69.49%。这充分说明了股票基金的高风险、高收益的特征。

债券基金是指基金管理人将从投资者处募集的大部分资金投资到债券上,从而为投资者取得收益的一种基金。债券的风险远低于股票,而债券基金要将募集资金的80%以上投资到债券上,所以债券基金的风险较低,预期收益也较低。2018年,债券基金的平均收益率为3.5%—9%。

混合基金是指基金管理人将从投资者处募集的一部分资金投资到股票上,另一部分资金投资到债券上,从而为投资者取得收益的一种基金。混合基金更为灵活,对股票仓位和债券仓位没有要求,其风险和收益一般介于股票基金和债券基金之间。从2014年的牛市来看,混合基金由于股票仓位有限,平均收益率只有20.82%,低于股票基金,但高于债券基金;从2016年来看,混合基金由于其股票仓位有限,其亏损小于股票基金。

上述三种基金收益率的比较如表6-14所示。

表6-14　三种类型基金在2014—2018年的收益率比较　　　　　　　　单位:%

基金类型	2014年	2015年	2016年	2017年	2018年
股票基金	25.69	11.22	-13.27	11.98	-25.42
混合基金	20.82	18.22	-9.97	10.20	-14.19
债券基金	20.00	9.07	0.19	1.59	4.23

资料来源:天天基金网。

货币市场基金是指基金管理人将从投资者处募集的资金专门投向无风险的货币市场工具(如国库券、商业票据、银行定期存单、政府短期债券、企业债券等短期有价证券)的一种开放式基金。货币市场基金区别于其他类型的开放式基金,具有高安全性、高流动性、稳定收益性、分红免税等优势,可以作为储蓄的替代。不过,在股票市场好的情况下,货币市场基金收益会大幅低于股票基金收益。

(四)按投资运作特点分类

按照投资运作的特点,可分为成长型基金、收入型基金、平衡型基金。成长型基金是指以追求资本的长期成长为投资目标的投资基金,投资的多是成长型股票。收入型基金是指以能为投资者带来高水平的当期收入为目标的投资基金,投资的多是分红较多的股票。平衡型基金是指以支付当期收入和追求资本的长期成长为目标的投资基金。

(五）按募资来源和投资渠道分类

按基金管理的资金募集来源和投资渠道可分为 QDII、QFII、国内基金、海外基金等（见表 6-15）。

表 6-15 按募资来源和投资渠道划分基金类型

基金类型	募资来源	投资渠道
QDII	境内	境外
QFII	境外	境外
国内基金	境内	境内
海外基金	境外	境外

1. QDII

QDII（Qualified Domestic Institutional Investors）是合格的境内投资者的简称。由于人民币实行的是经常项目下可兑换、资本项目下不可兑换的管制制度，因此中国国内个人投资者的资金无法直接投资于海外市场的股票或债券。这种情况下，在中国境内设立，经中国有关部门批准，允许从事境外资本市场的股票、债券等有价证券投资业务的境内机构就称为 QDII。国内的部分基金公司设立了一些 QDII 基金（见表 6-16），比如最早成立的南方全球精选配置基金、华夏全球股票精选基金。

表 6-16 QDII 基金示例

序号	基金代码	简称	2019/7/17 累计净值	成立日期	基金经理
1	161124	易方达香港小型股指数 A	1.1163	2016/11/2	张胜记等
2	150170	汇添富恒生指数分级 B	1.4380	2014/3/6	赖中立
3	501021	华宝香港中小（QDII-LOF）A	1.3655	2016/6/24	周晶
4	160922	大成恒生综合中小型股指数	1.0110	2016/12/2	冉凌浩
5	160924	大成恒生指数	1.0490	2017/8/10	冉凌浩
6	164705	汇添富恒生指数分级	1.3540	2014/3/6	赖中立
7	513600	南方恒指 ETF	1.3984	2014/12/23	罗文杰
8	000342	嘉实新兴市场 A1（QDII）	1.5990	2013/11/26	关子宏
9	320013	诺安全球黄金	0.9620	2011/1/13	宋青
10	000179	广发美国房地产指数	1.5930	2013/8/9	刘杰

资料来源：天天基金网。

2. QFII

QFII(Qualified Foreign Institutional Investors)是合格的境外投资者的简称。中国的人民币没有实现完全可自由兑换,资本项目尚未开放,在这种情形下,外国资本要想进入国内投资证券,必须符合一定条件并得到中国有关部门的审批后才能将外汇汇入国内转换为人民币,并通过严格的监管专户进行证券投资。

QFII与QDII都是在货币不可完全自由兑换的情形下产生的,QFII是为境外投资者投资国内证券市场开辟的通道,而QDII是为境内投资者投资海外证券市场开辟的通道。截至2011年2月,我国的QFII达到107家。瑞士银行、摩根斯坦利、花旗、高盛、德意志银行等著名的国际机构都在中国设立了QFII,一些国际顶尖大学(比如哈佛大学、斯坦福大学、耶鲁大学、哥伦比亚大学等)的基金也在中国开设了QFII相关培训课程。

扫码获取
QFII名录

3. 国内基金

国内基金是指在国内以本国货币募集资金并投资于国内证券的一种基金。与QDII和QFII不同的是,国内基金的募资来源和投资渠道都来自本国;QDII的募资来源是国内,但投资渠道是境外;QFII的募资来源是境外,但投资渠道是国内。

4. 海外基金

海外基金(Oversea Fund)是指在一国境外募集资金,并投资于该国境外证券的一种基金,比如美国的基金、中国香港的基金等。海外基金的募资来源和投资渠道都是境外,QDII仅投资渠道是境外,QFII仅募资来源是境外,而国内基金的募资来源和投资渠道都是本国。

(六)按管理方式来分类

按基金的管理方式,可分为主动型基金和被动型基金。

主动型基金的基金经理需要挑选股票,并选择合适的时机买入或卖出股票。这类基金通常会设定一个市场指数作为相对业绩标准,如果基金业绩在管理期间超越市场指数收益,就说明基金经理的主动管理水平较强;如果没有超越市场指数收益,就说明基金经理的管理是无效的。

被动型基金主要指指数型基金。这类基金的基金经理无须去主动挑选股票,只要跟踪相应指数中股票种类及其权重的变化。由于指数中的股票种类变换并不频繁,因此基金经理的主要工作是跟踪指数中股票权重的变化。正是因为省却了选择股票所要进行的研究工作,指数型基金的管理费一般低于主动型基金的管理费。国外的研究表明,长期来看,75%的主动型基金扣除管理费后的收益率无法超越指数型基金。这意味着在不具备从众多基金中挑选优秀的基金经理时,长期投资者不如购买指数型基金。因此,美国规模最大的基金(即前文提到的先锋基金)就是一只被动管理的指数型基金。

三、基金净值

基金净值(Net Asset Value,NAV)分为基金单位净值和基金累计净值。

基金单位净值是指每份基金单位的净资产价值,等于基金的总资产减去总负债后的余额再除以基金全部发行的单位份额总数。发行时的基金单位净值一般是 1 元/份。

$$\mathrm{NAV} = \frac{总资产 - 总负债}{基金单位份额总数}$$

基金累计净值是指基金最新单位净值与成立以来的所有分红之和,体现了基金自成立以来所取得的累计收益。基金发行时通常以 1 元/份来发行,用基金累计净值减去 1 元面值就可以得到基金的总实际收益。基金累计净值可以比较直观和全面地反映基金在整个运作期间的历史表现,结合基金的运作时间,可以更准确地体现基金的真实管理水平。比如,如果 A 基金和 B 基金成立的时间相同且风格相同,A 基金用 2 年的时间将累计净值做到 3 元/份,B 基金用 3 年的时间才将累计净值做到 3 元/份,这说明 A 基金的管理水平优于 B 基金。

开放式基金的申购和赎回是以基金单位净值为基础进行的。申购时在单位净值基础上加一定的申购费,赎回时在单位净值基础上减去一定的赎回费。

四、公募基金的购买和退出方式

开放式基金的销售渠道有直销和代销两种。直销是指由发行基金的基金管理公司直接将基金份额销售给投资者。代销是指发行基金的基金管理公司委托其他机构将基金份额发售给投资者。基金的代销渠道通常为银行、证券公司、第三方理财机构。

投资者购买开放式基金有两种方式。一种是在一级市场上购买(一级市场指的是发行市场,即在基金发行时买入),这种方式称为"认购";另一种是在二级市场上购买(二级市场指的是交易市场,即在基金发行完毕后买入),这种方式称为"申购"。认购和申购都可以通过直销渠道(基金管理公司)或代销渠道(银行、证券公司、第三方理财机构)进行。

认购和申购的时间都是在每个交易日的 15:00 之前。投资者认购基金时通常按 1 元/份进行认购,要扣除一笔认购费,认购费率一般是 1.2%。投资者申购基金时则按照"未知价"原则进行申购,即申购基金时参照的基金单位净值为当日 15:00 后经计算得出的单位净值。也就是说,申购时间早于单位净值计算时间。比如,昨日某基金的单位净值是 1.2 元/份,这是在昨日 15:00 以后公布的,投资者今日准备申购这只基金,可以在今日的 15:00 之前下单申购,15:00 之后公布今日的基金单位净值是 1.25 元/份,则投资者买入的基金是按 1.25 元/份计算的。投资者在申购基金时也要交纳一定的申购费,申购费率一般是1.5%。

之所以要按"未知价"原则进行基金申购,是因为资本市场不存在无风险的套利机会。按"已知价"原则进行基金申购,意味着存在无风险的套利机会。比如上述例子按昨日1.2元/份申购,如果在今日15:00前看到基金持有的大部分股票价格上涨了,完全可以预测到今日的基金单位净值将高于1.2元/份,投资者就可以在15:00前按1.2元/份申购基金,然后第2天按高于1.2元/份的净值卖出即可获得无风险的套利机会。

对于不同的渠道,购买基金的方式不太一样。由于现在移动互联网非常发达,且网上支付手段也日益完善,因此通过各个渠道的网络平台或移动端APP购买基金更为方便快捷。

开拓视野　　如何购买基金

(1) 通过银行渠道在网上购买基金的步骤为:

第一步,持银行卡和有效证件去银行柜台开通基金账户和网银;

第二步,登录银行网站,根据银行网站的提示开通TA账户;

第三步,选择自己想要购买的基金,点击申购即完成。

(2) 通过证券公司在网上购买基金的步骤为:

第一步,去证券公司开通基金账户;

第二步,登录证券公司的网上交易平台;

第三步,选择自己想要购买的基金,点击申购即可。

(3) 通过基金公司在网上购买基金的步骤为:

第一步,持银行卡和有效证件去银行柜台开通网银或银联通基金网上直销业务;

第二步,进入提供网上直销渠道的基金公司网站;

第三步,选择个人网上交易开户;

第四步,选择银行卡,填写相关资料,确认协议;

第五步,选择自己想要购买的基金,点击申购即可。

(4) 通过天天基金网购买基金的步骤为:

第一步,打开天天基金网官网并点击"免费开户",按照提示填写相关个人信息;选择关联的银行卡,并填写相关的银行卡和身份证信息。此时会收到一条验证短信,输入银行卡直付通功能申请验证码。

第二步,登录天天基金网,输入注册账号,在软件主界面,点击"基金"。

第三步,在"基金"窗口上,选择想要购买的基金并点击购买。

第四步,根据自身资金情况,输入购买的基金金额并支付,即可完成在天天基金网购买基金的整个流程。

一般来说,网上交易的优势是方便快捷且手续费低廉,手续费一般打 4—6 折,天天基金网部分基金的手续费仅 1 折。在使用网上交易平台时应当注意账户密码和资金的安全性。除在网上购买基金外,也可通过各个机构的手机 APP 交易平台购买。

投资者在申购当天并不会看到基金账户中出现基金份额的信息。由于计算基金净值和登记份额等都需要一定的时间,一般到第 5 个交易日(即 T+5)才能在账户中看到基金份额。

当投资者想从开放式基金中退出投资时,这种行为称为"赎回"。赎回费率一般是 0.5%,赎回基金的资金到账期间一般是 5 个交易日(即 T+5)。如果是海外基金,则需要 10 个交易日(即 T+10)。

封闭式基金与开放式基金不同,封闭式基金的交易主要是通过投资者的股票账户完成,因此投资者必须先在证券公司开立股票账户,然后通过股票账户完成封闭式基金的交易(交易过程与股票是一样的)。封闭式基金的交易是即时进行的,交易价格即当时的购买价。封闭式基金在购买后的第二天才能卖出,资金可即时到账。

五、公募基金的费用

开放式基金的认购费率通常是 1.2%,申购费率一般是 1.5%,网上申购费率一般是 0.6%。

根据开放式基金在申购或赎回时是否即时交纳手续费,还可分为前端收费和后端收费两种方式。前端收费是指投资者在认购、申购基金时就要支付认购费/申购费的付费方式。后端收费是指投资者在购买开放式基金时不支付申购费,到赎回时才支付赎回费的付费方式。一般在后端付费模式中,根据投资者持有基金的期限长短会有不同程度的费率优惠或惩罚(见表 6-6),如果投资者持有不到 1 年,则后端申购费率高于通常的 1.5%;如果投资者持有超过 5 年,则不收取申购费和赎回费。

表 6-17　某只基金的后端申购和赎回费率　　　　　　　　　单位:%

持有期限	申购费率	赎回费率
1 年以内	1.80	0.50
满 1 年不满 2 年	1.50	0.50
满 2 年不满 3 年	1.20	0.50
满 3 年不满 4 年	1.00	0.20
满 4 年不满 5 年	0.40	0.10
满 5 年以上	0.00	0.00

如果投资者选择交纳前端申购费,则申购份额的计算公式为:

$$前端申购费用 = 申购金额 \times 前端申购费率$$

$$净申购金额 = 申购金额 - 前端申购费用$$

$$申购份额 = 净申购金额 / T日基金份额净值$$

如果投资者选择交纳后端申购费,则申购份额的计算公式为:

$$申购份额 = 申购金额 / T日基金份额净值$$

基金份额以四舍五入的方法保留小数点后两位,由此误差产生的损失由基金资产承担、产生的收益归基金资产所有。

【案例6-3】 假定T日的基金份额净值为1.20元/份,三笔申购金额分别为1 000元、1 000 000元和5 000 000元,如果投资者选择交纳前端申购费,各笔申购负担的前端申购费和获得的基金份额计算如表6-18所示。

表6-18 前端申购份额计算

	申购1	申购2	申购3
申购金额(A,元)	1 000	1 000 000	5 000 000
适用前端申购费率(B)	1.8%	1.5%	1.2%
前端申购费(C=A×B,元)	18	15 000	60 000
净申购金额(D=A-C,元)	982	985 000	4 940 000
申购份额(D/1.20)	818.33	820 833.33	4 116 666.67

如果投资者选择交纳后端申购费,各笔申购获得的基金份额计算如表6-19所示。

表6-19 后端申购份额计算

	申购1	申购2	申购3
申购金额(A,元)	1 000	1 000 000	5 000 000
申购份额(A/1.200)	833.33	833 333.33	4 166 666.67

如果投资者在认购/申购时选择交纳前端认购/申购费,则赎回金额的计算公式为:

$$赎回总额 = 赎回份数 \times T日基金份额净值$$

$$赎回费用 = 赎回总额 \times 赎回费率$$

$$赎回金额 = 赎回总额 - 赎回费$$

如果投资者在认购时选择交纳后端认购费,则赎回金额的计算公式为:

$$赎回总额 = 赎回份数 \times T日基金份额净值$$

$$赎回费用 = 赎回总额 \times 赎回费率$$

$$后端认购费用 = 赎回份数 \times 基金份额面值 \times 后端认购费率$$

$$赎回金额 = 赎回总额 - 赎回费用 - 后端认购费用$$

如果投资者在申购时选择交纳后端申购费,则赎回金额的计算公式为:

赎回总额 = 赎回份数 × T 日基金份额净值

赎回费用 = 赎回总额 × 赎回费率

后端申购费用 = 赎回份数 × 申购日基金份额净值 × 后端申购费率

赎回金额 = 赎回总额 - 赎回费用 - 后端申购费用

其中,T 日基金份额净值在当天收市后计算,并在 T+1 日公告。遇特殊情况,可以适当延迟计算或公告,并报中国证监会备案。

【案例 6-4】 假定某投资者在 T 日赎回 10 000 份基金,该日基金份额净值为 1.250 元/份,申购时的基金份额净值是 1.200 元/份。前端赎回费率为 0.5%,后端申购费率和赎回费率参见表 6-20。分别按照前端收费和后端收费方式计算投资者在半年后、一年半后和两年半后赎回 10 000 份基金可获得的赎回金额(赎回当日的基金份额净值假设分别为 1.230 元/份、1.300 元/份和 1.360 元/份)。

案例分析 如果是前端收费模式,则赎回金额计算如下:

赎回总额 = 10 000 × 1.250 = 12 500(元)

赎回费用 = 12 500 × 0.5% = 62.5(元)

赎回金额 = 12 500 - 62.5 = 12 437.5(元)

如果投资人选择交纳后端申购费,则赎回金额计算如表 6-20 所示。

表 6-20 赎回金额计算

	半年后赎回	一年半后赎回	两年半后赎回
赎回份数(A)	10 000	10 000	10 000
申购日基金份额净值(B,元)	1.200	1.200	1.200
赎回日基金份额净值(C,元)	1.230	1.300	1.360
赎回总额(D=A×C,元)	12 300	13 000	13 600
赎回费(E=D×0.5%,元)	61.5	65	68
适用后端申购费率(F,元)	1.8%	1.5%	1.2%
后端申购费(G=A×B×F,元)	216	180	144
赎回金额(D-E-G,元)	12 022.5	12 755	13 388

如果一家基金公司将旗下的开放式基金开通了互相转换功能,并且为转换提供了一定优惠,则还有一种交易费用被称为"转换费",即从一只基金转投另一只基金所支付的费用。这种转换只限于在同一家基金公司的不同开放式基金之间进行。前端收费模式的开放式基金只能转换到前端收费模式的其他基金,申购费为零的基金默认为前端收费模式;后端收费模式的基金可以转换到前端或后端收费模式的其他基金。

一般情况下,基金的转换费是这样计算的:在股票基金转为债券基金或货币市场基金时,按股票基金的赎回费率计算转换费;在债券基金或货币市场基金转为股票基金时,按股票基金的申购费率计算转换费。

封闭式基金的交易佣金与股票的交易佣金一样,一般是3‰。在竞争日益激烈的情况下,证券公司的佣金也在逐渐下降,一般低于3‰。

除以上在基金交易过程中能够看到的直接费用以外,还有一些隐性费用。这些隐性费用不会体现在交易过程中,而是在日常经营过程中支付,比如基金的管理费、托管费、股票交易费等。

基金管理费是基金管理公司帮助投资者管理资金所收取的报酬。基金管理费通常按每个估值日基金净资产的一定比例(年率)逐日计算,定期支付。我国的基金管理费率一般为1%—3%,按日计提,按月支付。

基金托管费是托管银行收取的报酬,也按日计提,按月支付。托管费率一般为0.1%—0.3%。

除托管费和管理费以外,还有注册登记费、席位租用费、证券交易佣金、律师费、审计费、信息披露费和持有人大会费等。

基金的管理费、托管费以及上述其他费用是基金日常运营过程中产生的费用,这些费用在计算基金单位净值时会予以扣除。因此,这部分费用不是显性费用,而是隐性费用。

六、特殊类型的基金品种

为了适应投资者的多种需求,降低基金产品同质化程度,基金行业不断创新,陆续推出一些特殊类型的基金,其中比较特别的是 ETF、LOF、分级基金、伞形基金、联接基金、保本基金。

1. ETF

ETF 的英文名称为 Exchange Traded Fund,中文翻译为"交易型开放式指数基金",或称"交易所交易基金"(见表6-21)。ETF 本身属于开放式基金,即规模不固定,投资者可随时申购和赎回的基金。开放式基金一般是不上市交易的,但作为一种特殊的开放式基金,ETF 可以在交易所上市交易,交易手续与股票完全相同。从这个角度来看,ETF 具有封闭式基金可在二级市场交易的特点。ETF 投资的资产是某个指数中的股票组合,所以 ETF 也是一种被动管理型指数基金。从 ETF 的中文名来看,ETF 的三个特点分别是交易型、开放式、指数基金。

表 6-21 ETF 示例   单位:元/份

序号	基金代码	简称	单位净值	累计净值
1	512 480	国联安中证半导体 ETF	1.0262	1.0262
2	512 760	国泰 CES 半导体 ETF	1.0592	1.0592

(续表)

序号	基金代码	简称	单位净值	累计净值
3	159 909	招商深证 TMT50ETF	4.1809	1.2858
4	510 820	上证上海改革发展主题 ETF	0.8901	0.8901
5	510 810	汇添富中证上海国企 ETF	0.9521	0.9821
6	512 200	南方中证房地产 ETF	0.8792	0.8792
7	159 939	广发中证全指信息技术 ETF	0.9461	0.9461
8	159 906	大成深证成长 40ETF	0.7930	0.7930
9	512 330	南方中证 500 信息技术 ETF	0.7443	0.7443
10	512 220	景顺中证 TMT150ETF	1.1673	1.1673

资料来源：天天基金网，截止日期为 2019 年 7 月 17 日。

ETF 的交易方式与一般的开放式基金不同，其交易渠道对于机构投资者和个人投资者是不同的。个人投资者进行零售交易时通过股票账户进行，使用的是现金，买到的是 ETF 份额。个人投资者想要取回投资本金和收益，可以卖出股票账户中的 ETF 即可实现。机构投资者除了可以进行零售交易，还可以采用大额申购和赎回的方式购买 ETF。这种申购和赎回机制只面向机构投资者，而不面向个人投资者。机构投资者在申购和赎回 ETF 时，使用的通常不是现金，而是一篮子股票组合。当机构投资者申购 ETF 时，购入的是 ETF 所跟踪指数中的一篮子股票，而赎回时得到的也是一篮子股票。

机构投资者可以利用 ETF 的单位价格与单位净值之间的差异进行套利。当 ETF 在交易所市场的单位报价低于单位净值时，投资者可以按该报价买进 ETF，然后申请赎回 ETF，可得到一篮子股票，再将股票卖出，即可赚取差价。不过，这种套利机会非常少，而且时间很短，因为一旦其他套利者发现了同样的机会，就会蜂拥地买入 ETF，使得 ETF 价格上升，套利空间消失。同样，当 ETF 在交易所市场的单位报价高于单位净值时，机构投资者可以买入一篮子股票，然后用这些股票去申购 ETF，再将 ETF 按单位报价卖出，即可赚取差价。当 ETF 的价格受到卖盘的影响下降低，这种套利机就会消失。

2. LOF

LOF 的英文名称为 Listed Open-ended Fund，中文翻译为"上市开放式基金"（见表 6-22）。从命名来看，LOF 具有两个特征：一是上市的基金，即在证券交易所挂牌交易；二是开放式基金。LOF 首先是开放式基金中的一类。开放式基金通常是不能在二级市场上市交易的，但 LOF 可以在二级市场上交易，所以 LOF 实际上是开放式基金交易渠道的一个拓展。LOF 投资者既可以通过基金管理人或其委托的销售机构以基金份额净值进行基金的申购、赎回，也可以通过交易所市场按交易系统撮合成交价进行基金的买入、卖出。LOF 的这两个特征与 ETF 的两个特征是相似的，不同之处在于：ETF 是跟踪指数，且申购赎回要用指数中的一篮子股票；LOF 可以是主动型基金，不一定跟踪指数,且申购赎回可以直接用现金操作。另外,LOF 与 ETF 的不同之处还体现在一级市场所面向的投资者和二级市场的净值报价上。在一级市场上申购赎回时,LOF 没有特别限定投资者,而 ETF 只面向较大型的投资者(如机构投资者和资金规模较大的个人投资者);在二级市场的净值报价上,LOF 一天只提供一个基金净值报价,而 ETF 每 15 秒提供一个基金净值报价。这与 LOF 和 ETF 的投资标的有关:ETF 跟踪指数,股票种类及其权重基本不变,根据股票价格计算净值即可;而 LOF 中的股票可能发生变化,无法及时测算基金净值。

表 6-22 LOF 示例   单位:元/份

序号	基金代码	简称	单位净值	累计净值
1	161810	银华内需精选混合(LOF)	1.6960	1.6120
2	161226	国投瑞银白银期货(LOF)	0.7890	0.7890
3	501022	银华鑫盛灵活配置混合(LOF)	0.9580	0.9580
4	169101	东方红睿丰混合	1.4130	2.3150
5	168104	九泰锐丰灵活配置混合(LOF)A	1.1961	1.2238
6	161225	国投瑞银瑞盈混合(LOF)	1.1600	1.1810
7	160518	博时睿远	1.0820	1.0820
8	161033	富国中证智能汽车(LOF)	0.8890	0.8890
9	501306	汇添富中证港股通(LOF)C	0.9326	0.9326
10	501305	汇添富中证港股通(LOF)A	0.9383	0.9383

资料来源:天天基金网,截止日期为 2019 年 7 月 17 日。

LOF 与 ETF 一样,也可以捕捉套利机会。当出现 LOF 二级市场价格高于基金净值与交易费用之和时,即 LOF 二级市场价格 > 基金净值 + 交易费用,就可以通过股票账户中的"场内基金申赎"通道申购 LOF,在 T + 2 个交易日后申购份额将进入股票账户。份额到达账户的这一天起,只要市场价格依然超过基金净值与交易费用之和,就可以将 LOF 按市场价格卖出套利。交易费用一般包括申购费用和二级市场交易费用。申购费率一般是 1.5%,二级市场交易费率一般是 0.3%。当出现 LOF 二级市场价格低于基金净值与交易费用之差时,即 LOF 二级市场价格 < 基金净值 - 交易费用,就可以通过股票账户按股票操作方式(注意不是场内基金申赎)买入 LOF 即可,份额将在 T + 1 个交易日到达账户,从这天起只要市场价格低于基金净值与交易费用之差,就可以通过"场内基金申赎"赎回基金套利。交易费用一般包括二级市场交易费用和赎回费用。二级市场交易费率一般是 0.3%,赎回费率一般是 0.5%。

3. 分级基金

分级基金是根据不同投资者的风险承受能力,将基金份额分成风险不同的两类份额,风险承受能力较强、期望获得较高预期收益的投资者可购买较高风险的份额,风险承受能力较低、期望获得保守收益的投资者可购买低风险的份额,并将其中一类份额或两类份额上市交易的结构化证券投资基金(见表6-23)。2007年,国投瑞银成立了我国第一只分级基金——瑞福基金(包括瑞福优先和瑞福进取)。

表6-23 分级基金示例

序号	基金代码	基金简称	单位净值(元/份)	累计净值(元/份)	业绩基准	成立时间
1	150216	国泰深证TMT50指数分级B	0.7678	0.2315	深证TMT50指数收益率×95%+银行活期存款利率(税后)×5%	2015/3/6
2	150180	鹏华信息分级B	0.9900	2.1150	中证信息技术指数收益率×95%+商业银行活期存款利率(税后)×5%	2014/5/5
3	163116	申万菱信申万电子分级	0.8664	0.6010	95%×申银万国电子行业投资指数收益率+5%×银行同业存款利率	2015/5/14
4	000429	易方达聚盈分级债券发起式A	1.0057		1年期银行定期存款利率(税后)+利差	2013/11/14
5	166022	中欧纯债添利分级债券A	1.0040	/	1年期银行定期存款利率(税后)+利差	2013/11/28

资料来源:天天基金网,截止日期为2019年7月17日。

份额折算规则与收益分配方式是理解各类分级基金的关键。下面以长盛同庆A和同庆B为例,解释基金的收益分配规则。一般来说,基金在成立初期必须逐步建仓,为了保持基金的稳定,成立初期会有一个封闭期,在封闭期内是不分配收益的。在封闭期末,可分别计算同庆A与同庆B的基金份额净值,并按各自的基金份额净值进行资产分配及份额转换。①

假设NAV为基金在封闭期截止当日T基金份额净值,NAVa为封闭期截止当日T同庆A基金份额净值,NAVb为封闭期截止当日T同庆B基金份额净值。同庆A约定基准年收益率Ra为单利5.6%。

(1)封闭期截止当日T的同庆A与同庆B基金份额净值计算如下:

① 当NAV≤0.467时,同庆A与同庆B在封闭期截止当日T基金份额净值:NAVa = NAV/0.4;NAVb = 0;

② 当0.467<NAV≤1.600时,同庆A与同庆B在封闭期截止当日T基金份额净值:NAVa = 1 + 3 × Ra;NAVb = (NAV − 0.4 × NAVa)/0.6;

---

① 计算部分参阅长盛同庆可分离交易股票型证券投资基金招募说明书。

③ 当 NAV>1.600 时,同庆 A 与同庆 B 在封闭期截止当日 T 基金份额净值:$NAV_a = 1 + 3 \times R_a + 10\% \times (NAV - 1.600)/0.4$;$NAV_b = (NAV - 0.4 \times NAV_a)/0.6$。

(2) 基金份额资产及收益分配举例。投资者认购基金份额 100 份,基金份额面值为 1 元,则其自动获得同庆 A 份额 40 份和同庆 B 份额 60 份,且两类份额面值均为 1 元。同时,同庆 A 基金份额的约定年基准收益率为 5.6%。

如果在三年封闭期末,基金份额单位净值为 1.5 元,本基金份额净资产为 100×1.5 = 150 元,即本基金份额收益率为 50%,则同庆 A 份额和同庆 B 份额的收益分配如下:① 同庆 A 基金份额净值 = 1 + 3 × 5.6% = 1.168 元,份额总收益率为 16.80%;② 同庆 B 基金份额净值 = (1.5 - 0.4 × 1.168)/0.6 = 1.721 元,份额总收益率为 72.10%;③ 同庆 A 基金份额资产总额 = 40 × 1.168 = 46.72 元;④ 同庆 B 基金份额资产总额 = 60 × 1.721 = 103.28 元。

如果在三年封闭期末,本基金份额单位净值为 2.5 元,即本基金份额收益率为 150%,本基金份额总净资产为 100 × 2.5 = 250 元,则同庆 A 份额和同庆 B 份额的收益分配如下:

① 同庆 A 基金份额净值 = 1 + 3 × 5.6% = 1.168 元,同庆 A 基金份额再次获得收益分配 = 10% × (2.5 - 1.6)/0.4 = 0.225 元,则同庆 A 基金份额实际净值 = 1.168 + 0.225 = 1.393 元,份额总收益率为 39.3%;

② 同庆 B 基金份额净值 = (2.5 - 0.4 × 1.393)/0.6 = 3.238 元,份额总收益率为 223.8%;

③ 同庆 A 基金份额资产总额 = 40 × 1.393 = 55.72 元;

④ 同庆 B 基金份额资产总额 = 60 × 3.238 = 194.28 元。

4. 伞形基金

伞形基金的英文名称为 Umbrella Fund,是指在开放式基金的组织结构下,基金发起人根据一份总的基金招募书发起设立多只子基金,各子基金独立进行投资决策。伞形基金的主要特点为:在基金内部就可以为投资者提供多种投资选择,并且子基金之间可以相互转换。1981 年 7 月 14 日,富达首次推出伞形基金产品——富达伞形精选基金,包括富达精选科技基金及能源、医疗、公共事业共 4 只子基金。发展至今,富达伞形精选基金已经拥有涵盖汽车、房地产、消费、零售、文化、多媒体、能源、金融、医疗、制造业、原材料、高科技等多个行业的 41 只子基金,成为全球规模最大、覆盖行业最广的伞形基金产品。

伞形基金具有管理费低、转换方便、转换成本低的优势。由于伞形基金在托管、审计、法律服务、管理费等方面享有规模经济优势,能降低管理成本,从而降低基金管理费用;伞形基金内部各子基金能够为投资者提供不同的选择,投资者可以根据市场行情的变化方便地选择和转换不同的子基金;伞形基金转换时比一般的基金转换所需时间短且转换费用较低。

我国的首只伞形基金是2003年4月27日成立的湘财合丰系列行业基金,由价值优化型成长类、周期类、稳定类三只基金组成。合丰成长、合丰周期、合丰稳定分别主要投资于成长、周期、稳定三个行业类别中内在价值相对低估、与同行业类别上市公司相比具更高增长潜力的上市公司。此后,湘财被泰达荷银收购,基金名称变更为泰达荷银价值优化型成长类行业证券投资基金(162201)、周期类行业证券投资基金(162202)、稳定类行业证券投资基金(162203)。

招商安泰伞形基金成立于2003年4月28日,子基金包括招商安泰股票基金、招商安泰平衡型基金、招商安泰债券基金,不同风险承受能力的投资者可以选择不同的子基金(见表6-24)。

表6-24 招商安泰伞形基金的子基金

下属基金	代码	短期本金安全性	当期收益	长期资本增值	总体投资风险
招商安泰股票基金	217001	低	不稳定	高	高
招商安泰平衡型基金	217002	适中	适中	适中	适中
招商安泰债券基金(A类)(B类)	217003	很高	最好	低	低

5. 联接基金

联接基金是指基金将绝大部分资产投资于跟踪同一标的指数的ETF,密切跟踪标的指数的表现,追求跟踪偏离度和跟踪误差最小化的一种开放式基金(见表6-25)。由于这类基金的主要投资标的是ETF,因此也属于FOF(Fund of Fund,基金中基金)。

表6-25 ETF联接基金示例

序号	基金代码	简称	单位净值(元/份)	累计净值(元/份)	手续费率(%)
1	006363	建信深证基本面60ETF联接C	2.1344	2.1344	0.00
2	530015	建信深证基本面60ETF联接A	2.1258	2.1258	0.15
3	000248	汇添富中证主要消费ETF联接	1.9471	1.9471	0.10
4	530010	建信上证社会责任ETF联接	1.9303	1.9303	0.15
5	070023	嘉实深证基本面120联接A	1.8216	1.8216	0.12
6	240016	华宝上证180价值联接	1.8150	1.8450	0.15
7	270010	广发沪深300ETF联接A	1.8007	2.0907	0.12
8	002987	广发沪深300ETF联接C	1.7847	1.7847	0.00

(续表)

序号	基金代码	简称	单位净值（元/份）	累计净值（元/份）	手续费率（%）
9	519706	交银深证300价值ETF联接	1.7700	1.7700	0.15
10	161211	国投沪深300金融地产联接	1.6927	1.6927	0.12

资料来源：天天基金网，截止日期为2019年7月17日。

中国证监会规定，联接基金资产中ETF的投资比例不得低于基金资产净值的90%。ETF联接基金具有投资费用低、便于定投、灵活转换的特点。作为一种被动跟踪指数的投资方式，联接基金的整体费用水平比较低，也不对投资ETF的资产部分向投资者收取管理费和托管费，避免了重复收费。这类基金与其他开放式基金一样，可以轻松地在银行开展定投以平摊风险；投资者还可以根据对不同市场阶段的收益预期及个人偏好，在联接基金与同一基金公司发行的其他基金之间进行灵活的转换，优化资产配置，从而使得收益最大化。比如，在整个市场向好的情况下，如果投资者不知道如何选择股票基金，则可以投资联接基金，获得指数收益；如果投资者能判断未来某行业股票会有很大上升潜力，则可以转换为投资该行业的股票基金。

6. 保本基金

保本基金（Guaranteed Fund）是指在一定期间内，对所投资的本金提供一定比例保证的基金（见表6-26）。保本基金的保本模式是将大部分的资产从事固定收益投资，利用获得的利息、收益或极小比例的资产从事高风险投资，从而保证不论市场如何下跌，其亏损均不会超过所保证的本金比例。采用的技术有固定比例组合保险（Constant Proportion Portfolio Insurance，CPPI）、基于期权的组合保险（Option-Based Portfolio Insurance，OBPI）等。

表6-26 保本基金示例

序列	基金代码	基金名称/代码	基金类型	净值（日增长率）	成立日期	保本期限
1	400020	东方安心收益保本	保本型	1.0269（0.00%）	2013/7/3	3年
2	002542	长城久鼎保本混合	保本型	1.0660（0.00%）	2016/7/21	3年
3	002959	汇添富盈稳保本混合	保本型	1.1240（-0.09%）	2016/8/3	3年
4	000270	建信安心保本混合	保本型	1.0550（0.00%）	2013/9/3	3年
5	000195	工银保本3号混合A	保本型	1.0940（0.00%）	2013/6/26	3年

资料来源：天天基金网，截止日期为2019年7月17日。

保本基金一般会设置一个保本期限，投资者只要在保本期限内坚持持有就能保本。在我国，一般的保本期限是3年，即投资者在3年内不赎回基金，就能达到保本效果。但如果投资者在3年内要求赎回基金，基金公司不必履行保本责任。

保本基金的保本是有条件的,这些条件包括对持有期的要求、对认购或申购的要求等。我国的保本基金要求投资者持有至保本到期日才提供保本,中途赎回不提供保本。另外,保本基金只对认购保本,而对申购通常不保本。对于在认购期内认购的基金即使亏损,到期本金亏损的情况一般不会发生,但如果中途赎回,则可能发生本金亏损。

七、公募基金的投资方式

公募基金常见的投资方式有单笔投资和定期定额(即定投)投资。单笔投资是指投资者用拟投资的资金一次性认购或申购一只基金。定期定额投资是指投资者通过指定的基金销售机构提出申请,事先约定每期扣款日、扣款金额、扣款方式及所投资的基金名称,由销售机构在约定的扣款日在投资者指定的银行账户内自动完成扣款及申购的一种基金投资方式。销售方式既可以是基金公司直销,也可以是银行或证券公司代销。

单笔投资适合能准确把握未来市场趋势的投资者。如果投资者能准确地把握未来市场的趋势,就可以一次性地在市场低点买入、在高点卖出而获利。由于申购基金和赎回基金都要交纳手续费(申购费和赎回费),因此投资者利用单笔投资获利时要考虑这些交易成本对最终收益的影响。单笔投资适合牛市初期投资,比如2006年开始投资,至2007年可获得非常丰厚的收益。华夏大盘精选基金2006年获得的收益为153.85%,2007年大牛市中获得的收益为226.24%,2009年小牛市中获得的收益为116.08%。如果2016年1月开始一次性投资易方达消费行业基金,在经历了股市熔断、2018年中美贸易战之后,到2019年3月31日可获得104.95%的收益。但是,能把握未来市场趋势的专业投资者毕竟是少数,大多数的投资者更适合采用定期定额的方式投资公募基金。相对于单笔投资,定期定额投资具有以下特点:

第一,平均投资,分散风险。投资者很难预测到未来市场行情是向上还是向下。如果投资者现在投入了一笔资金,结果市场没有按预期那样上涨反而下跌,这时投资者可以继续买入,如果这时买入的价格低,就可以平摊之前高价买入的成本。这种方式在下跌行情下能平摊投资成本,如果未来市场回到当初投资的起点,投资者由于成本降低了,也能获得正收益。因此,这种方式能起到平摊投资成本、分散风险的作用。这也是定投最显著的一个优势。

第二,形成投资习惯,积少成多。投资者的资金是不断积累的,初期可能来自不断积累银行存款而形成的可投资资金。当积累了这笔资金准备进行投资的时候,如果市场处于高位,这笔资金一次性投资的风险就相当高。与其慢慢通过银行存款积累这笔资金,不如通过基金定投的方式积累。这一方面可能获得比银行存款利率高的收益,另一方面可以形成良好的投资理财习惯,积少成多。

第三,免除择时的烦恼。虽然大家都知道"低买高卖"能够赚钱,但很少人能够准确地把握高点和低点。很多投资者在投资实践过程中进行的操作常常是相反的,即在高点买入而在低点卖出,因为普通投资者很难把握市场波动。基金定投有助于避免这种主观判断失误造成的投资损失,投资者不需要每天关注市场行情,也不需要过多地判断市场的趋势以择时进入。

第四,自动扣款,手续便捷。办理基金定投最简便的方式通过网络银行办理。办理好网银相关手续后,只要在关联的银行账户中有当月最低的投资金额,银行就会每月自动在扣款日将存款账户中投资者设置的定额资金转为基金定投资金,不需要投资者再去操作。

第五,长期坚持投资可获得复利效应。由于基金投资产生的收益可以设置为分红再投资,这样投资本金所产生的收益可以不断获得利滚利的效果,这就是复利效应,需要经过较长时间才能体现出来。从长期来看,只要一个国家的经济是不断增长的,市场就能保持逐步向上的趋势。尽管市场的反复波动会使得投资经常处于或亏或盈的状态,但如果形成良好的长期投资习惯,坚持投资,在一个较长的时间内一定能获得较高的投资回报。

【案例 6-5】 钱女士听说基金能赚钱,就去银行开立了 600 元的基金定投。当时基金的单位净值是 2 元/份。钱女士买入后,市场开始下滑,基金净值在第 4 个月跌到 1.5 元/份(见表 6-27)。从 5 月起,市场反弹,基金净值在 6 月达到 1.8 元/份。钱女士见自己的基金净值从 2 元/份跌到 1.8 元/份,以为亏了钱,没想到打开账户一看,不但没亏钱,还有 5.83% 的收益(不考虑基金申购费)。在市场下跌的情况下,究竟钱女士是如何获得正收益的?

表 6-27 基金定投举例

时间	定投金额	基金单位净值	份额
1 月	600.00	2.00	300.00
2 月	600.00	1.80	333.33
3 月	600.00	1.60	375.00
4 月	600.00	1.50	400.00
5 月	600.00	1.60	375.00
6 月	600.00	1.80	333.33
合计	3 600.00	1.80	2 116.67
成本收益	3 600.00		3 810.00
收益率		−10.0%	5.83%

案例分析 从表 6-27 来看,钱女士每个月投资 600 元。6 个月内,基金净值从 2 元/份跌到 1.5 元/份又反弹到 1.8 元/份。从基金净值来看,该基金是亏损的,亏损程度为 $(1.8-2.0)/2.0=-10\%$。钱女士每个月定投 600 元买入的份额不同,价格高时买入的

份额少,价格低时买入的份额多,比如在 2 元/份时可买入 300 份,在 1.5 元/份时可买入 400 份。由于价格低时买入了较多的份额,当基金净值反弹到 1.8 元/份时,按钱女士买入的总份额计算,钱女士持有的 2 116.67 份基金的市值为 2 116.67×1.8＝3 810 元,比总投入 3 600 元还高,即有盈利,收益率为 5.83%。相对于基金净值的亏损 10% 来说,5.83% 的收益率相当不错。

> **学有所思** 你能找到一种超越指数基金定投的投资方式吗?

定投基金的最佳标的是指数基金。至少有这样几个原因使得投资指数基金具有相对优势:第一,指数基金的费用低。由于指数基金是被动管理型基金,管理费较低,长期投资的话,能节省管理费。第二,国外的研究表明,只有不到 25% 的主动管理型基金能跑赢指数基金,这意味着选择指数基金是选择了业绩处于中上水平的基金。长期实践发现,主动管理型基金很难超越指数基金,由此美国最大规模的基金最后花落指数基金(先锋基金)。第三,主动管理型开放式基金的规模扩大后,其业绩往往会下降。这是由于可选择的优秀股票是有限的,资金量增大之后,基金经理无法选择到可投资的优秀股票,致使管理业绩下降。指数基金则不会出现这个问题,其原因是基金经理不需要选择股票,只需要将资金按指数中各股票的权重分别分配到各个股票上即可。因此,规模的扩大对指数基金的影响相对小很多。第四,在中国,还有一个原因使得指数基金具有特殊的优势,即指数基金的基金经理更换频率低。主动管理型基金的基金经理经常更换,出于业绩或基金行业激励制度等原因而跳槽,这对他们管理的基金业绩的影响很大。比如,一个基金经理经过长期研究后确定了这只基金的投资方向,但另一个基金经理替换他后可能会改变投资方向,这就会影响到这只基金最终的业绩。许多优秀的基金经理离开公募基金行业后,他们之前管理的基金业绩常常出现大幅下滑的现象。投资者想要长期投资一只基金,当然不希望其基金经理经常变更。指数基金的基金经理只需要跟踪指数,不存在选股的问题,因而其变更相对较少,即使变更,对业绩的影响也较小。综合上述几个特点,指数基金在定投中具有相对优势。

虽然指数基金定投具有一定的优势,但并不意味着基金定投没有风险。许多投资者将基金定投看作无风险的投资,这是不正确的。

> **学有所思** 如果不是按月定投而是按季度定投,效果会怎样?如果按年定投,效果又会怎样?

根据上证指数模拟基金定投,从上证指数成立的第一天 1990 年 12 月 19 日起每个月定投一次,定投日期选取每个月的最后一个交易日(见表 6-28)。在不考虑交易成本的情况下,坚持定投上证指数至 2010 年 12 月 31 日的年均收益率为 6%。需要注意的是,定投也会有收益率低的时候,比如 2004 年、2005 年、2008 年、2011 年、2012 年、2013 年、2016 年、2017 年、2018 年,定投指数基金的收益率都没有超过 5%。这说明如果遇到熊市,定投基金就无法获得良好的收益率。因此,基金定投也要注意相应的风险。从模拟情况来看,大部分年份可以获得较好的年均收益率,只有出现极端熊市的市场行情,定投收益率才会非常低并且有可能是负的。投资者可以在定投基金获得的基金总值已达到理财目标时将基金赎回,提前实现理财目标;或者,将赎回资金以安全的银行存款方式保留,以备将来实现理财目标。投资者始终要记住,理财是为目标而规划,因此只要实现了目标,就应该及时兑现收益,将资金转为安全资产。

表 6-28 上证指数模拟定投

日期	期数	总投入	上证指数	单位净值	购入份额	累计份额	平均成本	基金总值	总收益率(%)	年均收益率(%)
1990/12/19	1	1 000	99.98	1.00	1 000.00	1 000.00	1.00	1 000		
1991/12/31	13	13 000	292.75	2.93	341.59	8821.55	1.47	25 825	98.7	88.4
1992/12/31	25	25 000	780.39	7.80	128.14	10 888.98	2.30	84 977	239.9	79.9
1993/12/31	37	37 000	833.80	8.34	119.93	12 116.51	3.05	101 027	173.0	38.5
1994/12/31	49	49 000	647.87	6.48	154.35	14 086.14	3.48	91 260	86.2	16.5
1995/12/31	61	61 000	555.29	5.55	180.09	15 970.10	3.82	88 680	45.4	7.6
1996/12/31	73	73 000	917.02	9.17	109.05	17 610.81	4.15	161 494	121.2	13.9
1997/12/31	85	85 000	1 194.10	11.94	83.74	18 634.41	4.56	222 514	161.8	14.6
1998/12/31	97	97 000	1 146.70	11.47	87.21	19 592.33	4.95	224 665	131.6	10.9
1999/12/31	109	109 000	1 366.58	13.67	73.18	20 482.02	5.32	279 903	156.8	10.9
2000/12/31	121	121 000	2 073.48	20.73	48.23	21 118.90	5.73	437 895	261.9	13.6
2001/12/31	133	133 000	1 645.97	16.46	60.75	21 743.54	6.12	357 892	169.1	9.3
2002/12/31	145	145 000	1 357.65	13.58	73.66	22 515.65	6.44	305 685	110.8	6.4
2003/12/31	157	157 000	1 497.04	14.97	66.80	23 334.85	6.73	349 333	122.5	6.3
2004/12/31	169	169 000	1 266.50	12.66	78.96	24 160.76	6.99	305 995	81.1	4.3
2005/12/31	181	181 000	1 161.06	11.61	86.13	25 212.42	7.18	292 731	61.7	3.2
2006/12/31	193	193 000	2 675.47	26.75	37.38	25 954.86	7.44	694 416	259.8	8.3
2007/12/31	205	205 000	5 261.56	52.62	19.01	26 249.27	7.81	1 381 121	573.7	11.8
2008/12/31	217	217 000	1 820.81	18.21	54.92	26 704.17	8.13	486 232	124.1	4.6
2009/12/31	229	229 000	3 277.14	32.77	30.51	27 154.65	8.43	889 895	288.6	7.4

(续表)

日期	期数	总投入	上证指数	单位净值	购入份额	累计份额	平均成本	基金总值	总收益率(%)	年均收益率(%)
2010/12/31	241	241 000	2 808.08	28.08	35.61	27 586.24	8.74	774 643	221.4	6.0
2011/12/30	253	253 000	2 199.42	22.00	45.46	28 039	9.02	616 828	143.8	4.3
2012/12/31	265	265 000	2 269.13	22.70	44.06	28 584	9.27	648 745	144.81	4.1
2013/12/31	277	277 000	2 115.98	21.16	47.25	29 135	9.51	616 631	122.61	3.5
2014/12/31	289	289 000	3 234.68	32.35	30.91	29 672	9.74	959 994	232.18	5.1
2015/12/31	301	301 000	3 539.18	35.40	28.25	30 005	10.03	1 062 175	252.88	5.2
2016/12/30	313	313 000	3 103.64	31.04	32.21	30 409	10.29	943 999	201.60	4.3
2017/12/29	325	325 000	3 307.17	33.08	30.23	30 778	10.56	1018 096	213.26	4.3
2018/12/28	337	337 000	2 493.9	24.94	40.09	31 193	10.80	778 082	130.89	3.0

注：定投中的指数选取是每月最后一个交易日的上证指数，由于定投日选取的是每月固定的一天，而不是每月的最后一个交易日，与定投实际操作有所差异。另外，本模拟中没有考虑基金申购费用。

扫码获取基金定投数据测算全表

八、公募基金的业绩识别

如果采用的投资方式是一次性投资，投资者除了要具备选择入市时机的能力，还要具备优选基金的能力。

许多投资者在选择基金时考虑的第一个因素是基金单位净值，认为基金单位净值越低越便宜。这种选择基金的思路是不正确的。基金单位净值仅仅反映了基金持有的净资产的价值，并不能反映基金未来的业绩增长。单位净值为 2 元/份的基金可以通过拆分（如一份拆成两份）的方式将单位净值降到 1 元/份，也可以通过分红 1 元的方式将单位净值降到 1 元/份。但不论是拆分还是分红，都不会影响基金未来业绩的持续增长。相反，一只好的基金，由于业绩增长快，其单位净值往往超过其他基金，比如华夏大盘精选 2019 年 4 月 1 日的单位净值是 14.1970 元/份，远远超过其他基金。基金的拆分和分红更多的是基金公司施行的一种营销手段，目的是降低基金单位净值以吸引更多的投资者。

既然利用单位净值无法选择基金，那么投资者应关注哪些因素呢？

1. 基金净值增长率

基金净值增长率在一定程度上反映了基金收益率。基金净值增长越快，收益率越高；基金净值增长越慢，收益率越低。基金收益率的计算公式为：

$$R = \frac{\text{NAV}_t - \text{NAV}_{t-1} + D_t}{\text{NAV}_{t-1}}$$

其中,R 表示基金收益率,NAV_t、NAV_{t-1} 分别表示基金在前一期和后一期的单位净值,D_t 表示基金在第 t 期的分红。

2. 基金的风险指标

由于同一类型基金之间投资风格存在差异,有的基金比较激进,有的基金比较稳健,因此除了比较基金之间的收益率,还应考虑基金的风险。激进型基金在牛市的时候上涨幅度快,但在熊市的时候下跌幅度也快,其收益波动大,风险高。如果投资者属于稳健型投资风格,那么不适合选择激进型基金。基金的风险指标可以通过收益率的标准差 σ 来衡量,其计算公式为:

$$\sigma = \sqrt{\sum_{i=1}^{n} p_i (R_i - \overline{R})^2}$$

其中,σ 表示基金收益率的标准差,p_i 表示某种收益率出现的概率,R_i 表示第 i 种情况下基金的可能收益率,$\overline{R}$ 表示基金的预期平均收益率。

【案例 6-6】 假设未来市场好、一般、差三种情况出现的概率分别为 40%、30%、30%,三种情况下某基金的可能收益率分别为 8%、12%、18%。如何衡量该基金的投资风险?

案例分析 该基金的预期平均收益率为:

$$\overline{R} = \frac{8\% + 12\% + 18\%}{3} = 12\%$$

该基金的标准差为:

$$\sigma = \sqrt{40\% \times (8\% - 12\%)^2 + 30\% \times (12\% - 12\%)^2 + 30\% \times (18\% - 12\%)^2} = 4.1\%$$

3. 专业评价指标

诸如夏普比率、特雷纳比率、Jensen 指标等专业评价指标属于风险调整后的指标,即同时考虑基金承担的风险和收益,比较的是基金承担单位风险可获得的收益。

(1) 夏普比率(Sharpe Ratio)是诺贝尔经济学奖得主威廉·夏普(William Sharpe)提出的,其计算公式为:

$$S = \frac{R_p - R_f}{\sigma}$$

其中,S 表示夏普比率,R_p 表示基金收益率;R_f 表示无风险收益率,σ 表示基金收益率的标准差。

夏普比率的含义是基金承担单位风险可获得的风险回报。夏普比率越高,说明基金的业绩越好。

(2) 特雷纳比率(Treynor Ratio)的计算公式为:

$$T = \frac{R_p - R_f}{\beta}$$

其中,T 表示特雷纳比率,R_p 表示基金收益率,R_f 表示无风险收益率,β 反映基金承担的系统风险。特雷纳比率越高,说明基金的业绩越好。

(3) Jensen 指标的计算需要用到回归方程。将基金收益率 R_p 的历史数据、市场收益率 R_M 的历史数据、无风险收益率 R_f 的历史数据代入下列回归方程求出系数 α 和 β_p,其中的 α 就是 Jensen 指标。

$$R_p = \alpha + R_f + \beta_p(R_M - R_f)$$

Jensen 指标反映了基金在获得无风险收益和市场风险收益后还能否取得额外的收益。如果还能取得额外的收益,则 α 大于零,说明基金的业绩表现不错。

4. 衡量基金经理能力的量化指标

除指数基金外,股票基金的基金经理的管理能力主要体现在选股和择时上。基金经理的选股能力和择时能力可利用 Treynor and Mazuy(1966) 提出的二次项回归方程求得,模型为:

$$R_p - R_f = \alpha + \beta_1(R_m - R_f) + \beta_2(R_m - R_f)^2 + \varepsilon$$

其中,R_p 表示基金收益率,R_f 表示无风险收益率,R_m 表示市场收益率,α 反映基金经理的选股能力,β_2 反映基金经理的择时能力,β_1 反映基金的系统风险。如果 α 显著大于零,则表明基金经理的选股能力显著;如果 β_2 显著大于零,则表明基金经理的择时能力显著。

基金经理的选股择时能力还可利用 Henriksson and Merton(1981) 带虚拟变量的回归方程求得,模型为:

$$R_p - R_f = \alpha + \beta_1(R_m - R_f) + \beta_2(R_m - R_f) \times D + \varepsilon$$

如果 $R_m - R_f > 0$,则 D 取 1;反之,则 D 取 0。α 反映基金经理的选股能力,β_2 反映基金经理的择时能力。

5. 专业理财机构的专业诊断

一些专业机构会针对基金提供评级报告,比如国外的评级机构晨星(Morning Star)、理珀(Lipper),以及国内的评级机构银河、和讯等。不论何种评级,都是基于历史数据进行分析的。历史业绩并不能代表基金未来的业绩,因此投资者在使用评级报告时应谨慎对待。很多因素会使以往业绩非常好的基金变成业绩较差的基金,比如基金规模变大、市场风格转换、基金经理更换等。

(1) 基金规模变大是使一些业绩优秀的基金变差的一个重要因素。某只基金的业绩非常好,会吸引大量的资金流入该基金,结果由于市场上缺乏更多优秀的股票品种,基金经理无法将流入的资金再投资到好的股票上,基金的业绩由此而下降。华夏大盘精选之所以能保持较好的业绩,一定程度上与其暂停申购有关,这样基金经理不容易受到规模变化的影响。

(2) 市场风格转换是使基金业绩变差的另一个因素。一些基金经理适合在牛市情形下管理股票,他们激进的风格适合当时的市场;但一旦牛市转为熊市,基金却会因为基金经理的激进而遭受严重亏损。基金经理的风格很难随着市场而变化,牛市中业绩非常好的基金在熊市往往遭受较大亏损,而熊市中业绩非常好的基金在牛市却因保守的风格而难以跑赢大市。真正能在两种市场下都游刃有余的基金经理少之又少。如果出现这样的基金经理,那么投资者可以放心地长期持有该基金。

(3) 基金经理更换对基金业绩的影响非常大。由于公募基金存在体制性缺陷,许多优秀的公募基金经理跳槽到私募行业。一旦优秀的基金经理跳槽,基金业绩就很难保持以往的状态。当发生优秀的基金经理更换时,投资者最好选择暂时赎回观望。

由于诸多因素都会影响到基金未来的业绩,因此投资者还应当阅读专业研究机构提供的报告,据此诊断自己持有的基金。

为了方便普通投资者能够读懂基金的各项专业评价指标,我们开发了一套简易的四维度基金诊断系统,在专业评价指标的基础上,形成考量基金的四个维度:基金回报率、基金抗跌能力、基金选股能力、基金择时能力。在比较所有同类型基金进行后,基于该基金在四个维度上的排序分别给出 A、B、C、D 四个等级,A 代表最优等级,D 代表最差等级;并对四个维度进行综合评分,按综合评分排出一星至五星五个等级,一星代表最差,五星代表最优(见表 6-29)。将专业的指标简化为投资者可读的语言,能够协助投资者更便捷地查阅诊断信息,了解自己持有基金的状况。

表 6-29 招宝四维度基金诊断系统

基金代码	基金名称	周回报等级	抗跌能力等级	选股能力等级	择时能力等级	综合诊断(星级)
519915	富国消费主题	B	B	C	A	★★★
110022	易方达消费行业	A	A	A	D	★★★★
260109	景顺长城内需增长贰号	A	A	A	B	★★★★★
260108	景顺长城新兴成长	A	A	A	D	★★★★
260104	景顺长城内需增长	A	A	A	B	★★★★★
000854	鹏华养老产业	A	A	A	D	★★★★
160605	鹏华中国 50	B	B	B	B	★★★
161818	银华消费主题分级	B	B	A	D	★★★★

(续表)

基金代码	基金名称	周回报等级	抗跌能力等级	选股能力等级	择时能力等级	综合诊断（星级）
050026	博时医疗保健行业A	A	A	B	A	★★★★
162605	景顺长城鼎益	A	A	A	D	★★★★
200008	长城品牌优选	A	A	A	C	★★★★
000083	汇添富消费行业	A	A	A	C	★★★★
110011	易方达中小盘	A	A	A	D	★★★
206007	鹏华消费优选	A	A	A	C	★★★★

注：根据2016年7月1日至2019年6月30日数据计算。更多基金诊断数据可在www.zhaobaolicai.com查询。

从表6-29中来看，两只基金景顺长城内需增长、景顺长城内需增长贰号属于五星基金，这两只基金的回报率、抗跌能力、选股能力都排在A等级，说明基金经理具有很强的选股能力，能够给投资者带来高回报，在大盘下跌的时候也具有很强的抗跌能力。不过，这两只基金的择时能力较一般。从笔者的研究来看，具有很强选股能力的基金往往不需要太强的择时能力，这也符合好股票要长期持有的道理。博时医疗保健行业基金的回报率、抗跌能力处于A等级、选股能力处于B等级，择时能力处于A等级。说明这只基金的基金经理具有卓越的择时能力。依靠这种择时能力，这只基金也能为投资者带来较高的回报。投资者可以很清晰地从表中辨识某只基金的特长在哪里，从而有针对性地选择基金。通常来说，选择具有高回报、抗跌能力强、选股能力强的基金作为长期投资是比较合适的，而择时能力强的基金可以适当进行一些短期投资。

九、公募基金的配置策略

作为家庭理财资产配置中的一个品种，基金具有独特的优势。

（1）在应急准备方面，可以用货币市场基金作为储蓄的替代品。银行储蓄的利率不高，特别是活期储蓄的利率更低。此时可以采用货币市场基金的形式替代活期储蓄。货币市场基金的申购和赎回都很方便，而且一般没有认购、申购和赎回的手续费，赎回资金的到账日为2—3天。在通货膨胀上涨且通货膨胀率超过银行活期存款利率时期，投资货币市场基金比投资活期存款更有优势。在选择货币市场基金时，应注意基金等级、7日年化收益率、收益波动率、建仓时间、规模。部分货币市场基金会有A级和B级两类，A级针对小额投资者，门槛一般是1 000元；B级针对大额投资者，门槛一般是100万元。B级的收益比A级高，但门槛较高。7日年化收益率是反映货币市场基金业绩状况的一个短期指标，代表过去7天基金的盈利水平。与所有业绩指标一样，7日年化收益率并不能说明基金未来的收益水平。投资者还可以考察收益波动率,了解该基金的收益能否保持稳定。如果波动率很大,那么投资者未来的收益和过去的收益相比差异可能较大。投资者可以选择波动率小、历史收益较高的基金。另外,对于选择新基金还是老基金,需要根据当时的市场情况而定。在刚刚加息的情况下,选择新基金比较好,因为新基金刚好可以建仓加息后的证券。在其他情况下,选择老基金更可靠,因为老基金有历史业绩可以参考。在选择货币市场基金的时候,选择规模小的基金比规模大的基金更具优势,因为规模小的基金的资金投资比较集中,能够取得"集中优势兵力,获得较高收益"的效果。

(2) 在子女教育和养老规划上,可采用基金定投指数基金的方式进行长期规划。子女教育和养老规划的期限通常较长,一般在 10 年以上。从基金的历史业绩来看,定投 10 年以上亏损的概率非常小,几乎接近于零。在做基金定投的时候,并不是要持有基金 10 年以上,而是要先根据理财目标设定基金投资需要达成的目标金额,一旦定投累积的本金和收益达到目标金额,就可以赎回指数基金并转换成稳健的货币市场基金,以保证未来时点能百分百达成理财目标。比如,某个家庭为 8 岁的孩子做了教育定投,定投期设置为 10 年,希望筹备 60 万元的教育金用于孩子出国留学。由于股票市场表现不错,定投基金在第 6 年就已经成功积累 60 万元教育金。这时可以将这 60 万元转换为货币市场基金,使得孩子在 18 岁时一定会有 60 万元的教育金供其所用,从而避免第 6 年后市场下跌带来的风险。

(3) 在有闲置资金时,可通过基金组合满足不同理财目标。中国家庭的储蓄比率很高,这也导致很多家庭的资产配置中除房产外,大部分资产是以银行存款的形式保留的。这其中的原因是社会保障体系还不够健全,大家未来的养老和医疗保障没有解决,需要以储蓄的形式为未来做保障。但在通货膨胀日益上涨的情况下,存款利率低于通货膨胀率变得越来越常见,从而形成"负实际利率"时代。在"负实际利率"时代,每天早上一醒来,家庭的财富就缩水了一部分。随着基金品种的日益增多和基金行业的规范发展,在家庭资产配置中适当进行基金组合投资,既可在一定程度上抵御通货膨胀的不利影响,又可以用不同品种的基金来满足不同类型的理财目标,从而实现用"理财收益"支付日常生活支出,达到财务自由的目标。

(4) 处于不同生命周期的家庭,可用不同的基金组合处置闲置资金。需要注意的是,这里指的是闲置资金的组合投资。从表 6-30 可以看到,在单身期可以进行一些高风险的投资,因为未来还有很长的时间可以等待,可做长期投资,而且薪资收入也会增长,可以弥补投资风险;在退休期只能进行一些无风险或极低风险的投资,以保证本金的安全,因为未来没有持续增长的工资收入,一旦遭遇风险,投资亏损造成的资金缺口就难以弥补。

表 6-30　不同生命周期家庭的基金组合

	单身期 （24岁以下）	家庭初建期 （24—30岁）	家庭成长期 （30—45岁）	家庭成熟期 （45—60岁）	退休期 （60岁以上）
经济特征	开始有收入 埋怨待遇低 总是存不了钱	收入略增 略有节余 财富增长幅度慢	职业趋于稳定 进入收入高成长期 （以薪资收入为主）	职业生涯更上一层楼 资产规模快速累积（薪资收入、理财收入并重）	薪资收入停止，完全依赖理财收入
理财目标	量入为出 积极创造财富	结婚、买房、生育、子女教育、养老、买车、旅游等	子女教育 养老 清偿房贷 旅游等	寻求能带来稳定收入的投资 构建退休生活蓝图 旅游等	颐养天年，退休生活质量不下降 生病能得到好的医疗条件 享受生活等
风险承受能力	强	强	中等偏强	中等偏弱	弱
对投资收益的预期	高	高	中等	中等	低
适合的投资品种	激进型	激进型	稳健型	稳健型	保守型
基金组合	A 组合：股票基金 80%＋债券基金 20% B 组合：混合基金 90%＋债券基金 10% C 组合：杠杆基金激进份额 60%＋债券基金 40% D 组合：封闭式基金 40%＋ETF40%＋债券基金 20%	A 组合：股票基金 70%＋债券基金 30% B 组合：混合基金 80%＋债券基金 20% C 组合：杠杆基金激进份额 50%＋债券基金 50% D 组合：封闭式基金 35%＋ETF35%＋债券基金 30%	A 组合：股票基金 50%＋债券基金 50% B 组合：混合基金 60%＋债券基金 40% C 组合：杠杆基金激进份额 40%＋债券基金 60% D 组合：封闭式基金 25%＋ETF25%＋债券基金 50%	A 组合：股票基金 30%＋债券基金 70% B 组合：混合基金 40%＋债券基金 60% C 组合：杠杆基金激进份额 20%＋债券基金 80% D 组合：封闭式基金 15%＋ETF15%＋债券基金 70%	A 组合：货币市场基金 50%＋债券基金 50% B 组合：货币市场基金 100%

从单身期的基金组合来看,股票基金在组合中的比例可以达到80%(对于风险承受能力强的人还可以更高),再配置20%的债券基金即可。随着家庭生命周期逐渐过渡,激进型基金品种在组合中的占比依次下降,以降低基金组合的风险。到了退休期,所有激进型基金品种都应退出组合,基金组合可以由货币市场基金和债券基金构成,也可以全部以货币市场基金形式持有。

投资者在做基金组合时,还可以综合考虑根据家庭不同的理财目标配置不同的基金组合。对于家庭的固定支出,可以投资债券基金以获得固定收益来满足这种需求;对于家庭的灵活支出,可以投资股票基金来满足这种需求。

【案例6-7】 黄先生38岁,家庭年收入15万元,目前有闲置资金80万元。每年黄先生会在逢年过节时给双方退休的父母一笔过节费,合计2万元。另外,黄先生希望每年有一两次出去旅游的机会。如何根据黄先生的需求配置相应的基金组合呢?

案例分析 首先,根据黄先生的需求划分出固定支出需求和灵活支出需求。黄先生给父母的过节费可以看作固定支出需求,而旅游愿望则可以看作灵活支出需求。

其次,将黄先生的闲置资金做一个配置。从黄先生的家庭生命周期来看,80万元的资金可以构造A组合:50%投资在债券基金 + 50%投资在股票基金。2014—2018年,债券基金的几何年均收益率为6.7%左右。40万元投资在债券基金上,按6.7%的收益率计算,年均可以获得2.68万元的理财收入,这笔收入可以用来支付父母的过节费。另外40万元投资在股票基金上,如果市场行情较好,假设能取得8%的年均收益率,则每年平均可获得3.2万元的理财收入,这笔收入可以用来支付灵活的旅游费。如果当年市场情况不好,股票基金发生亏损,由于旅游支出是灵活性的,这时可取消旅游计划以应对亏损。如果某年市场情况好于预期,收益率超过8%,则能够安排更丰富的旅游度假计划。

需要注意的是,债券基金并非不会发生亏损,但其亏损幅度通常不会超过10%。为了保证固定支出能得到百分百满足,可以将资金投资于债券而非债券基金。不过,债券的收益率通常较低,10年期国债历史收益率的均值约为3.58%。

第四节 股票的选择

如果投资者的风险承受能力足够强并且具备一定的专业知识,那么可以用股票作为投资工具进行投资规划。从长期来看,股票的投资收益率要高于基金,因为基金的收益是建立在股票收益之上的。但大多数投资者无法坚持长期投资某只公司股票,因而往往难以获得较好的收益。需要注意的是,这里所说的"坚持长期投资"并非"坚持长期持有"。坚持长期投资是指长期关注一个或几个有长期投资价值的公司,在价格低于合理价值范围时买入,在价格高于合理价值范围时卖出。

选股票与选基金的本质是相同的,都是选人。选基金选的是基金经理,选股票选的则是上市公司的管理人员。好的基金经理能够筛选出好的上市公司,好的上市公司应拥有优秀的管理团队,而优秀的管理团队能带来优良的业绩。首先,投资者要做的是筛选一家具有长期投资价值的公司。筛选出具有长期投资价值的公司,并不意味着投资者要立即买入。其次,投资者要做的是分析这家公司的合理价值范围,需要用到估值技术。利用估值技术确定了合理价值范围之后,就可以根据价格走势进行操作。在价格低于合理价值范围时买入,在价格高于合理价值范围时卖出。最后,是否继续持有这家公司的股票,投资者还应当对这家公司盈利能力的驱动因素和增长性进行持续性分析。这个过程被称为"三阶段分析范式"。

一、第一阶段:挑选一家具有长期投资价值的公司

我们要挑选具有长期投资价值的公司,而非成长性公司。在这里,我们希望通过长期关注这家公司来使自己的投资在长期内获得较高的回报。哪类公司值得我们长期投资呢?我们可以通过分析公司的财务报表来加以判断。分析一个公司的财务报表可以按照利润表—资产负债表—现金流量表的顺序进行。2007年中国会计准则与国际会计准则接轨后,上市公司财务报表中还多了第四张报表——股东权益表。

(一)分析利润表

1. 分析利润率

毛利率(Gross Profit Margin)是毛利与销售收入(或营业收入)的百分比,其中毛利是营业收入与营业成本之间的差额。毛利率的公式为:

$$毛利率 = \frac{毛利}{营业收入} \times 100\% = \frac{营业收入 - 营业成本}{营业收入} \times 100\%$$

毛利率高意味着公司通过卖产品能赚取高收入,也就是赚取高收入时其产品成本并不高。毛利率高于40%的公司通常是具有长期投资价值的,毛利率低于20%的公司一般处于高度竞争的行业。但是,毛利率高的公司并不意味着公司的净利润率高。

净利润率(Net Profit Margin)是扣除所有成本、费用和企业所得税后的利润率,又称销售净利率,与毛利率一样,是反映公司盈利能力的一个重要指标。净利润率的计算公式为:

$$净利润率 = \frac{净利润}{营业收入} \times 100\%$$

一些公司虽然具有高毛利率,但管理费、销售费、研发费、利息费中的一项或某几项吞噬了高毛利,使得公司的净利润率并不高。一些高科技公司需要投入大量的研发费,尽管公司的毛利率很高,但净利润率不一定高,这也是投资高科技公司的风险所在。一旦无力投入大量的研发费,高科技公司的长期投资价值就会受到质疑。对于房地产类

公司,其毛利润率可能很高,但由于需要大量的债务来维持其商业模式,房地产类公司的利息费用会吞噬部分毛利润,这是投资房地产类公司的风险所在。一旦遭遇金融危机,高负债公司的股价下跌最严重。如果一家公司的净利润率能长期维持在20%以上,那么它一定具有某种竞争优势,而这种竞争优势能帮助投资者和公司赚钱。

2. 分析每股收益

反映盈利能力的另一个指标是每股收益(Earnings Per Share,EPS)。不过,在用EPS分析公司财务状况时,应注重过去几年的EPS是否持续增长。一家EPS持续增长的公司,表明股东权收益在持续增长,这样的公司是值得长期投资的。大多数公司的EPS是上下波动的,这意味着公司受外部环境和内部因素的影响较大。在行业繁荣的时候,这类公司能获得较高的EPS;但在行业受到冲击的时候,这类公司的EPS会大幅滑落。如果从长期投资的角度看,这类公司显然不具有长期投资价值,因为它们在某些年份能帮助投资者取得高回报,但在某些年份无法帮助投资者取得高回报。

【案例 6-8】 以贵州茅台2010年的财务报表为例,我们可以关注以下数据:营业收入为116.33亿元,营业成本为10.52亿元,毛利润为105.81亿元,净利润为53.39亿元,销售费用为6.77亿元,管理费用为13.46亿元。

案例分析 根据上述数据,可以计算出贵州茅台的毛利率为90.96%,净利润率为45.90%,销售费用和管理费用合计占营业收入的比例为17.39%。从中可以看出,贵州茅台的盈利能力非常强。再考察贵州茅台EPS近十年的变化。从表6-31可以看出,除2006年贵州茅台的EPS有所下降外,其他年份的EPS是不断增长的。从以上分析可以看到,贵州茅台是一家有长期投资价值的公司。

表6-31 贵州茅台2001—2010年EPS的变化

年份	2001	2002	2003	2004	2005	2006	2007	2008	2009	2010
EPS	1.31	1.37	1.94	2.09	2.37	1.59	3.00	4.03	4.57	5.35

(二)分析资产负债表

资产负债表反映了公司的融资和经营活动的概貌。资产负债表有一个恒等式:资产=负债+所有者权益。公式右边反映了公司的资金是怎样融到的,公式左边反映了公司的资金如何运用到经营活动中。看到一个公司的固定资产为600万元,流动资产为400万元,负债为200万元,股东权益为800万元,意味着这家公司从债权人处借了200万元资金,从股东处筹到了800万元资金,使用这些资金投资了600万元固定资产并持有400万元流动资产。

了解了企业的总资产、总负债及股东权益后,即可着手分析总资产的栏目下各项资产的比例、总负债栏目下各项负债的比例。

1. 分析流动资产中的现金、存货和应收账款

公司的现金很多,通常来自以下几个方面:一是公司非常赚钱,积累了大量的现金;二是公司出售了一些资产,获得了大量现金;三是公司出售了股权或发行了股票,换取了大量现金;四是公司借款,获得了大量现金。从以上几个方面来看,只有第一种情况完全表明这家公司可能是值得长期投资的,后面三种情况说明公司的资金不足,需要依靠这三种方式筹集现金。2008年爆发的金融危机让很多现金不足的企业陷入财务困境,股价也随之暴跌;而一些现金充裕的企业在经历大盘的洗礼之后,股价很快恢复到危机前,甚至创出新高。一家值得长期投资的公司的现金持有量应十分充裕,否则遭遇一次危机,投资者就可能血本无归。对于有大量现金的企业,金融危机反而给它们创造了新的机会,因为企业可以用现金以危机后的低价收购企业,实现规模扩张。

现金多虽然能表明公司具有长期投资价值,但也会给股东带来损失。从股东的角度来看,现金所获取的回报是最低的。现金与其放在公司的资产负债表上,不如通过分红的方式分给股东,让股东使用这些现金去投资以获取更好的回报。由于每个企业都会有发展的"天花板",即使最赚钱的企业也没有办法将资产负债表中的大量现金继续投资于自己的企业。但是,这些企业将现金投资于其他企业,取得的回报一定不如投资于自己的企业。在既不能投资自己企业,又不能投资其他企业的情形下,这些企业应该将现金分给股东,让股东自己去寻求合理的投资回报。如果企业没有将现金分给股东,就会存在公司金融学常常提到的委托代理问题,即企业管理层没有实现股东利益最大化。一些非常赚钱的企业能否站在股东利益的立场考虑,就要看这家公司在现金充裕时是否会分红或回购股票。

2. 分析存货和应收账款

在财务管理中,有两个指标反映了企业对存货和应收账款的管理能力,分别是存货周转率(Inventory Turnover Ratio)和应收账款周转率(Receivables Turnover Ratio),计算公式分别为:

$$存货周转率 = \frac{销售成本}{(期初存货 + 期末存货)/2}$$

$$应收账款周转率 = \frac{销售收入}{(期初应收账款 + 期末应收账款)/2}$$

存货周转率和应收账款周转率越高,企业对存货和应收账款的管理能力越强。除这两个比率外,还有一个总资产周转率,计算公式为:

$$总资产周转率 = \frac{销售收入}{(期初总资产 + 期末总资产)/2}$$

以上三个比率从不同侧面反映了企业的资产营运能力。

存货周转率和应收账款周转率如果能长期维持高于行业的水平,说明这家公司在行业内具有某种特殊的优势。比如,一家有竞争优势的企业,往往不太需要靠应收账款这种方式去获得订单,在每次交易中都可以从客户手中取得现金。如果从应付账款来

看,这家企业的应付账款可能比应收账款多出很多。在这种情况下,企业不但可以从客户那里收到现金,还可以不用现金而以应付账款的方式从供应商那里拿货。

3. 分析固定资产

看完流动资产后,可以再看下固定资产。一家颇具优势公司的固定资产不会更新太快,只有不具优势的公司才不得不更新固定资产以适应新的市场形势。由于更新固定资产需要消耗大量现金,现金不足的企业就要被迫发行股票或债券融资。不论是哪种情况,对原有股东都是不太有利的。发行股票会稀释原有股东的股份,发行债券则会增加公司的债务。由于需要不断更新固定资产,这类企业不会有大量现金留存,如果还有巨额债务要偿还,这类企业的长期投资价值就值得怀疑。

4. 分析负债

资产负债表的另一部分是负债。一家具有持续竞争优势的公司的负债不应太多。合理地利用负债能发挥财务杠杆和税盾的作用,但负债过多会增大企业的破产概率,提高企业的风险。一旦遭遇金融危机或经济危机,这类企业的股价会下跌非常快。结合之前的现金分析,一家拥有充足现金且没有太多长期负债的公司是具有长期投资价值的备选公司之一。

资产负债率是衡量公司偿债能力的一个指标,用总负债/总资产衡量。当资产负债率超过100%时,意味着公司已经资不抵债。适度地利用一定的负债能提高股东的权益,因为负债有杠杆作用和税盾作用。但过高的负债会导致公司陷入财务困境。公司必须权衡负债的正面作用和风险提高带来的负面作用。

衡量公司偿债能力的指标还有流动比率和速动比率。流动比率(Current Ratio)是指流动资产对流动负债的比率,速动比率(Quick Ratio)是指速动资产对流动负债的比率。流动资产是指企业可以在1年或超过1年的一个营业周期内变现或者运用的资产,包含货币资金、短期投资、应收票据、应收账款和存货等。速动资产是指可以迅速转换为现金或归属于现金形式的资产,包括现金、应收账款、应收票据等。流动负债是指将在1年(含1年)或者超过1年的一个营业周期内偿还的债务,包括短期借款、应付票据、应付账款、预收账款、应付工资、应付福利费、应付股利、应交税金、其他暂收应付款项、预提费用和1年内到期的长期借款等。

一般来说,流动比率的经验值是2,速动比率的经验值是1,即公司的流动资产为流动负债的2倍、速动资产为流动负债的1倍是合适的。如果公司的流动资产低于流动负债的1倍时,则说明公司一旦遭遇流动负债需要偿还的情况,即使将流动资产全部卖掉也无法清偿流动负债,公司会陷入财务困境。不过,巴菲特认为,具有长期投资价值的公司,其流动比率不一定必须保持在2的水平,原因在于具有长期投资价值的公司的融资能力很强,即使出现流动资产不足以偿付流动负债的情况,也可以通过各种融资渠道加以解决。

【案例6-9】 以贵州茅台为例,审阅公司2010年的资产负债表。这里提取以下关键数据:货币资金为128.88亿元,应收账款为0.01亿元,存货为55.74亿元,流动资产为203.00亿元,固定资产为41.92亿元,非流动资产为52.87亿元,资产总计为255.87亿元,流动负债为70.28亿元,非流动负债为0.1亿元,负债合计为70.38亿元,所有者权益合计为185.49亿元。

案例分析 首先,公司总资产为255.87亿元,刚好等于负债与所有者权益的总和(70.38亿元+185.49亿元)。这是资产负债表的一个恒等式。从这里可以看出,贵州茅台从股东手上筹集了185.49亿元,从债权人手上借了70.83亿元,将资金投入了非流动资产52.87亿元、流动资产203.00亿元。由此可见,贵州茅台的大部分资金是以股权形式融到的,少部分资金是通过借债筹集的。另外,贵州茅台将大部分资金用于营运,只有少部分资金投放在非流动资产上。

其次,资产中的各个项目。贵州茅台的货币资金有128.88亿元,负债合计70.38亿元,说明贵州茅台仅用货币资金就足以偿还所有负债。这也说明,不论发生什么样的金融危机,贵州茅台都不会因债务问题而受困扰。贵州茅台的应收账款是0.01亿元,年初的应收账款是0.21亿元,利润表显示的营业收入是116.33亿元,因此应收账款周转率是1 058 $\left[\dfrac{116.33}{(0.01+0.21)/2}\right]$,显示贵州茅台营运能力非常强。由于贵州茅台在市场中是强势企业,几乎不需要通过应收账款等信用方式进行交易,其现金回收速度非常快。

最后,贵州茅台的负债情况。贵州茅台的负债大部分是流动负债,仅有0.1亿元的非流动负债,这与有长期投资价值的公司特点是吻合的。低负债使得这类公司在金融危机中受到的冲击最小。非流动负债大多用于固定资产投资,贵州茅台的长期负债低从另一个方面说明公司不需要太多的固定资产投资和更新。

(三)分析现金流量表

审阅完毕资产负债表之后,接着分析现金流量表。现金流量表分成三个部分:经营活动产生的现金流量、投资活动产生的现金流量、融资活动产生的现金流量。

经营活动产生的现金流量主要关注销售产品、提供劳务收到的现金和购买商品、接受劳务支付的现金。

投资活动产生的现金流量可以分成两个部分:一是用现金投资于自己公司的业务所产生的,比如购建固定资产、无形资产和其他长期资产支付的现金,处置固定资产、无形资产和其他长期资产收回的现金净额;二是用现金投资于其他公司的业务所产生的,比如投资支付的现金、收回投资收到的现金。如果公司有多余资金,可能会将资金投资于其他公司。

筹资活动产生的现金流量呈现了公司在当年的现金是否充裕或现金是怎样得到的。筹资活动现金流入包括吸收投资收到的现金、取得借款收到的现金、发行债券收到的现金。如果在吸收投资收到的现金一栏有金额显示,则意味着这家公司在当年发行了股票来筹集资金;如果在取得借款收到的现金或发行债券收到的现金一栏有金额显示,则意味着这家公司在当年向债权人借了钱。为什么这家公司要发行股票或借债,可以回头去看投资活动或经营活动中是否有现金缺口。有现金缺口,意味着这家公司被迫通过融资来缓解资金缺口。需要特别关注经营活动的现金缺口,因为经营活动的现金缺口预示着公司的经营可能出现困难。

【案例6-10】 以贵州茅台为例,审阅公司2010年的现金流量表,可以看到以下关键数据:销售商品、提供劳务收到的现金为149.39亿元,收到其他与经营活动有关的现金为1.38亿元,经营活动现金流入小计150.77亿元;购买商品、接受劳务支付的现金为16.70亿元,支付给职工以及为职工支付的现金为14.93亿元,支付的各项税费为48.86亿元,支付其他与经营活动有关的现金为8.27亿元,经营活动现金流出小计88.75亿元;收回投资收到的现金为0.17亿元,取得投资收益收到的现金为0.02亿元,收到其他与投资活动有关的现金为0.56亿元,投资活动现金流入小计0.75亿元;购建固定资产、无形资产和其他长期资产支付的现金为17.32亿元,投资支付的现金为0.5亿元,支付其他与投资活动有关的现金为0.56亿元,投资活动现金流出小计为18.38亿元;收到其他与筹资活动有关的现金为0.0001亿元,筹资活动现金流入小计为0.0001亿元;分配股利、利润或偿付利息支付的现金为12.93亿元,筹资活动现金流出小计12.93亿元。

案例分析 从茅台的现金流量表来看,公司在2010年销售商品、提供劳务收到的现金为149.39亿元,而购买商品、接受劳务支付的现金仅为16.70亿元,这充分显示了贵州茅台的经营优势;投资活动产生的现金流入为0.75亿元,投资活动付出的现金流出为18.38亿元,其中17.32亿元用于购建固定资产、无形资产和其他长期资产,但这笔资金仅占营业收入116亿元的尾数,说明贵州茅台并不需要通过大规模更新固定资产来维持竞争优势。茅台2011年的筹资活动中没有股票发行,也没有债券发行或借款,反而支付现金股利12.93亿元等,再次充分说明公司的资金非常充裕。

利用现金流量表中的购建固定资产、无形资产和其他长期资产支付的现金以及利润表中的净利润,可以计算资本支出/净利润这个比率。这个比率反映了公司需要从净利润中提取多少资金用于资本支出。贵州茅台的资本支出/净利润是32.44%。一般来说,这个比例保持在50%以下表明具有某种竞争优势,如果能保持在25%以下,则说明公司具有很强的竞争优势。

(四)分析股东权益表

股东权益包含四个部分:实收资本(股本)、资本公积、盈余公积、未分配利润。实收资本是指企业实际收到投资者投入的资本,一般应与企业在工商行政管理部门登记的注册资本一致。资本公积是指投资者或其他人(或单位)投入、所有权归属于投资者但不构成实收资本的资本或者资产,比如资本(或股本)溢价、接受捐赠资产、拨款转入、外币资本折算差额等。盈余公积是指从税后利润中提取的累计资金,主要用于企业未来发展。未分配利润是指留待以后年度分配的结存利润或待分配利润。盈余公积和未分配利润也称留存收益。留存收益反映了公司未来发展的潜力。

股东权益表中还有一个项目值得注意,即库存股。一家公司使用现金回购公司股票,通常有两种处理方式:注销和库存。如果是注销,公司股本就会减少;如果是库存,股东权益表中库存股一栏就会显示出有库存股。如果一家公司股东权益表中显示有库存股,这家公司也可能是有长期投资价值的。因为好的公司通常有大量的现金,而这些现金又无法进行更好的投资,所以最好的处理方式是分红给股东或从股东手上回购股票。

【案例 6-11】 根据贵州茅台 2010 年股东权益表上年年末和本期期末的余额解读股东权益的变化。

上年年末相关数据:实收资本(或股本)为 9.43 亿元,资本公积为 13.75 亿元,盈余公积为 15.85 亿元,未分配利润为 105.61 亿元,少数股东权益为 1.86 亿元,所有者权益合计为 146.51 亿元。

本期期末相关数据:实收资本(或股本)为 9.43 亿元,资本公积为 13.75 亿元,盈余公积为 21.77 亿元,未分配利润为 139.03 亿元,少数股东权益为 1.51 亿元,所有者权益合计为 185.49 亿元。

案例分析 贵州茅台 2010 年期末的股东权益(所有者权益)合计 185.49 亿元,这与资产负债表中所有者权益合计数是一致的。这 185.49 亿元的所有者权益是这样构成的:实收资本(或股本)9.43 亿元+资本公积 13.75 亿元+盈余公积 21.77 亿元+未分配利润 139.03 亿元+少数股东权益 1.51 亿元。其中,少数股东权益是指母公司以外的其他投资者在子公司中的权益,表示其他投资者在子公司所有者权益中拥有的份额。

从股东权益上年年末到 2010 年期末的变化来看,实收资本没有发生变化,资本公积也没有发生变化,盈余公积从 15.85 亿元增加到 21.77 亿元,未分配利润从 105.61 亿元增加到 139.03 亿元,少数股东权益从 1.86 亿元减少到 1.51 亿元。盈余公积和未分配利润作为留存收益是增加的,这也是一个具有长期投资价值的公司特征。

由于目前我国上市公司中回购股票的行为比较少,很少能在上市公司的股东权益表中看到库存股。未来也许能看到越来越多的上市公司通过回购股票的方式将现金回馈给股东。

在分析股东权益表时,有时还会计算总资产收益率和股东权益回报率。总资产收益率(Return on Total Assets Ratio,ROA)是净利润与总资产的百分比,衡量企业每投入 100 元到总资产上能获得多少净利润。股东权益收益率(Rate of Return on Equity,ROE)是净利润与股东权益的百分比。由于股东权益等于净资产,有时也称这个比率为净资产收益率。

贵州茅台 2018 年的净利润为 378.3 亿元,期初和期末的总资产分别为 1 346.10 亿元和1 598.47亿元,计算得出ROA为25.69%;期初和期末的股东权益分别为960.20亿元和1 174.08亿元,计算得出ROE为35.45%。对股东来说这是相当不错的回报率。

二、第二阶段:估值

第一个阶段的工作可以帮助我们筛选到值得长期投资的公司,但挑选公司与是否投资这家公司是两个不同的问题。一家值得长期投资的公司并不意味着现在就要买入。回答"现在买还是不买"这个问题需要进一步的分析工作,这就是估值。如果发现这家公司股票的价格高于估值,这个时候不应该买入;如果发现这家公司股票目前的价格低于估值,这个时候可以买入。

估值有两类方法:静态估值法和动态估值法。静态估值不需要使用预测数据,比如市盈率法、市净率法、市销率法等;动态估值则需要使用分析师的预测数据或自行预测的数据。

(一)静态估值法

静态估值法的基本思路是:挑选几家与估值目标行业相近、业务相似的上市公司作为参照公司,运用市盈率(P/E)、市净率(P/B)、市销率(P/S)等财务指标对目标公司进行估值。

【案例6-12】 假如要对贵州茅台进行估值,可以挑选五粮液、泸州老窖两家上市公司作为参照,并以市盈率和市净率作为估值指标。

案例分析 根据2018年年报和2018年年末的股票价格可以计算出五粮液和泸州老窖的P/E分别是32.81和31.04,P/B分别是6.98和6.59;从贵州茅台的年报中获得利润、股份数、净资产三个数据,计算出每股净利润(EPS)为28.02元、每股净资产(BPS)为89.83元。以上数值整理填入下面的估值表(见表6-32)。

根据五粮液和泸州老窖的P/E和P/B计算出其均值分别为31.93和6.79。以这个均值作为酒类企业的市盈率和市净率的代表值,据此估算贵州茅台的价值。

利用P/E估算贵州茅台的每股价值 = 28.02 × 31.93 = 894.68(元)

利用P/B估算贵州茅台的每股价值 = 89.83 × 6.79 = 610.62(元)

贵州茅台的最终估值 = (894.68 + 610.62)/2 = 752.65(元)

表6-32 贵州茅台静态估值法估值

	五粮液	泸州老窖	均值	贵州茅台的EPS和BPS	贵州茅台估值(元)
P/E	32.81	31.04	31.93	28.02	894.68
P/B	6.98	6.59	6.79	89.93	610.62
最终估值					752.65

估值中经常会用到的财务指标还有 EV/EBITDA、EV/Sales 等。其中,EV(Enterprise Value)是指企业价值,等于公司股权市值加上负债再减去现金;EBITDA(Earnings before Interest,Taxes,Depreciation and Amortization)是指未计利息、税项、折旧及摊销前的利润,是反映公司经营业绩的指标;Sales 是指营业收入(销售额)。投资者可以根据自己的需要,在进行静态估值时选取不同的指标。

(二) 动态估值法

动态估值需要使用未来的预测数据。其基本思路是将公司未来某一类资金流进行贴现,求得公司的价值,模型为:

$$V = \frac{\text{Money}_1}{(1+r)} + \frac{\text{Money}_2}{(1+r)^2} + \frac{\text{Money}_3}{(1+r)^3} + \cdots + \frac{\text{Money}_n}{(1+r)^n}$$

其中,Money_1、Money_2 等表示公司未来各期某一类资金流,比如股利、现金流等,r 表示贴现率。动态估值的关键点在于对未来资金流的预测和对贴现率的选取。根据所选取的资金流,形成不同的动态估值模型。

1. 模型一:股利贴现模型(Divident Discount Model,DDM)

这是最简单的估值模型,适用于股利随公司净利润的增长成固定比例增长的情况。专业的证券分析师会给出公司未来营业收入、净利润或 EPS 的预测,利用预测数据可以估计未来的股利,然后用股利贴现模型对公司股票进行估值。估值模型为:

$$V_E = \frac{D_1}{(1+r_e)} + \frac{D_2}{(1+r_e)^2} + \cdots + \frac{D_n}{(1+r_e)^n}$$

其中,D_1、D_2…表示公司未来若干年的股利,r_e 表示股权资本成本率。

股权资本成本率本质上是指股东投入资本所要求的最低回报率。如果公司赚取的回报高于股东要求的最低回报,股东就会投资这家公司;反之,股东就不会投资这家公司。

股权资本成本率可以用资本资产定价模型(Capital Asset Pricing Model,CAPM)计算。其计算公式为:

$$R_i = R_f + \beta \times (R_m - R_f)$$

其中,R_i 表示个股收益率,R_f 表示无风险收益率,R_m 表示市场收益率,β 表示个股承担的系统风险。

上述公式虽然被称为定价模型,但本质上只是用来计算定价所需的股权资本成本率。其含义可以理解为:股东投资个股所要求的最低收益率应等于无风险收益率(相当于银行存款利率)加上风险收益率(承担风险所应获得的收益)。个股的风险收益率等于个股承担的系统风险乘以市场的风险溢价,即 $\beta \times (R_m - R_f)$。只要投资者进入资本市场进行投资,就要承担相应的风险。如果投资者能投资市场上所有的股票,并且能按这些股票在市场中的占比进行一模一样的投资,那么投资者承担市场风险所获得的风险溢价就是$(R_m - R_f)$。但是,大多数投资者没有办法针对所有股票进行组合投资。如果投资者投资市场中的一只股票,投资者应获得的风险溢价就是这只股票承担的系统风险乘以市场风险溢价$\beta \times (R_m - R_f)$。CAPM常常用于计算股权资本成本率,计算出的R_i就是股利贴现模型所用的r_e。

2. 模型二:现金流贴现模型(Discounted Cash Flow,DCF)

现金流贴现模型又可分为股权现金流贴现模型(Free Cash Flow of Equity,FCFE)和公司现金流贴现模型(Free Cash Flow of Firm,FCFF)。股权现金流贴现模型使用的资金流是股权投资者对应可以获得的自由现金流(Free Cash Flow),这等于公司现金流减去给债权人的现金流。股权现金流贴现模型使用的资金流是股权对应的现金流,应该使用股权资本成本率作为贴现率。股权现金流贴现模型为:

$$V_E = \frac{\text{FCFE}_1}{(1+r_e)} + \frac{\text{FCFE}_2}{(1+r_e)^2} + \cdots + \frac{\text{FCFE}_n}{(1+r_e)^n}$$

公司现金流贴现模型使用的资金流是公司的自由现金流,包含股东和债权人共有的现金流,应该使用公司资本成本率作为贴现率。

公司资本成本率也称加权平均资本成本(Weighted Average Cost of Capital,WACC),即将股权成本和债务成本加权平均求得公司资本成本。其计算公式为:

$$\text{WACC} = r_e \times \frac{E}{V} + r_d \times (1-t) \times \frac{D}{V}$$

其中,V表示公司账面价值,E表示所有者权益账面价值,D表示债务账面价值,t表示税率,r_e和r_d分别是股权资本成本率和债务资本成本率。公司现金流贴现模型为:

$$V_F = \frac{\text{FCFF}_1}{(1+\text{WACC})} + \frac{\text{FCFF}_2}{(1+\text{WACC})^2} + \cdots + \frac{\text{FCFF}_n}{(1+\text{WACC})^n}$$

3. 剩余收益模型(Residual Earnings Model,REM)

剩余收益是指公司收益减去资本成本后的账面价值。其计算公式为:

$$\text{RE}_t = \text{Earn}_t - r_e \times B_{t-1}$$

其中,RE_t表示第t期的剩余收益,Earn_t表示第t期公司收益,r_e表示股权资本成本率,B_{t-1}表示公司$t-1$期的账面价值。这个公式的含义可以这样解读:当一家公司的收益额超过资本成本额时,即有剩余收益,意味着这家公司在支付股东资本成本后还能有收益,公司未来才有价值上涨的空间;如果公司的收益额刚好等于资本成本额,即剩余收益为零,意味着这家公司在支付股东资本成本后就没有收益,公司未来价值不会上涨;如果公司的收益额低于资本成本额,即剩余收益为负,意味着这家公司的收益不足以满足股东的最低回报要求,公司价值会下降。剩余收益模型为:

$$V_E = B_0 + \frac{RE_1}{(1+r_e)} + \frac{RE_2}{(1+r_e)^2} + \cdots + \frac{RE_n}{(1+r_e)^n}$$

其中，B_0 表示公司当前的账面价值，等于公司资产负债表上的资产减去负债，也是净资产。

从剩余收益模型来看，当一家公司未来有正的剩余收益时，这家公司的价值比当前账面价值要高；反之，这家公司的价值会比当前账面价值要低。如果一家公司未来的所有剩余收益为零，那么这家公司的价值就等于当前账面价值。

剩余收益模型解释了为什么在账面价值之上会有溢价，即 P/B 为什么经常不等于 1。如果未来的剩余收益为 0，那么 P/B 就等于 1；如果未来的剩余收益不为 0，P/B 可能高于 1（剩余收益为正）也可能低于 1（剩余收益为负）。从剩余收益模型来看，公司未来的价值增量来自未来的剩余收益。

由于公司的价值增量来自剩余收益，因此通过对剩余收益的分析就能找到公司的价值驱动因素。将剩余收益公式做一个变换，可以得到以下公式：

$$RE_t = \left(\frac{Earn_t}{B_{t-1}} - r_e \right) \times B_{t-1} = (ROE_t - r_e) \times B_{t-1}$$

公式右边显示了剩余收益的两个驱动因素：$(ROE_t - r_e)$ 和 B_{t-1}。$(ROE_t - r_e)$ 是公司股权收益率与股东要求收益率之间的差异，B_{t-1} 是公司前一期的股东账面价值。当公司股权收益率超过股东要求收益率时，剩余收益为正，公司未来价值会增加；当公司股权收益率低于股东要求收益率时，剩余收益为负，公司未来价值会减少。当 $(ROE_t - r_e) > 0$ 时，增加 B_{t-1} 会增加公司剩余收益，从而增加公司价值；当 $(ROE_t - r_e) < 0$ 时，增加 B_{t-1} 会进一步增加负的公司剩余收益，从而减少公司价值。了解了这一点，就可以知道公司在什么情况下应该采取扩张性策略，在什么情况下应该采取收缩性策略。如果公司赚取的收益超过股东要求收益率，这时公司应采取扩张性策略；如果公司赚取的收益低于股东要求收益率，这时公司应采取收缩性策略。

在分析公司未来的前景时，从以下两条曲线（见图 6-3）可以看出公司未来的前景。

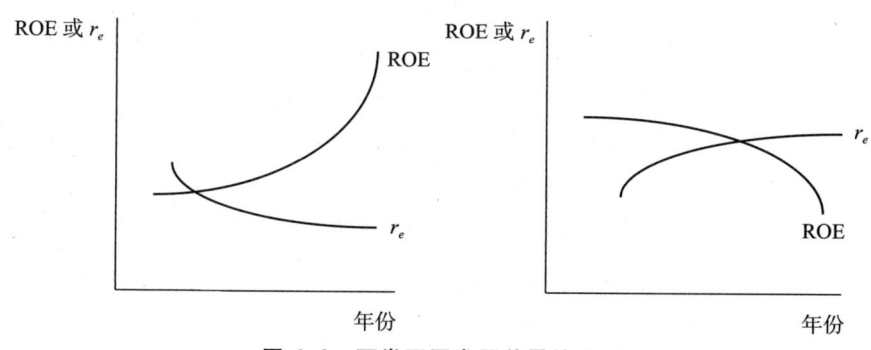

图 6-3　两类不同发展前景的公司

如果公司的 ROE 曲线和 r_e 曲线呈现左图的情况，说明公司未来发展前景会越来越好;如果公司的 ROE 曲线和 r_e 曲线呈现右图的情况,说明公司未来发展前景会越来越差。

上述模型都是动态估值模型,需要用到未来的预测数据。实际操作中还会遇到一个关键点,就是对未来增长率的预测。一般情况下,可以将公司的发展分成两个阶段:一是不稳定增长阶段,二是稳定增长阶段。在不稳定增长阶段,需要根据每年的增长情况估算股利、现金流或剩余收益;进入稳定增长阶段后,就可以根据零增长模型和固定增长模型(见图6-4)估算公司的永续价值。

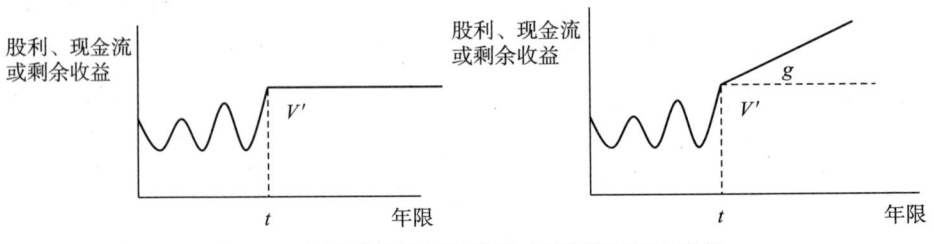

图 6-4 公司增长的两种类型:零增长和固定增长

(1)零增长模型。零增长模型与永续年金是类似的。当公司未来的资金流保持不变时,求解这家公司的价值就相当于求解永续年金的现值。在零增长情况下,公司第 t 期的价值 V' 的计算公式为:

$$V' = \frac{\text{Money}_{t+1}}{r}$$

其中,Money_{t+1} 表示公司未来保持不变的股利、现金流或剩余收益,r 表示公司或股权的资本成本率。如果 Money_{t+1} 使用的是公司现金流,则用公司的加权平均资本成本(WACC)作为 r;其他情况下用股权资本成本率作为 r。

(2)固定增长模型。在固定增长情况下,公司未来的股利、现金流或剩余收益将以固定的增长率 g 保持增长。这同样属于一种稳定状态。在这种稳定状态下,公司第 t 期价值 V' 的计算公式为:

$$V' = \frac{\text{Money}_{t+1}}{r - g}$$

当公司未来增长率 $g=0$ 时,这个公式与零增长模型是一模一样的。

需要注意的是,固定增长模型只适用于增长率小于资本成本的情况。如果增长率大于资本成本,由于固定增长模型中的分母是负的,计算出的价值是不正确的。

上述两个模型经常用于估算公司第 t 期后的永续价值。需要注意的是,计算出的永续价值是公司在第 t 期的现值,要计算当期公司价值还需要将 V' 贴现到当期。

所以,估值模型最终可以变为:

$$V = \frac{\text{Money}_1}{(1+r)} + \frac{\text{Money}_2}{(1+r)^2} + \frac{\text{Money}_3}{(1+r)^3} + \cdots + \frac{\text{Money}_t}{(1+r)^t} + \frac{V'}{(1+r)^t}$$

在运用以上估值模型时,需要预测公司若干财务数据。目前很多证券公司的分析师会提供一些上市公司的财务预测,并给出这些公司的估值区间。由于无法判断分析师是否中立,投资者在运用分析师给出的估值区间时还要对上述关键参数进行判断。这些关键参数包括公司收益的预测、公司未来增长率的预测、公司资本成本等。如果分析师给出的预测数据比较合理,那么就可以将估值区间看作公司的合理估值范围。投资者还可以自行设定一个最低增长率,根据最低增长率判断公司的估值底限。一旦股票价格跌至估值底限附近,投资者就可以考虑买入;一旦股票价格冲高至估值上限附近,投资者就可以考虑卖出。在实践中,估算公司的估值底限比估算公司的估值上限要容易很多,因为公司未来增长速度的下限比上限更易于判断。

在完成估值后,投资者即可了解公司价值的合理范围,并能基于价格与价值的比较进行投资决策。但这个过程可能还不太保险,因为公司的过去并不能完全代表公司的未来。这也是为什么在2008年的金融危机中,一些有百年历史的大公司也未能幸免于难。

三、第三阶段:因素分析

公司的发展是动态的,因而投资者仍然要时刻关注公司的任何可能引起未来发生重大变化的因素。这就是第三个阶段要做的工作:分析公司未来与现在相比可能发生什么样的变化,也就是分析公司未来是否还会和现在一样或比现在更好。

在这里经常用到的分析工具是杜邦分析法。杜邦分析法(DuPont Analysis)是指将一个主要的财务指标分解成若干个财务指标,从而找到影响这个主要财务指标的重要因素的方法(见图6-5)。

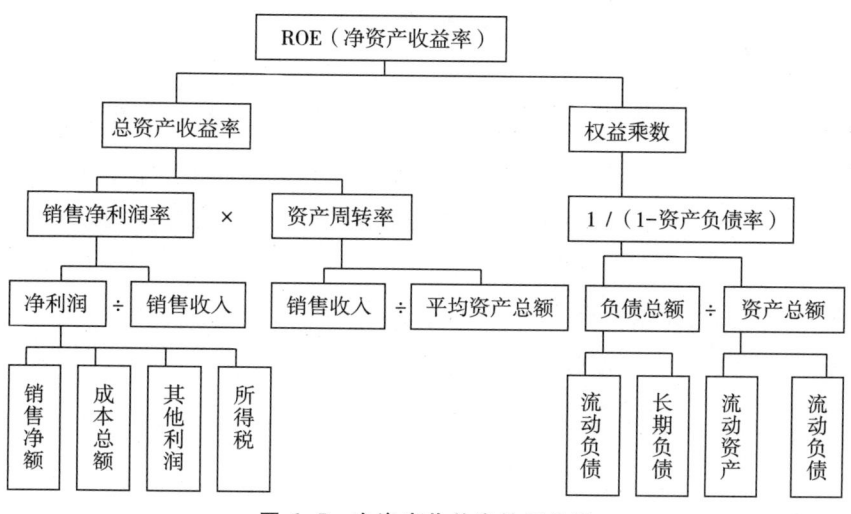

图6-5 净资产收益率杜邦分解

1. 第一层次分解

净资产收益率可以分解为:总资产收益率 × 权益乘数。

权益乘数是总资产与所有者权益的比值,反映了股权投资者投入1元股本所能经营的总资产额。如果股东投入1元,公司又借了1元,那么公司可以经营的总资产是2元,权益乘数就是2。权益乘数越高,表明公司的负债越高。

将净资产收益率分解后,可以看出提高净资产收益率的两个驱动因素分别是经营活动中的总资产收益率与融资活动中的财务杠杆。当总资产收益率不高时,公司仍然可以通过提高融资杠杆来提升权益乘数,从而提高净资产收益率——股东的收益率。

从长期投资的角度来看,一个总资产收益率不高,而杠杆很高的公司显然不如一个总资产收益率高但杠杆不高的公司。所以,具有同样高的净资产收益率的公司并不都是可长期投资的公司。只有那些经营活动能创造高的收益率(ROA),而融资杠杆不高的公司才更可能具有长期投资价值。

2. 第二层次分解

资产收益率又可以分解为:销售净利润率×资产周转率。其中,销售净利润率 = 净利润/销售收入,资产周转率 = 销售收入/平均资产总额。

销售净利润率反映了公司经营活动创造利润的能力,资产周转率反映了公司的资产营运能力。对于具有相同的总资产收益率的两家公司,销售净利润率高但资产周转率低的公司可能比销售利润低而资产周转率高的公司更具优势。因为高的销售净利润率意味着公司有相当大的定价空间,只要加强对资产的营运能力就能提升总资产收益率;而低销售净利润率的公司未来的提升空间有限。

权益乘数也可以分解为:1/(1 - 资产负债率)。其中,资产负债率 = 负债/资产。

这个分解进一步地凸显财务杠杆的作用。资产负债率越高,分母越小,权益乘数就越大。这也说明,资产负债率的增大能提高净资产收益率。

3. 第三层次分解

这个层次的分解进行得更为细致。一个分解是将净利润分解为各项收入和各项成本,考察影响净利润的重要因素,实际上是考察利润表中的各个项目;另一个分解则涉及资产负债表中的资产项目和负债项目,即考察流动资产、固定资产、流动负债、非流动负债等细项。

【案例6-13】 贵州以茅台为例,做一个杜邦分析。

案例分析 茅台的净资产收益率 = 35.45%。

$$资产收益率 = \frac{378.30}{(1\,346.10 + 1\,598.47)/2} = 25.69\%$$

$$权益乘数 = \frac{1}{1 - 资产负债率} = 1.38$$

$$销售净利润率 = \frac{378.30}{736.39} = 51.37\%$$

$$资产周转率 = \frac{736.39}{(1\,346.10 + 1\,598.47)/2} = 0.50$$

$$资产负债率 = \frac{(385.90 + 424.38)/2}{(1\,346.10 + 1\,598.47)/2} = 27.52\%$$

ROE(35.45%) = 资产收益率(25.69%) × 权益乘数(1.38)

资产收益率(25.69%) = 销售净利润率(51.37%) × 资产周转率(0.51)

权益乘数(1.38) = 1/[(1 − 资产负债率27.52%)]

从贵州茅台财务指标的杜邦分解来看,净资产收益率大部分来自资产收益率的贡献。净资产收益率(35.45%)与资产收益率(25.69%)的差异(9.76%)来自公司少量的财务杠杆。这表明贵州茅台主要依靠经营活动为股东取得回报,而非依靠融资杠杆。依靠经营活动为股东取得回报的公司更值得长期投资。

从资产收益率的分解来看,贵州茅台的资产收益率高的原因是销售净利润高达51.37%,在同行业中位于前列,但资产周转率在同行业中则位于后列。这说明贵州茅台在经营活动中主要依靠强盈利能力取胜,而非依靠营运能力取胜。依靠强盈利能力取胜的公司更具有投资价值。

从权益乘数的分解来看,贵州茅台的权益乘数很低,只有1.38,这是因为贵州茅台的资产负债率只有27.52%。如果仔细观察资产负债表中的负债栏目,还会发现贵州茅台的非流动负债很少,大部分是流动负债,而且大部分流动负债是经营活动中往来账款所产生的。这说明贵州茅台的实力非常强,能够大量利用经营活动中产生的流动负债。从流动负债可以看到,有135.77亿元是预收账款,有33.62亿元是其他应付款,说明贵州茅台在产业链中居于主导地位。

从以上分析可知,贵州茅台是一家依靠经营活动为股东带来高回报的公司,其经营活动的盈利能力非常强,负债率不高,且在经营活动中处于产业链的主导地位。这种公司的未来发生变化的可能性较少,是值得长期跟踪投资的。

第五节 其他理财产品的选择

随着中国的资本市场越来越发达,理财产品越来越多。一些产品的投资门槛比较高,一般的投资者接触较少。如果家庭闲置资金比较多,又希望有专业人士帮助打理财富,可以考虑利用券商集合理财产品、信托理财产品、私募基金、PE(私人股权基金)等方式理财。

一、券商集合理财产品的选择

券商集合理财产品是指由证券公司发行的、集合客户的资金、由证券公司专业人士进行管理的一种理财产品。这种产品是证券公司面向高端客户开发的,具有门槛较高、专业管理的特点。

券商集合理财产品包括限定性和非限定性两种类型。限定性券商集合理财产品的风险相对较低,其投资品种有较多限制,一般情况下将投资对象限定在现金、货币市场基金、国债和企业债券等固定收益类资产,而投资于权益类证券的比例不超过20%。限定性券商集合理财产品适合追求稳定收益的投资者。根据投资对象的限制,限定性产品可分为债券型和货币市场型,有点类似于公募基金中的债券基金和货币基金。非限定性券商集合理财产品的风险较高,其投资方向没有限制,适合追求高风险、高收益的投资者。但是,非限定性券商理财产品能否获得高收益与证券公司的专业投资能力相关。非限定性产品主要包括股票型、混合型、FOF和QDII四种,也类似于公募基金中的股票基金等。

从券商集合理财产品的本质来看,这类产品归属于基金,不过其管理人不是基金公司,而是证券公司。券商集合理财产品与公募基金在资金门槛、管理方式、募集方式、流动性、手续费、透明度等方面有较大差异(见表6-33)。

表6-33 券商集合理财产品与开放式基金的区别

	券商集合理财产品	开放式基金
资金门槛	一般起点50 000元	认购起点1 000元,基金定投最低200元
管理方式	券商不仅提取管理费,还提取业绩分成	基金管理人只收取管理费
募集方式	不能公开宣传	可以公开宣传
流动性	开放期有限,一般每个月只开放3—5个工作日,其他时间不能交易	随时申购赎回
手续费	收取参与费、退出费	收取认购费、申购费、赎回费
透明度	至少每三个月向客户提供一次资产管理报告	每日公布基金份额,还要披露季报、半年报、年报

相比开放式基金,券商集合理财产品具有以下几个优势:

(1)券商集合理财产品的参与费和退出费通常比公募基金的申购费和赎回费要低。券商集合理财产品在收费方面比较灵活,比如,中信理财2号不收取认购费、申购费、赎回费,只收取1.5%的管理费和0.15%的托管费。此外,券商还可以与投资人约定其他收费方式。比如,以市场指数为基准,按投资收益超出部分收取管理费或约定按投资业绩计提管理费等。

从表6-34可以看出,券商集合理财产品的参与费比申购费低很多,赎回费按赎回时间不同也有差异。

表6-34 券商集合理财产品和股票基金的费用比较

某券商集合理财产品		某股票基金	
参与费：			
$P<100$ 万元	1.2%		
100 万元 $\leq P<500$ 万元	0.6%	申购费：	
500 万元 $\leq P<1\,000$ 万元	0.3%	$X<100$ 万元	1.50%
$P\geq 1\,000$ 万元	1 000 元/笔	100 万元 $\leq X<500$ 万元	1.20%
退出费：		500 万元 $\leq X<1\,000$ 万元	0.80%
持有期限（n）		$X\geq 1\,000$ 万元	1 000 元
$n<1$ 年	0.5%	赎回费：	0.5%
1 年 $\leq n<2$ 年	0.2%		
$n\geq 2$ 年	0%		

（2）券商集合理财产品的激励方式比开放式基金更具优越性。券商集合理财产品通过收取管理费和业绩分成来获利，这将券商的利益与购买券商集合理财产品的投资者的利益绑定在一起，只有产品业绩提升了，券商才能与投资者共同获利。开放式基金的管理人只按管理的资产规模收取相应的管理费，即使帮投资者赚到钱，也没有业绩提成奖励，这对优秀的基金经理来说激励不够。正因为这样，很多优秀的公募基金的基金经理选择跳槽到私募基金行业。

（3）券商集合理财产品的规模比开放式基金小，易于管理。开放式基金因为依靠管理费获得收益，不得不不断地做大规模。一般来说，规模扩大会影响基金的业绩。券商集合理财产品由于设置了较高的门槛，且不能公开宣传，因此规模通常不大，有利于管理业绩的提升。

（4）券商集合理财产品的抗跌性通常比开放式基金高。券商集合理财产品中的混合理财产品的股票仓位可以控制在 0—95%，意味着在熊市时可以将股票清仓，这使得券商集合理财产品的跌幅在遭遇下跌行情时通常小于同类型的开放式基金。另外，开放式基金由于开放日投资者可以随时赎回，当很多投资者同时赎回基金时，该基金必须将股票变现去应对投资者的赎回，这种被迫减仓又会导致基金收益进一步下降。而券商集合理财产品因为开放日有限，能有时间操作减仓，面临投资者赎回的压力较小。

（5）券商集合理财产品可以提供一定的安全保障。券商可以用自有资产购买一定比例本公司开发的集合产品。在券商集合理财产品的合同中，可以约定当投资出现亏损时，券商投入的资金将优先用来弥补该公司其他购买人的损失，这实际上为普通投资者提供了一定的安全保障。除保本型开放式基金外，其他基金都无法提供类似的安全保障。表6-35是6款混合型券商集合理财产品的大致情况。从中可以看出，有4款产品券商用自有资金进行了相应投资。

表 6-35　2013—2017 年发行的 6 款混合型券商集合理财产品

序列	管理人	产品简称	类型	成立来收益率	购买起点	自有资金占总资产比例	成立日期
1	上海海通证券资产管理有限公司	海通悍马卫士2号	混合型	19.29%	100万元	0%	2017/7/11
2	中泰证券（上海）资产管理有限公司	齐鲁星汉2号	混合型	35.45%	100万元	0%	2015/3/19
3	中泰证券（上海）资产管理有限公司	齐鲁星河2号	混合型	105.91%	100万元	0%	2014/12/18
4	上海海通证券资产管理有限公司	海通海汇系列（星石1号）	混合型	92.16%	100万元	0%	2013/5/27
5	上海海通证券资产管理有限公司	海通悍马卫士2号	混合型	19.29%	100万元	0%	2017/7/11
6	兴业证券资产管理有限公司	兴业金麒麟顶端优势	混合型	80.63%	10万元	<20%	2013/5/27

资料来源：天天基金网。

在选择券商集合理财产品时，与选择开放式基金的思路大体一致，就是要挑选好的资金管理人。这可以从三个方面来看：一是发行券商集合理财产品的证券公司以前是否发行过同类产品，旗下管理的券商集合理财产品整体业绩是否不错；二是该款新发行的券商集合理财产品由谁负责投资，即基金经理是谁，这个基金经理过往的业绩如何等；三是这个基金经理未来的投资思路是否符合经济和行业发展逻辑。

由于券商集合理财产品不公开发售，产品信息较难通过公开渠道获得，因此建议普通投资者与专业理财机构建立相应联系，并在理财师做出全方位理财规划后，再根据自己的实际需要进行选择。

二、信托理财产品的选择

信托理财产品是由信托公司发行的、采用委托方式对投资人资产进行管理的一种产品。

拥有不同财富数量的人群对理财产品的需求是完全不同的。对于工薪阶层而言，最理想的理财产品是共同基金，因为投资门槛不高，每月投入100元、200元都可以。而对于拥有百万元以上可投资的金融资产的人群而言，可选择的范围更广，可配置的理财产品也更多。由于很多理财产品不能像共同基金那样在各大媒体进行广告宣传，因此高端人群不一定能接触到好的产品，这正是第三方理财机构近年来陆续兴起的原因。

在国外，高端人群一般拥有自己的独立理财顾问。独立理财顾问的性质与家庭医生类似,只不过家庭医生管理的是家庭成员身体的健康,而独立理财顾问管理的是家庭的财务健康。独立理财顾问与金融机构的理财师不同,他们不隶属于任何银行、券商、基金公司,因而能更公正地为客户提供理财诊断服务。通常而言,独立理财顾问会精通某个专业领域,同时又具有综合理财的视野和技巧。对于不熟悉的领域,独立理财顾问会请求业内其他同仁的帮助。只有极少数顶尖的独立理财顾问能同时精通证券、基金、保险、信托等多个领域。

招商银行和全球知名咨询公司(贝恩公司)的调查显示,2018年,中国的高净值人群(个人可投资资产超过1 000万元人民币)约197万人,可投资资产总体规模达到190万亿元。福布斯中国主编康健则在《2017中国中高端富裕人群财富白皮书》中指出,"中国中高端富裕人群财富的增长速度高于中国国民平均财富的增长速度,'强者愈强'现象出现。高净值人群数量过去五年以15%的速度在增长"。上述两份调查结果还显示了富裕人群的风险偏好,即富裕人群投资趋于谨慎。由于自身的工作繁忙,无暇打理家庭财富,更没有时间去研究金融理财产品,因此中国富裕人群也倾向于向理财顾问寻求专业建议。

富裕人群的理财需求与工薪人群的理财需求不同。美国心理学家马斯洛将人的需求分成生理需求、安全需求、社交需求、尊重需求、自我实现需求。从马斯洛的需求层次理论来看,富裕人群目前追求得更多的是尊重需求,这种需求也体现在其对消费服务和理财服务的需求上。很多金融机构针对富裕人群推出的VIP服务、金卡等就是从这种需求出发考虑的。

理财需求上的差异也决定了适合富裕人群与适合工薪阶层的理财产品有所不同。信托是适合富裕人群的一类理财产品,也是能满足多种需求的一类理财产品。按照信托产品能满足的需求不同,可分为财产信托和投资类信托。

(1)财产信托。财产信托主要用于满足富裕人群家庭的财产传承需求,其操作模式就是把自己的财产委托他人管理。应用较为广泛的是遗产信托,又称生前信托。洛克菲勒家族之所以能延续百年传奇,经历数百个春秋,就是靠财产信托的方式,在家族成员没有能力管理庞大的家族财产前,委托专业人士管理家庭财产。著名香港演员沈殿霞生前就为自己名下的财产设立了财产信托,首席信托人为前夫郑少秋,即其女儿郑欣宜的父亲。信托合同约定,一旦沈殿霞不在人世,她的全部资产将转到郑欣宜的名下。不过,在郑欣宜未有足够能力管理财产时,动用大额资产需经郑少秋等信托人的审批并由信托人协助。信托是目前国际上常用的财产传承方式。

(2)投资类信托。目前国内市面上出现的绝大部分信托是投资类信托。投资类信托按收益可分为固定收益类信托和浮动收益类信托。

固定收益类信托的预期收益率通常高于6%,有的甚至达到9%,期限为1—3年。这类信托产品对于大额资金防止通货膨胀并取得较稳定收益是非常适合的。不过,固定收益类信托的门槛较高,一般为 300 万元,而且需要提前预约购买。

固定收益类信托的运作模式是:把中小投资者的资金集合起来,投资于成熟物业、房地产开发、基础设施建设等项目。这些项目的利润很高,可以从中提取一部分增值收益作为信托产品投资者的分红。需要注意的是,这类信托产品的固定收益指的是预期收益,并非完全没有风险。因此,投资者还应当委托第三方理财师,根据不同信托产品的设计去衡量风险以及是否适合自己投资。

在考察上述信托产品时,要注意以下几个因素:

一是投资标的。你投资的钱用到哪里了?这当然是你首先要关注的问题。是投资于房地产还是投资于基础设施建设?如果是投资于房地产,其风险肯定比投资于基础建设项目要高;但也正是风险高,其预期收益率才会较高。

二是投资期限。固定预期收益类信托产品的期限一般不会太长,因为期限太长投资人会面临利率上涨的风险。一般的投资期限为 1—3 年,投资者应当根据自己资金的使用情况来选择。如果未来 1 年需要动用这笔资金,那么选择 1 年期的产品更符合自己的需要。这类信托类产品的投资资金在未到期之前是无法支取的,投资者用来购买信托产品的资金一定是投资期内闲置不用的。

三是投资风险。上述的固定收益指的是预期收益,风险很小,但并非不存在风险。每款信托产品的设计不同,需要专业人士提示信托产品的风险。寻求第三方理财的帮助是有必要的。比如 2009 年发售的一款房地产信托产品,固定收益率 7.5%、1.5 年期,其中的一项设计是:当投资的房地产价格降到某一价位(预期售价的 62% 以下)时,固定收益部分受损;降到更低价位(预期售价的 59% 以下)时,本金开始受损。根据这个条款,如果房地产预期售价为 10 000 元/平方米,开发结束后因国家宏观调控而使房价降到 6 200 元/平方米,则房地产商的利润空间将被压缩,无法保证 7.5% 的固定收益。如果房价降到 5 900 元/平方米,则本金也会受到损失。根据这个设计,投资者需要判断两个关键点:一是房地产预期售价 10 000 元/平方米是否符合实际情况?二是未来 1.5 年中房价跌到 6 200 元/平方米的概率有多大。根据对这两个关键点的判断来决定是否投资该款产品。

除了固定收益类信托产品,还有浮动收益类信托产品。这类产品的投资标的一般是股票、私人股权等。按投资标的不同,可以将浮动收益类信托产品分为投资上市前私人股权的信托产品、投资一级市场的打新股类信托产品、投资二级市场的股票类信托产品等。

投资上市前私人股权的信托产品一般以未上市企业股权为投资标的,这与通常所说的 PE(Private Equity,私人股权)基金类似。这类信托产品将募集资金投资在一些有潜力上市的企业上,一旦企业上市,投资人可跟随上市企业获得高额回报。这类信托产品的投资周期很长,因为投资的企业能否上市并不确定,具有高风险、高收益的特征。

这类信托与PE的差别主要在于投资门槛。相对而言，信托类产品的投资门槛较低，一般为100万—300万元。

投资一级市场的打新股类信托产品则以新发行的股票为投资标的，募集资金主要用于新股发行时的网下申购。在二级市场处于震荡期的时候，打新股类产品容易获得投资者的青睐。

投资二级市场的股票类信托产品则类似市场上的公募基金，以二级市场的证券为投资标的。与公募基金不同的是，信托类产品不能公开募集，只能私下募集，一些客户无法通过媒体广告了解信托产品的相关信息，只能通过金融机构或第三方理财机构才能知道这些产品。按照发行方的不同，还可以将这类产品分成券商集合理财产品、信托公司集合理财产品等。之前提到的券商集合理财产品是证券公司推出的，本质上也属于信托类产品。有些阳光私募实际上是一些优秀的投资经理（部分是以前的公募基金经理）借道投资管理公司，与信托公司合作推出的理财产品。这两款产品与公募基金的另一个区别在于：信托产品的股票仓位可以自由控制，而公募基金的股票仓位则需按规定保留一个比例。在二级市场行情向下运行的时候，上述两款信托产品从操作规则上看要优于公募基金。

三、私募基金的选择

私募基金是相对于公募基金而言的一种理财产品。私募的英文名称应为"Private Placement"，意指私下募集，而公募是公开募集（Public Placement）。需要注意的是，投资者经常混淆PE和"私募"两个概念。PE的英文名称是"Private Equity"，意思是资金的投资对象是私人股权，而私募是指资金的来源是私下募集的。这两个概念是完全不同的，一个是指资金的投向，一个是指资金的来源。

一般来说，国家对私募基金的资金募集会有相对严格的限制，比如不能利用媒体做广告宣传、募资对象应在200人以下等。

除募集资金是私下募集以外，私募基金与公募基金的其他四个差异体现在募资对象、投资限制、业绩报酬和信息披露上（见表6-36）。

表6-36 私募基金与公募基金的差异

	私募基金	公募基金
募资对象	少数特定的投资者，200人以下	不特定的公众投资者，200人以上
投资门槛	100万元以上	门槛非常低，一般1 000元即可
投资限制	可根据协议自由确定	有投资品种、仓位等的限制
业绩报酬	主要来自业绩提成	只能收取管理费
信息披露	无须公开披露	必须公开披露

在公募基金与私募基金之间进行选择时,可根据上述差异进行取舍。如果投资者的资金额度超过 100 万元,愿意将投资收益中的一部分(通常是 20%)与私募基金分享,那么可以选择一家拥有优秀基金经理的正规私募机构,委托其管理财富。私募基金的优点在于基金仓位可以灵活控制,在熊市时可以清仓回避风险。当私募基金帮助投资者取得投资收益时,私募基金管理人会提取投资收益的 20% 作为回报。如果投资者的资金额度低于 100 万元,那么可以考虑选择公募基金作为理财产品。公募基金的优点在于投资门槛低、获得的收益扣除固定管理费后全部属于投资者;但缺点是熊市时由于仓位的要求而不能清仓,无法回避全部风险。

上述所说的正规私募,即市场所称的"阳光私募",通常是借助信托公司发行的、投资于股票市场的私募基金。这类基金必须在监管机构备案,其资金与公募基金一样需要由第三方银行托管,并且要定期公布业绩报告。区别于一般的私募基金,阳光私募基金必须在监管机构备案,因此运作规范、透明。在选择私募基金时,投资者最好选择运作规范、透明的阳光私募。表 6-37 列示了 2018 年七大最佳私募基金管理机构。表 6-38 列示了 2018 年收益排行前十名的私募基金。

表 6-37 2018 年七大最佳私募基金管理机构

排名	基金公司	核心人物	产品数	投资策略	夏普比率	2018 年收益率
1	天下溪资本	赵欣	5	股票策略	1.27	117.34%
2	健坤资产	王健	6	股票策略	0.86	103.69%
3	协捷资产	曹勇	15	股票策略	2.08	100.36%
4	合绎投资	—	3	股票策略	4.89	84.30%
5	大禾投资	胡鲁滨	25	股票策略	1.55	77.73%
6	共宜资产	—	19	股票策略	1.60	62.90%
7	领冠投资	王鹏	4	股票策略	2.37	62.05%

资料来源:https://dc.simuwang.com/Company/index.html

表 6-38 2018 年私募基金年复合收益排行榜前十名

排名	基金简称	基金公司	累计收益率	2018 年收益率	年化收益率	夏普比率	成立时间
1	潮金产融 1 号	潮金投资	377.90%	152.33%	152.33%	3.31	2016/7/11
2	天下溪基金	天下溪资本	167.66%	127.83%	127.83%	1.32	2015/12/24
3	华银创富二期	华银精治	220.00%	123.76%	123.76%	2.05	2017/10/25
4	协捷资产(学院菁英 324 号)	协捷资产	547.02%	116.57%	116.57%	1.98	2017/5/4
5	大禾投资掘金 1 号	大禾投资	636.50%	98.96%	98.96%	1.45	2016/8/23

(续表)

排名	基金简称	基金公司	累计收益率	2018年收益率	年化收益率	夏普比率	成立时间
6	大禾投资掘金5号	大禾投资	693.20%	97.89%	97.89%	1.44	2016/10/12
7	大禾投资掘金6号	大禾投资	219.55%	85.63%	85.63%	1.57	2016/10/12
8	塑造者1号	合绎投资	168.90%	84.30%	84.30%	4.89	2017/12/28
9	大禾投资掘金7号	大禾投资	268.40%	81.23%	81.23%	1.41	2017/9/7
10	领冠三号	领冠投资	91.10%	79.00%	79.00%	2.09	2017/12/18

资料来源：https://dc.simuwang.com/product/HF00004AIO

由于公募基金的基金经理只能从管理费中获得报酬，无法从给投资者带来的投资收益中获得业绩报酬，这种激励机制上的缺陷使得公募基金行业很难留住优秀的基金经理。一些在公募基金行业为投资者取得过高额回报的基金经理纷纷转投私募基金行业。因此，投资者也可以根据投向私募基金行业的原公募基金经理的过往业绩来选择相应的私募基金。始终不要忘记，投资的本质是投资人，选择私募基金产品本质上也是选择优秀的私募基金经理。

四、PE的选择

对于并不想参与二级市场股票投资的高净值人士（拥有高额可投资金融资产），公募基金和私募基金都不是合意的理财产品。高净值人士可采用信托方式打理财富，也可以通过PE打理财富。

PE是指私人股权基金，是将投资者的资金投向尚未上市的私人股权的一种基金。这种基金购买一家非公众公司的私人股权，并推动该公司上市以获取高额收益。一旦所投资的公司成功上市，私人股权的价值因能通过二级市场得到体现而成倍增长。表6-39列示了排名靠前的PE机构。

在国外，创业投资（Venture Capital，VC）又称风险投资，有时也被列入PE的范畴。创业投资也是将资金投资于非上市公司，只不过创业投资所投向的企业处于发展早期阶段，而PE投资的企业通常处于上市前期（Pre-IPO）。

私人股权基金与公募基金、私募基金的组织形式通常会有差异。公募基金、私募基金一般采用公司制方式运作，而私人股权基金一般采用有限合伙方式运作。有限合伙制有两类合伙人，一类是有限合伙人，另一类是普通合伙人。有限合伙人（Limited Partner）是指负有限责任的合伙人，通常是私人股权基金的投资人。普通合伙人（General Partner）是指负责管理私人股权基金的人，负无限责任，他们也会投入自己的资金到私人股权基金中合伙人，并且负责管理所有投资人投入的资金。这种有限合伙制能有效地将有资金的投资者和有管理能力的投资者联合起来，发挥优势互补的作用。有限合伙人只投钱,而普通合伙人则负责寻找投资项目并管理投资。因此,选择一只好的私人股权基金,同样是选择好的普通合伙人或普通合伙人团队。

表 6-39 2016—2018 年排名前 15 的 PE 机构

排名	2016 年	2017 年	2018 年
1	北京真格天成投资管理有限公司	鼎晖股权投资管理(天津)有限公司	高领资本
2	北京创新工场投资中心(有限合伙)	昆吾九鼎投资控股股份有限公司	腾讯投资
3	上海阿米巴投资管理有限公司	腾讯投资	DST Global
4	险峰长青	平安资本责任有限公司	鼎晖股权投资管理(天津)有限公司
5	英诺融科(北京)投资管理有限公司	金石投资有限公司	中信产业投资基金管理有限公司
6	北京联想之星投资管理有限公司	海通开元投资有限公司	美国华平投资集团
7	九合摩宝投资管理(北京)有限公司	中信产业投资基金管理有限公司	淡马锡控股(私人)有限公司
8	深圳市德迅投资有限公司	高瓴资本管理有限公司	招银国际资本
9	隆领投资股份有限公司	建银国际	新加坡政府投资公司
10	宁波梅花天使投资管理有限公司	复星资本	建银国际
11	上海合之力投资管理有限公司	招银国际资本管理(深圳)有限公司	上海云铮投资管理有限公司
12	北京豆丁新创科技股份有限公司	招商局资本投资有限责任公司	华兴新经济基金
13	北京明势合讯资本管理有限公司	硅谷天堂资产管理集团股份有限公司	招商局资本投资有限公司
14	深圳创新谷投资管理有限公司	中国光大控股有限公司	老虎环球基金
15	上海紫辉创业投资有限公司	博裕投资顾问有限公司	博裕投资顾问有限公司

资料来源:笔者根据清科公布的各年排名整理。

第六节 互联网理财产品的选择

互联网理财产品泛指通过互联网方式管理和销售的理财产品,主要包括 P2P 网贷、众筹、第三方支付、互联网基金销售、消费金融产品等。互联网理财产品起源于美国,但真正发展及壮大主要是在中国,这得益于中国移动互联网的迅猛发展。2013年6月,蚂蚁金服集团与天弘基金联手推出了余额宝,将中国互联网金融拉入了快车道。普益标准金融数据平台显示,2016年和2017年中国互联网理财成交量分别达到2.0万亿元和2.8万亿元;截至2017年年底,中国互联网理财产品总交易规模已经接近15万亿元,接近于2017年GDP总量的20%。[①] 互联网理财产品解决了大众用户投资门槛高、流动性不强、投资不方便等痛点,一经推出便迅速发展。但由于缺乏先进的风险控制技术和监管技术以及一些平台存在欺诈行为,导致互联网理财一直打着"高风险"的标签。只有认清各种互联网理财产品的本质,并结合自己的理财需求在合规的平台上购买互联网理财产品,大众才能真正把握正确的财富管理方式。下面介绍几种常见的互联网理财产品[②]:

(一)"宝宝类"理财产品

"宝宝类"理财产品的本质多是货币市场基金产品,收益随市场资金利率水平浮动,目前正常的年化收益水平为2%—3%,代表产品有阿里巴巴(余额宝)、腾讯(微信理财通)、京东(小金库)。此类产品承诺T+0赎回,可随时提现,产品流动性强,风险很小,购买门槛低;并且投资人可进行消费、支付和转出的操作,无须支付任何手续费。目前规模最大的是余额宝,是由第三方支付平台(支付宝)为个人用户打造的一项余额增值服务,通过余额宝能随时操作消费的支付和转出,没有任何手续费。用户在支付宝网站内就可以直接购买基金等理财产品,同时余额宝内的资金还能随时用于网上购物、支付宝转账等支付。2018年国内货币政策相对宽松,使得"宝宝类"货币市场基金的收益率直线下降。目前银行系、基金系及第三方支付系都推出了"宝宝类"货币市场基金产品,截至2018年年底,部分互联网"宝宝类"理财产品收益如表6-40所示。

表6-40 互联网"宝宝类"理财产品收益

产品名称	发行机构	目前资金规模(亿元)	七日年化收益率(%)	起购金额(元)
工行薪金宝	工商银行	190.96	3.52	100
国投瑞银货币	国投瑞银基金	11.84	3.45	100
汇添富现金宝	汇添富基金	665.38	3.39	0
零钱宝(汇添富)	苏宁	665.38	3.39	1
微信理财通(汇添富)	腾讯	717.22	3.13	0
余额宝	支付宝	14 540.20	2.67	1

资料来源:2018宝宝类理财产品收益排行(https://news.p2peye.com/article-528403-1.html)。

---

① 陈荣达、林博、何诚颖、金骈路,互联网金融特征、投资者情绪与互联网理财产品回报,《经济研究》,2019年第7期。

② 如何选择合适的互联网理财产品,http://www.ccb.com/cn/ccbtoday/ccbpaper/20160822_1471852805.html。

(二) P2P 网贷产品

P2P 网贷产品是互联网直接理财的产物,即资金通过互联网平台直接流向资金需求方,出资人享受资金出让的收益。P2P 门槛低,100 元即可起投;其流动性不及活期类理财产品,但是收益率较高,P2P 产品收益率一般为 8%—15%。但笔者认为,P2P 投资人承担的本金亏损风险与收益率不匹配。表 6-41 是排名比较靠前的 P2P 平台的预期收益。

表 6-41 P2P 出借资金预期收益

产品名称	平均出借收益率	出借期限	最低出借金额
陆金所	3.9%—8.5%	30 天及以上	10 000 元
宜人贷	5%—9.6%	12 个月及以上	5 000 元
和信贷	5%—12%	30—90 天	5 000 元
人人贷	5.1%—9.6%	12 个月及以上	10 000 元
PPmoney 网贷	5.5%—11%	30—90 天	10 000 元
玖富普惠	9.50%	21—365 天	3 000 元

资料来源:笔者根据网贷天眼(https://www.p2peye.com)查询数据整理。

(三) 众筹

众筹是资金供给方将资金通过互联网平台投资给有资金需求的项目方,项目方采用实物或现金回报等方式回馈资金供给方的一种投融资方式。众筹平台是资金供给方和资金需求方之间的桥梁。与 P2P 不同的是,资金供给方通常不是以债权投资方式投资项目方,而是以股权投资方式投资项目方。由于是采用股权投资方式投资,因此众筹平台对资金供给方提出一定的要求。众筹平台上的资金供给方应当具备相应的风险识别能力和风险承担能力,个人投资者应拥有不低于 300 万元的金融资产或者最近 3 年个人年均收入不低于 50 万元。

(四) 互联网基金

互联网基金的实质是把基金产品通过互联网进行销售,比如天天基金网为大众用户购买基金提供了便宜的网上渠道。在天天基金网购买基金,申购费最低为 1 折。目前,支付宝和理财通也嵌入了购买基金的功能。

此外还有一些专门针对互联网的大数据基金产品,如百度联合广发基金推出国内首个大数据指数——百发 100 指数基金,南方基金联合新浪财经出品大数据 100 指数基金。此类产品的设计思路源于互联网大数据,充分挖掘大数据背后的投资价值,将互联网技术与量化模型相结合,力争获得股票投资的超额收益。表 6-42 是部分大数据主题基金,包括指数型、混合型和股票型等多样化的基金产品。

表 6-42 大数据主题基金

产品名称	基金类型	起购金额
南方大数据 300A	股票指数	100 元
广发百发 100 指数 A	股票指数	100 元
东方红京东大数据混合	混合型	100 元
嘉实腾讯自选股大数据策略股票	股票型	100 元
大成中证 360 互联网+大数据 100 指数 C	股票指数	100 元
浙商大数据智选消费混合	混合型	100 元
银华大数据灵活配置定开混合	混合型	100 元

资料来源：笔者根据天天基金网查询数据整理。

在选择互联网理财产品时，应综合考虑收益、风险和流动性，同时秉持"高风险、高收益"投资原则，即理财产品收益特别高，意味着风险也特别高。为了避免"踩雷"，投资者在选择时必须遵循以下几个原则：

（1）调查互联网交易平台的背景。平台的背景越强，稳定性会相对高一些，根据股东背景可以将平台分为银行系、国资系、风投系和互联网公司等。

（2）了解互联网理财产品汇集资金的最终投向。比如，是投向了货币市场基金（如余额宝）还是投向了债券（如债券基金），是投向了项目的债权（如 P2P）还是投向了项目的股权（如众筹），风险高低的排序依次是股权、债权、债券、货币市场基金。

（3）风险防范措施是否完备。安全的理财平台应具备完善的风险防御系统，包括担保措施、资金交易安全措施、资产审核风控措施及风险准备金等。

（4）做好分散投资。将资产分别放置在不同的"篮子里"，根据不同的理财目标配置不同风险的理财产品。

复习题

一、名词解释

新股申购类理财产品　　基金单位净值　　基金定投　　资本公积　　杜邦分析法

二、选择题（不定项选择）

1. 按照本金与收益是否得到保证，银行理财产品可以分为（　　）。
   A. 保本固定收益类产品　　B. 保本浮动收益类产品
   C. 非保本固定收益类产品　　D. 非保本浮动收益类产品

2. 封闭式基金的交易价格主要受（　　）的影响。
   A. 市场利率　　B. 二级市场供求关系
   C. 上市公司质量　　D. 基金资产净值

3. 与公募基金相比,私募基金不能进行公开发售和宣传推广,投资金额较高,投资者的(　　)常常受到严格限制。

A. 人数　　　B. 资格　　　C. 资金实力　　　D. 投资经验

4. 国际上比较流行的保本基金投资组合保险策略主要有(　　)。

A. 套期保值策略　　　　　　B. 对冲保险策略

C. 固定并长期持有策略　　　D. 固定比例投资组合保险策略

5. 如果投资者选择交纳前端申购费,则下列计算公式中正确的有(　　)。

A. 前端申购费 = 申购金额 × 前端申购费率

B. 净申购金额 = 申购金额 − 前端申购费

C. 申购份额 = 净申购金额 /T 日基金份额净值

D. 前端申购费 = 净申购金额 × 前端申购费率

6. ETF 的申购、赎回采用(　　)方式。

A. 金额申购、份额赎回　　　　B. 份额申购、金额赎回

C. 金额申购、金额赎回　　　　D. 份额申购、份额赎回

三、判断题

1. 预期收益指的是年化收益,也是到期收益。(　　)

2. 毛利率高意味着公司的净利润率高。(　　)

3. 个股的风险收益率等于个股承担的系统风险乘以市场风险溢价。(　　)

4. 在二级市场处于稳定期的时候,打新股类理财产品容易获得投资者的青睐。(　　)

5. 指数基金选取特定的指数作为跟踪对象,试图取得超越指数的表现。(　　)

6. 对于选择前端收费方式的投资人,基金管理人可以根据其持有基金的期限,确定不同的前端申购费率标准。(　　)

7. 私募基金的投资对象是私人股权。(　　)

四、简答题

1. 在选择银行理财产品时,需要在相应的产品类型下对产品进行比较分析。比较时应注意哪些要素?

2. 券商集合理财产品相比开放式基金具有哪些优势?

五、计算及应用

1. 某投资人投资 10 000 元认购基金,认购资金在募集期产生的利息为 3 元,对应的认购费率为 1.2%,基金份额面值为 1 元。请计算该投资者的认购费用及其能认购的份额。

2. 假设某基金在 2018 年 12 月 3 日的份额净值为 1.4848 元/单位,2019 年 9 月 1 日的份额净值为 1.7886 元/单位,期间基金在 2019 年 2 月 28 日每 10 份派息 2.75 元。这一阶段该基金的收益率是多少?

3. 选一家自己认为有长期投资价值的公司,分析四份财务报表中的各组成项目,计算有意义财务的比率并进行估值,据此初步确定公司的投资价值。

第七章 资产配置

Chapter 7

 引导案例

王先生 2006 年开始投资股票基金,投资本金 10 万元。最初的时候,王先生赚了 10%就将基金抛掉了。可是在经历了短暂的下跌后,基金又随着市场的上涨而继续上涨,王先生看着市场上涨忍不住再次将资金 10 万元投到股票基金上。这一次王先生又赚了 10%。吸取了前一次的经验,王先生没有赎回基金,而是继续等待市场上涨。可喜的是 2007 年的上半年,市场迎来了一波大牛市,王先生投资的股票基金已经上涨了一倍,变成了 20 万元。王先生很高兴地将基金赎回,逢人便说起自己的投资之道。没想到,在 2007 年 5 月 30 日"印花税事件"之后,市场还在继续上涨。于是,王先生一口气将 50 万元资金投到了股票基金上。50 万元资金在短短几个月内涨到了 60 万元。王先生又一次追加了 20 万元。不过这次幸运似乎没有降到他的头上。在追加了 20 万元后,市场开始下跌。王先生仍然坚持前几次的经验,认为市场还会上涨,坚守自己的股票基金投资。当 80 万元变成了 70 万元时,王先生是这么想的:"不着急,反正这些钱是赚回来的。"当 70 万元变成了 60 万元时,王先生是这么想的:"跌了这么多,市场应该会上涨了。"当 60 万元变成了 50 万元时,王先生仍然坚持自己的信念。到 2008 年,王先生的投资资产缩水到 36 万元。王先生越来越困惑:"投资大师一直倡导长期投资,我一直坚持,可是为什么得到的结果却是这样?"在动摇了信念之后,王先生在投资资产缩水为 36 万元时将赎回所有股票基金,不再进行任何投资。而市场似乎给王先生开了一个大大的玩笑,就在王先生赎回基金不久,市场开始恢复性上涨。

▶ 案例启迪

这个案例反映了大多数经历过这个时期的投资者的切身感受。其实,每一个亲身体验了市场震荡的人都应该会有这种感受:市场就是那么捉摸不定。捉摸不定意味着变化和不确定性。有些人将这种不确定性看作市场的魅力,从而参与其中进行博弈或投机,乐此不疲。但理财与投机不同,理财不是在不确定性环境中进行博弈,而是在不确定性环境中运用相应的规划去应对这种不确定性,或者降低目标达成的不确定性。王先生的操作可以看作一种投机,其背后承受的是各种不确定性,而不确定性越高,风险越大,最终出现投资严重亏损的结局。史上最传奇的基金经理彼得·林奇也坦承自己未能预测到1987年的股市暴跌,并在其出版的《彼得·林奇的成功投资》一书中用了很大篇幅告诉人们"不要预测股市"。那么,在不预测股市的情况下,到底如何投资呢?资产配置就是以"不变"应"万变"的一种投资策略。

第一节　资产配置的内涵

资产配置是指根据理财目标将可投资资金分配在具有不同收益和风险特征的资产上,通过这种分配达成分散风险、降低不确定性的效果。资产配置的思想启蒙于一千多年前犹太人的《塔木德经》法典,法典中这样写道:"每个人都应该把自己手里的钱分为3份,1/3用来买地(不动产),1/3用来做买卖(实业和金融投资),剩下的1/3存起来。"从这里可以看出,犹太人的资产配置思想是:1/3的资产用来保值,1/3的资产用来增值,1/3的资产用来保障流动性。这种配置至少满足了三个方面的目标:保值、增值、流动性。这些目标正是每个家庭的基本理财目标。

将资产配置思想形成理论的是美国的马可维茨(Harry M. Markowitz)。马克维茨(1952)发表了"资产组合选择"一文,解释了如何计算资产的收益和风险,并构造相应的资产组合来满足多样化的效用。基于这一理论的重大贡献,马克维茨在1990年获得了诺贝尔经济学奖。

Brinson et al.(1986)研究了1974—1983年这10年中91只大型退休基金的绩效决定因素后,发现在资产配置、选股能力、预测市场、投资成本四个因素中,最关键的是资产配置,其对绩效的解释力可达93%,而其他三个因素对绩效的解释力只有7%。这个结果意味着,决定投资者所获投资收益率最重要的因素不是有没有精准选股的眼光,也不是有没有预测市场的判断力,而是资产配置的方式。在选定资产配置方式的那一刻,投资者的投资收益率几乎就被确定了。

第二节　收益的度量

投资收益率的度量通常用持有期收益率(Holding Period Return,HPR)来计算,是进行投资时要考虑的一个重要因素,在一定程度上反映了投资绩效。之所以说"在一定程度上",是因为承担不同风险可获得不同收益,承担高风险获得的预期收益通常较高,承担低风险获得的预期收益较低。但我们不能认为获得较高收益的产品就一定比只获得较低收益的产品好,因为前者承担着较高的风险而后者只承担着较低的风险。

持有期收益率的计算公式为:

$$持有期收益率 = \frac{资本利得 + 资本收入}{初始投资}$$

其中,资本利得是持有期间低买高卖产生的差价,资本收入是持有期间获得的分红、股利、股息等。需要注意的是,这里假设分红、股利、股息等是在持有期期末支付的,不考虑在持有期内将分红再投资的问题。

【案例 7-1】 某股票的价格为每股 10 元,张三按此价格买入 1 000 股后持有 1 年卖出,卖出价格为 12 元,期间公布了一次 10 派 5 的分红方案。张三在这 1 年中的持有期收益率是多少?(不考虑交易成本)

案例分析

张三获得的资本利得 = (12 − 10) × 1 000 = 2 000(元)

根据期间的分红方案,10 派 5 意味着每 10 股可派现金分红 5 元,即 1 股可获得现金 0.5 元。

张三获得的资本收入 = 0.5 × 1 000 = 500(元)

持有期收益率 = (2 000 + 500)/10 000 = 25%

除了需要计算持有期收益率,投资者经常还会遇到需要计算平均收益率的情况。平均收益率的计算方法有算术平均法、加权平均法、资金加权收益率等。

(1)算术平均法是将各个时期的收益加总再除以时期总数,计算公式为:

$$算术平均值 = \frac{r_1 + r_2 + \cdots + r_n}{n}$$

(2)几何平均法是将各个时期的收益相乘,从中找出每个时期收益的均值,计算公式为:

$$几何平均值 = [(1 + r_1) \times (1 + r_2) \times \cdots \times (1 + r_n)]^{1/n} - 1$$

(3)资金加权平均法得出的资金加权收益率的本质是内部收益率(IRR),即使得投资所实现的现金流量的现值与所投入的资金相等时的收益率,计算公式为:

$$\frac{C_1}{1 + IRR} + \frac{C_2}{(1 + IRR)^2} + \cdots + \frac{C_n}{(1 + IRR)^n} + C_0 = 0$$

其中,C 代表各期投资的现金流,IRR 代表资金加权收益率。

【案例 7-2】 某只开放式基金初始运作时的资产规模为 20 亿元。基金规模的增加来自两方面,一是原有资产增值带来的,二是新的投资者加入。同样,基金规模的减少来自资产亏损以及投资者赎回。投资者会在基金收益较好时增加投资,而在基金收益较差时赎回基金。这种资金变化使得投资于基金的净现金流经常变动。基金在 4 年内的情况如表 7-1 所示,请分别计算这只基金按算术平均法、几何平均法、资金加权平均法的 4 年平均收益率。

表 7-1 某只开放式基金的运作情况

	第 1 年	第 2 年	第 3 年	第 4 年
期初管理的资产总额(亿元)	20	26	38.8	23.04
持有期收益率(%)	20	30	−20	25
净现金流入之前的总资产(亿元)	24	33.8	31.04	28.8
净现金流入(亿元)	2	5	−8	0
期末所管理的资产总额(亿元)	26	38.8	23.04	28.8

案例分析　从表7-1可以看到,开放式基金第1年和第2年的收益较高,因而吸引净现金流入分别为2亿元和5亿元,资产规模也在第2年达到38.8亿元。但由于第3年市场环境不好,导致亏损20%,投资者的赎回量超过申购量,资产规模缩减为23.04亿元。第4年收益回升,但投资者的申购量和赎回量达到平衡,无净现金流入。下面分别按算术平均法、几何平均法、资金加权平均法计算基金的4年平均收益率。

$$算术平均值 = \frac{(20\% + 30\% - 20\% + 25\%)}{4} = 13.75\%$$

$$几何平均值 = [(1+20\%) \times (1+30\%) \times (1-20\%) \times (1+25\%)]^{1/4} - 1 = 11.76\%$$

从计算公式可以看出,算术平均值没有考虑复利效应。几何平均值的计算考虑了复利效应,但没有考虑资金的流入流出对基金收益率的影响。资金加权平均收益率既考虑了复利效应,又考虑了资金流入流出对收益率的影响。

在计算资金加权平均收益率之前,先要了解投资者的每期净现金流量是多少。从表7-1可以看到,投资者的初始投资是20亿元,第1年追加净投入2亿元,第2年追加净投入5亿元,第3年减少净投入8亿元,第4年没有增减净投入。如果投资者在第4年清算并收回投资,则可以收回28.8亿元。所以,对于投资者来说,各期净现金流量如表7-2所示。

表7-2　某只开放式基金各期净现金流量

期数	0	1	2	3	4
净现金流量(亿元)	-20	-2	-5	8	28.8

注:投资者投入的现金流用负号表示。

计算资金加权平均收益率可由下式推导出来:

$$\frac{-2}{1+IRR} + \frac{-5}{(1+IRR)^1} + \frac{8}{(1+IRR)^2} + \frac{28.8}{(1+IRR)^3} - 20 = 0$$

计算结果为IRR=9.66%。

第三节　风险的度量

任何投资都是有风险的,即便是将资金全部以存款形式存留,也会面临通货膨胀风险。风险的背后是投资收益的不确定性。举个例子,如果上年你获得了10%的收益率,本年你希望也能获得10%的收益率,结果到年底结算发现只获得了5%的收益率。在这个过程中,预期收益率10%未能实现,这就是风险。风险可以看作实际收益与预期收益的偏差。

你可能会有疑惑:"虽然我没有实现10%的收益率,但实现了5%的收益率,这不是很好嘛？这怎么能算风险？"一个更极端的例子是，你预期获得10%的收益率，而年底一结算，实际获得20%的收益率。这也是实际收益与预期收益的偏差，不过这种偏差是正向偏差，这也是风险吗？

回答是肯定的："这也是风险。"为什么是风险？因为它造成了不确定性。将投资时间考虑得更长远，这种不确定性会带来损失。比如，你原本打算在下年要投资一个赚钱的新项目，但在本年做计划时发现资金不够，于是放弃了那个项目。结果本年年底你的投资收益大大超过预期，使得原本可投资的项目有资金可投，但此时那个项目并不在计划之内，只好搁置。所以，从这个层面上深思，就能明白为什么正向偏差也是风险了。

怎样去度量风险大小呢？是否可以用平均偏差来度量？

在度量风险之前，我们还要先学会如何计算预期收益率。计算预期收益率的科学方法是根据场景分析判断每种场景出现的概率，并计算出在每种场景下可能获得的收益（可使用历史数据）。

【案例7-3】 A股票在经济繁荣时期、正常时期、衰退时期三种情境下的收益率分别为20%、5%和-10%。根据未来的经济形势分析，繁荣出现的概率为30%，正常出现的概率为40%，衰退出现的概率为30%。请计算A股票的预期收益率和风险。

案例分析 我们可以根据A股票的上述信息制作表7-3。

表7-3 A股票在不同情境下收益率的概率分布

经济形势	概率$p(s)$	持有期收益率$r(s)$
繁荣	0.3	20%
正常	0.4	5%
衰退	0.3	-10%

计算A股票的预期收益率，公式为：

$$E(r) = \sum_s p(s)r(s)$$

其中，$E(r)$表示预期收益率，$p(s)$出现第s种情境的概率，$r(s)$表示在第s种情境下的持有期收益率。本例中的预期收益率计算如下：

$$E(r) = 0.3 \times 20\% + 0.4 \times 5\% + 0.3 \times (-10\%) = 5\%$$

从计算预期收益率的方法来看，实际上是计算加权平均收益率。那么，风险也能按这种方式加权平均呢？我们先用加权平均法来计算：

$$0.3 \times (20\% - 5\%) + 0.4 \times (5\% - 5\%) + 0.3 \times (-10\% - 5\%) = 0$$

计算结果为0。难道风险为0？这显然不对。因此，不能简单地用加权平均法计算风险。

正向偏差和负向偏差在加权平均时会相互抵消，可以对偏差进行平方后再加权平均，这样求得的数值称为"方差"（Variance），计算公式为：

$$\mathrm{Var}(r) \equiv \sigma^2 = \sum_s p(s)[r(s) - E(r)]^2$$

其中，$\mathrm{Var}(r)$和σ^2都表示方差。本例中的方差计算如下：

$\mathrm{Var}(r) \equiv 0.3 \times (20\% - 5\%)^2 + 0.4 \times (5\% - 5\%)^2 + 0.3 \times (-10\% - 5\%)^2 = 0.0135$

方差开方后得到的值称为标准差(σ)。本例中的标准差计算如下：

$$\sigma = \sqrt{0.0135} = 11.62\%$$

第四节 风险与收益的关系

金融市场上经常流行一句话：风险高、收益高。但不少人错误地理解了这句话。准确的说法应该是"风险高、预期收益高"。投资者如果愿意承担较高的风险，就可以预期获得较高的收益率。但由于风险较高，最终获得的收益偏离预期的程度也较大，既可能出现实际收益比预期收益高很多的情况，也可能出现实际收益比预期收益低很多甚至亏损的情况。因此，在选择资产配置时，投资者要充分考虑各种金融产品的风险与收益的关系。

表7-4列举了美国1926—2015年小公司股票、大公司股票、长期国债、中期国债、国库券、通货膨胀率的数据。从中可以看到，尽管美国在这段时间内经历了1929—1933的大股灾和经济大萧条、1948—1949年的第二次世界大战后第一次经济危机、1953—1954年的第二次世界大战后第二次经济危机、1957—1958年的全球第一次经济危机、1960—1961年的美元危机、1969—1970年的越南战争战后经济危机、1973—1975年的全球第二次经济危机、1980—1982年的全球第三次经济危机、1990—1991年的经济危机、2007—2008年的金融危机等，投资小公司股票和大公司股票仍可以分别获得12%和10%的几何年均收益率，股票收益率远远超过国债收益率。虽然某些年份的股票收益率为负，但坚持投资的最终结果仍能远远跑赢通货膨胀。即使是投资最保守的国库券，长期下来其收益也能超越通货膨胀。从各种投资品种的标准差来看，风险最高的是小公司股票，其次是大公司股票，然后依次是长期国债、中期国债和国库券。这与风险高、收益高的规律是一致的。在了解了风险与收益的关系之后，投资者不应再奢望承担较低的风险而获取较高的回报。

表7-4 美国1926—2015年不同投资品种的收益率　　　　　单位：%

	小公司股票	大公司股票	长期国债	中期国债	国库券	通货膨胀率
几何平均值	12.0	10	5.6	5.2	3.4	2.9
算术平均值	16.5	12	6.0	5.3	3.5	3.0
标准差	32.0	20	10.0	5.7	3.1	4.1

资料来源：Ibbotson, Roger G., *SBBI Yearbook, Stocks, Bonds, Bills, and Inflation*, John Wiley & Sons, Inc.2016.

第五节 投资组合理论

一、无风险资产与风险资产的组合

我们首先分析无风险资产与风险资产的组合。如果投资者准备用自己的100万元构建一个投资组合,他需要分别了解无风险资产的收益、风险资产的收益与风险特征。风险资产既可以是股票,也可以是基金,或者是股票组合或基金组合。不论是什么,我们现在可以将风险资产看作单一的"资产包",这个单一的"资产包"具有本身特定的收益和风险特征。

假设无风险资产的收益率为 r_f,风险资产的预期收益率为 $E(r_p)$,风险资产的标准差为 σ_p,投资者投资风险资产要求的风险溢价就等于 $E(r_p) - r_f$。用数字举例更容易理解。无风险资产的收益率通常可以用1年期定期存款利率(也可以用国债利率)代替。这里以2011年7月7日公布的1年期定期存款利率3.5%作为无风险资产的收益率。风险资产的预期收益率假设为8%,标准差为11%。投资者必须要获得一定的风险溢价才愿意选择投资风险资产,否则不如不承担风险而投资无风险资产。风险溢价的计算公式为 $E(r_p) - r_f$,此例中的风险溢价为 8% - 3.5% = 4.5%。

如果选择将所有资金投入无风险资产,那么我们可以获得的收益率为3.5%,风险为0。如果选择将所有资金投入风险资产,那么我们可以获得的收益率为8%,风险为11%。如果我们将一半资金投入无风险资产,另一半资金投入风险资产,会出现怎样的结果呢?这时,无风险资产与风险资产构成一个新的投资组合,这个组合的预期收益率为:

$$E(r_n) = 0.5 \times 3.5\% + 0.5 \times 8\% = 5.75\%$$

新组合的风险溢价为2.25%(5.75%-3.5%),是将全部资金投资于风险资产的一半;新组合的标准差也是全部资金投资于风险资产的一半,即5.5%。这意味着风险溢价与风险资产在投资组合中的比例呈线性关系(见图7-1)。从图7-1来看,当我们将投资资金从无风险资产逐渐分配到风险资产时,预期收益率与标准差都沿着资本分配线(Capital Allocation Line,CAL)从F点向P点移动。随着风险资产占比加大,预期收益率和标准差也不断增大。

新组合的风险溢价与风险资产的风险溢价的关系可以用以下线性公式表达:

$$E(r_n) - r_f = b \times [E(r_p) - r_f]$$

其中,b 代表新组合中风险资产的占比。

新组合的标准差与风险资产的标准差的关系可以用以下线性公式表达:

$$\sigma_n = b\sigma_p$$

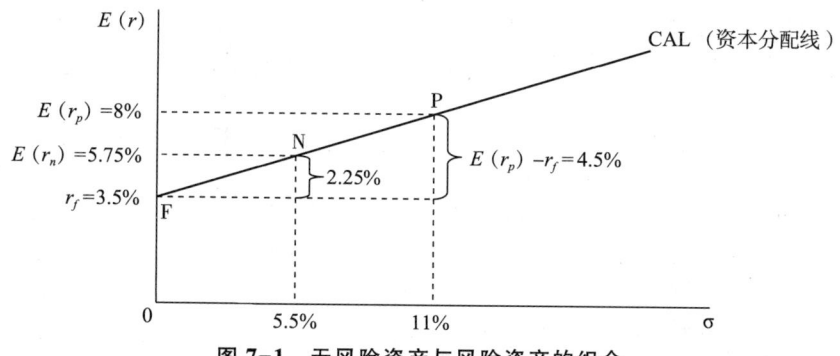

图 7-1 无风险资产与风险资产的组合

资本分配线的斜率为：

$$k = \frac{E(r_p) - r_f}{\sigma_p} = \frac{8\% - 3.5\%}{11\%} = 0.409$$

两点确定一条直线，只要知道无风险资产的收益率、风险资产的收益率与标准差，就能确定一条资本分配线，从而也确定了在无风险资产与风险资产之间任何组合所得到的预期收益率与风险。资本分配线的斜率反映了每承担 1 单位风险所获得的风险溢价，也称为"方差报酬率"（Reward to Variability Ratio）。

以全部资金投资在风险资产上的 P 点为分界点，可以将资本分配线划分为左侧和右侧。P 点左侧，是投资者将自有资金分配在无风险资产和风险资产上形成新的组合时的预期收益率与风险；P 点右侧，是投资者除用自有资金进行投资组合外，还可以通过借款的方式增加投资。如果投资者的借款利率与无风险利率相同，那么投资者通过借款来投资风险资产所获得的预期收益率与风险就会沿着资本分配线 P 点右侧上移。可以看出，借款越多，风险越大，预期收益率越高。但这并不意味着投资者应该借款来获得高预期收益，因为高预期收益背后还有高风险。

投资者通常很难以无风险利率借款，因为银行贷款利率通常高于存款利率。当借款利率高于无风险利率时，资本分配线 P 点右侧的直线将向下弯折，因为当借款利率上升时投资获得的预期收益率会下降（见图 7-2）。

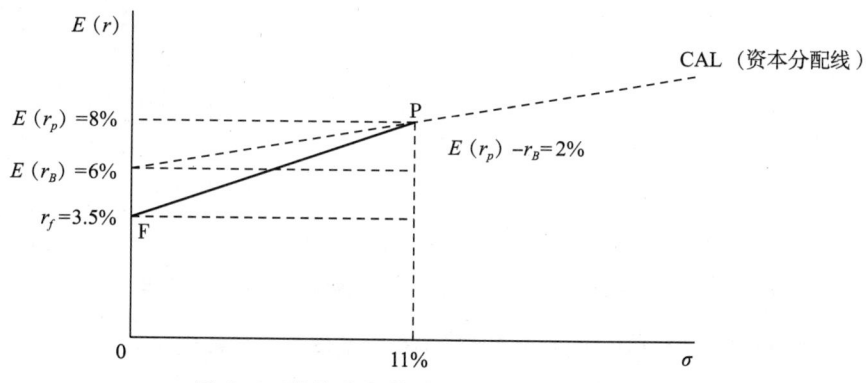

图 7-2 投资者用借款进行投资的资本分配线

比如,当借款利率 r_B 为 6% 时,使用借款投资的风险资产的风险溢价就不再是 $E(r_p) - r_f = 4.5\%$,而是 $E(r_p) - r_B = 2\%$。此时,资本分配线 P 点右侧直线的斜率为:

$$k' = \frac{E(r_p) - r_B}{\sigma_p} = \frac{8\% - 6\%}{11\%} = 0.182$$

当投资者以 6% 的贷款利率借款投资时,预期收益率和风险将沿着图 7-2 中 P 点右侧斜率为 0.182 的虚线向上移动。

二、风险资产与风险资产的组合

如果风险资产的预期收益率和风险特征已经既定,那么无风险资产与风险资产组合的预期收益率和风险只能在既定的资本分配线上滑动。如果能改变风险资产的预期收益率和风险,就能改变资本分配线的斜率,从而使得投资者能在整个收益—风险平面上拥有更多的选择。要做到这一点,还需对风险资产进行组合来实现。

假设有 L 和 H 两种风险资产,L 的预期收益率和风险都较低,H 的预期收益率和风险都较高。两种风险资产组合后形成新的风险资产组合 P。P 具有什么样的预期收益率和风险呢?除依赖于资金在低风险资产 L 和高风险资产 H 上的分配比例,组合 P 的预期收益率和风险还取决于低风险资产 L 与高风险资产 H 之间的相关性。

举个例子,将生产雨伞公司的股票与生产雨衣公司的股票做组合,假设生产雨伞公司的股票风险较低,而生产雨衣公司的股票风险较高。由于雨伞和雨衣的相关性非常高,我们近似地将这两种风险资产看作完全正相关,即同涨同跌。由于完全正相关,两种风险资产的组合无法起到分散风险的作用,因此资金在这两种风险资产上的配置只取决于多少投资在高风险资产 H 上、多少投资在低风险资产 L 上。这时,低风险资产 L(生产雨伞公司的股票)和高风险资产 H(生产雨衣公司的股票)组合的预期收益率与风险生产将沿着图 7-3(A)所示的直线移动。

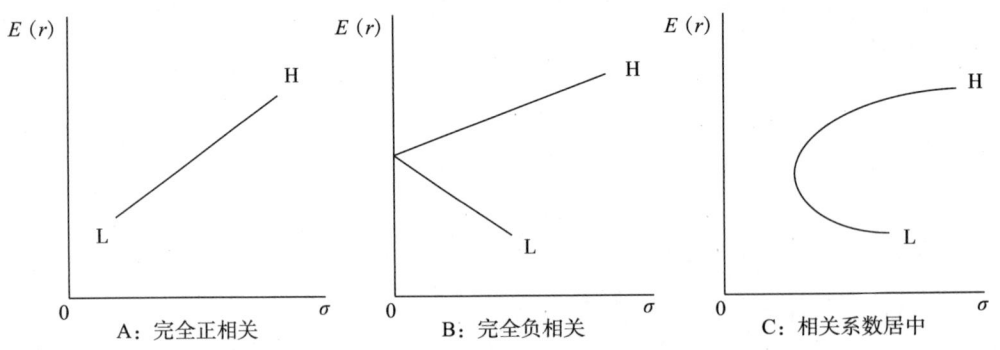

图 7-3 相关性不同的风险资产组合的预期收益率与风险

如果不是以生产雨衣和生产雨伞公司的股票做组合,而是用生产汽油和生产汽车公司的股票组合,结果就会发生变化。假设汽油公司股票的风险较低,汽车公司股票的风险较高,当汽油价格上涨时,汽油公司的股票会涨,汽车公司的股票则会下跌。假设汽油公司和汽车公司的股票完全负相关,即汽油公司股票上涨10%,汽车公司股票下跌10%。那么,这两种风险资产的组合可以在一定程度上起到分散风险的作用。这时,低风险资产L(汽油公司股票)和高风险资产H(汽车公司股票)组合的风险在最初会降低,而其预期收益率会提高。但是,这种组合不可能将风险降为负。如图7-3(B)所示,当两种风险资产完全负相关时,其组合的预期收益率和风险会随着资金在两种资产上的分配比例沿着L到H的折线滑动。

要找到完全正相关和完全负相关的两种风险资产不是一件容易的事情,这和找到一模一样的两个人一样难。绝大部分风险资产的相关性都介于完全正相关和完全负相关之间。如果两种风险资产的相关性既不是完全正相关,也不是完全负相关,那么组合P的预期收益率和风险会随着资金在两种资产上的分配比例沿着图7-3(C)所示的曲线滑动。

至此,我们知道了在组合两种风险资产时除了要考虑资金的分配比例,还要考虑两种风险资产的相关性。在确定了两种风险资产的相关性后,我们就确定了图7-3(C)中曲线的位置,投资者只需在该曲线上寻找最适合自己的分配比例就可以了。

需要注意的是,图7-3(C)的曲线中有一部分是所有投资者都不会选择的组合,这就是曲线下方往左的折线部分,如图7-4中LE虚线部分。对于LE虚线上任何一点,投资者总可以在EH线上找到一点,风险相同但预期收益率更高。因此,所有投资者不可能在LE虚线上进行投资组合,只可能在EH线上进行投资组合。EH线就是风险资产的有效边界(Efficient Frontier)。

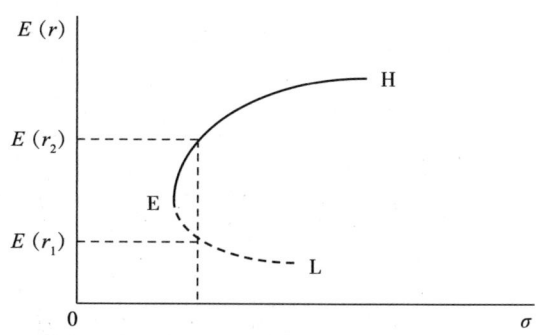

图7-4 风险资产与风险资产组合的有效边界

上述理论分析可以通过数学模型得到,并应用于构建实际的投资组合。我们用一个案例来分析如何构建两种资产的有效边界。

【案例7-4】 高风险资产H和低风险资产L的收益率如表7-5所示。根据这两种资产过去10年的历史收益率构建其有效边界。

表 7-5　低风险资产和高风险资产的历史收益率　　　　　　　单位:%

年份	高风险资产 H 的年收益率	低风险资产 L 的年收益率
1	60.00	−20.00
2	50.00	30.00
3	−30.00	−6.00
4	−15.00	−35.00
5	70.00	30.00
6	110.00	30.00
7	−25.00	70.00
8	50.00	30.00
9	−30.00	−40.00
10	−40.00	50.00

案例分析　从高风险资产 H 和低风险资产 L 过去 10 年的历史数据来看,高风险资产 H 的最高年收益率可以达到 110%,最低年收益率为 −40%;低风险资产 L 的最高年收益率为 70%,最低年收益率为 −40%。我们可以按照下列步骤构建有效边界:

第一步,根据高风险资产 H 和低风险资产 L 的历史收益率数据计算各自的平均收益率与标准差。基于历史数据计算平均收益率和标准差的方法与之前的方法略有不同。

平均收益率直接计算年收益率的算数平均值。

$$\text{高风险资产 H 平均收益率} = \frac{60\% + 50\% + \cdots + (-40\%)}{10} = 20\%$$

$$\text{低风险资产 L 平均收益率} = \frac{(-20\%) + 30\% + \cdots + 50\%}{10} = 13.9\%$$

基于历史数据计算标准差需要用到统计学方法,计算公式为:

$$\sigma = \sqrt{\sum_{t}^{n}(r_t - r)^2 / (n-1)}$$

其中,r_t 是每一期的历史收益率,r 是收益率的平均值,n 是总期数。之所以除以 $(n-1)$ 是为了解决以历史数据代表整体数据可能产生的偏误。

这个过程可以在 EXCEL 中完成。运用 EXCEL 函数 f(x) 中的统计函数 AVERAGE(求均值)和 STDEV(求标准差)即可计算出高风险资产 H 和低风险资产 L 的均值和标准差(见表 7-5)。从中可以看出,高风险资产 H 的年均收益率比低风险资产 L 要高,但高风险资产 H 的标准差也高于低风险资产 L。

表 7-6 高风险资产 H 与低风险资产 L 的平均收益率和标准差

	高风险资产 H	低风险资产 L
平均收益率(%)	20.00	13.90
标准差	53.59	37.01

第二步,计算相关系数。正如前面讲到的,在构建高风险资产 H 和低风险资产 L 的有效边界时还需要知道高风险资产 H 和低风险资产 L 的相关性。相关系数一般用 ρ 表示,计算公式为:

$$\rho = \frac{协方差}{\sigma_H \times \sigma_L}$$

协方差是衡量两种资产收益率变动的相互关系的一个指标,从字面意义上,可以理解为"方差之间的协同变化"。如果协方差为负,则表明两种资产收益率是反向变动的,即一种资产业绩较好时另一种资产业绩较差;如果协方差为正,则表明两种资产收益率的变动方向相同,即一种资产业绩较好时另一种资产业绩也较好。协方差的计算方式为:

$$协方差 = 偏差乘积的平均值$$

为了计算高风险资产 H 和低风险资产 L 的协方差,我们可以先计算高风险资产 H 和低风险资产 L 年收益率各自与平均收益率的偏差,然后计算年偏差的乘积,再计算偏差乘积的平均值。同样,为了解决以历史数据代表整体数据可能产生的偏误,在计算均值时要用算数平均值 $\times n/(n-1)$。

表 7-7 高风险资产 H 与低风险资产 L 的协方差和相关系数的计算

年数	年收益率(%)		年收益率与平均收益率的偏差(%)		偏差的乘积
	H	L	H	L	H×L
1	60.00	−20.00	40.00	−33.90	−1 356
2	50.00	30.00	30.00	16.10	483
3	−30.00	−6.00	−50.00	−19.90	995
4	−15.00	−35.00	−35.00	−48.90	1 711.5
5	70.00	30.00	50.00	16.10	805
6	110.00	30.00	90.00	16.10	1 449
7	−25.00	70.00	−45.00	56.10	−2 524.5
8	50.00	30.00	30.00	16.10	483
9	−30.00	−40.00	−50.00	−53.90	2 695
10	−40.00	50.00	−60.00	36.10	−2 166
协方差	286.11		计算方法:偏差乘积的算数平均值×10/9		
相关系数	0.14		计算方法:协方差/(H 标准差×L 标准差)		

尽管协方差的正负号可以反映两项资产收益率的变动方向是否一致,但协方差的大小无法反映这种一致程度。因为只要一种资产收益率的偏差比较大,就可能造成整个协方差也比较大,需要用相关系数来衡量两种资产收益率变动的一致程度。

相关系数介于-1和+1之间。如果相关系数为+1,则说明两种资产完全正相关;如果相关系数为-1,则说明两种资产完全负相关。绝大多数情况下,两种资产的相关系数介于-1和+1之间。高风险资产H和低风险资产L的计算结果表明,两者的相关系数为0.14。

第三步,根据相关系数计算某些特定比例的组合,再根据这些组合画出有效边界。我们可以先计算出高风险资产H和低风险资产L按表7-8所示比例进行配置的投资组合。

表7-8 高风险资产H与低风险资产L在不同比例组合下的均值和标准差

组合序号	投资于H的比例	投资于L的比例	组合均值	组合标准差
1	0	1.0	13.90	37.01
2	0.1	0.9	14.51	34.49
3	0.2	0.8	15.12	32.91
4	0.3	0.7	15.73	32.40
5	0.4	0.6	16.34	33.02
6	0.5	0.5	16.95	34.69
7	0.6	0.4	17.56	37.29
8	0.7	0.3	18.17	40.63
9	0.8	0.2	18.78	44.55
10	0.9	0.1	19.39	48.90
11	1.0	0	20.00	53.59

组合均值和标准差的计算公式为:

$$\mu = w_H \times r_H + w_L \times r_L$$

$$\sigma = \sqrt{w_H^2 \times \sigma_H^2 + w_L^2 \times \sigma_L^2 + 2 \times w_H \times w_L \times \sigma_H \times \sigma_L \times \rho}$$

从表7-8可以看出,组合1向组合11转变的过程就是逐渐将资金从低风险资产L转移至高风险资产H的过程。最初将资金做分散投资时(比如从组合1调整到组合2),可以进一步降低单一投资低风险资产L(组合1)的风险,这意味着投资组合起到分散风险的作用。尽管我们加入的是风险更高的资产,但通过组合仍能够分散风险,组合收益也比单一投资低风险资产L的收益要高。但是,随着大部分资金逐渐转向投资高风险资产H,整个组合的风险又逐渐上升。

哪种比例的组合风险会是最小的呢？最小方差组合中高风险资产 H 的投资比例为：

$$w_H = \frac{\sigma_L^2 - \sigma_H \sigma_L \rho}{\sigma_H^2 + \sigma_L^2 - 2\sigma_H \sigma_L \rho} = \frac{37.01^2 - 53.59 \times 37.01 \times 0.14}{53.59^2 + 37.01^2 - 2 \times 53.59 \times 37.01 \times 0.14} = 29.5\%$$

高风险资产 L 在组合中的投资比例为：

$$w_L = 1 - w_H = 1 - 29.5\% = 70.5\%$$

按 29.5% 投资于高风险资产 H 和 70.5% 投资于低风险资产 L 形成的投资组合的收益和标准差分别为：

$$\mu = 0.295 \times 20.00 + 0.705 \times 13.90 = 15.7$$

$$\sigma = \sqrt{w_H^2 \times \sigma_H^2 + w_L^2 \times \sigma_L^2 + 2 \times w_H \times w_L \times \sigma_H \times \sigma_L \times \rho}$$

$$= \sqrt{0.295^2 \times 53.59^2 + 0.705^2 \times 37.01^2 + 2 \times 0.295 \times 0.705 \times 53.59 \times 37.01 \times 0.14}$$

$$= 32.34$$

这个组合的方差是最小的。在 EXCEL 中使用画图功能中的"散点图"，将表 7-8 中的组合均值作为 Y 轴、组合标准差作为 X 轴，可以得到图 7-5。

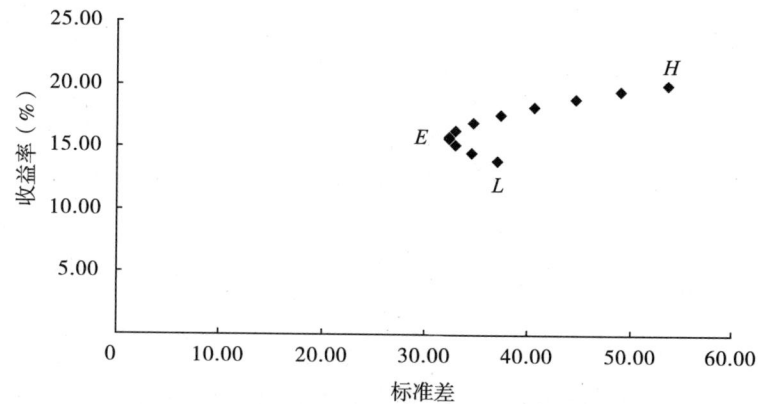

图 7-5　根据不同组合的均值和标准差绘制有效边界

三、无风险资产与风险资产的最优组合

将高风险资产 H 和低风险资产 L 进行组合后形成了风险资产组合。在将风险资产组合再与无风险资产进行组合时，我们应该选择将多少资金配置在风险资产组合上、多少资金配置在无风险资产上呢？

我们可以在图 7-5 上添加资本分配线。EH 有效边界上的所有点都可以与无风险利率（假设为 3.5%）形成一条资本分配线。在图 7-6 中，我们画了两条资本分配线，一条经过 A 点，一条经过 B 点。资本分配线的斜率代表了承担 1 单位风险所获得的收益率。由于 FB 线的斜率大于 FA 线的斜率，因此 F 与 B 的组合优于 F 与 A 的组合。以此类推,斜率越大且与 EH 有效边界有交点的资本分配线是最优的。由此可知,最优组合只能是资本分配线与 EH 有效边界的切点。

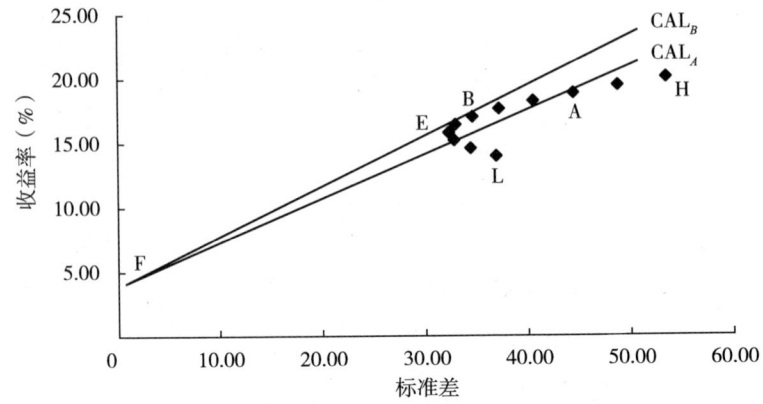

图 7-6 无风险资产与风险资产组合的最优配置

最优组合点中投资于低风险资产 L 的比例的计算公式为:

$$w_L = \frac{(r_L - r_f)\sigma_H^2 - (r_H - r_f)\sigma_L\sigma_H\rho}{(r_L - r_f)\sigma_H^2 + (r_H - r_f)\sigma_L^2 - (r_H - r_f + r_L - r_f)\sigma_H\sigma_L\rho}$$

将上述数值代入,计算得到 $w_L = 56\%$。也就是说,在考虑了无风险资产后,风险资产的最优组合点是将资金中的 56% 投资于低风险资产 L、44% 投资于高风险资产 H。

我们总结一下求最优风险组合的思路:

第一步,基于两种风险资产的历史收益率数据求出各自的年均收益率、标准差和相关系数。

第二步,根据上述数据求出按不同比例组合风险资产所获得的组合收益率和组合标准差,并以此数据为基础画出有效边界。

第三步,找到资本分配线与有效边界的切点,这个切点就是最优风险组合。

但是,仍然有一个问题没有解决:对于单个投资者来说,究竟应将多少资金投资于无风险资产,多少资金投资于风险资产组合?

要回答这个问题,不能从资产的特征着手解答,而只能从投资者的特征予以解答。不同的投资者适用的无风险资产投资比例是不同的。

四、单个投资者的最优组合

有效边界是针对所有投资者而言,是指在低风险资产 L 和高风险资产 H 之间进行资金分配所获得的比例。这个边界根据两种资产(L 和 H)的预期收益率、风险特征、相关性就可以确定。也就是说,只需要考虑资产的特征,不需要考虑人的特征。所有投资者会在 EH 线上进行风险资产的组合,但每个投资者的风险厌恶程度不同,他们在低风险资产 L 和高风险资产 H 之间进行组合时分配资金的比例也不同。在考虑单个投资者的最优组合时,我们还要分析单个投资者的风险厌恶程度。

每个人是不同的,有的人风险厌恶程度很高,有的人风险承受能力很强。风险厌恶程度高的人即使知道"高风险可能获得高收益",也不愿意多承担风险去博取更高的收益。对于风险厌恶程度高的人来说,风险会令他"不舒服",效用下降。而风险厌恶程度低的人能够承受风险,而且愿意承受风险,希望通过多承担风险去博取更高的收益。对于前者,可以用风险厌恶(Risk Aversion)来形容;对于后者,可以用风险容忍(Risk Tolerance)来形容。

风险厌恶程度取决于投资者承担风险所要求获得的预期收益率高低。如果某项投资承担了更多的风险,风险厌恶程度高的投资者要投资就会要求较高的预期收益率。我们用参数 A 代表投资者的风险厌恶程度,那么投资者承担风险所要求获得的风险溢价可以表达为风险厌恶程度和风险的函数:

$$E(r_p) - r_f = 0.5 \times A \times \sigma_p^2$$

函数中的 0.5 仅仅是一个比例因素,在分析中不予考虑。可以看到,当投资者的风险厌恶程度 A 较高时,承担同样风险 σ_p^2 所要求的风险溢价 $E(r_p) - r_f$ 较高。变换一下,就可以得到度量投资者风险厌恶程度的公式为:

$$A = \frac{E(r_p) - r_f}{0.5 \times \sigma_p^2}$$

【案例 7-5】 金先生对理财师说,如果能帮他找到一个回报率高出 1 年期定期存款利率 5% 以上的投资组合且风险不超过 20%,他就愿意将资金投入这个投资组合。根据金先生的需求判断其风险厌恶程度。

案例分析 从金先生的需求来看,他希望在承担 20% 风险的情况下获得 5% 的风险溢价,他的风险厌恶程度为:

$$A = \frac{5\%}{0.5 \times 20\%\char`\^2} = 2.5$$

不同风险厌恶程度的投资者对同一项投资的感受不同,这种感受可以用效用来表示。风险厌恶程度较高的投资者与风险厌恶程度较低的投资者相比,在同一项投资上获得的效用要低。效用函数的公式为:

$$U = E(r) - 0.5A\sigma^2$$

其中,U 代表投资者的效用水平。

有了投资者的风险厌恶程度度量值和效用函数后,我们可以在风险—收益平面上得到不同投资者的效用水平曲线。

【案例 7-6】 目前有三种资产供投资者选择,它们的预期收益率与风险特征分别是:低收益资产预期收益率为 6%,风险为 5%;中等收益资产预期收益率为 9%,风险为 10%;高收益资产预期收益率为 15%,风险为 20%。请画出风险厌恶程度分别为 2、2.5、4 的投资者的效用水平曲线。

案例分析 我们先计算不同风险厌恶程度的投资者投资三种资产所获得的效用水平(见表7-9)。

表7-9 不同投资者的效用水平

风险厌恶 (A)	低预期收益的资产 $E(r_L)=6\%, \sigma_L=5\%$	中等预期收益的资产 $E(r_M)=9\%, \sigma_M=10\%$	高预期收益的资产 $E(r_H)=15\%, \sigma_H=20\%$
2	$6\%-0.5\times2\times5\%^2=0.0575$	$9\%-0.5\times2\times10\%^2=0.08$	$15\%-0.5\times2\times20\%^2=0.11$
2.5	$6\%-0.5\times2.5\times5\%^2=0.0569$	$9\%-0.5\times2.5\times10\%^2=0.0775$	$15\%-0.5\times2.5\times20\%^2=0.1$
4	$6\%-0.5\times4\times5\%^2=0.055$	$9\%-0.5\times4\times10\%^2=0.07$	$15\%-0.5\times4\times20\%^2=0.07$

根据上述数据,可以在风险—收益平面上画出不同投资者的效用曲线(见图7-7)。投资者的效用曲线具有以下几个特征:

(1) 同一条曲线上所有的点对同一个投资来说在效用上都是无差异的,从而形成无差异曲线;

(2) 同一个投资者的不同效用曲线(无差异曲线)不会相交;

(3) 风险厌恶程度越高的投资者,效用曲线越陡峭。

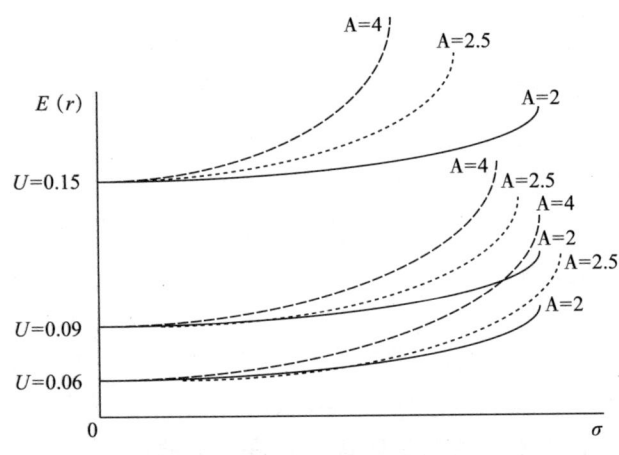

图7-7 不同投资者的效用曲线

在有了不同投资者的效用曲线后,我们就可以求出不同投资者应该将多少资金配置在无风险资产上、多少资金配置在风险资产组合上。

图7-8反映了不同投资者对无风险资产和风险资产的不同配置。A图是风险厌恶程度为2.5的投资者的最优组合,B图是风险厌恶程度为4的投资者的最优组合。我们已经探讨过,对于所有投资者来说,风险资产的最优组合是CAL(资本分配线)与有效边界的切点C。但由于风险厌恶程度不同,不同投资者在将资金分配到无风险资产和风险资产时所选择的比例不同。风险厌恶程度为2.5的投资者会选择其效用曲线与CAL相切的A点作为最优选择;而风险厌恶程度为4的投资者会选择其效用曲线与CAL相切

的 B 点作为最优选择。效用曲线越陡峭,切点越靠近纵轴;而越靠近纵轴,说明投资者在组合无风险资产和风险资产时更倾向于将资金配置在无风险资产上,以降低自己的投资风险。

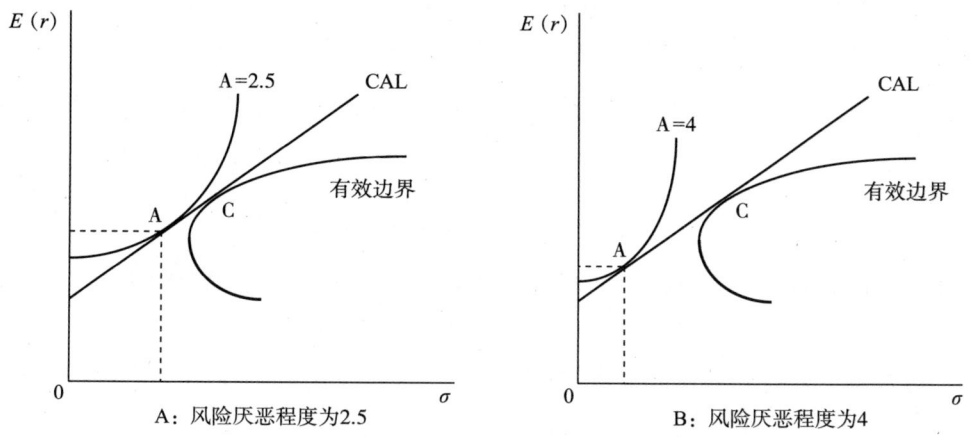

图 7-8 不同投资者对无风险资产和风险资产的配置

【案例 7-7】 根据【案例 7-4】中高风险资产 H 和低风险资产 L 的最优组合点,求出风险厌恶程度为 2.5 的投资者和风险厌恶程度为 4 的投资者应如何在无风险资产与风险资产上进行资金分配。

案例分析 对于所有投资者来说,高风险资产 H 和低风险资产 L 的最优组合点是通过资本分配线与有效边界的切点求得的。这个最优组合在图 7-8 的 C 点。在 C 点,我们已经求得所有投资者会将资金中的 56% 分配在低风险资产 L 上、44% 分配在高风险资产 H 上;进一步地,我们可以求出该组合的平均收益率为 16.58%、标准差为 33.57%。

$$r_c = 0.44 \times 20.00\% + 0.56 \times 13.90\% = 16.58$$

$$\sigma_c = \sqrt{w_H^2 \times \sigma_H^2 + w_L^2 \times \sigma_L^2 + 2 \times w_H \times w_L \times \sigma_H \times \sigma_L \times \rho}$$
$$= \sqrt{0.44^2 \times 53.79^2 + 0.56^2 \times 37.01^2 + 2 \times 0.44 \times 0.56 \times 53.79 \times 37.01 \times 0.14}$$
$$= 33.57$$

根据 C 点的组合,可以求出资本分配线的斜率为:

$$k = \frac{r_c - r_f}{\sigma_c} = \frac{16.58\% - 3.5\%}{33.57\%} = 0.39$$

由此得到资本分配线的表达式为:

$$E(r) = r_f + k\sigma = 3.5\% + 0.39 \times \sigma$$

风险厌恶程度为 2.5 的投资者会选择图 7-8 的 A 点进行投资。A 点应在资本分配线上,并满足:

$$E(r_a) = r_f + k\sigma_a = 3.5\% + 0.39 \times \sigma_a$$

同时，A 点也在投资者的效用曲线上，还应满足：
$$U_a = E(r_a) - 0.5A\sigma_a^2$$
注意，公式中的 A 代表风险厌恶程度，下标 a 则代表 A 点。

将 $E(r_a) = r_f + k\sigma_a = 3.5\% + 0.39 \times \sigma_a$ 代入 $U_a = E(r_a) - 0.5A\sigma_a^2$，可以得到：
$$U_a = E(r_a) - 0.5A\sigma_a^2 = r_f + k\sigma_a - 0.5A\sigma_a^2$$

要求解投资者效用最大时的组合风险，可对上述公式求导，解出最优组合的风险为：
$$\sigma_a = \frac{k}{0.5 \times A \times 2} = \frac{0.39}{0.5 \times 2.5 \times 2} = 15.6\%$$

如果投资者的风险厌恶程度为 4，则最优组合变为 B 点，B 点的风险为：
$$\sigma_b = \frac{k}{0.5 \times A \times 2} = \frac{0.39}{0.5 \times 4 \times 2} = 9.75\%$$

资本分配线上的风险是线性变化的，满足以下公式：
$$\sigma_a = b\sigma_c$$

其中，b 是投资于风险资产组合 C 上的资金比例。

根据上述公式，可以求得 A 点投资在风险资产组合上的比例为：
$$b = \frac{\sigma_a}{\sigma_c} = \frac{15.6\%}{33.57\%} = 46.47\%$$

同理，可求出 B 点投资在风险资产组合上的比例为：
$$b' = \frac{\sigma_b}{\sigma_c} = \frac{9.75\%}{33.57\%} = 29.04\%$$

至此，我们可以根据每个投资者的风险厌恶程度量身设计资产配置方案。风险厌恶程度为 2.5 的投资者的最优组合是将 46.47% 的资金配置在风险资产组合上，而将剩下的 53.53% 的资金配置在无风险资产上。而风险厌恶程度为 4 的投资者的最优组合是将 29.04% 的资金配置在风险资产组合上，而将 70.96% 的资金配置在无风险资产上。不论是风险厌恶程度高还是风险厌恶程度低的投资者，在进行风险资产 H 和 L 的组合时，最优组合比例是将资金中的 56% 投资于低风险资产 L、44% 投资于高风险资产 H。

第六节 风险类别与风险管理

一、风险类别

（一）系统风险与非系统风险

资产配置可以改变投资组合的预期收益率和风险特征，从而找到符合投资者风险厌恶程度的最优组合。对于风险资产与风险资产的组合，不论是将高风险资产加入低风险资产,还是将低风险资产加入高风险资产,只要两种风险资产的相关系数不为+1,就可以起到分散风险的作用。相关系数越小,分散风险的作用越强。由于很难找到两种完全负相关的风险资产,因此风险资产组合很难将风险降为0。

风险资产与风险资产的组合很难达到无风险状态还有一个原因,就是系统风险的存在。我们可以将总风险分为系统风险和非系统风险。系统风险是指整个市场的风险,是由于某种因素的影响导致所有投资者的收益均发生波动的风险。这种影响涉及的不是单个证券,而是整个市场。只要投资者在市场上进行了投资,就承担了这种因素造成的整体市场波动。比如,2007年5月30日,中国政府宣布对证券交易加收印花税,这个消息使得股票市场连续大跌,殃及几乎所有的A股股票。只要投资者在这个时期持有A股,就不可避免要承担损失。即使投资者之前通过投资足够多的A股股票进行了风险分散,但在系统风险面前还是要承担损失。这意味着系统风险是不能通过投资组合而降低的。2016年1月推出的熔断机制造成的系统性风险和2018年中美贸易战造成的系统性风险,也是中国市场上的投资者无法通过分散投资组合而降低的。

非系统风险是指单个证券的风险,是与整个市场波动无关的风险。比如,投资者投资了某家上市公司的股票,结果该上市公司突然公布一个不利的消息,引起公司股票价格大跌,这个就是非系统风险。非系统风险是可以通过投资组合而分散的。如果投资者将所有资金投入某上市公司的股票,就承担了股票价格下跌的全部风险。但如果投资者将一半资金投入该公司的股票,而将另一半资金投入其他公司的股票,其承担的风险就会下降。

系统风险和非系统风险与投资组合的关系可以通过图7-9得到说明。图7-9的纵轴是风险,横轴是投资组合中的证券数量。非系统风险能够通过投资组合进行分散,但始终不能将风险降为0,原因就在于存在系统风险。

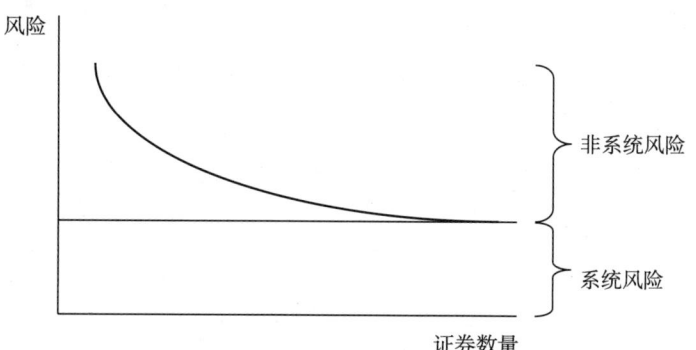

图7-9 系统风险与非系统风险

(二)投资风险识别

除关于系统风险和非系统风险的区分外,投资过程中还会面临各种各样的具体风险,包括市场风险、商业风险、经济周期风险、信用风险、利率风险、购买力风险、汇率风险、政策法律风险等。投资者在投资时应注意识别这些风险。

市场风险是指因股价、利率、汇率等的变动而导致所投资产品遭遇未预料到的潜在价值损失的风险。这种风险与系统风险有关,比如2008年的大熊市。

商业风险是指所投资的公司在经营过程中因决策失误而导致公司盈利水平变化,进而产生投资者预期收益下降的风险,比如双汇"瘦肉精事件"。

经济周期风险是指所投资的产品与宏观经济周期波动相联系所产生的风险,比如有色金属。

信用风险是指债务人无法或不愿偿还债权人或债券持有者利息和本金的风险,比如美国的次级债。

利率风险是指利率上升导致所持有投资产品的价格下降的风险,比如利率上升会导致债券价格下跌和股票价格下跌。

购买力风险是指投资者投资某产品获得的收益率无法超过通货膨胀率的风险,比如银行"负实际利率"现象,即银行存款利率3.5%,而通货膨胀率已达5%。

汇率风险是指汇率变化对所投资国外证券的收益率产生的负面影响,比如用人民币兑换成美元投资于美国的债券,但如果在持有债券期间人民币升值了,到期后拿到的美元再兑换成人民币就少了,最终可能导致实际收益为负。

政策法律风险是指国家制定的各类宏观调控政策或者推出的新的法律法规给投资者带来的风险,比如国家收紧货币政策,就能对资本市场上的资金起到一定的限制作用,从而影响市场走势。

二、不同理财产品的风险

理论上,投资于任何一种理财产品都有风险。即使是将资金存放于银行,也仍然会有购买力风险。在负利率时代,不投资则意味着每天拥有的财富都在贬值。常见理财产品的风险比较如表7-10所示。

表7-10 常见理财产品的风险比较

序号	产品类型	风险	主要风险来源
1	银行存款	很低	购买力风险
2	货币市场基金	很低	购买力风险
3	债券	低	利率风险、信用风险、购买力风险
4	债券基金	低	利率风险、市场风险、购买力风险
5	固定收益类信托产品	较低	信用风险、商业风险、政策法律风险
6	混合基金	较高	市场风险、商业风险、经济周期风险、政策法律风险
7	浮动收益信托产品	高	市场风险、商业风险、经济周期风险、政策法律风险

(续表)

序号	产品类型	风险	主要风险来源
8	股票基金	高	市场风险、商业风险、经济周期风险、政策法律风险
9	券商集合理财产品	高	市场风险、商业风险、经济周期风险、政策法律风险
10	股票	高	市场风险、商业风险、经济周期风险、政策法律风险

货币类资产面临的最大风险是购买力风险。如果银行的存款利率或货币市场基金的收益率无法超过通货膨胀率，就意味着存款或者货币市场基金投资者的财富遭受了实际损失。

债券类资产面临的最大风险是利率风险。利率上升，将导致所持有债券的价值下降，投资者将遭受损失。比如，投资债券时的债券票面利率是6%、银行利率是3%，这时选择债券是有利的；但当银行利率提高到7%时，投资债券还不如将资金存放于银行。除此之外，投资者还要关注债券发行人的质量以降低信用风险。如果债券收益率无法超过通货膨胀率，投资者还会面临购买力风险。

股票类资产面临的最大风险是市场风险。由于市场风险无法通过投资组合来分散，这一风险几乎是不可回避的。在市场不好的情况下，要想获得好的收益是非常难的。除市场风险外，投资者还要关注理财产品发行人或股票发行人的投资管理或经营管理能力带来的商业风险、经济周期风险，以及国家宏观经济调控带来的政策法律风险。

三、风险管理

投资者识别出投资风险后，可以针对不同风险采取不同的管理方式。对风险的管理有风险回避、风险分散、风险转移、风险控制、风险保留五种方式。

风险回避是指不做可能导致某种风险的事，从而避免该风险带来的损失。比如，风险厌恶程度较高的投资者不选择股票投资，而只将资金存放于银行。这种管理方式回避了股票投资中的高风险，但也丧失了获得高回报的可能性。

风险分散是指设法通过投资组合来降低投资于单一产品的风险。前文已经看到，增加投资组合中证券的数量，能够降低非系统风险，这种管理方式就是风险分散。

风险转移是指将风险转移给他人。购买保险就是一种风险转移方式。但投资中的风险是无法通过保险的方式来转移的。

风险控制是指意识到潜在风险时采取相应的措施限制风险发生的条件，以降低风险发生概率。比如，在投资时设置止损线或预警指标，一旦出现不利情况就立即停止投资以避免损失。

风险保留是指自己承担风险并承受可能带来的损失。为了获得较高的回报，投资者必须自己承担较高的风险。

投资者在进行投资时,需要根据自己的生命周期对投资风险进行相应的管理。在生命周期前期(工作以后),可以适当地运用风险保留和风险分散的方式来管理风险。在生命周期中期(成家生育以后),可以运用风险转移、风险控制、风险保留的方式来管理风险。在生命周期后期(接近退休),就应该运用风险回避的方式来管理风险。

复习题

一、名词解释

资产配置　系统风险　资金加权收益率

二、选择题(不定项选择)

1. 若证券 A 的投资收益率等于 7%、9%、10% 和 12% 的可能性大小是相同的,则(　　)。

   A. 证券 A 的期望收益率等于 9.5%　　B. 证券 A 的期望收益率等于 9.0%

   C. 证券 A 的期望收益率等于 1.8%　　D. 证券 A 的期望收益率等于 1.2%

2. 对于无差异曲线的特点,下列描述正确的有(　　)。

   A. 每个投资者的无差异曲线形成密布整个平面又互不相交的曲线族

   B. 无差异曲线越低,曲线上的投资组合给投资者带来的满意程度越高

   C. 同一条无差异曲线上的组合给投资者带来的满意程度不同

   D. 不同无差异曲线上的组合给投资者带来的满意程度不同

3. 假设甲、乙证券的收益率的相关系数接近于零,甲证券的预期收益率为 6%(标准差为 10%),乙证券的预期收益率为 8%(标准差为 15%),则由甲、乙证券构成的投资组合(　　)。

   A. 最低的预期收益率为 6%　　　　B. 最高的预期收益率为 8%

   C. 最高的标准差为 15%　　　　　　D. 最低的标准差为 10%

4. 关于证券投资组合理论的以下表述中,正确的是(　　)。

   A. 证券投资组合能消除大部分系统风险

   B. 证券投资组合的总规模越大,承担的风险越大

   C. 最小方差组合是所有组合中风险最小的,所以收益最大

   D. 一般情况下,随着更多的证券加入到投资组合中,整体风险降低的速度越来越慢

5. 下列事项中,能够改变特定企业非系统风险的是(　　)。

   A. 竞争对手被外资并购　　　　B. 国家加入世界贸易组织

   C. 汇率波动　　　　　　　　　D. 货币政策变化

6. 下列有关证券组合投资风险的表述中,正确的有(　　)。

   A. 证券组合的风险不仅与组合中每只证券收益率的标准差有关,还与各证券之间

收益率的协方差有关

  B. 持有多种彼此不完全正相关的证券可以降低风险

  C. 资本市场线反映了持有不同比例无风险资产与市场组合情况下风险和收益的权衡关系

  D. 投资机会集曲线描述了不同投资比例组合的风险和收益之间的权衡关系

三、判断题

1. 资产配置思想的理论形成于《塔木德经》法典。（　　）
2. 资本利得是持有期间获得的分红、股利、股息等。（　　）
3. 资本分配线描述了在无风险资产和风险资产之间进行任何组合所得到的预期收益率与风险。（　　）
4. 市场风险是指所投资的公司在经营过程中出现决策失误而导致公司盈利水平发生变化，进而使投资者预期收益下降的风险。（　　）
5. $r=1$，机会集是一条直线，不具有风险分散效应。（　　）
6. 个人效用偏好与最佳风险资产组合相互独立。（　　）

四、简答题

1. 概括有效边界的特点。
2. 什么情况下资本分配线 P 点右侧的直线会向下弯折？

五、计算题

1. A 股票和 B 股票的部分年度资料如下：

年度	A 股票收益率（%）	B 股票收益率（%）
1	26	13
2	11	21
3	15	27
4	27	41
5	21	22
6	32	32

要求：

（1）分别计算投资于 A 股票和 B 股票的平均收益率与标准差。

（2）计算 A 股票收益率和 B 股票收益率的相关系数。

（3）若在投资组合中，A 股票占 40%，B 股票占 60%，该组合的期望收益率和标准差分别是多少？

2. 已知某风险组合的期望收益率和标准差分别为 15% 和 20%，无风险收益率为 8%。假设某投资人可以按无风险利率取得资金，并将自有资金 200 万元和借入资金 50 万元均投资于风险组合。投资人总期望收益率和总标准差分别为多少？

第八章 理财案例

第一节 大学生助学贷款规划

小王是一名在校的大三学生，20岁。父亲50岁，开一辆面包车，每月收入2 500元左右；母亲48岁，月收入1 000元左右。父亲月生活费约1 000元，母亲月生活费约800元，小王在学校的月生活费约700元。家里有18万元资产，其中12万元是活期储蓄，5万元投资于余额宝，1万元投资于股市。小王家庭在县城有一套房子，价值15万元，没有负债。小王在校期间申请了助学贷款，每年领取6 000元，毕业时需要一次性还清24 000元的贷款；否则，这笔欠款就要开始计息。小王应该如何做好家庭财务规划？

扫码获取案例分析

一、家庭财务状况分析

（一）资产负债状况分析

从资产负债表来看，小王家庭的负债占资产的比例为3.53%，表明小王的家庭财务很安全，风险评级为低风险（见表8-1）。小王家庭正处于成熟期，理财重点是为退休做准备。

表8-1 资产负债表

资产	金额（元）	占比（%）	负债	金额（元）	占比（%）
现金和活期存款	120 000	17.65	房屋贷款	0	0.00
定期存款	50 000	7.35	购车贷款	0	0.00
债券	0	0.00	信用卡贷款	0	0.00
基金	0	0.00	其他贷款	24 000	100.00
股票	10 000	1.47			

（续表）

资产	金额（元）	占比（%）	负债	金额（元）	占比（%）
黄金	0	0.00			
自用房产	500 000	73.53			
投资性房产	0	0.00			
家用车	0	0.00			
收藏品和其他	0	0.00			
资产总计	680 000	100.00	负债总计	24 000	100.00
家庭净资产	656 000	96.47	负债/总资产		3.53

（二）收入支出情况分析

从小王家庭的目前收入支出情况（见表8-2）来看，父母的月总收入为3 500元。其中，父亲的月收入为2 500元，占比71.43%；母亲的月收入为1 000元，占比28.57%。目前小王家庭的月总支出为2 500元。其中，日常生活支出为2 500元，占比100%；月房贷还款支出为0元。家庭日常支出占月收入比例为71.43%，超过50%，表明小王的家庭应当尽可能控制不必要的生活开支。从年节余来看，小王家庭的年可节余为12 000元，留存比率为28.57%，家庭储蓄能力较好，而储蓄能力是未来财富增长的关键。

表8-2　收入支出表

月收入	金额（元）	占比（%）	月支出	金额（元）	占比（%）
男方月收入	2 500	71.43	男方月生活支出	1 000	40.00
女方月收入	1 000	28.57	女方月生活支出	800	32.00
			孩子月生活支出	700	28.00
房租收入	0	0.00	月房租支出	0	0.00
理财收入	0	0.00	月房贷还款	0	0.00
			月家用车支出	0	0.00
男方年奖金	0		投资月支出	0	0.00
女方年奖金	0		保险年支出	0	
其他年收入	0		其他年支出	0	
月收入总计	3 500	100.00	月支出总计	2 500	100.00
年收入总计	42 000		年支出总计	30 000	
月节余	1 000				
年节余（加回投资月支出）	12 000		留存比例		28.57

二、理财规划

（一）应急金规划

做好应急准备是应付家庭紧急情况的重要措施。对于小王家庭来说，需要准备 7 500 元作为应急金（见表 8-3）。小王家庭可以将其中的 1/3 以活期存款形式保留，另外 2/3 购买货币市场基金或余额宝、理财通等货币类市场基金产品。

表 8-3　小王家庭的应急金规划

您家庭每月的生活费用	2 500 元
您家庭每月需要偿还的房贷	0 元
您希望准备几个月的应急资金	3 个月
您应准备的应急资金合计为	7 500 元

（二）保险规划

小王的父母没有商业保险。如果小王希望父母在发生意外后能维持未来 3—5 年的收入，可以从家庭收入中每年支出 3 000—4 500 元的保费用于父亲的保障，每年支出 1 200—1 800 元用于母亲的保障（见表 8-4）。整个家庭的保费支出约为家庭年收入的 10%—15%。

表 8-4　小王家庭的保险规划

男方信息		女方信息	
年收入	30 000 元	年收入	12 000 元
是否有社保	无	是否有社保	无
已购保险保额	0 元	已购保险保额	0 元
年缴保费	0 元	年缴保费	0 元
希望保障未来年限	5 年		
不考虑房贷的情况下：			
保额缺口	-150 000 元	保额缺口为	-60 000 元
您尚未偿还的房贷	0 元		
负担的房贷比例	50%	负担的房贷比例	50%
考虑房贷的情况下：			
保额缺口	-150 000 元	保额缺口为	-60 000 元

(续表)

男方信息		女方信息	
按照双十原则,保费支出应控制在年收入为10—15%,根据您的家庭情况:			
目前男方支出的保费占男方年收入的比例	0.00%		
男方还可以增加保费	3 000元		-4 500元
目前女方支出的保费占女方年收入的比例	0%		
女方还可以增加保费	1 200元		-1 800元

(三) 养老规划

小王已经读大学,无须进行子女教育规划。完成应急金规划和保险规划后,从表8-5可以看到小王家庭还有年节余5 700元,这笔钱可以用于小王父母的养老规划。

表8-5 完成基本保障后的收入支出表

月收入	金额(元)	占比(%)	月支出	金额(元)	占比(%)
男方月收入	2 500	71.43	男方月生活支出	1 000	40.00
女方月收入	1 000	28.57	女方月生活支出	800	32.00
			孩子月生活支出	700	28.00
房租收入	0	0.00	月房租支出	0	0.00
理财收入	0	0.00	月房贷还款	0	0.00
			月家用车支出	0	0.00
男方年奖金	0		投资月支出	0	0.00
女方年奖金	0		保险年支出	6 300	
其他年收入	0		其他年支出	0	
月收入总计	3 500	100.00	月支出总计	2 500	100.00
年收入总计	42 000		年支出总计	36 300	
月节余	1 000				
年节余	5 700		留存比率		13.57

小王父亲50岁,母亲48岁,虽然养老规划做得有点晚,但离60岁退休也还有10年的时间。养老金的领取需要根据当地的养老金政策计算。在不知道未来能领取多少养老金的情况下,我们可以根据家庭节余的资金进行养老规划。将年节余5 700元分到每月进行投资,可以每月投资475元用于增加养老金的储备。

(四)贷款还款规划

小王家庭的应急资金只需准备7 500元,但小王家庭的活期储蓄和余额宝共有170 000元,资产配置太过保守。小王可以用活期储蓄中的24 000元偿还到期贷款后,在保留7 500元应急金后,剩余138 500元可以进行一些较高风险的投资,比如采用定期投资指数基金的方式补充父母的养老金。

三、实施策略

(1)保留2 500元活期储蓄后,将其他活期储蓄转为余额宝或理财通,余额宝里至少留5 000元用于应急金。

(2)每年用4 200—6 300元帮助父母购买商业保险,可选重疾+意外险。

(3)每月定投475元为父母储备养老金,并从转到余额宝的资金138 500元中每月拿出3 850元分36个月选指数基金进行定投。

(4)贷款到期后从余额宝里拿出24 000元还贷。

(5)如果股票投资发生亏损,就将股票转为指数基金。

开拓视野　　警惕校园不良网络借贷陷阱

什么是校园网贷?顾名思义,可以将其理解为针对大学校园,以大学生借款人为消费群体而开展的互联网金融贷款服务。

随着互联网金融的发展,网络贷款的触角伸进了没有稳定收入的大学生群体,在各大高校的校园里,随处可见各种校园贷的广告。虽然大学生没有固定收入,但有着强烈的消费欲望,于是各大网络平台的贷款公司将业务延伸到高校,形成现在的校园贷。部分不良平台采取宣传不实、降低借贷门槛标准、模糊实际收取利率等手段,诱导学生过度消费,甚至侵犯学生合法权益,使其不自觉地陷入"高利贷"圈套,对校园和社会尤其学生自身及其家庭造成不可挽回的恶劣影响。

不需要任何抵押,只需要提供在校的学生证和身份证,就能贷到几千元到上万元,同时收取一定的金额作为"手续费",如此"低门槛""零利率"的校园贷对于涉世未深的大学生来说,无疑是一场灾难。由于大学生自制力较差,不能按时还款造成违约,校园贷的利息越滚越多,最终的还款者还是落在学生家长身上。校园贷乱象已经持续了一段时间,并不是短期的热点事件。伴随学生过度消费、多平台填补滚利消费、还不起贷款暴力逼债自杀等事件频生,校园贷整治逐步进入公众和政府重点关注的领域。

网贷平台从最初"无抵押、无担保"的低标准到后来演变为"裸照即取"这样的无底线标准,整体没有约定的行业标准,仍呈病态式迅猛发展、病毒式蔓延。

借贷人没有遵守贷款协议,所借款项超过双方协定的期限未还,贷款公司依据协议条款,可以对债务人采取一定的处罚措施。比如在第三方平台上公布逾期者的各项信息,诸如姓名、照片、身份证号码、家庭地址以及手机号码等个人隐私信息,某些不法平台甚至会暴力催收款,骚扰学生社交圈施加心理压力逼款,更有甚者会将某些学生的裸照和性爱视频流传到网上并广泛传播。

不良校园网贷事件的发生暴露出诸多问题,主要表现在大学生的消费观念和防范意识、校园贷市场的规范程度、家庭和高校的教育以及政府的监管等方面的不足。作为一个特殊的群体,大学生的社会经验和阅历都处于"幼儿期",薄弱的金融知识、不成熟的消费观念以及屈指可数的社会实践等,都会使其变成校园贷"刀下的鱼肉",任其宰割。有些校园贷平台恰恰利用大学生的弱点引诱他们陷入"滚雪球"式陷阱中;同时,某些校园贷平台审核不严格而导致个人信息被冒用,从而导致"张三的锅李四来背"现象的出现。

不可否认,校园贷的初衷是好的,但其出现后带来的结果却是极其不利的。校园贷暴露出来的很多问题扰乱了众多大学生的正常生活,影响极其恶劣。分期消费平台和传统电商提供的信贷服务给大学生传播了一种不健康的消费观——超前消费,这样的消费观并不适合没有太多收入的绝大部分大学生。所以,校园贷对于大学生是弊大于利的。但是,我们知道,校园贷的出现意味着它不会消失,总有许多大学生会选择使用校园贷。针对这一现状,需要加强大学生对于校园贷的风险意识,让他们能够选择正规的机构,在选择时深思熟虑;面对鱼龙混杂的金融市场,应该加强自身的安全保护意识,坚决抵制诱惑。

总之,大学生应该时刻怀有风险意识,面对"校园贷"要保持一颗警惕心,慎重做出选择。2016年4月,教育部与中国银监会联合发布了《关于加强校园不良网络借贷风险防范和教育引导工作的通知》;同年8月24日,中国银监会亦明确提出用"停、移、整、教、引"五字方针,整改校园贷问题;2017年9月6日,教育部明确"取缔校园贷款业务,任何网络贷款机构都不允许向在校大学生发放贷款";2018年2月28日,广东金融办发布《关于贯彻落实网络借贷信息中介机构业务活动管理暂行办法的通知》,自2018年3月26日起实施,有效期3年。

第二节　单身期外企白领攻读 MBA + 购房理财规划

林小姐,28 岁,从南方某大学毕业后留在当地一家外资企业工作,中途跳槽一次,新雇主为另一家外资企业,从毕业到现在已工作 6 年。林小姐目前有活期存款 15 万元。4 年前投资于股票市场,共投入 2 万元股票和 1 万元基金,目前股票总值为 16 000 元,基金价值为 9 000 元。一年前,她购得一辆价值 8 万元的汽车,其中 5 万元来自自己的积蓄、3 万元来自父母支持。林小姐固定税后收入约为 12 000 元/月,年终奖约 1.2 万元/年。林小姐租住一套位于繁华地段的公寓,租金支出 3 500 元/月,基本生活开支 1 500 元/月,其他生活开支(如化妆品费、交际费等)1 000 元/月,养车费用 900 元/月,有五险一金保障,但是没有购买其他商业保险。林小姐每年给父母提供 9 000 元左右的赡养费。目前,林小姐觉得自己在事业上遇到了瓶颈,心里一直很渴望再回到学校深造,打算 2 年后在国内某知名大学攻读 MBA 学位,花费大约 10 万元。同时,她计划在 2 年内购置一套小户型住宅,预算为 50 万元。

林小姐是现在工作人群中"外企女性"一族的典型代表。她们生活在快节奏的现代都市中,衣着优雅地在外企工作。她们通常拥有稳定和丰厚的收入,消费水平比较高,其较高的消费水平具体表现在购买高档服装和化妆品、定期旅游、交际活动频繁等。高消费需要高收入的全力支撑,这其中隐藏着一定的财务风险。同时,外企女性在生活和事业中还有不少建立在一定经济基础上的需求,比如买房、买车及在遇到事业瓶颈时回到校园继续深造等。那么,在"高消费"和"多需求"的双重压力下,外企女性应该如何做好自己的财务规划,以达到在消费水平不受重大影响的情况下实现多种理财需求的目标呢?下面我们来看看林小姐是如何通过合理的理财规划达到目标的。

扫码获取案例分析

一、家庭财务状况分析

我们将从资产负债情况和收入支出两方面来林小姐的财务状况做具体分析。

(一) 资产负债情况分析

表 8-6 为林小姐家庭的资产负债表,可以看出,目前林小姐有活期存款 15 万元、股票 1.6 万元、基金 0.9 万元、汽车价值 8 万元,家庭总资产为 25.5 万元;无负债,家庭净资产为 25.5 万元。虽然林小姐没有高额负债的财务风险,但是零负债未必会对资产的增长起积极作用。事实上,家庭最好能够在可承受范围内担负一定程度的负债,因为合理负债才可以充分利用财务资源,从而帮助家庭实现理财目标,进而增长财富。

表 8-6 林小姐资产负债表

家庭资产	金额(万元)	占比(%)	家庭负债	金额(万元)	占比(%)
现金与活期存款	15.0	58.82	房屋贷款	0.00	0.00
股票	1.6	6.27	汽车贷款	0.00	0.00
基金	0.9	3.53	其他贷款	0.00	0.00
汽车等其他资产	8	31.37	其他债务	0.00	0.00
合计	25.5	100.00	合计	0.00	0.00
家庭净资产			25.5		

(二) 收入支出情况分析

从表 8-7 可以看出,林小姐的月总收入为 13 000 元。其中,固定工资收入为 12 000 元,占 92.31%;年终奖收入为 1 000 元,占 7.69%。

表 8-7 林小姐收入支出表

月收入	金额(元)	占比(%)	月支出	金额(元)	占比(%)
固定工资	12 000	92.31	基本生活开支	1 500	19.61
			其他生活开支	1 000	13.07
			养车费	900	11.76
年终奖(平摊到每月)	1 000	7.69	房租	3 500	45.75
			父母赡养费(平摊到每月)	750	9.80
合计	13 000	100.00	合计	7 650	100.00
月结余			5 350		

从支出情况来看,月总支出为 7 650 元,月总支出占月总收入的 59%。其中,基本生活开支为 1 500 元,占 19.61%;其他生活开支为 1 000 元,占 13.07%;养车费为 900 元,占 11.76%;父母赡养费为 750 元,占 9.80%;房租为 3 500 元,占月总支出的 45.75%。房租相比其他开支项目来讲占比较大,建议林小姐在此项目上考虑减少一定程度的支出。而林小姐表示自己现在所住公寓地段太贵,也正有搬去便宜地段以降低房租的打算,她预计房租月支出可尽快降至 2 000 元。

理财诊断总结:林小姐月支出占月收入的 59%,比例较高,说明林小姐消费水平较高,控制开支的能力不强。调整后(房租由 3 500 元/月降为 2 000 元/月)的家庭结余为 6 850 元/月(82 200 元/年)。对于这笔可观的结余资金,林小姐可以通过合理的负债和投资来实现未来各项财务目标;同时,林小姐也应重新配置现有资产,以期在获得应急保障和长期保障的基础上,取得较大的投资价值。

二、理财规划建议

林小姐应从应急金、长期保障、教育、养老与购房等方面入手,进行相应的理财规划。

(一) 应急金规划

首先,林小姐需要准备一笔应急金来保障可能出现的短期风险。应急金的金额一般为家庭3—6个月的生活开支,即出现意外情况下3—6个月的开支保障。具体来讲,林小姐调整后的月支出为6 150元,需要准备18 450—36 900元,这笔资金应采用流动性较好的方式持有以备随时取用,可选择现金、活期存款或货币市场基金等。

(二) 长期保障规划

林小姐有五险一金,拥有基本保障。但是由于林小姐消费水平较高,还有多种理财目标,即将面临房贷压力,并且身为独生子女,父母需要其承担相应的赡养责任,我们建议林小姐为自己购买商业保险以覆盖家庭的全面财务风险,受益人可以为其父母。保险保额一般为年收入的5—10倍(即保障5—10年有收入)。由此来看,林小姐年收入为15.6万元,可以78万—156万元作为保额;我们考虑到林小姐有五险一金的基本保障,保额可以适度降为40万—50万元。年保费支出控制在年收入的10%以内,约为1.5万元,每月保费1 250元。

(三) 教育规划

林小姐计划在2年后花费10万元攻读MBA。她的活期存款账户中共有资金15万元,在拿出2.5万元作为现金保障后,还剩12.5万元。2年后,林小姐可直接从这12.5万元中拿出10万元支付学费,活期存款余额为2.5万元。

(四) 养老规划

林小姐表示希望退休后的生活质量依然保持较高水平,因此在基本的社保基础上,我们还要考虑额外的养老规划。养老规划可以通过指数基金定投来实现。从长期表现来看,指数基金比其他基金的收益更高,而手续费更低,利于长期投资。林小姐打算55岁退休,按再次调整后的3 400元/月(1 500+1 000+900)的生活水平计算,假设年均通货膨胀率为3%,到退休时生活费用将达到7 552元/月。如果林小姐退休后可拿到3 500元/月的社保,这里仍然有4 052元/月的差额要通过专门的养老规划来补足。再假设林小姐退休后的资金收益率与通货膨胀率相同,那么55—85岁的生活费用总额为1 458 720元(4 052×12×30)。若按投资的年均收益率8%计算,每月定投1 278元,则在

27 年后账户中有 1 458 720 元。这样就能在一定程度上保证林小姐高质量的退休生活了。

（五）购房规划

假设林小姐在 2 年后买入一套 50 万元的小户型住宅,首付 3 成需付 15 万元,采用 30 年还款的方式,根据目前 5 年以上人民币贷款利率 6.8% 计算,每月需还款 2 282 元。综合考虑以上各项规划,林小姐现在的月结余是 4 322 元[6 850 - 1 250(保费) - 1 278(养老定投)],那么买房前的月结余总和为 4 103 728 元（322 × 12 × 2），加上活期存款 25 000 元、股票及基金 25 000 元（假设 2 年后价值与目前价值相同。为保证买房目标,建议将股票和基金投资转为货币市场基金）,2 年后买房时的总结余为 153 728 元（103 728 + 25 000 + 25 000）,能够保证 150 000 元的首付房款。2 年后,林小姐的月结余为 2 040 元[6 850 - 1 250(保费) - 2 282(住房贷款) - 1 278(养老定投)]。这部分节余资金可以为未来的子女教育投资做准备。

三、实施策略

结合林小姐家庭财务状况和和理财规划,提出以下实施策略:

（1）将活期存款 15 万元当中的 2.5 万元作为应急金,以现金、活期存款或货币市场基金的形式持有。

（2）林小姐应多方了解保险产品,为自己购买适合自身情况的商业保险,年保费支出约 1.5 万元,月保费支出约 1 250 元。

（3）2 年后从活期存款中拿出 10 万元用于攻读 MBA。

（4）为实现买房目标,建议将股票和基金资产转换为货币市场基金并持有,2 年内积累每月结余,加上已有的活期存款,可实现 2 年后 15 万元的购房首付。2 年后,向银行申请 30 年期房贷购房,每月还款 2 282 元,在能力允许的情况下,可以考虑缩短还款期限,提前还款。

（5）从现在开始,坚持做一笔为期 27 年的指数基金定投,每月定投 1 278 元,以此作为养老金。

（6）2 年以后月结余为 2 040 元,可通过定投为未来的子女教育做准备。

第三节　家庭初建期职场新人买房规划

宋小姐,24 岁,在广州从事医药销售代表的工作;宋小姐的丈夫张先生,25 岁,在某网络开发公司工作。宋小姐和张先生是大学同学,大学毕业刚参加工作两年,如今两人工作稳定,决定步入人生的新阶段——婚姻。为了在广州建立一个幸福的小家庭,他们打算近期买一套婚房。两人的收入主要来自工资,宋小姐月平均工资6 000元,张先生5 000元,两人每年年终奖共30 000元,目前共有存款100 000元,都有五险一金。现在房租每月1 500元,其他生活费用4 000元。面对居高不下的房价和越来越严的楼市调控政策,怎样才能达成成家立业的梦想呢?

扫码获取案例分析

一、家庭财务状况分析

(一)家庭资产状况分析

表8-8是宋小姐的家庭资产负债表,从中可以看出,宋小姐的家庭资产负债情况比较简单。有10万元的活期存款资产,目前没有负债,因此不存在还款压力,资产负债情况比较稳健。但是,活期存款的资本增值能力很弱,尤其在通货膨胀比较高的情况下,容易造成资产缩水。考虑到宋小姐家庭近期买房的计划,理财师建议把活期存款中的大部分投资于货币市场基金、7天通知存款等,这些投资方式的变现能力强且利率高于活期存款。

表8-8 家庭资产负债表

家庭资产	金额(万元)	占比(%)	家庭负债	金额/万元	占比(%)
现金、活期及定期储蓄	10	100	房屋贷款	0	0
债券、基金、股票及理财产品	0	0	汽车贷款	0	0
自用房产	0	0	其他贷款	0	0
房产投资、黄金及收藏品	0	0	信用卡透支金额	0	0
汽车等其他资产	0	0	其他债务	0	0
合计	10	100	合计	0	0
家庭净资产	10				

假设宋小姐选择了一套面积80平方米二室一厅的房子,每平方米均价为1.2万元,那么房子总价为96万元。如果买房的首付比例3成28.8万元,使用自己的存款和双方父母借款资助,其余67.2万元用商业贷款。目前商业贷款的基准利率为6.6%,贷款年限设为30年,每月需还房贷4 292元。每月还贷额占月均收入的比例为31.8%,低于40%的安全线。

(二)收入支出分析

表8-9是宋小姐一家的收入支出表。月总收入为13 500元。其中,宋小姐每月收

入 6 000 元,占 44.44%;张先生每月收入 5 000 元,占 37.04%;奖金收入月均 2 500 元,占 18.52%。从家庭收入构成来看,夫妻收入相差不大,属于共同奋斗型,且来源较为单一。建议宋小姐和张先生可以尝试通过各种途径获得兼职、投资等其他收入。

表 8-9 收入支出表

收入	金额(元)	占比(%)	支出	金额(元)	占比(%)
本人月收入	6 000	44.44	家庭日常月支出	5 500	92.95
配偶月收入	5 000	37.04	贷款月供	0	0
家庭月其他收入	2 500	18.52	其他月支出	417	7.05
月均收入合计	13 500	100.00	月均支出合计	5 917	100.00
月结余	7 583				

目前家庭的月总支出为 5 917 元。其中,日常生活支出 5 500 元,包括房租 1 500 元以及生活开支 4 000 元,占 92.95%;其他支出主要是旅游花费,每年约 5 000 元。家庭支出中,日常支出和其他支出占月总收入的 43.83%。目前家庭月节余 7 583 元,年节余 91 000元,占家庭年总收入的 56.17%,这显示家庭控制开支的储蓄能力不强,还存在提升空间。

根据前面的假设,如果算上买房支出,那么每月贷款月供增加 4 292 元,但同时减少 1 500元的房租,相当于每月增加 2 792 元的支出。此时,每月结余资金为 4 791 元,年度结余约为 57 492 元,这一部分资金除了偿还向父母借的买房首期款,可以通过合理的投资帮助家庭实现未来各个财务目标。

理财师建议宋小姐开源节流:在收入方面,由于目前收入来源比较单一,可以尝试其他途径,如做一些投资等;在开支方面,日常开支费用比较大,对于目前正准备投资买房的他们来说,可以适当缩减每月花费,如尽量使用公共交通、减少外出用餐的次数等。

理财诊断总结:宋小姐和张先生的收入并不低,但家庭收入来源单一,无法防范失业风险;平时消费较高,开支不尽合理,可以进一步缩减。为了尽快实现买房的目标,一方面需要开源增加收入,另一方面需要节流减少开支;同时,要建立综合理财的观念,在做好保障的前提下取得财务资源的财富增值。

二、理财规划建议

宋小姐应从应急金、长期保障、子女生育及教育、养老、还债等方面入手,进行相应的规划。

(一)应急金规划

储备应急金的目的是规避短期风险,防止在收入中断的情况下影响家庭正常生活及资产投资(比如房产、汽车等)。一般来讲,家庭需要储备月支出总额的3—6倍作为现金保障。目前宋小姐家庭平均月支出为5 917元,需要保留17 800—35 500元作为应急金;如果算上房贷增加的2 792元,那么需要保留26 000—52 000元作为应急金。

(二) 长期保障规划

宋小姐夫妇都有五险一金,基本保障是足够的。但如果增加了房屋贷款,这种基本保障就无法覆盖家庭全部财务风险,需要购买商业保险,至少覆盖还房贷的这30年。购买商业保险的基本思路是:先给家庭经济支柱买足保险,再给第二经济支柱买。保险的主要目的是保障家庭其他成员,并非保障自己,所以购买保险是承担家庭责任的一种形式。宋小姐夫妇收入比较平均,两人都需要购买一定数量的保险。从整个家庭的收入情况来说,可以拿出10%左右的收入购买商业保险,重点考虑重大疾病险、意外险、寿险。通过一定的组合配置,可在保费较低的情况下实现较高的保障。宋小姐家庭年收入是16.2万元,可以拿出约1.6万元购买商业保险,平均每月1 333元。

(三) 子女生育及教育规划

由于宋小姐夫妇还比较年轻,事业也正处于上升期,未来三年内暂无生育孩子的计划,因此关于这方面目前不必准备太多资金。

(四) 养老规划

宋小姐夫妇都有社保,这对未来退休后的基本生活是有保障的。但如果希望退休后生活质量维持较高水平,可趁年轻时提早做好规划。按保持目前的生活水准月开支4 000元计算,假设通货膨胀率3%,那么31年后(即55岁)退休时的生活费用将达到每月10 000元左右,退休后55—85岁的生活费用至少需要360万元(10 000 × 12 × 30)(假设通货膨胀率与资金收益率相同,均为3%),其中50%通过社保满足,50%自己筹备。为筹备180万元,需要每月进行基金定投1 107元(可选择指数基金),按年均收益率8%计算,定投31年(退休时)即可实现。

(五) 还债规划

目前宋小姐家庭没有负债。如果投资买房,由于部分首付款是向父母借的,那么宋小姐家庭的月节余应先保留足够的应急金,其他可用来还给父母或提前还贷。月节余2 351元[13 500-5 917-2 792-1 333(保险费平摊到每月)-1 107(养老定投)],一年可偿还债务2.8万元左右。

三、实施策略

根据上述财务状况分析和理财规划,提出以下实施策略:

（1）首先可将活期存款10万元中的2万元作为应急金，以活期存款或者货币市场基金等流动性好的形式持有。

（2）可向保险公司询问保险产品，购买保险年支出约1.6万元；也可向专业第三方理财机构（如诺亚财富、招宝理财等）咨询保险产品组合，以保证家庭获得足够的保障，并在获得足够保障的前提下释放家庭财务资源进行更多的投资，使财富增长速度增快。

（3）开通基金定投账户，从现在开始坚持做一笔为期31年的指数基金定投，每月定投1 100元左右，作为夫妻二人的养老金；如果未来有了孩子，那么再增加一笔指数基金定投，作为孩子的教育金。

（4）近期房价涨势趋稳，如果宋小姐夫妇决定投资买房自住，那么要密切关注楼市调控政策，同时准备好首付款，遇到合适的机会就可出手，以免错失良机。

以上是理财师根据宋小姐家庭情况及买房意愿做出的理财方案和操作方法，以期帮助他们更好地实现各项理财目标。同时，由于理财方案需要根据家庭实际情况及外部环境的变化进行适当的调整，建议定期与理财师保持密切联系，以便及时相应地调整理财规划。

第四节　家庭形成期商界高层新贵理财规划

刘先生，31岁，现为某民营股份公司董事会秘书，年轻有为，是公司高管成员之一，月均收入为1.8万元左右；刘先生妻子，28岁，也在该公司担任销售部门副总，月均收入为1万元左右。刘先生夫妇在商界拼搏多年，帮助公司获得了巨大成功，自己也收获了相应的高收入和社会地位，算得上商界中高层新贵。两人结婚两年，已经买车买房，但家庭支出较大，房贷加养车支出每月6 000元左右，其他支出主要在日常用品和社会交际方面，每月8 000元左右，总共月均支出约14 000元。目前，刘先生夫妇有存款30万元。另外，夫妻双方父母年龄都在60岁左右，有社保，身体状况还不错，刘先生夫妇每年给予1万多元的赡养费。

刘先生表示，目前夫妇两人除了单位的社保，没有配置其他保险，想要在这方面做一定规划；过一两年也计划生小孩，想准备点教育金。另外，父母年纪逐渐增大，刘先生也咨询理财师是否给父母购买保险，以备父母生病时使用。关于闲置资金的使用，刘先生表示，目前通货膨胀率越来越高，钱存在银行是不合适的，由于妻子是比较稳妥的人，不太愿意参与过大风险的投资，希望以稳健的方式对资产进行保值增值。

理财师先从刘先生夫妇的家庭财务状况着手，分析资产负债情况和收入支出情况，拟订方案，改善家庭资产配置，提升家庭财务质量。

扫码获取案例分析

一、家庭财务状况分析

(一) 家庭资产状况分析

资产是指拥有所有权的财富,包括金融资产、实物资产等。债务是指由过去的经济活动产生的、将会引起家庭现在的经济资源流出的负债。一般而言,按照期限长短,债务可分为短期负债(1年以下)、中期负债(1—5年)和长期负债(5年以上)等。净资产是指家庭的资产减去债务后剩下的财富,它表示在某个时点上家庭偿还所有债务后能够支配的财富价值。

表8-10为刘先生家庭的资产负债表。从中可以看出,家庭总资产192万元,由于已经还贷几年,家庭房贷还剩下90万元,总资产减去总负债后的家庭净资产为102万元。刘先生家庭总负债占总资产的比例为46.9%,低于50%的安全水平,说明刘先生家庭目前的资产负债状况较为稳健。家庭净资产占总资产的比例为53.12%,也说明刘先生家庭的资产负债状况比较稳健,即使在经济不景气时也有能力偿还所有债务。

表 8-10 刘先生家庭资产负债表

家庭资产	金额(万元)	占比(%)	家庭负债	金额(万元)	占比(%)
现金、活期及定期储蓄	30	15.6	房屋贷款	90	100
债券、基金、股票及理财产品	0	0	汽车贷款	0	0
自用房产	150	78.1	其他贷款	0	0
房产投资、黄金及收藏品	0	0	信用卡透支金额	0	0
汽车等其他资产	12	6.3	其他债务	0	0
合计	192	100.0	合计	90	100.0
家庭净资产	102				

(二) 收入支出情况分析

家庭理财计划要从储蓄开始,没有资金,任何投资都将无从谈起。而收支节余正是投资资金的重要来源。运用"开源节流"的思想,增加收入,理性消费,减少不合理的开支,都将增加家庭可用于投资的资金;尤其是在家庭消费方面,做好预算,采用记账等方式管理家庭财务是有效的手段。

如表8-11所示,刘先生家庭的月总收入为28 000元。其中,刘先生的月收入为18 000元,占64.3%;配偶的月收入为10 000元,占35.7%;无其他收入。家庭收入中,刘先生收入较高。

表 8-11 刘先生家庭收入支出表

收入	金额(元)	支出	金额(元)
本人月收入	18 000	家庭日常月支出	10 500
配偶月收入	10 000	房贷月供	3 500
家庭月其他收入	0	其他月支出	1 000
月均收入	28 000	月均支出	15 000
月节余	13 000		

从家庭收入构成来看,工资收入占总收入的100%,显示家庭的收入来源较为单一。刘先生夫妻可尝试通过各种途径获得兼职收入、租金收入等其他收入。

目前家庭的月总支出为15 000元。其中,日常月支出为10 500元,包括生活支出和养车支出,占70%;父母赡养费用为1 000元,占6.7%;房贷月供支出为3 500元,占23.3%。家庭支出构成中,按揭还款占月总收入的12.50%,低于40%的临界水平,合理的负债可提高家庭的生活水平,又不至于造成过重的负担。日常支出和其他支出占月总收入的41.07%,还可进一步控制支出,增加可储蓄金额。

目前家庭月节余13 000元,年节余156 000元,占家庭年总收入的46.4%。这称为储蓄比率,反映了家庭控制开支和增加净资产的能力。对于这些节余资金,家庭可通过合理的投资来实现未来家庭各项财务目标。

二、理财规划建议

家庭理财规划要尽量实现长期目标与短期目标相结合、规避风险与获取投资收益相结合,进而优化家庭财务质量。

(一)应急金规划

家庭需要对月必需支出准备应急金保障,以备紧急情况出现时能有适当的缓冲时间,为应付风险提供现金支持。刘先生家庭月支出比较大,需要整理月支出中哪些是必需支出、哪些是可控支出。根据刘先生家庭情况,房贷还款、养车费及月生活费为月必需支出,应当按月必需支出的3—6倍准备应急金,以便应付意外情况下未来3—6月的必需支出。假设15 000元的80%是必需支出,则刘先生家庭需要准备36 000—72 000作为应急金。

(二)长期保障规划

家庭应该注重对冲长期风险,主要通过配置保险来实现。刘先生夫妇都有社保,但只是基本保障。如果刘先生家庭想释放更多的财务资源用于满足其他理财目标,那么可以购买商业保险,以商业保险做好补充保障后,再进一步考虑其他投资规划。

购买家庭商业保险时可将保额设置为年收入的 5—10 倍,即保障发生意外情况下未来 5—10 年的收入,保费控制为年收入的 10%—15%。按照刘先生家庭的年收入 33.6 万元计算,可将保额设置为 168—336 万元,保费控制在年收入的适当范围,大致为 3 万—5 万元保费支出。

对于商业保险的险种,可以考虑寿险、重大疾病险、意外险。买保险时的顺序是家庭经济支柱(即最能赚钱的人)—次经济支柱—孩子。具体的保险产品组合可咨询保险机构或者保险顾问,通过不同组合可以在控制保费的情况下达到相应的保额需求。

(三) 子女生育和教育规划

在子女方面,如果单位已经配备生育保险,那么刘先生家庭可准备 1 万元左右的生育金用来应付一些情况即可。子女出生后,一方面月生活支出将增加 1 000—2 000 元,另一方面还需要为子女准备未来的教育金。刘先生可从子女出生开始为他每月做基金定投,如果每月投资 1 250 元,按照基金年收益率 8% 左右计算,可在孩子 18 岁时筹集到 60 万元左右的教育资金。如果刘先生夫妇有更高的要求,可相应提高定投金额。理财师建议,刘先生夫妇在孩子出生后可再次联系理财师,根据家庭财务状况修改和完善理财规划,在子女教育方面则主要体现刘先生夫妇对孩子教育的期望。

(四) 养老规划

这里的养老规划不是给父母的,而是刘先生夫妇为自己做好准备,以减轻子女未来的负担。随着社会不断进步,人的寿命越来越长,而生育率越来越低,子女以后的负担将会很重。

按刘先生夫妇目前的消费水平,退休后要想保持和退休前一样的生活水平是比较困难的。按目前的总支出 15 000 元,扣除房贷还款和养车支出还剩下 9 500 元,那么按照 55 岁退休时的生活费水平、年通货膨胀率 3% 计算,每年需要 19 891 元,55 岁退休到 85 岁的 30 年间共需要生活费用 716 万元。即使一半由社保支付,另一半也需要自己筹集。刘先生家庭可以通过每月定投基金 3 765 元来筹备这笔养老费,如果还想要提高生活水平,那么需要再提高月定投额度。

对于父母的考虑,由于父母已经 60 岁,过了买保险的时机,保费会出现倒挂情况,现在已经不适合为父母购买商业保险。父母如果有社保,可以解决基本保障问题,其他保障只能由刘先生夫妇解决。刘先生夫妇可以每年储蓄一笔钱,在父母需要的时候拿出来用。给父母存的这笔钱最好是用风险较小的方式保留,以应付不时之需,尽量不要做较高风险的投资。

三、实施策略

根据上述财务状况分析和理财规划，提出以下实施策略：

（1）刘先生夫妇可以从存款 30 万元中拿出 7 万元作为应急金，以现金或活期存款等流动性好的形式持有，剩余资金做投资组合，促使资产保值增值。

（2）刘先生夫妇可向保险机构或保险顾问咨询寿险、重大疾病险、意外险的组合，保额设置为 150 万元左右，保费控制在 3 万—5 万元。

（3）月节余 13 000 元中，假设每月留出 4 170 元作为保费，则可留出 1 250 元作为子女教育定投，3 765 元作为刘先生夫妇养老定投，还可节余 3 815 元。定投可以选择指数基金，比如嘉实 300 或广发中证 500。定投指数基金是长期投资，在累计金额达到相应目标后可取出转为银行存款。

（4）投资组合：对剩余的 23 万元进行资产配置，由于刘生夫妇比较厌恶风险，可以配置较大比重的债券基金，比如债券基金 70%（可选华夏债券等）+ 股票基金 30%（可选华夏红利或华夏策略精选等）。每月节余的 3 815 元也可做基金定投组合：债券基金 50%（同上，用作应对父母未来生病）+ 指数基金 50%（广发中证 500，用作旅游或改善生活）。

第五节　家庭成熟期不惑之年换房规划

李先生 40 岁，已迈入不惑之年，与太太结婚多年，儿子已上高中，是典型的三口之家。李先生是公务员，月收入 3 300 元；李太太是中学教师，月收入 2 500 元。两人目前工作稳定，单位福利也不错，奖金福利一年 8 000 元左右。经过多年累积，现拥有一套 80 平方米的住房（价值约 20 万元）和一辆家用轿车（价值约 10 万元），家庭活期存款约 10 000 元，定期存款 50 000 元，投资于基金 20 000 元和银行理财产品 30 000 元，且无负债。家庭日常支出每月约 2 000 元，儿子上高中的费用一年 3 000 元。李先生希望改善目前的生活环境，在近期买一套稍大的房子，方便照顾年事已高的父母。目前二、三线城市的房价逐渐上涨，买房是一笔巨大的花费；考虑到儿子三年后上大学所需，还要准备一笔教育金。如何利用现有财务资源，合理规划以达成理财目标呢？

扫码获取案例分析

一、家庭财务状况分析

（一）家庭资产状况分析

表 8-12 为李先生的家庭资产负债表。从中可以看出，家庭拥有固定资产和流动资产总值 41 万元，无负债，不存在还款压力，资产负债情况比较稳健。固定资产是一套价

值20万元的房产和一辆价值10万元的轿车,流动资产包括6万元的现金类存款、2万元的股票基金和3万元的保险理财产品。家庭资产的73.17%为固定资产,如果不变卖折现的话,那么可用于达成理财目标的仅有流动资产11万元。

表8-12 李先生家庭资产负债表

家庭资产	金额(万元)	占比(%)	家庭负债	金额(万元)	占比(%)
现金、活期及定期储蓄	6	14.63	房屋贷款	0	0
债券、基金、股票及理财产品	5	12.20	汽车贷款	0	0
自用房产	20	48.78	其他贷款	0	0
房产投资、黄金及收藏品	0	0	信用卡透支金额	0	0
汽车等其他资产	10	24.39	其他债务	0	0
合计	41	100.00	合计	0	0
家庭净资产	41				

根据李先生的购房意愿,假设购买一套面积130平方米四室二厅的房子,每平方米均价为2 500元,那么房子总价为32.5万元。鉴于李先生之前买房并无贷款记录,可按首套房向银行贷款。如果买房的首付比例三成约10万元,用存款和理财产品赎回即可支付,其余22.5万元可用公积金贷款,根据2011年4月6日加息后5年以上个人住房公积金贷款基准利率4.7%、贷款年限20年计算,每月需还房贷1 448元。每月还贷额占月均收入的比例为38.11%,低于40%的安全线。

(二)收入支出分析

表8-13为李先生家庭收入支出表。从中可以看出,月总收入为5 800元。其中,李先生月收入为3 300元,占56.9%;李太太月收入为2 500元,占43.1%;另外,家庭年终奖金收入约8 000元。从家庭收入构成来看,夫妻收入相差不大,来源较为单一,可以尝试通过各种途径获得兼职、租金等其他收入。

表8-13 李先生家庭收入支出表

收入	金额(元)	占比(%)	支出	金额(元)	占比(%)
本人月收入	3 300	56.9	家庭日常月支出	2 000	100
配偶月收入	2 500	43.1	贷款月供	0	0
家庭月其他收入	0		其他月支出	0	
月均收入合计	5 800	100.0	月均支出合计	2 000	100.0
月结余	3 800				

目前家庭的月均总支出为 2 000 元,主要为日常生活支出,包括衣、食、行等方面,占 100%。另外,其他支出主要是孩子的学杂费等,每年约 3 000 元。家庭支出中,日常支出占月总收入的 34.48%。目前家庭月节余资金 3 800 元,年节余资金 50 600 元,占家庭年总收入的 65.21%,显示家庭控制开支的储蓄能力较强,可以为投资买房提供一定保障。

根据前面假设,如果李先生家庭执行了买房计划,加上买房贷款的月供,那么每月增加 1 448 元支出。在入住新房后,李先生可以把目前居住的房屋出租,每月可以获得一定的租金收入以减轻还贷负担。例如每月房租收入 700 元,这样相当于每月只需增加 748 元的支出。贷款月供支付后,月结余资金为 3 052 元,年结余资金约为 41 624 元,这部分资金可通过合理的投资为孩子未来的大学学费做储备以及达成其他家庭财务目标。

理财师建议李先生开源节流:收入方面,由于目前收入来源比较单一,可以尝试其他途径,如做一些投资或获取房租收入等;开支方面,目前日常开支控制得比较好,但由于未来赡养老人可能会增加一定的花费,应当尽可能早做打算,如通过购买医疗保险等避免意外发生可能造成的财务困境。

理财诊断:李先生夫妇的收入在当地属于中上水平,但家庭收入来源单一,且存在失业风险;平时消费安排比较合理,多年的财富积累为投资买房提供了坚实基础。但同时也要注意,夫妻双方已处于中年,日后的收入应该不会有更大的增长空间,赡养老人及孩子读书将是未来数年内的重要开支项目,应当提早做好理财规划,以免出现财务困境。

二、理财规划建议

李先生应从应急金、长期保障、子女教育、养老等方面入手,进行相应的规划。

(一) 应急金规划

应急金的保障功能是规避短期风险,防止在收入中断的情况下影响家庭正常生活及资产和投资(比如房产、汽车等)。一般来讲,家庭需要储备月支出总额的 3—6 倍作为应急金。目前李先生家庭月均支出为 2 000 元,需要保留 6 000—12 000 元作为应急金;如果算上房贷增加的 748 元,那么需要保留 8 200—16 500 元。

(二) 长期保障规划

李先生夫妇都是公务员,有五险一金,基本保障已足够。但如果增加了房屋贷款,这种基本保障无法覆盖家庭全部财务风险,购买的商业保险至少要覆盖还房贷的这 20 年。购买商业保险的基本思路是:先给家庭经济支柱买足保险,再给第二经济支柱买。

保险的主要目的是保障家庭其他成员,并非保障自己,所以购买保险是承担家庭责任的一种形式。从整个家庭的收入情况来看,可以拿出10%左右的收入购买商业保险,重点考虑重大疾病险、意外险、寿险。通过一定的组合配置,可在保费较低的情况下实现较高的保障。李先生家庭年收入约5万元,可以拿出约5 000元购买商业保险,平均每月支出417元。

(三) 子女教育规划

子女教育是家庭理财的重要方面,可以采用投资的方式实现。李先生夫妇育有一个儿子,目前在某高中就读。买房首付需要花费大部分现有资金,为了准备三年后儿子上大学的学费,需要在每月还贷之余另做储蓄计划。可采用基金定投方式储备教育金。定投基金具有风险,不同类型的基金风险不同,股票基金可能的收益较高,但风险相应较大;债券基金风险较小,但收益相对较少。一般来看,投资指数基金的费用较低,长期年均收益率为8%左右。李先生儿子15岁,如果从现在开始,每月定投指数基金1 233元,孩子18岁时可获得5万元左右的教育金。

(四) 养老规划

李先生夫妇都有社保,这使得他们未来退休后的基本生活有保障。但如果希望退休后维持较高水平的生活质量,那么应提早做好规划。按保持目前的生活水准月开支2 000元计算,假设通货膨胀率3%,那么20年后(即60岁退休时)的生活费用将达到每月3 600元左右。退休后60—85岁的生活费用至少需要108万元(3 600×12×25)(假设通货膨胀率与资金收益率相同,都为3%),其中50%通过社保满足,50%自己筹备。为了筹备54万元,需要每月进行基金定投917元(可选择指数基金),按年均收益率8%计算,定投20年退休时即可实现。

(五) 其他投资

按照上述理财规划,李先生家庭月结余资金为485元[3 800-748(房贷月供增加差额)-417(月均保险支出)-1 233(教育金定投)-917(养老金定投)]。另外,每年年终结余资金5 000元(年终奖金收入-孩子学费支出),总剩余资金约10 000元。由于买房的首付款占用了家庭的大部分流动资产,这些剩余资金应首先补足应急准备金。在做好了相应的保障后,可将剩余资金进行投资,鉴于李先生的风险承受能力和年龄情况,可考虑中等风险投资,如蓝筹股、平衡型基金、债券基金和股票基金组合等。

三、实施策略

总结上述财务状况分析和理财规划,提出以下实施策略:

（1）保持目前投资方式不变，如果最近一年考虑买房，可将基金等理财产品变现作为首付款，以活期存款等流动性好的形式持有。

（2）李先生可以向保险公司询问保险产品，也可向专业第三方理财机构（如诺亚财富、招宝理财网等）咨询保险产品组合，购买保险年支出约 5 000 元，以保证家庭获得足够的保障；在获得足够保障的前提下，可以尽可能地释放家庭财务资源进行更多的投资，使财富增长速度增快。

（3）开通基金定投账户，从现在开始坚持做为期 20 年的指数基金定投，每月定投 900 元左右作为夫妻二人的养老金，每月定投 1 200 元左右作为孩子的大学教育金储备。

（4）在楼市调控政策的影响下，二、三线房价依然趋涨，如果李先生夫妇决定投资买房，那么要密切关注相关政策，如房贷政策等。遇到合适的机会可以买入，以达到改善居住环境的目标。

以上是理财师根据李先生家庭情况及买房意愿做出的理财方案和操作方法，以期帮助其家庭更好地实现各项理财目标。同时，应当根据家庭实际情况及外部环境的变化适当调整理财方案，建议定期与理财师保持密切联系，以便及时对理财规划进行相应的调整。

第六节　退休期安逸晚年理财规划

家住广州、年近六旬的谢先生今年刚从部门主管的职位上退下来，开始筹划与 3 年前退休的老伴共享晚年生活。谢先生的女儿大学毕业后一直在广州工作，已结婚生子，外孙女今年 3 岁，很得二老喜欢。目前谢先生夫妇除了单位提供的社保，还有年轻时购买的重大疾病和住院医疗保险；每月可领退休工资分别为 2 000 元和 1 600 元，另外女儿每月给二老 1 000 元作为赡养费。二老现住的房子近 80 平方米，市值约 70 万元，每月生活开支 3 000 元左右。谢先生是位老股民，退休前一直以投资股市作为投资主力，现有价值约 10 万元的股票。前段时间女儿买房，二老资助了 20 万元的部分首付款，手头上暂无多余存款。退休后夫妇俩感觉工资水平大不如从前，但乐观的谢先生相信只要合理规划就能安度晚年。惦着女儿女婿还房贷压力不小，谢先生还想为外孙女上大学筹措一笔教育金。

扫码获取案例分析

一、家庭财务状况分析

如表 8-14 所示，谢先生家庭净资产为 80 万元，负债率为 0，无负债风险；但家庭资产主要由固定资产（房产）和金融资产（股票）构成，资金利用效率高，但家庭所有资产难以及时兑现,流动性配置不足,隐含较高的风险。步入晚年,创造财富的机会越来越少,因此老年人主要的生财之道是利用手中积累的钱再生钱,通过投资使财富增值。但退休后家庭收入锐减,承担风险的能力大不如从前,老年人投资理财应将本金安全放在第一位,在风险得到防范的前提下再去追求更高的收益,以稳健型投资工具为主。谢先生投资的10万元股票属于高风险资产,本金安全难以得到保障,应当大幅度削减这种高风险的投资,退出的资金可用于购买国债、货币基金或保本型基金等较稳妥又高于银行利息收益的理财产品。

表 8-14 谢先生家庭资产负债表

家庭资产	金额(元)	占比(%)	家庭负债	金额(元)	占比(%)
现金、活期储蓄	0	0	房屋贷款:	0	0
定期存款	0	0	汽车贷款:	0	0
自用房产	700 000	87.5	其他贷款:	0	0
汽车	0	0			
股票	100 000	12.5			
其他资产	0	0			
合计	800 000	100.0	合计	0	100.0
家庭净资产	800 000				

从表 8-15 来看,退休后谢先生夫妇月收入为 4 600 元,年总收入为 55 200 元。假设仍保持退休前的生活水平,每月扣除生活开支 3 000 元后可节余 1 600 元,年节余资金达 19 200 元。

表 8-15 谢先生家庭收入支出表

收入	金额(元)	支出	金额(元)
本人月收入	2 000	夫妇二人日常月支出	3 000
配偶月收入	1 600	其他月支出	0
其他	1 000		
月均收入	4 600	月均支出	3 000
		月结余	1 600

二、理财规划方案

退休后收入锐减,抗风险能力也急剧下降,因此退休后的理财应以保守型投资为主。

（一）应急金规划

应急金是家庭抵御风险的第一道防线。退休老人的家庭收入主要来自退休工资或社会养老保险，一般不会有新的收入来源，收入有限且比较固定，更应准备一笔安全性高、流动性强的资金以应对突然出现的现金支出需要。一般来说，应急金是家庭月支出的3—6倍，但对于老年人家庭来说，按6倍来准备会更加稳妥。谢先生家庭月支出3 000元，应至少预留18 000元作为应急金。

应急金强调安全性和流动性，这笔钱不能以股票、基金等价格易波动可能带来损失的方式储备，同时避免购买无法提前支取的固定期限的银行理财产品。谢先生可以将股市退出的10万元资金留出2万元作为家庭的应急金，以活期存款或货币市场基金的形式持有。

（二）保障规划

健康是人生最宝贵的财富，没了健康，再多的财富也会流失殆尽。因此，谢先生夫妇首先应从每月退休金中拿出500元做健康保障规划。一年可准备6 000元的健康管理费，这笔费用可用于每年的健康体检、日常医疗和购买意外险。就商业保险来看，60岁以上的老人除可以考虑购买意外险外，除非经济条件不错，一般不再适合购买其他商业保险。由于谢先生夫妇早就具有良好的保险意识，之前购买的重大疾病和住院医疗保险在退休后仍能起到一定的保障作用。

（三）教育金规划

谢先生疼爱外孙女，想着为外孙女筹备教育金。教育金的储备是一个长期过程，可采取基金定投的方式，细水长流，积少成多。基金定投是指在固定的时间以固定的金额投资到选定的开放式基金中，类似于银行存款零存整取。这样的长期投资不但在时间上平摊了投入成本，而且降低了整体风险。办理基金定投后，每月申购基金的费用代销机构会自动在固定日期从投资者的银行账户内扣缴，投资者只需保证银行账户上资金足够即可，这对老年人而言是个既省力又省心的不错选择。基金种类很多，由于老年人承担风险的能力很弱，一般建议选择低风险、收益稳定的债券基金，费率也相对较低，年均收益率约5%。

谢先生的外孙女今年3岁，距离上大学的时间按15年计，若每月定投500元，按5%的年均收益率计算，则15年后外孙女18岁上大学时，可筹集到13.4万元的教育金，二老的心愿得以满足。

（四）投资规划

首先，将退出股市后剩余的8万元按比例在国债、保本型基金中进行资产配置。比如用6万元购买国债,作为晚年养老金储备;用2万元购买保本型基金,作为较高收益但有保底的投资。由于谢先生有长期的炒股经验,若爱好炒股不愿全部退出股市也可留下1万—2万元的股票,但切记不适宜进行过多的高风险投资,毕竟未来的收入只有退休金,不像年轻人那样还有收入增长的空间。另外,理财产品太多,老年人精力很限,难以打理,所以退休老人理财应控制在2—3个理财产品,并保留好原始凭证或记录,以免忘记。

其次,在提取健康管理费和准备好投资教育金后,谢先生家庭的月节余资金将变为600元(1 600-500-500)。为了使这笔余钱保值增值,谢先生可采取"滚雪球"的方式进行储蓄。所谓"滚雪球",就是将月节余资金都存为一年定期存单,每月存一次,以此类推,一年之后就会有12张存单。这样,第二年每个月都会有一笔存款到期,无论哪个月急需用钱,都可取出当月到期的存款并获得利息。不需要用钱的月份,则可将到期存款连同利息及手头的余钱,接着转存一年定期。如此,雪球就会越滚越大,积蓄也会越来越多。现在银行还推出的自动转存服务,只要储蓄时与银行约定好,存款到期后就会按原来的利率和期限自动续存。它在给储蓄者带来方便的同时也规避了利率调整带来的利息损失。

三、实施策略

总结上述财务状况分析和理财规划,我们提出以下实施策略:

(1) 谢先生将其在股市的投资逐步退出变现,将变现收入中的2万元以活期存款或货币市场基金的形式作为应急准备金,6万元购买国债,2万元购买保本型基金(见表8-16)。

表8-16 调整后的家庭资产结构

应急准备金	国债	保本基金	房产
2万元	6万元	2万元	70万元

(2) 在保持原有生活水平的前提下,谢先生夫妇可每月拿出500元进行健康管理,并为自己和老伴购买意外保险或者增加运动、文化、娱乐方面的消费,充实退休生活。

(3) 谢先生每月从节余中拿出500元坚持债券基金定投,15年后可为外孙女筹得一笔13.4万元的教育金。

(4) 每月剩余的600元,夫妇俩可选择"滚雪球"的方式积累储蓄,以备日后所用(见表8-17)。

表8-17 月度支出规划

月生活开支	健康管理	定投教育基金	滚雪球储蓄
3 000元	500元	500元	600元

如今通货膨胀持续高涨,尽管央行多次加息仍难逃银行储蓄"缩水"的尴尬局面,老年人渐渐感觉到钱放在银行并不能令人放心。日益高涨的物价和相对稳定的收入催生了"银发一族"保值增值的理财需求,但老年人应特别注意自己的风险承受能力在退休后将迅速降低,不再适合进行高风险的投资。通过合理的资产配置,相信老年人能在退休后颐养天年,过上幸福的晚年生活。

开拓视野 用"投资时针转盘"做案例分析

王女士,28岁,公司白领,月收入1.5万元,王女士丈夫,30岁,月收入2.5万元。两人2018年刚生育一个宝宝。现在,王女士的月支出需要3 000元,王女士丈夫需要5 000元,家庭月结余为2.2万元,储蓄存款50万元。

两人希望为宝宝策划好18岁出国留学的教育金150万元,并实现5年后筹备100万元资金来换房和保证退休后的生活水平和现在一样。

1. 运用"投资时针转盘"工具

使用"投资时针转盘"工具可以算出,在7%的收益率假设下,每月投资2 438元就可为子女教育准备好150万元教育金;每月投入13 968元可为5年后筹备100万元换房资金;王女士每月投入2 507元,可保证55岁退休后的生活质量;王女士丈夫每月投入2 984元,可保证60岁退休后的生活质量。以上理财目标,共需要每月投入21 897元,小于每月结余金额。

由此很快计算出,从现在开始投资可以很轻松地实现理财目标。

2. 选择投资工具以实现7%以上的年化收益率

通过统计,我们知道美国股市20年的平均年化收益率为9%,中国股市20年以上的平均年化收益率为11%;我国债券市场10年的年化收益率约为4.5%;无风险货币市场基金5年的年化收益率约为2.5%。

第一步,对王女士及其先生做风险评估,以选择适合他们的投资组合。通过评估,得出两人的风险承受能力均为稳健型,可承受的波动为10%—15%。

第二步,分析2018年的宏观经济环境以决定大类资产配置比例。2018年,政府在金融去杠杆、经济去库存显现成效后,开始转变政策,采用宽货币、紧信用的方式促进经济增长,且未来有进一步加大货币宽松的趋势。在货币宽松、利率开始下行的背景下,债券和可转换债券到了最佳的配置时点。另外,股市在低估值区域震荡,使用基金定投方式分批布局也是非常好的时机。因此,建议王女士现有储蓄的60%投资于可转换债券基金、30%投资于债券基金、10%分6个月定投指数基金,每月新增资金的50%投资于可转换债券基金、50%定投指数基金。

第三步,从各类投资品种中选择最佳产品。

(1) 可转换债券方面,建议配置兴业趋势可转债340001,晨星5星评级,成立15年来的年化收益率达15%,近10年的年化收益率达11.86%,近5年的年化收益率为20.59%,最差的3个月收益率为-16.48%;贝塔系数为0.54,波动性低于同类产品的0.66,风险控制能力也是5星级。

(2) 债券方面,建议配置招商产业债券217022,近5年和3年的晨星评级均为5星。近5年的年化收益率为9%,近3年的年化收益率为5.63%,成立以来各年度均实现正收益,最大季度亏损仅为3.39%。

(3) 基金定投方面,建议配置指数基金,长期来看市场上75%的基金都跑不过指数基金,配置景顺长城沪深300增强(000311)。景顺长城沪深300增强,近5年和3年的晨星评级均为5星。近5年的年化收益率为20.54%,最差3个月的收益率为-29%。

通过以上组合,预计能实现 $15\% \times 0.6 + 9\% \times 0.3 + 20.54\% \times 0.1 = 13.754\%$ 的年化收益率;最差收益率预计为 $-16.48\% \times 0.6 - 3.39\% \times 0.3 - 29\% \times 0.1 = -13.8\%$。由此可知,平均收益率和最大波动均在可接受范围内,加上对宏观环境的分析,预计能达到更好的收益效果。

每月新增资金采用定投基金的方式,能分散投资时点的风险,可选择波动性较大的投资品种,可行策略是一半可转换债券基金、一半指数基金。

以上投资策略是在2018年的金融环境下,根据王女士家庭的风险承受能力和投资目标来选择的。每半年到一年,投资者应根据实际情况的变化检查或调整投资策略。

复习题

一、简答题

总结不同类型(以年龄或职务划分)客户的理财目标及其风险承受能力。

二、案例分析

1. 试为以下家庭做一份理财规划。

家庭状况:家庭成员——男30岁、女26岁、两个孩子(6岁与3岁);现有住房一套,无房贷;工资收入9 000元/月,房租收入6 000元/年;生活支出约3 500元/月;基金定投嘉实沪深500元+易方达300元;两人有五险,没有住房公积金,分别购买了重疾与意外险,年保费6 000元;目前家庭无余款。

家庭目标:在3—5年内购置一辆10万元左右的代步车;尽可能快地购入第二套房子,大概60万元。

2. 了解自己家庭的财务目标,运用资产负债表和收入支出表进行财务状况分析,做出理财诊断,提出理财规划建议及具体操作方案。

附 录

附录一 复利终值系数表（FVIF 表）

$$(FV/PV, i, n) = (1+i)^n$$

期数 (n)	贴现率 (i)																				
	1%	2%	3%	4%	5%	6%	7%	8%	9%	10%	11%	12%	13%	14%	15%	16%	17%	18%	19%	20%	25%	30%
1	1.010	1.020	1.030	1.040	1.050	1.060	1.070	1.080	1.090	1.100	1.110	1.120	1.130	1.140	1.150	1.160	1.170	1.180	1.190	1.200	1.250	1.300
2	1.020	1.040	1.061	1.082	1.103	1.124	1.145	1.166	1.188	1.210	1.232	1.254	1.277	1.300	1.323	1.346	1.369	1.392	1.416	1.440	1.563	1.690
3	1.030	1.061	1.093	1.125	1.158	1.191	1.225	1.260	1.295	1.331	1.368	1.405	1.443	1.482	1.521	1.561	1.602	1.643	1.685	1.728	1.953	2.197
4	1.041	1.082	1.126	1.170	1.216	1.262	1.311	1.360	1.412	1.464	1.518	1.574	1.630	1.689	1.749	1.811	1.874	1.939	2.005	2.074	2.441	2.856
5	1.051	1.104	1.159	1.217	1.276	1.338	1.403	1.469	1.539	1.611	1.685	1.762	1.842	1.925	2.011	2.100	2.192	2.288	2.386	2.488	3.052	3.713
6	1.062	1.126	1.194	1.265	1.340	1.419	1.501	1.587	1.677	1.772	1.870	1.974	2.082	2.195	2.313	2.436	2.565	2.700	2.840	2.986	3.815	4.827
7	1.072	1.149	1.230	1.316	1.407	1.504	1.606	1.714	1.828	1.949	2.076	2.211	2.353	2.502	2.660	2.826	3.001	3.185	3.379	3.583	4.768	6.275
8	1.083	1.172	1.267	1.369	1.477	1.594	1.718	1.851	1.993	2.144	2.305	2.476	2.658	2.853	3.059	3.278	3.511	3.759	4.021	4.300	5.960	8.157
9	1.094	1.195	1.305	1.423	1.551	1.689	1.838	1.999	2.172	2.358	2.558	2.773	3.004	3.252	3.518	3.803	4.108	4.435	4.785	5.160	7.451	10.604
10	1.105	1.219	1.344	1.480	1.629	1.791	1.967	2.159	2.367	2.594	2.839	3.106	3.395	3.707	4.046	4.411	4.807	5.234	5.695	6.192	9.313	13.786
11	1.116	1.243	1.384	1.539	1.710	1.898	2.105	2.332	2.580	2.853	3.152	3.479	3.836	4.226	4.652	5.117	5.624	6.176	6.777	7.430	11.642	17.922
12	1.127	1.268	1.426	1.601	1.796	2.012	2.252	2.518	2.813	3.138	3.498	3.896	4.335	4.818	5.350	5.936	6.580	7.288	8.064	8.916	14.552	23.298
13	1.138	1.294	1.469	1.665	1.886	2.133	2.410	2.720	3.066	3.452	3.883	4.363	4.898	5.492	6.153	6.886	7.699	8.599	9.596	10.699	18.190	30.288

（续表）

期数(n)	1%	2%	3%	4%	5%	6%	7%	8%	9%	10%	11%	12%	13%	14%	15%	16%	17%	18%	19%	20%	25%	30%
14	1.149	1.319	1.513	1.732	1.980	2.261	2.579	2.937	3.342	3.797	4.310	4.887	5.535	6.261	7.076	7.988	9.007	10.147	11.420	12.839	22.737	39.374
15	1.161	1.346	1.558	1.801	2.079	2.397	2.759	3.172	3.642	4.177	4.785	5.474	6.254	7.138	8.137	9.266	10.539	11.974	13.590	15.407	28.422	51.186
16	1.173	1.373	1.605	1.873	2.183	2.540	2.952	3.426	3.970	4.595	5.311	6.130	7.067	8.137	9.358	10.748	12.330	14.129	16.172	18.488	35.527	66.542
17	1.184	1.400	1.653	1.948	2.292	2.693	3.159	3.700	4.328	5.054	5.895	6.866	7.986	9.276	10.761	12.468	14.426	16.672	19.244	22.186	44.409	86.504
18	1.196	1.428	1.702	2.026	2.407	2.854	3.380	3.996	4.717	5.560	6.544	7.690	9.024	10.575	12.375	14.463	16.879	19.673	22.901	26.623	55.511	112.455
19	1.208	1.457	1.754	2.107	2.527	3.026	3.617	4.316	5.142	6.116	7.263	8.613	10.197	12.056	14.232	16.777	19.748	23.214	27.252	31.948	69.389	146.192
20	1.220	1.486	1.806	2.191	2.653	3.207	3.870	4.661	5.604	6.727	8.062	9.646	11.523	13.743	16.367	19.461	23.106	27.393	32.429	38.338	86.736	190.050
21	1.232	1.516	1.860	2.279	2.786	3.400	4.141	5.034	6.109	7.400	8.949	10.804	13.021	15.668	18.822	22.574	27.034	32.324	38.591	46.005	108.420	247.065
22	1.245	1.546	1.916	2.370	2.925	3.604	4.430	5.437	6.659	8.140	9.934	12.100	14.714	17.861	21.645	26.186	31.629	38.142	45.923	55.206	135.525	321.184
23	1.257	1.577	1.974	2.465	3.072	3.820	4.741	5.871	7.258	8.954	11.026	13.552	16.627	20.362	24.891	30.376	37.006	45.008	54.649	66.247	169.407	417.539
24	1.270	1.608	2.033	2.563	3.225	4.049	5.072	6.341	7.911	9.850	12.239	15.179	18.788	23.212	28.625	35.236	43.297	53.109	65.032	79.497	211.758	542.801
25	1.282	1.641	2.094	2.666	3.386	4.292	5.427	6.848	8.623	10.835	13.585	17.000	21.231	26.462	32.919	40.874	50.658	62.669	77.388	95.396	264.698	705.641
26	1.295	1.673	2.157	2.772	3.556	4.549	5.807	7.396	9.399	11.918	15.080	19.040	23.991	30.167	37.857	47.414	59.270	73.949	92.092	114.475	330.872	917.333
27	1.308	1.707	2.221	2.883	3.733	4.822	6.214	7.988	10.245	13.110	16.739	21.325	27.109	34.390	43.535	55.000	69.345	87.260	109.589	137.371	413.590	1 192.533
28	1.321	1.741	2.288	2.999	3.920	5.112	6.649	8.627	11.167	14.421	18.580	23.884	30.633	39.204	50.066	63.800	81.134	102.967	130.411	164.845	516.988	1 550.293
29	1.335	1.776	2.357	3.119	4.116	5.418	7.114	9.317	12.172	15.863	20.624	26.750	34.616	44.693	57.575	74.009	94.927	121.501	155.189	197.814	646.235	2 015.381
30	1.348	1.81	2.427	3.243	4.322	5.743	7.612	10.063	13.268	17.449	22.892	29.960	39.116	50.950	66.212	85.850	111.065	143.371	184.675	237.376	807.794	2 619.996
40	1.489	2.208	3.262	4.801	7.04	10.286	14.974	21.725	31.409	45.259	65.001	93.05	132.78	188.88	267.86	378.72	533.87	750.38	1 051.7	1 469.8	7 523.2	36 119
50	1.654	2.692	4.384	7.107	11.467	18.420	29.457	46.902	74.358	117.39	184.57	289.000	450.74	700.23	1 083.7	1 670.7	2 566.2	3 927.4	5 988.9	9 100.4	70 065	497 929

贴现率(i)

附录二 复利现值系数表（PVIF表）

$$(PV/FV, i, n) = (1+i)^{-n}$$

贴现率（i）

期数 (n)	1%	2%	3%	4%	5%	6%	8%	10%	12%	14%	15%	16%	18%	20%	25%	30%	35%	40%	50%
1	0.990	0.980	0.970	0.961	0.952	0.943	0.925	0.909	0.892	0.877	0.869	0.862	0.847	0.833	0.800	0.769	0.740	0.714	0.666
2	0.980	0.961	0.942	0.924	0.907	0.889	0.857	0.826	0.797	0.769	0.756	0.743	0.718	0.694	0.640	0.591	0.548	0.510	0.444
3	0.970	0.942	0.915	0.888	0.863	0.839	0.793	0.751	0.711	0.674	0.657	0.640	0.608	0.578	0.512	0.455	0.406	0.364	0.296
4	0.960	0.923	0.888	0.854	0.822	0.792	0.735	0.683	0.635	0.592	0.571	0.552	0.515	0.482	0.409	0.35	0.301	0.26	0.197
5	0.951	0.905	0.862	0.821	0.783	0.747	0.680	0.620	0.567	0.519	0.497	0.476	0.437	0.401	0.327	0.269	0.223	0.185	0.131
6	0.942	0.887	0.837	0.790	0.746	0.704	0.630	0.564	0.506	0.455	0.432	0.410	0.370	0.334	0.262	0.207	0.165	0.132	0.087
7	0.932	0.870	0.813	0.759	0.710	0.665	0.583	0.513	0.452	0.399	0.375	0.353	0.313	0.279	0.209	0.159	0.122	0.094	0.058
8	0.923	0.853	0.789	0.730	0.676	0.627	0.54	0.466	0.403	0.350	0.326	0.305	0.266	0.232	0.167	0.122	0.090	0.067	0.039
9	0.914	0.836	0.766	0.702	0.644	0.591	0.500	0.424	0.360	0.307	0.284	0.262	0.225	0.193	0.134	0.094	0.067	0.048	0.026
10	0.905	0.820	0.744	0.675	0.613	0.558	0.463	0.385	0.321	0.269	0.247	0.226	0.191	0.161	0.107	0.072	0.049	0.034	0.017
11	0.896	0.804	0.722	0.649	0.584	0.526	0.428	0.350	0.287	0.236	0.214	0.195	0.161	0.134	0.085	0.055	0.036	0.024	0.011
12	0.887	0.788	0.701	0.624	0.556	0.496	0.397	0.318	0.256	0.207	0.186	0.168	0.137	0.112	0.068	0.042	0.027	0.017	0.007
13	0.878	0.773	0.680	0.600	0.530	0.468	0.367	0.289	0.229	0.182	0.162	0.145	0.116	0.093	0.054	0.033	0.020	0.012	0.005
14	0.869	0.757	0.661	0.577	0.505	0.442	0.340	0.263	0.204	0.159	0.141	0.125	0.098	0.077	0.043	0.025	0.014	0.008	0.003
15	0.861	0.743	0.641	0.555	0.481	0.417	0.315	0.239	0.182	0.140	0.122	0.107	0.083	0.064	0.035	0.019	0.011	0.006	0.002

(续表)

期数(n)	贴现率(i)																	
	1%	2%	3%	4%	5%	6%	8%	10%	12%	14%	15%	16%	18%	20%	25%	30%	35%	40%	50%
16	0.852	0.728	0.623	0.533	0.458	0.393	0.291	0.217	0.163	0.122	0.106	0.093	0.070	0.054	0.028	0.015	0.008	0.004	0.001
17	0.844	0.714	0.605	0.513	0.436	0.371	0.270	0.197	0.145	0.107	0.092	0.080	0.059	0.045	0.022	0.011	0.006	0.003	0.001
18	0.836	0.700	0.587	0.493	0.415	0.350	0.250	0.179	0.130	0.094	0.080	0.069	0.050	0.037	0.018	0.008	0.004	0.002	0
19	0.827	0.686	0.570	0.474	0.395	0.330	0.231	0.163	0.116	0.082	0.070	0.059	0.043	0.031	0.014	0.006	0.003	0.001	0
20	0.819	0.672	0.553	0.456	0.376	0.311	0.214	0.148	0.103	0.072	0.061	0.051	0.036	0.026	0.011	0.005	0.002	0.001	0
21	0.811	0.659	0.537	0.438	0.358	0.294	0.198	0.135	0.092	0.063	0.053	0.044	0.030	0.021	0.009	0.004	0.001	0	0
22	0.803	0.646	0.521	0.421	0.341	0.277	0.183	0.122	0.082	0.055	0.046	0.038	0.026	0.018	0.007	0.003	0.001	0	0
23	0.795	0.634	0.506	0.405	0.325	0.261	0.170	0.111	0.073	0.049	0.040	0.032	0.022	0.015	0.005	0.002	0.001	0	0
24	0.787	0.621	0.491	0.390	0.310	0.246	0.157	0.101	0.065	0.043	0.034	0.028	0.018	0.012	0.004	0.001	0	0	0
25	0.779	0.609	0.477	0.375	0.295	0.232	0.146	0.092	0.058	0.037	0.030	0.024	0.015	0.010	0.003	0.001	0	0	0
26	0.772	0.597	0.463	0.360	0.281	0.219	0.135	0.083	0.052	0.033	0.026	0.021	0.013	0.008	0.003	0.001	0	0	0
27	0.764	0.585	0.450	0.346	0.267	0.207	0.125	0.076	0.046	0.029	0.022	0.018	0.011	0.007	0.002	0	0	0	0
28	0.756	0.574	0.437	0.333	0.255	0.195	0.115	0.069	0.041	0.025	0.019	0.015	0.009	0.006	0.001	0	0	0	0
29	0.749	0.563	0.424	0.320	0.242	0.184	0.107	0.063	0.037	0.022	0.017	0.013	0.008	0.005	0.001	0	0	0	0
30	0.741	0.552	0.411	0.308	0.231	0.174	0.099	0.057	0.033	0.019	0.015	0.011	0.006	0.004	0.001	0	0	0	0
31	0.734	0.541	0.399	0.296	0.220	0.164	0.092	0.052	0.029	0.017	0.013	0.01	0.005	0.003	0	0	0	0	0
32	0.727	0.530	0.388	0.285	0.209	0.154	0.085	0.047	0.026	0.015	0.011	0.008	0.005	0.002	0	0	0	0	0
33	0.720	0.520	0.377	0.274	0.199	0.146	0.078	0.043	0.023	0.013	0.009	0.007	0.004	0.002	0	0	0	0	0

(续表)

期数 (n)	贴现率 (i)																
	1%	2%	3%	4%	5%	6%	8%	10%	12%	14%	15%	16%	18%	20%	25%	30%	35%	40%	50%
34	0.712	0.510	0.366	0.263	0.190	0.137	0.073	0.039	0.021	0.011	0.008	0.006	0.003	0.002	0	0	0	0	0
35	0.705	0.500	0.355	0.253	0.181	0.130	0.067	0.035	0.018	0.010	0.007	0.005	0.003	0.001	0	0	0	0	0
36	0.698	0.49	0.345	0.243	0.172	0.122	0.062	0.032	0.016	0.008	0.006	0.004	0.002	0.001	0	0	0	0	0
37	0.692	0.48	0.334	0.234	0.164	0.115	0.057	0.029	0.015	0.007	0.005	0.004	0.002	0.001	0	0	0	0	0
38	0.685	0.471	0.325	0.225	0.156	0.109	0.053	0.026	0.013	0.006	0.004	0.003	0.001	0	0	0	0	0	0
39	0.678	0.461	0.315	0.216	0.149	0.103	0.049	0.024	0.012	0.006	0.004	0.003	0.001	0	0	0	0	0	0
40	0.671	0.452	0.306	0.208	0.142	0.097	0.046	0.022	0.010	0.005	0.003	0.002	0.001	0	0	0	0	0	0
41	0.665	0.444	0.297	0.200	0.135	0.091	0.042	0.020	0.009	0.004	0.003	0.002	0.001	0	0	0	0	0	0
42	0.658	0.435	0.288	0.192	0.128	0.086	0.039	0.018	0.008	0.004	0.002	0.002	0	0	0	0	0	0	0
43	0.651	0.426	0.280	0.185	0.122	0.081	0.036	0.016	0.007	0.003	0.002	0.001	0	0	0	0	0	0	0
44	0.645	0.418	0.272	0.178	0.116	0.077	0.033	0.015	0.006	0.003	0.002	0.001	0	0	0	0	0	0	0
45	0.639	0.410	0.264	0.171	0.111	0.072	0.031	0.013	0.006	0.002	0.001	0.001	0	0	0	0	0	0	0
46	0.632	0.402	0.256	0.164	0.105	0.068	0.029	0.012	0.005	0.002	0.001	0.001	0	0	0	0	0	0	0
47	0.626	0.394	0.249	0.158	0.100	0.064	0.026	0.011	0.004	0.002	0.001	0.001	0	0	0	0	0	0	0
48	0.620	0.386	0.241	0.152	0.096	0.06	0.024	0.010	0.004	0.001	0.001	0	0	0	0	0	0	0	0
49	0.614	0.378	0.234	0.146	0.091	0.057	0.023	0.009	0.003	0.001	0.001	0	0	0	0	0	0	0	0
50	0.608	0.371	0.228	0.140	0.087	0.054	0.021	0.008	0.003	0.001	0	0	0	0	0	0	0	0	0

附录三 年金终值系数表（FVIFA 表）

$$(FV/PMT, i, n) = \frac{(1+i)^n - 1}{i}$$

贴现率（i）

期数 (n)	1%	2%	3%	4%	5%	6%	7%	8%	9%	10%	11%	12%	13%	14%	15%	16%	17%	18%	19%	20%	25%	30%
1	1.000	1.000	1.000	1.000	1.000	1.000	1.000	1.000	1.000	1.000	1.000	1.000	1.000	1.000	1.000	1.000	1.000	1.000	1.000	1.000	1.000	1.000
2	2.010	2.020	2.030	2.040	2.050	2.060	2.070	2.080	2.090	2.100	2.110	2.120	2.130	2.140	2.150	2.160	2.170	2.180	2.190	2.200	2.250	2.300
3	3.030	3.060	3.091	3.122	3.153	3.184	3.215	3.246	3.278	3.310	3.342	3.374	3.407	3.440	3.473	3.506	3.539	3.572	3.606	3.640	3.813	3.990
4	4.060	4.122	4.184	4.246	4.310	4.375	4.440	4.506	4.573	4.641	4.710	4.779	4.850	4.921	4.993	5.066	5.141	5.215	5.291	5.368	5.766	6.187
5	5.101	5.204	5.309	5.416	5.526	5.637	5.751	5.867	5.985	6.105	6.228	6.353	6.480	6.610	6.742	6.877	7.014	7.154	7.297	7.442	8.207	9.043
6	6.152	6.308	6.468	6.633	6.802	6.975	7.153	7.336	7.523	7.716	7.913	8.115	8.323	8.536	8.754	8.977	9.207	9.442	9.683	9.930	11.259	12.756
7	7.214	7.434	7.662	7.898	8.142	8.394	8.654	8.923	9.200	9.487	9.783	10.089	10.405	10.730	11.067	11.414	11.772	12.142	12.523	12.916	15.073	17.583
8	8.286	8.583	8.892	9.214	9.549	9.879	10.260	10.637	11.028	11.436	11.859	12.300	12.757	13.233	13.727	14.240	14.773	15.327	15.902	16.499	19.842	23.858
9	9.369	9.755	10.159	10.583	11.027	11.491	11.978	12.488	13.021	13.579	14.164	14.776	15.416	16.085	16.786	17.519	18.285	19.086	19.923	20.799	25.802	32.015
10	10.462	10.950	11.464	12.006	12.578	13.181	13.816	14.487	15.193	15.937	16.722	17.549	18.420	19.337	20.304	21.321	22.393	23.521	24.701	25.959	33.253	42.619
11	11.567	12.169	12.808	13.486	14.207	14.972	15.784	16.645	17.560	18.531	19.561	20.655	21.814	23.045	24.349	25.733	27.200	28.755	30.404	32.150	42.566	56.405
12	12.683	13.412	14.192	15.026	15.917	16.870	17.888	18.977	20.141	21.384	22.713	24.133	25.650	27.271	29.002	30.850	32.824	34.931	37.180	39.581	54.208	74.327
13	13.809	14.680	15.618	16.627	17.713	18.882	20.141	21.495	22.953	24.523	26.212	28.029	29.985	32.089	34.352	36.786	39.404	42.219	45.244	48.497	68.760	97.625
14	14.947	15.974	17.086	18.292	19.599	21.015	22.550	24.215	26.019	27.975	30.095	32.393	34.883	37.581	40.505	43.672	47.103	50.818	54.841	54.196	86.949	127.910
15	16.097	17.293	18.599	20.024	21.579	23.276	25.129	27.152	29.361	31.772	34.405	37.280	40.417	43.842	47.580	51.660	56.110	6.965	66.261	72.035	109.690	167.290
16	17.258	18.639	20.157	21.825	23.657	25.673	27.888	30.324	33.003	35.950	39.190	42.753	46.672	50.980	55.717	60.925	66.649	72.939	79.850	87.442	138.110	218.470
17	18.430	20.012	21.762	23.698	25.840	28.213	30.840	33.750	36.974	40.545	44.501	48.884	53.739	59.118	65.075	71.673	78.979	87.068	96.022	105.930	173.640	285.010
18	19.615	21.412	23.414	25.645	28.132	30.906	33.999	37.450	41.301	45.599	50.396	55.750	61.725	68.394	75.836	84.141	93.406	103.740	115.270	128.120	218.050	371.520
19	20.811	22.841	25.117	27.671	30.539	33.760	37.379	41.446	46.018	51.159	56.939	63.440	70.749	79.969	88.212	98.603	110.290	123.410	138.170	154.740	273.560	483.970
20	22.019	24.297	26.870	29.778	33.066	36.786	40.995	45.762	51.160	57.275	64.203	72.052	80.947	91.025	120.440	115.380	130.030	146.630	165.420	186.690	342.950	630.170
25	28.243	32.030	36.459	41.646	47.727	54.865	63.249	73.106	84.701	98.347	114.410	133.330	155.620	181.870	212.790	249.210	292.110	342.600	402.040	471.980	1 054.800	2 348.800
30	34.785	40.588	47.575	56.085	66.439	79.058	94.461	113.280	136.310	164.490	199.020	241.330	293.200	356.790	434.750	530.310	647.440	790.950	966.700	1 181.900	3 227.200	8 730
40	48.886	60.402	75.401	95.026	120.800	154.760	199.640	259.060	337.890	442.590	581.830	767.090	1 013.700	1 342.000	1 779.100	2 360.800	3 134.500	4 163.210	5 519.800	7 343.900	30 089.000	120 393
50	64.463	84.579	112.800	152.670	209.350	290.340	406.530	573.770	815.080	1 163.900	1 668.800	24 000	3 459.500	4 991.500	7 217.700	10 436	15 090	21 813	31 515	45 497	280 256	165 976

附录四 年金现值系数表（PVIFA 表）

$$(PV/PMT, i, n) = \frac{1-(1+i)^{-n}}{i}$$

贴现率（i）

期数 (n)	1%	2%	3%	4%	5%	6%	8%	10%	12%	14%	15%	16%	18%	20%	22%	24%	25%	30%	35%	40%	45%	50%
1	0.990	0.980	0.970	0.961	0.952	0.943	0.925	0.909	0.892	0.877	0.869	0.862	0.847	0.833	0.819	0.806	0.799	0.769	0.740	0.714	0.689	0.666
2	1.970	1.941	1.913	1.886	1.859	1.833	1.783	1.735	1.690	1.646	1.625	1.605	1.565	1.527	1.491	1.456	1.440	1.360	1.289	1.224	1.165	1.111
3	2.940	2.883	2.828	2.775	2.723	2.673	2.577	2.486	2.401	2.321	2.283	2.245	2.174	2.106	2.042	1.981	1.952	1.816	1.695	1.588	1.493	1.407
4	3.901	3.807	3.717	3.629	3.545	3.465	3.312	3.169	3.037	2.913	2.854	2.798	2.690	2.588	2.493	2.404	2.361	2.166	1.996	1.849	1.719	1.604
5	4.853	4.713	4.579	4.451	4.329	4.212	3.992	3.790	3.604	3.433	3.352	3.274	3.127	2.990	2.863	2.745	2.689	2.435	2.219	2.035	1.875	1.736
6	5.795	5.601	5.417	5.242	5.075	4.917	4.622	4.355	4.111	3.888	3.784	3.684	3.497	3.325	3.166	3.02	2.951	2.642	2.385	2.167	1.983	1.824
7	6.728	6.471	6.230	6.002	5.786	5.582	5.206	4.868	4.563	4.288	4.160	4.038	3.811	3.604	3.415	3.242	3.161	2.802	2.507	2.262	2.057	1.882
8	7.651	7.325	7.019	6.732	6.463	6.209	5.746	5.334	4.967	4.638	4.487	4.343	4.077	3.837	3.619	3.421	3.328	2.924	2.598	2.330	2.108	1.921
9	8.566	8.162	7.786	7.435	7.107	6.801	6.246	5.759	5.328	4.946	4.771	4.606	4.303	4.030	3.786	3.565	3.463	3.019	2.665	2.378	2.143	1.947
10	9.471	8.982	8.530	8.110	7.721	7.360	6.710	6.144	5.650	5.216	5.018	4.833	4.494	4.192	3.923	3.681	3.570	3.091	2.715	2.413	2.168	1.965
11	10.367	9.786	9.252	8.760	8.306	7.886	7.138	6.495	5.937	5.452	5.233	5.028	4.656	4.327	4.035	3.775	3.656	3.147	2.751	2.438	2.184	1.976
12	11.255	10.575	9.954	9.385	8.863	8.383	7.536	6.813	6.194	5.660	5.420	5.197	4.793	4.439	4.127	3.851	3.725	3.190	2.779	2.455	2.196	1.984
13	12.133	11.348	10.634	9.985	9.393	8.852	7.903	7.103	6.423	5.842	5.583	5.342	4.909	4.532	4.202	3.912	3.780	3.223	2.799	2.468	2.204	1.989
14	13.003	12.106	11.296	10.563	9.898	9.294	8.244	7.366	6.628	6.002	5.724	5.467	5.008	4.610	4.264	3.961	3.824	3.248	2.814	2.477	2.209	1.993

（续表）

期数 (n)	贴现率 (i)																			
	1%	2%	3%	4%	5%	6%	8%	10%	12%	14%	15%	16%	18%	20%	22%	24%	25%	30%	35%	40%	45%	50%
15	13.865	12.849	11.937	11.118	10.379	9.712	8.559	7.606	6.810	6.142	5.847	5.575	5.091	4.675	4.315	4.001	3.859	3.268	2.825	2.483	2.213	1.995
16	14.717	13.577	12.561	11.652	10.837	10.105	8.851	7.823	6.973	6.265	5.954	5.668	5.162	4.729	4.356	4.033	3.887	3.283	2.833	2.488	2.216	1.996
17	15.562	14.291	13.166	12.165	11.274	10.477	9.121	8.021	7.119	6.372	6.047	5.748	5.222	4.774	4.390	4.059	3.909	3.294	2.839	2.491	2.218	1.997
18	16.398	14.992	13.753	12.659	11.689	10.827	9.371	8.201	7.249	6.467	6.127	5.817	5.273	4.812	4.418	4.079	3.927	3.303	2.844	2.494	2.219	1.998
19	17.226	15.678	14.323	13.133	12.085	11.158	9.603	8.364	7.365	6.550	6.198	5.877	5.316	4.843	4.441	4.096	3.942	3.310	2.847	2.495	2.220	1.999
20	18.045	16.351	14.877	13.590	12.462	11.469	9.818	8.513	7.469	6.623	6.259	5.928	5.352	4.869	4.460	4.110	3.953	3.315	2.85	2.497	2.22	1.999
21	18.856	17.011	15.415	14.029	12.821	11.764	10.016	8.648	7.562	6.686	6.312	5.973	5.383	4.891	4.475	4.121	3.963	3.319	2.851	2.497	2.221	1.999
22	19.660	17.658	15.936	14.451	13.163	12.041	10.200	8.771	7.644	6.742	6.358	6.011	5.409	4.909	4.488	4.129	3.970	3.322	2.853	2.498	2.221	1.999
23	20.455	18.292	16.443	14.856	13.488	12.303	10.371	8.883	7.718	6.792	6.398	6.044	5.432	4.924	4.498	4.137	3.976	3.325	2.854	2.498	2.221	1.999
24	21.243	18.913	16.935	15.246	13.798	12.550	10.528	8.984	7.784	6.835	6.433	6.072	5.450	4.937	4.507	4.142	3.981	3.327	2.855	2.499	2.221	1.999
25	22.023	19.523	17.413	15.622	14.093	12.783	10.674	9.077	7.843	6.872	6.464	6.097	5.466	4.947	4.513	4.147	3.984	3.328	2.855	2.499	2.222	1.999
26	22.795	20.121	17.876	15.982	14.375	13.003	10.809	9.160	7.895	6.906	6.490	6.118	5.480	4.956	4.519	4.151	3.987	3.329	2.855	2.499	2.222	1.999
27	23.559	20.706	18.327	16.329	14.643	13.210	10.935	9.237	7.942	6.935	6.513	6.136	5.491	4.963	4.524	4.154	3.990	3.330	2.856	2.499	2.222	1.999
28	24.316	21.281	18.764	16.663	14.898	13.406	11.051	9.306	7.984	6.960	6.533	6.152	5.501	4.969	4.528	4.156	3.992	3.331	2.856	2.499	2.222	1.999
29	25.065	21.844	19.188	16.983	15.141	13.590	11.158	9.369	8.021	6.983	6.550	6.165	5.509	4.974	4.531	4.158	3.993	3.331	2.856	2.499	2.222	1.999
30	25.807	22.396	19.600	17.292	15.372	13.764	11.257	9.426	8.055	7.002	6.565	6.177	5.516	4.978	4.533	4.160	3.995	3.332	2.856	2.499	2.222	1.999
40	32.834	27.355	23.114	19.792	17.159	15.046	11.924	9.779	8.243	7.105	6.641	6.233	5.548	4.996	4.543	4.165	3.999	3.333	2.857	2.499	2.222	1.999
50	39.196	31.423	25.729	21.482	18.255	15.761	12.233	9.914	8.304	7.132	6.66	6.246	5.554	4.999	4.545	4.166	3.999	3.333	2.857	2.499	2.222	1.999

参 考 文 献

1. 陈兵、Alfred Wong,澳大利亚个人理财业的发展与启示,《金融教学与研究》,2007 年第 1 期。
2. 陈继红、郑振欧,香港银行业个人理财服务发展的背景及内容比较,《金融论坛》,2003 年第 11 期。
3. 陈荣达、林博、何诚颖、金骈路.互联网金融特征、投资者情绪与互联网理财产品回报,《经济研究》,2019 年第 7 期。
4. 陈玉罡、窦倩,不惑之年二线城市换房巧打理,《大众理财顾问》,2011 年第 5 期。
5. 陈玉罡、窦倩,职场新人买房方案,《大众理财顾问》,2011 年第 4 期。
6. 陈玉罡、黄捷,外企女性求学置业规划,《大众理财顾问》,2011 年第 8 期。
7. 陈玉罡、刘彧,ValueGo 估值机器人:大数据时代给投资者赋能的金融科技,《金融科技时代》,2018 年第 3 期。
8. 符健,香港个人理财业务发展启示,《中外企业家》,2013 年第 3 期。
9. 傅豪,商界新贵理财规划书,《大众理财顾问》,2011 年第 3 期。
10. 韩松、于江,独立理财公司在美国——独家专访国际金融理财标准委员会前主席提姆·柯契斯,《当代金融家》,2006 年第 9 期。
11. 黄健青、辛乔利,"众筹"——新型网络融资模式的概念、特点及启示,《国际金融》,2013 年第 9 期。
12. 李善民、毛丹平,《个人理财规划:理论与实践》,北京:中国财政经济出版社,2003 年。
13. 李秀英,香港个人理财业务研究,暨南大学硕士研究生学位论文,2008 年。
14. 厉海强,中美基金业的几组数据对比,晨星网,2009 年 12 月 15 日。
15. 刘华,国外个人理财业务的发展现状及经验借鉴,《中国城市金融》,2003 年第 11 期。
16. 梅艳芳遗产纠纷落幕 母亲执着争产 7 年终败诉,中国新闻网,2011 年 5 月 9 日。
17. 〔美〕玛丽·巴菲特、戴维·克拉克,《巴菲特教你读财报》,李凤译,北京:中信出版社,2009 年。
18. 〔美〕斯蒂芬·H.佩因曼,《财务报表分析与证券定价》,刘力、陆正飞译,北京:中国财政经济出版社,2007 年。
19. 〔美〕兹维·博迪、亚历克斯·凯恩、艾伦·J.马科斯,《投资学精要》(第四版),刘毅等译,北京:中国人民大学出版社、北京大学出版社,2003 年。
20. 孙飞、陈兵,美国个人理财业发展概况,《农村金融研究》,2006 年第 2 期。
21. 王小平,商业银行高端个人客户群资产配置研究,东华大学硕士研究生学位论文,2011 年。
22. 王永庆遗产争夺案再开打,《北京晚报》,2011 年 4 月 24 日。
23. 吴成丕,《金融革命:财富管理的互联网竞争》,北京:中国宇航出版社,2013 年。

24. 谢国梁,从瑞士经验看香港地区私人银行业的发展前景,《国际金融研究》,2004年第4期。
25. 杨雪:日本私人理财业务规范发展,《金融时报》,2005年3月23日。
26. 伊娜,国外个人理财业务的发展对我国银行业的启示,《浙江金融》,2007年第1期。
27. 张晓青,国外私人银行业务发展经验及其启示,《中国信用卡》,2013年第5期。
28. 张正平、胡夏露,P2P网络借贷:国际发展与中国实践,《北京工商大学学报(社会科学版)》,2013年第2期。
29. 周永红、彭华,智能投顾研究与应用,《金融电子化》,2017年第11期。
30. Brinson, Gary P., L. Randolph Hood and Gilbert L. Beebower, Determinants of portfolio performance, *Financial Analysts Journal*, 1986, 42(4): 39-48.
31. Markowitz, H. M., Portfolio selection, *Journal of Finance*, 1952, 7(1): 77-91.
32. Markowitz, H. M., *Portfolio sSelection: Efficient Diversification of Investments*, New York: John Wiley, 1959.
33. Maslow, A. H. A theory of human motivation, *Psychological Review*, 1943, 50 (4): 370-396.

教辅申请说明

　　北京大学出版社本着"教材优先、学术为本"的出版宗旨,竭诚为广大高等院校师生服务。为更有针对性地提供服务,请您按照以下步骤通过**微信**提交教辅申请,我们会在1~2个工作日内将配套教辅资料发送到您的邮箱。

◎ 扫描下方二维码,或直接微信搜索公众号"北京大学经管书苑",进行关注;

◎ 点击菜单栏"在线申请"—"教辅申请",出现如右下界面:

◎ 将表格上的信息填写准确、完整后,点击提交;

◎ 信息核对无误后,教辅资源会及时发送给您;如果填写有问题,工作人员会同您联系。

温馨提示:如果您不使用微信,则可以通过以下联系方式(任选其一),将您的姓名、院校、邮箱及教材使用信息反馈给我们,工作人员会同您进一步联系。

联系方式:

北京大学出版社经济与管理图书事业部

通信地址:北京市海淀区成府路205号,100871

电子邮箱:em@pup.cn

电　　话:010-62767312/62757146

微　　信:北京大学经管书苑(pupembook)

网　　址:www.pup.cn